水田漁撈の研究

稲作と漁撈の複合生業論

安室　知

慶友社

まえがき

誰でも一度や二度は田んぼでドジョウやメダカを取った経験を持っているのではなかろうか。懐かしくそれを思い出す人もいれば、また明日にでも子どもを連れてメダカすくいに行こうと考えている人もいるかもしれない。

しかし、そうしたことが民俗学という学問の研究対象になるかと問われれば疑問に思う人も多いだろう。事実、こうした調査研究を始めた四半世紀前には、その意義をなかなか理解してもらえなかった思い出がある。「そんなことをやって学問になるのか」といった問いかけを暗黙のうちに感じることも何度かあった。

しかし、この頃は少し風向きが変わってきたように思う。ひとつには環境論的な問題意識から考古学や文献史学また文化人類学や社会学、そして魚類学や生態学といった自然科学の中にも、水田漁撈に興味を持つ人が出てきたことが挙げられる。むしろ今では民俗学の中よりも、そうした分野の人たちと議論することの方がはるかに多い。

そして、もうひとつ風向きの変化を感じるのは、水田漁撈を歴史的に遡ってその意義を論じる研究とともに、現代的な課題としてそれが取り上げられるようになってきたことである。詳しくは本書の終章で論じているが、水田漁撈は何も過去の出来事ではなく、現在さまざまなところで復活してきている。まさに現在進行形の、しかも私たちにとって身近な民俗であり、環境を考える機会となっているのである。

本書はいわば前著『水田をめぐる民俗学的研究』の続編に当たる。前著は水田漁撈を含め、水田畑作（二毛作・畦畔栽培）や水田採集など水田の多面的な利用に注目して、生業複合の様相から日本稲作の歴史的・地域的な展開構造についてまとめたものだが、本書は明確に水田漁撈に論を絞って、その歴史・文化的な意義について考察することを目的とした。

そのため、前著との重複を避けるために本書には掲載していない水田漁撈の事例研究が多くある。「谷地の水田漁撈」（長野県大町市海ノ口）、「低湿稲作地の水田漁撈」（香川県観音寺市池之尻）、「溜池地帯の水田漁撈」（神奈川県横浜市鶴見区獅子ヶ谷）、「山間（棚田）稲作地の水田漁撈」（長野市犬石、長野市広瀬）、「南島の水田漁撈」（沖縄県竹富町祖納―西表島―）については、すべて前著にその詳細を掲載してある。

環境条件の上で日本列島には多様な水田稲作地が存在するが、水田漁撈の総体を検討するには、本書ともども前著を参考にしていただくことを望むものである。

また、水田漁撈を語る上で、その展開型ともいえる水田養魚についても触れなくてはならないが、それも前著との重複を避けるため本書にはⅠ部に各論として二編を掲載するにとどめている。水田養魚に関する総論および調査データの大半は前著に示してあるので参考にしていただきたい。

次に、本書の構成について簡単に述べておく。

総論と終論は、本書全体の主張をまとめている。総論は過去に遡り水田漁撈の意義を問うものであるのに対して、終論は現代において水田漁撈がいかなる意味をもって復活してきているのかを検討するものである。

そして、総論と終論とに挟まれたⅠ部からⅣ部まではいわば水田漁撈に関する各論となっている。人と水田環境との関わりおよび水田漁撈の文化史的意義について、民俗技術、魚、食、儀礼、漁具といった点にそれぞれ焦点を当て、より詳しく論じようとしたものである。

水田漁撈の研究　目　次

Ⅲ　水田漁撈と村落社会の統合

――水田漁撈の意義2――

Ⅳ　水田の漁具

終論　水田漁撈の現在
——環境思想とフォークロリズムの交錯——

図・表・写真目次

総論　「水田漁撈」の提唱

――新たな漁撈類型の設定に向けて――

はじめに

本章の目的は、日本における水田漁撈の実態を明らかにし、その民俗的・歴史的意義を論じることにある。そして、その上で、新たな漁撈類型として水田漁撈を提唱したいと考えている。それは、日本の民俗文化および生業史の中における漁撈の位置づけを問い直す作業でもある。

水田漁撈の存在に目を向けると、まずもって目につくのは、昭和三十年代に進行した水田環境の大きな変貌である。この時期を画期として、農薬の散布と化学肥料の大量使用が全国的に進行する。それにより一時期水田内からドジョウやタニシ等の生き物がほとんど姿を消してしまった。

したがって、ここに復元しようとする時期は、そうした水田環境が大きく変貌する以前のもので、かつ民俗学的な聞き取り調査で遡及可能な時期となる昭和初期（一九二六〜一九三五）のものである。当然ここに設定しようとしている漁撈類型もその時期に適用されるものである。

生業行為としての水田漁撈は、後に詳述するように、近世以前に遡ってみることも可能であると考える。しかし、本論ではひとまず民俗学的な方法にこだわり、無批判に近世以前の遠い過去へ遡ることは控えつつ、その可能性を模索したいと考えている[1]。

一　漁撈類型論のあり方とその問題点

従来の漁撈類型は、以下に示したように、漁撈技術か漁場水域またはその両者の組み合わせによって設定されるのが一般的である。[2] 民俗学でも基本的にそれを踏襲してきた。とくに技術に偏向した民俗学における生業研究では、漁撈技術の分類をもって、その類型化がなされることが多かったことはいうまでもない（安室 一九九二a）。

○漁撈技術による類型[3]

釣　漁――竿釣、手釣、一本釣、延縄釣など

網　漁――原始的網、立切網、底網、浮網、建敷網、沖網

雑　漁――ウケ・エリ・ヤナ・鵜飼いなど

○漁場水域による類型[4]

海面漁業――地先（沿岸・浅海）漁業、沖合漁業、遠洋漁業

内水面漁業――河川漁業、湖沼漁業

こうした類型設定のあり方については、大きく分けると二つの問題点がある。

第一点目の問題は、こうした漁撈類型は漁業者を対象になされたものであるということである。農耕を主生業とする人びとのおこなう漁撈活動はほとんど無視されてきたといってよい。そうした研究姿勢は、農耕を主生業とする人びとがおこなう漁撈、つまり生計活動としてそれほど大きな意味を持たず自家消費の範囲内でおこなわれる漁撈や楽しみのために維持されてきた漁撈といったものは、はじめから研究の対象外に置かれていたといわざるをえない。漁撈という行為が、商品経済・貨幣経済の流れに乗って金銭収入の方途として専業化に向かう一方で、はるかに多くの

人びとは自給的な範囲で漁撈をおこなっていた。むしろそうした漁撈活動の方が裾野ははるかに広いものがあったと考えられる。漁撈は、多くの場合、金銭収入として特化した地域やそうした時期以外においては、むしろ他の生業とくに農耕と複合的に営まれることに生計上の大きな意義があったと考えられる。

本来、漁撈行為は漁業者にのみ認められるものではなく、他の生業を主とする人びとの間でもかなり普遍的におこなわれてきた。日本の場合、漁業ではなく漁撈の視点(5)に立ち、金銭収入源としての位置づけをひとまず度外視して考えれば、むしろ農民が主体となっておこなう漁撈がかなりの部分を占めてきたといってよい。そうしたとき、より実態に即したかたちで、農耕を主生業とする人びとがおこなう漁撈行為も包含する類型を定立することが民俗学や歴史学には求められるのではなかろうか。

そして、もうひとつの問題は、内水面および内水面漁撈の位置づけに関することである。

海面漁撈に比べると、内水面漁撈は「原始漁法(6)」という呼び方が存在するように、素朴で経済性の低いものとして位置づけられてきた。

さらにいえば、内水面漁撈に特徴的なウケやエリ、ヤナといった漁撈方法は、網漁や釣漁と区別され、いわゆる「雑漁」(日本学士院　一九五九)や「特殊漁業」(農商務省水産局　一九一二)とされてきた。つまり、内水面漁撈は、明らかに海面漁撈に比べると、経済的にも技術的にも、劣ったものという前提が所与のものとして存在していたといってよい。しかし、後に述べるが、生計維持システム(複合生業論)の視点に立てば、そうした漁撈が持つ文化的な意義が十分に把握されるはずである。海附きの村よりもはるかに多数の内陸の村の存在を今一度、漁撈を通して考えてみる必要がある。

また、内水面漁撈は、多くの場合、その対象水域は河川と湖沼とに分けられてきた。しかし、日本においては、大きな湖沼や大河川に面した村においてでさえも、それが漁村化することは稀なことである。そうした村の多くは、村の中に数戸の川漁師が存在するだけである。[7] むしろそうした人たちがおこなう漁よりも、一般に農民と呼ばれる（また自称する）人たちがおこなう漁の方がはるかに多数を占めている。

そうしたとき、河川・湖沼に対して第三の漁撈空間として、水田を取り巻く人工的水界に注目する必要があろう。そうした農民たちにとって重要な漁撈空間が後に述べる水田用水系であり、そうしたところでの漁撈を包括して水田漁撈と呼ぶことにする。

二 「農漁民」と「農民漁業」

日本における漁撈類型のひとつとして水田漁撈を提唱しようとするとき、研究史上、その前提として、「農漁民」および「農民漁業」の概念に注目する必要がある。

従来、民俗学においては、稲作・畑作・漁撈・狩猟といった生業要素がおのおの独立しているかのように個別に論じられることが多かった。そうした状況の中、一九七〇年代から八〇年代にかけてやっと、河岡武春・辻井善弥・高桑守史らによって、生活が維持される方法という至極当たり前の視点に立った生業（とくに漁撈）研究のあり方が示された。その象徴が、農漁民であり農民漁業である。

まず、河岡と辻井は、水界に接して暮らす日本人の基本的生計維持のあり方として、農漁民（漁農民）の概念を提示した。二人は期せずしてこうした同様の概念を提出したが、その道のりは同じではない。

河岡の場合は、自身が提唱した低湿地文化に関して主として物質文化の視点から考察を進めるうちに、日本海沿岸などに見られる潟湖周辺の低湿地に暮らす人びとが、湿田稲作を主とした農耕とともに低湿地での漁撈や狩猟（水鳥猟）を重要な生計活動のひとつとしておこなっていたことからの発想であった（河岡 一九七六）。

それに対して、辻井は、三浦半島などの磯附きの村を調査対象として、磯に迫るオカ（丘）での畑作およびヤト（谷戸）と呼ぶ丘に切れ込んだ浅い谷の底でおこなう稲作と、磯場におけるオカドリなどの採集やミヅキ（見突き）・モグリ（潜り）といった磯漁とがセットとしておこなわれることにより、そうした地域に暮らす人びとの生計が維持されてきたことを実証的に明らかにした（辻井　一九七七）。

続いて、高桑は、日本の伝統的漁業の分類を試みる中、海民漁業（釣漁・あま漁・突き漁）に対して、農民漁業（網漁）の概念を提出している（高桑　一九八三・一九八四）。それは、水界への志向性や世界観といった要素を、類型化の設定要素に取り込むことにより、従来の単なる漁撈技術や村落形態による分類ではなく、漁業をその主体者により類型化しようとする民俗学独自の試案を提出しようとしたものである。河岡や辻井の論が未だ明確に理論化されない中、大きな進展といってよいであろう。

しかし、高桑の農民漁業の概念は、地先海域を占有する半農半漁の沿岸漁村とくに定置網漁をおこなう漁村を主たる分析対象として考案されたものである（高桑　一九八三）。それは、農民とは言うものの、海付きの村に暮らす人びとを母体にして、あくまでその中において海民（海洋民）の対立概念として提出されたものである。そのため、高桑のいう農民漁業には、海（または内水面でいえば琵琶湖のような大水面）とは無縁のいわゆる内陸農村に暮らす人びとがおこなう漁撈は含まれていない。

そうした点からすれば、必ずしも明確ではないが河岡や辻井の提示した農漁民（漁農民）とは概念を大きく異にしているといえる。研究対象となる人びとも、河岡や辻井がいわゆる漁業者に限定されることなく、広く水界（しかも海などの大水面に限定されない）に接して暮らす人びと全般であったのに対して、高桑の場合は最初から漁業者とくに海に暮らす人びとを念頭に置いていたといえる。

つまり、高桑のそれは海を対象とした「漁業」を念頭に置いての分類であったのに対して、河岡や辻井のそれは海は当然のこととし河川・湖沼および低湿地や小河川、さらには水田・溜池といった人工的水界も含み込んだ「漁撈」行為による分類であるといえる。本章は、高桑の研究を民俗学上のひとつの成果と認めつつ、日本人の生業における漁撈の意義を考えるとき、より大きな可能性を秘めていると考えられる河岡や辻井が展開しようとした漁撈行為による分類を目指すものである[8]。

研究史をたどると、こうした河岡や辻井の展開しようとした概念は、おそらく渋沢敬三の影響と無関係ではなかろう。渋沢は、一九三〇年代後半、自身の主宰するアチック・ミュージアムにおいて、筌（ウケ）に関する体系的な資料収集調査に乗り出し、いわゆる農民のおこなう漁撈活動にいち早く注目している。渋沢敬三はいう、

一方には小さい漁業としては百姓が筌やブッタイのようなもので泥鰌などを獲って居る漁業もある。これはいかにも小さくまとまって居らぬので下らない漁業のようでありますけれども日本全体からみると馬鹿に出来ない。この筌というものが日本全体に何百何千万個あるかわからない。従ってこの筌によって採取されて居る所の量というものも統計には出来ないが非常に莫大なものかも知れない（渋沢 一九五四）

こうした渋沢の言葉の背景には、従来、内水面漁撈と海面漁撈とを截然と分けて考えることへの異議と、海・河川・湖沼等の水界と陸地との接点に存在する低湿地への注目があった（河岡 一九七五）。まさに、筆者の研究視点と重なるものである。後に詳しく述べるが、ウケがことのほか水田漁撈にとって大きな意味を持つことを考えると、渋沢のこうした研究視点がやはりウケの研究から発せられたことの意義は大きい。

しかし、民俗学ではこのように先駆的な研究がなされてきたにもかかわらず、その後こうした研究視点が十分に受け継がれることなく、結果的に生業研究は技術論・系統論中心のものとして停滞することになった。

また、一方、広く海外の研究動向に目を向けてみると、こうした発想はなにも日本だけのものではなく世界的なものであったことがわかる。たとえば、渋沢らの研究と時をほぼ同じくしてなされた地理学者カール・サウアーの農耕

起源論にもそうした発想を見て取ることができる。

サウアーは、農耕の起源を語る上で、fishing-farming culture（漁撈農耕文化）の考え方を示し、原初的な農耕文化は淡水漁業と結び付いていたと想定した（サウアー　一九五二）。農耕起源論としての適否はここでは論じるつもりはないが、サウアーが想定した淡水漁撈と農耕とが結び付いた fishing-farming culture のあり方は、農耕を主とした基本的生計維持のあり方を示すもので、水田稲作文化はその典型になると考えられる。こうした考え方は、後に川喜田二郎が日本人の原初的生業パターンとして提示した「水界民」（川喜田　一九八〇）とも一脈通じるものがある。

写真総論－1　ドジョウウケ－栃木県小山市白鳥－

さらには、民族学者のW・エバーハルトは、文献を駆使して、古代中国において水稲栽培と養魚の組み合わせの重要性を指摘している（エバーハルト　一九四二）。興味深い点は、稲作民にとって水田における養魚は、デンプン質（米）とタンパク質（魚）の獲得といった栄養上の意義だけでなく、マラリヤを媒介するボウフラの退治に寄与し、また水田除草にも役立つことを挙げている点である。そして、そうした水田での養魚活動を日本語訳書（一九八七）では「水田漁撈」と表記している(9)。

こうした日本内外の先駆的研究以降も、水田稲作と淡水漁撈との関係性についての指摘は、東・南アジアの稲作圏を調査する文化人類学や地理学などのフィールド・ワーカーによりなされた。その背景には、フィールド・ワークの途上、東・南アジアの稲作圏では比較的容易に実体験として水田を舞台とした漁撈風景に出会うことが可能であったことが挙げられる。フィールド・ワーカーの実感として、その重要性が感得されていたわけである。

そうした業績のひとつとして、八幡一郎の魚伏籠に関する研究が注目される。八幡一郎は、自身の東南アジア旅行時の印象に触発され、魚伏籠に注目して広く日本・フィリピン・インドネシア・古代中国などの民族事例や考古資料を用いて、稲作と淡水漁撈との関係に強い関心を示した（八幡 一九五九）。

その後も、水田漁撈は東・南アジアの稲作圏における民族誌の中に断片的な事例として散見され、その重要性はシンポジウムや対談の席上など比較的自由な雰囲気の中では再三指摘されてきた。

たとえば、大嶋襄二は、漁撈文化を論じるシンポジウムの中で、農耕文化との関係を論じることの重要性を指摘し、その第一の要点として水田稲作と淡水漁撈との関係に着目している。「東南アジアから日本にかけてのこういう組み合わせの中での漁撈の担当者が、専業的な漁民ではなくてむしろ農民だったのではないか」として注意を喚起している（大嶋 一九七七）。また、同様に、日本の干潟漁撈を研究してきた湯浅照弘は、柳田国男の『海上の道』論に引き寄せて、「内水面漁撈といい、干潟漁撈といい、稲作文化と結びついたパターンが存在したのではなかったか」とやはり重要な指摘をしている（湯浅 一九七八）。この他、石毛直道・藪内芳彦・野口武徳もそうした議論の中で、その重要性を認め、各自の世界各地におけるフィールド体験について語っている（大島 一九七七）。

しかし、民俗学や文化人類学といったフィールド・ワークを基本とする諸分野において、水田漁撈の実態が強く認識され、問題提起が何度となくされてきたにもかかわらず、その後、水田稲作と漁撈との関係については明確な調査対象とされることはなかった。その結果、後述する食文化研究など特定の分野以外には、実証的かつ理論的な研究の成果はほとんど上がっていない。

三　水田用水系の意義 ―― 水田漁撈の場（漁場）と機会（漁期）について

1　水田用水系とは

(1) 水田用水系の定義

水田漁撈を論じるとき、その主たる舞台として水田用水系が重要な意味を持ってくる。

漁撈の場としてみた場合、従来、内水面は河川と湖沼とに分けられることが多かった。つまり、そこには、内水面漁撈とは湖沼または河川でおこなわれるものという前提があったといえる。しかし、湖沼と河川という分類はたんに内水面の自然水界を水文学的に分けたものにすぎない。当然、先に述べたように、そうした従来の分類視点では、水田など人工の水界でおこなわれる内水面漁撈は存在しないことになる。

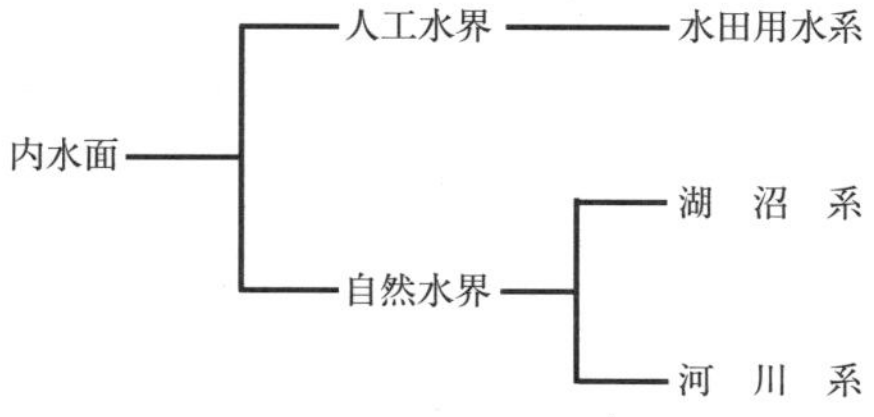

総論－1図　漁撈からみた内水面の分類

ここで提案するのは、総論－1図に示したように、漁撈の場としてみた場合、内水面を人工水界と自然水界に二分する考え方である。人工水界は後に定義する水田用水系に対応し、自然水界は湖沼と河川に分けて理解される。

日本の場合、歴史的にみると、水田稲作の拡大展開の過程で、自然の水界に人為を加えて改変したり、またまったく新しい人工の水界を造り出してきた。そして、結果として、そうした人工の水界は人のまわりでは自然の水界よりも多く存在するようになった。すくなくとも、人にとって身近な環境になればなるほど、自然の水界よりも人工の水界の方が圧倒的に多く存在しているといってよい。当然といえば当然のことではあるが、そうした人工の水界は人里離れたところではなく、人を取り巻く身近な環境の中に集中的に形成されるからである。

そうした人工的水界の代表的なものに水田用水系がある。水田漁撈の場は、まさにその水田用水系である。水田用水系とは、水田・溜池・用水路といった稲作のために作られ、かつ管理維持されている人工的水界を指す。そうした水田用水系の特徴は、湖沼や河川といった自然の水界とは違って、稲作活動に対応して、水流・水量・水温などの水環境が多様に変化することにある。しかも、そうした水環境の変化は稲作とともに一年をサイクルとして毎年繰り返される。

(2)水田用水系の多様性

日本列島における水田用水系は地域により多様な相を持っている。その地域の地形や気象など自然条件を反映して、水田用水系の構成要素は大きく異なっている。たとえば、讃岐平野のような瀬戸内気候の寡雨地帯では水田用水系の中に占める溜池の割合（重要性）は大きくなるし、河川が造る扇状地に展開する水田地帯では溜池はあまりみられず代わりに用水路網が発達している。

この他にも水田用水系にはさまざまなバリエーションがみられる。水利の制御度に焦点を当てると、たとえば湖や河川に隣接する低湿田のように自然水界の影響をたえず受けるため人為による用水管理の度合いが低く抑えられてしまっているものから、用水路による灌漑システムが整えられ水田には一枚ごとに必ず取水口と排水口が設けられる（取水路と排水路が完全に分けられる）ような管理が行き届いた水田まで、さまざまな水利上の段階が存在する。

次に、水田、溜池、用水路のそれぞれについて、水田用水系としての特徴を挙げてみよう。

水田は、水利の整った乾田の場合でいえば、季節的に乾燥期（十～三月）と用水期（四～九月）に二分される。そのうち用水期は、さらに取水期（ノボリ）と排水期（クダリ）に分けられるとともに、水口（取水口）と尻水口（排水口）を止めて水を水田中に貯める滞水期や反対に水口と尻水口の両方を開けて水を絶えず水田の中に通わせる掛け流しといった時期も存在する。水田用水系の中でも、そうした非常に細やかな水管理がおこなわれることに水田の特徴がある。当然、この場合は水田の中でももっとも水制御の整った乾田（水口とともに尻水口を有する）を例にしているが、水利段階としては常設の水口や尻水口を持たない天水田のようなものや、また反対に排水口しか持たない低湿田などさまざまな段階が存在している。

溜池に関しても、水利上、溜池の中に水のある時期とない時期にやはり二分される。前者はいわば水を溜めつつそれを使っている時期であり、水があるとはいっても稲作の進捗状況によりその水量は大きく変化する。それに対して、後者は稲作のために水を使いきってしまった状態か、または池の管理維持のためにわざと水を排水してしまったときである。溜池の場合、水田のようにノボリ・クダリの区別はなく、水田漁撈の機会として意味を持つのは溜池から水が排水されたときが主である。また、溜池は、稲作地には必ず存在するという性格のものではない。讃岐平野のように数多く存在するところとほとんどないところとの対照は大きく、結果として分布上の濃淡がかなりはっきりしている。また、ひと口に溜池といっても、山間地に見られるいわゆる谷池と呼ばれるもののように一方に堰を築いて作るダム状のものと、いわゆる皿池のように平坦地にドーナツ状に土累を築いてその中に水を溜めたものとがある。

用水路の場合は、河川（自然水界）や溜池（人工水界）のような用水源と水田とを結びつけるところに存在する水利施設ということになる。水田の場合と同様に、水利上、季節的に乾燥期と用水期に大別され、さらに用水期はノボリとクダリに分けられる。ただし、用水路の内部に人為的に滞水することはなく、ノボリにしろクダリにしろ絶えず水流を伴っている点が水田とは異なっている。また、水田漁撈の機会としては、水田と同様にノボリ・クダリに対応してなされるとともに、溜池のように、一年に一度、排水時に大規模な水田漁撈がおこなわれることもある。そうし

写真総論－2　オッポリ―千葉県御宿町―

たことからすれば、用水路は溜池と水田の特性を併せ持った水界であるといえる。

また、水田とひと括りにいっても、それは漁撈の場としてみるとさまざまな特徴を持っている。たとえば、西表島の例にみられるように、水田中にミズグモリと呼ぶ水溜まりが常時存在し、そこはイネは植えられないが、魚の繁殖の場となり、また水田漁撈の場としても利用された（安室 一九九四 a）。ミズグモリは、出入りする水の勢いにより水口付近の作土がえぐれてしまったもので、西表島の場合にはその面積が八坪（約二六平方メートル）におよぶものがあった。そうなると、まるで一枚の水田の中がイネを植える部分とイネの植えられない池のような部分とに分かれているような様相を呈していた。こうした水田中の水溜まりは、傾斜地の水田ほど多くみられる。また、西表島だけのことではなく、本土においても山間地の棚田や谷戸田のような傾斜のある水田地には規模の大小はあるものの必ずといってよいほどに存在していた。たとえば、千葉県夷隅地方ではそれをオッポリと呼んでいる。

また、それとは反対に、低湿地においても水田には水溜まりが伴っていることが多かった。河川の三角州や遊水池などにある低湿地では、少しでも地を高くしようとして土盛りした水田が造られた。そうした水田をホリアゲタ（掘り揚げ田）などと呼ぶが、ホリアゲタには必ず盛土用の土を掘り取ったところが池として残った。景観上、一枚の水田にひとつの池が付属してあるような状態であった。たとえば、渡良瀬遊水池に隣接してある栃木県小山市白鳥ではそうした池をホリと呼んでいる（安室 一九八八）。

以上示したような水田用水系にみる地域差は、当然、水田漁撈の方法や技術の問題だけでなく、住民の水田漁撈に対する志向性にも大きく関わってくることである。

2 水田用水系にみる漁場化の背景

⑴稲作の場から漁場への転換

漁場としてみた場合、水田用水系には大きく二つの機能がある。第一の機能は、水田用水系が稲作のための場から一転して漁の場へと転換することに象徴される。木崎湖畔の低湿稲作集落（長野県大町市海ノ口）の事例（安室 一九九二b）で示したように、水田は時として雪解けや梅雨がもたらす増水（河川や湖水の氾濫）に伴って一時的に水没し漁場化することがある。そうした時期は水田用水系に適応した魚類（水田魚類）の産卵期にあたっていることが多く、そうした魚類は自然水界から大挙して水田用水系内へ産卵にやってくる。

イネの植えられている水田が冠水するということは、いわば稲作の論理からすれば危機的な状況である。しかし、イネは思いのほか生命力が強く、多少の冠水ぐらいでは壊滅してしまうことはない。多くの場合、そうした機会は低湿地に暮らす人びとにとっては生命を脅かす危機というよりは、むしろ意識の上では魚取りの好機として捉えられていたことは重要である。

増水期になれば水田が一時的に大水に浸かるということは、低湿地に暮らす人びとにとっては毎年やってくるいわば季節の営みであり、それに伴う水田漁撈は恒例行事のようなものであった。しかも、経験的にまた伝承的に獲得された民俗知識により、そうした季節の営みを自然の兆候から読みとることは十分に可能であった。毎年ほぼ決まってやってくるそうした水田の冠水という出来事を、たんに稲作の危機とだけ捉えるのではなく、それがもたらす被害を最小限にとどめながら漁の好機として利用する知恵と技術を身に付けていたといえよう。

当然、そのことは、低湿地に暮らす人びとが稲作に単一化した生計よりも、漁撈や狩猟・採集といった多様な生業を組み合わせて生計を維持しようとする指向性を強く持っていたことが背景としてある。そのため、稲作に多少の影響がでても、それほど生計全体にとっては大きなダメージにならないという生計維持のための基本戦略がそこにはある（安室 一九八七a）。

また、往々にして低湿地では大水と裏腹の関係にある水不足の状態に陥るが、そうしたときでさえも水田用水系は漁の場へと姿を変えることがある。水不足になると、溜池のように本来水があるべきところやたえず余水が溜まっている掘り上げ田のホリのようなところは、水位が大きく低下したり、時には完全に干上がったりする。そうすると、そこは水をすべて掻き出しておこなうカイボシ漁やウナギ掻き漁などの場として利用されることになる。干害にしても、洪水と同様に、稲作にとっては危機的状況に違いないが、やはりそれはそうした環境に暮らす人びとにとっては漁の好機になりえたといえる。

⑵稲作活動に伴う水田の漁場化

第一の機能が自然界の水位変動に伴い稲作の場が漁場へと期せずして転換するものであるとするなら、第二のそれは、水田が稲作活動に利用されることにより必然的に導き出される水田漁場化の機能であるといえる。言い換えれば、それは、田植えや稲刈りといった稲作の諸活動がもたらす水田の漁場化現象である。

稲作に関連してなされる作業は、春先の苗代から始まって秋の稲刈りまで、かならずといってよいほどに水の管理を伴っている。苗代前には苗代田に引くための水が入れられるし、その後は本田にも代掻きや田植えに際して同様に水が入れられる。田植え後の水田では、取水しながら同時に排水する、いわゆる掛け流しがおこなわれる。そして中干し（土用干し）の季節になると、水田内の水はいったんすべて排水される。その後また水が入れられるが、稲刈り前になると水田を乾燥させるために水落としがおこなわれる。こうした稲作作業に伴う水流の変化は大まかなものだけを挙げただけであり、細かく見ていくと各作業にはさらに精緻な水管理が伴っている。

こうした一連の水管理を、人びとは民俗知識として大きく二つに分けて認識している。それがノボリ（上り）とクダリ（下り）である。これはその時期の水田用水系内における代表的な水流のあり方を象徴的に言い表したものである。ノボリとは自然水界から水田用水系へ、つまり川や湖から用水路そして水田の中へと水が入っていくことをいい、クダリとは水田用水系から自然水界へ、つまり水田の中の水が用水路を通って川や湖へと排水されることをいっている。栃木県小山市の調査事例（安室　一九八八）では、イネの花の咲く頃を境として、それ以前がノボリ、それ以降がクダリの時期とされる。

ただし、もう少し細かく水管理のあり方を見ていくと、水田内の水の流れは実際にはノボリ・クダリとも一方的な方向だけではないことがわかる。ノボリとはいっても、一方的に水流が水田内に入るばかりではなく、ノボリにはかならず水田内からの排水が伴っている。また、クダリの時期も、土用干しのごとく、水をいったん落とした後また水田に入れるというように、実際には水は水田内を出たり入ったりする。

そうした水流の変化は、水田内の水温や水量の変化をかならず伴う。たとえば、水口と尻水口の両方を閉ざして水田内に水を溜めた状態にする滞水時には水温は上がり、水口から水を取り入れると同時に尻水口から排水をおこなう、いわゆる掛け流しのときには水田内の水温は下がる。また、水流に伴う変化は水温だけでなく、イネの生長に合わせて浅水や深水にしたり、またいったん排水して水田を乾燥させたりというように、水量もたえず変化していく。

このように、水田内の水流（水温・水量）の変化に注目すると、一年を周期にして水田の水環境は多様に変化していることがよくわかる。しかもそれは水田耕作のプロセスに沿っているため、たとえば必ずノボリが先にあり後にクダリになるというように、一定の規則性を持っている。また、それは水田耕作がおこなわれるかぎり毎年繰り返されるものである。

こうした水流・水温・水量に代表される水環境の変化が、後述するように、多様な水田漁撈を生み出す源になっている。水環境の変化に対応して、水田を産卵や採餌の場とする魚類（水田魚類）が、自然水界から水田用水系内へ、また水田用水系内では、水田から用水路へ、用水路から水田へ、というように移動を繰り返す。そうした魚の動きを狙って漁具が仕掛けられることになる。

稲作地における水の制御度を指標として、第一と第二の機能を比較すると、その受容のされ方に地域差がみられる。ごく大まかにいうと、大水面に接し自然が人為を凌駕するような稲作地では、稲作による水の制御度は低く、自然水界の増水期には水田が水没してしまったりする。そのため、第一の機能に示したような、水田が一時的に漁場化する現象がよく見られるが、反対にそうした地域は用水管理が思うようになされないことから、必然的に第二の機能は低いものとなる。それに対して、水利を整え大水などの自然の力を押さえることに成功した稲作地では、第一の機能は低いのに対して、稲作に伴う細やかな用水管理が可能となるため、第二の機能が大きく発達している。

四　水田漁撈の方法

ひと言でいえば、水田漁撈とは、水田用水系を舞台にして、稲作の諸活動によって引き起こされる水流・水温・水量などの水環境の変化を巧みに利用して、ウケや魚伏籠といった比較的単純な漁具を用いておこなう漁である。従来こうした漁撈は、漁撈技術による類型では「雑漁」とされ、取るに足らないものとして扱われてきた。しかし、その裾野は、先に示した渋沢敬三の指摘にもあるように、漁業者による漁撈よりもはるかに広いものがある。

水田漁撈の方法は、漁期に対応して大きく二つに分けることができる。水田用水期と水田乾燥期の二期である[10]。水田用水期とは、四月から九月くらいまでをいい、水田用水系内に水が存在する期間である。それはまた稲作労働でいうところの農繁期にほぼ相当する。それに対して、水田乾燥期とは、十月から三月までの期間をいい、いわゆる農閑期に当たる。乾田地帯においては、そうした時期は水田用水系内から自動的または強制的に水が排除されている。低湿田地帯においても、たいていの場合、自然水界が減水期に入っているため、乾燥までしなくとも水田用水系内の水は水田用水期に比べるとかなりの程度少なくなっている。

以下、その二期に分けて水田漁撈の方法について検討していくことにする。

1　水田用水期の水田漁撈

水田用水期の漁撈法は、稲作作業に伴う水流・水温・水量の微細な変化に対応するかたちで、ウケ類を代表とする小型の定置陥穽漁法を多用しておこなわれることに大きな特徴がある。たとえば、その時々の稲作作業に応じて変化する水流に乗って水田を出入りする魚を水口などにウケを仕掛けて取る。

そうした様子を、すぐれた用水灌漑稲作地を例にとりみてみよう。以下では、総論―2図に示したように、各事例を水田耕作プロセス（水管理のあり方）に対応させて表すことにする。なお、事例に示す栃木県小山市網戸は、近世に開削された網戸用水により、すぐれた用水灌漑を成し遂げた乾田稲作地である。

【事例1】栃木県小山市網戸の事例（安室 一九八八）

○田起こし前　―タニシヒロイ―

春先のタウナイ（田起こし）の前に大雨が降るとタニシが田の土の中から出てくるので、それを拾い集める。

○田起こし　―ドジョウホリ―

少し水気のある田ではドジョウが土の中に潜って冬を越している。そうした田をタウナイするときにはバケツを持っていき、マンノウ（鍬）で土を掘り起こしながら、そのとき出てくるドジョウをつかみ取って入れる。

○苗代　―タニシヒロイ―

ナワシロ（苗代）を作るときには水を入れてから土をよく掻き均す。そのときタニシを拾い取る。タニシは蒔いた種籾を掘り出してしまうといって、苗代田ではとくに入念に取った。

○田植え前　―ヒブリ―

タウエ（田植え）前、田に水を入れると、下の水場（白鳥・下生井・上生井の三集落）からフナが田に産卵にのぼってくる。それを日が暮れてからカンテラで照らしながらヤスで突いて取る。

○田植え前　―ドジョウウケ―

タウエ（田植え）の前には田に水を張るが、そのときドジョウが田にのぼってくる。そこで、水口のところにドジョウウケの筌口を田の外側に向けて仕掛ける。これを「ノボリに伏せる」という。そうすると、用水路から田の中にやってくるドジョウがウケに入る。

○田の草取り　―ドジョウウケ―

タノクサ（田の草取り）のころは田の水は掛け流しになっているが、暑い日には水口にノボリにドジョウウケを伏せておくとドジョウが入る。

○土用干し　―ドジョウウケ・フナウケ―

7月下旬、土用のころになると田の水をいったん落としてナカボシ（中干し）をする。そのとき尻水口（排水口）のところに、ドジョウウケやフナウケを筌口を田の内側に向けて仕掛けておく。これを「クダリに伏せる」

という。そうすると水と一緒に田をくだる魚がみなウケの中に入る。

○夕立①　―ドジョウウケ―

夕立があると田の中の魚は活発に動きだす。そこでドジョウウケを田の中に伏せておくと、魚は動き回って自然にウケの中に入る。

○夕立②　―ドジョウウケ―

水田耕作プロセス	水環境の変化（水流の方向）	水田漁撈の方法（対象魚）
4月　田起こし前	（乾燥）　--------	タニシヒロイ（タニシ）
田起こし	（乾燥）　--------	ドジョウホリ（ドジョウ）
5月　苗代作り	水入れ（取水）　→	タニシヒロイ（タニシ）
田植え前	水入れ（取水）　→	ヒブリ（フナ）
6月　田植え前	水入れ（取水）　→	ドジョウウケ:ノボリ（ドジョウ）
7月　田の草取り	掛け流し（取排水）　⇄	ドジョウウケ:ノボリ（ドジョウ）
8月　土用干し	水落とし（排水）　←	ドジョウウケ:クダリ（ドジョウ） フナウケ　:クダリ（フナ）
（夕立）	水落とし（排水）　←	ドジョウウケ:クダリ（ドジョウ）
9月　稲刈り前	水落とし（排水）　←	ドジョウウケ:クダリ（ドジョウ）
10月　稲刈り後	（乾燥）　--------	アキクダリ　:クダリ（ドジョウ）

総論－2図　水田耕作と水田漁撈の対応
―栃木県小山市網戸の事例―

夕立があると田の中の水が増えすぎてしまうため早く排水しなくてはならない。そのためクロ（畦畔）の適当なところを切って排水させるが、その切り口にクダリにドジョウウケを伏せてドジョウを取る。

○稲刈り前　―ドジョウウケ―

カリイレ（稲刈り）前になると網戸用水の水を完全に止めて田の水を落としてしまう。そのとき田の中にいるドジョウもすべてくだってしまうので、ドジョウウケを田の尻水口にクダリに伏せて取る。

○稲刈り後　―アキクダリ―

カリイレ後に雨が降って田に水が溜まると、泥や土の中に潜っていたドジョウが田をくだる。それを田の尻水口にクダリにドジョウウケを伏せて取る。これをとくにアキクダリという。

水田用水期における水田漁撈は、漁獲原理が受動的であることに特徴がある。言い換えれば、それは省力化の工夫が凝らされたものとなっている。漁具を水田の水口などに仕掛けておけば、人が直接魚に働きかけることがなくても、魚はほぼひとりでに捕魚部に溜まっていく。その間、人は水田に出て稲作作業をおこなうことができる。反対からみれば、この時期、人は農繁期のためほぼ切れ目なく稲作作業をこなしていかなくてはならず、魚を追っている暇などない。

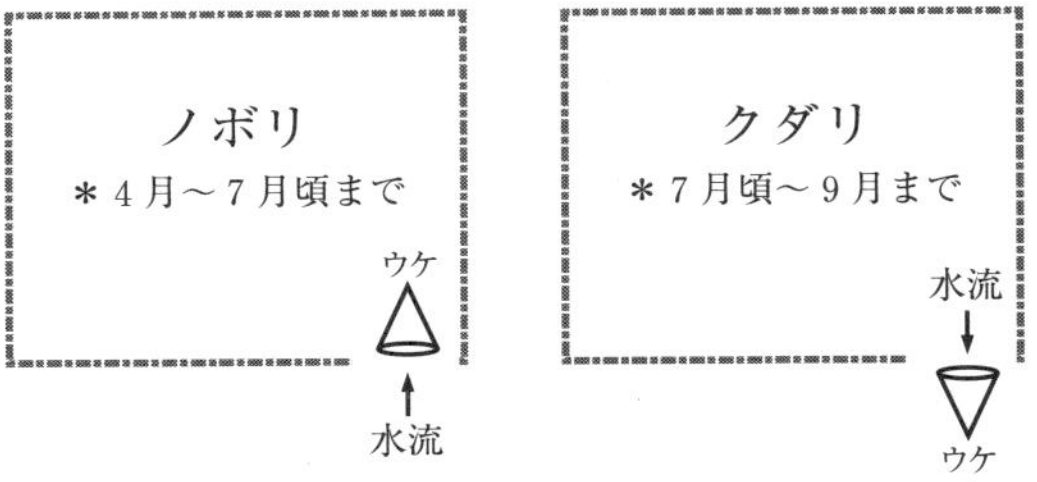

総論－3図　水田におけるウケ敷設の基本
—ノボリとクダリ—

そのため、水田用水期における水田漁撈には、ドジョウウケのように、水口など水の動きのある場所に仕掛けることができる小型で持ち運びの容易な陥穽漁具が多用されることになる。

そうした漁具の仕掛け方は、前述のように、水田用水系内の水流のあり方に対応して、大きくノボリとクダリに分けられる（総論—3図および総論—4図参照）。

ノボリは、水が用水路から水田内に向かって流れ込む時期のため、ウケは水田内から用水路に筌口を向けて仕掛けられる。つまり水田内に入ってくる水を受け止めるかたちで仕掛けるものである。この時期は、魚が産卵習性や生理的欲求に応じて、水田用水系の外から内にやってくる時期に当たっているため、ノボリに仕掛けることにより、そうした魚を捕らえることができる。

それに対して、クダリは、水田内の水が水田外に落とされる時期であり、ウケは水口において水田内に筌口を向けるように仕掛けられる。この時期は水田内の魚が水田

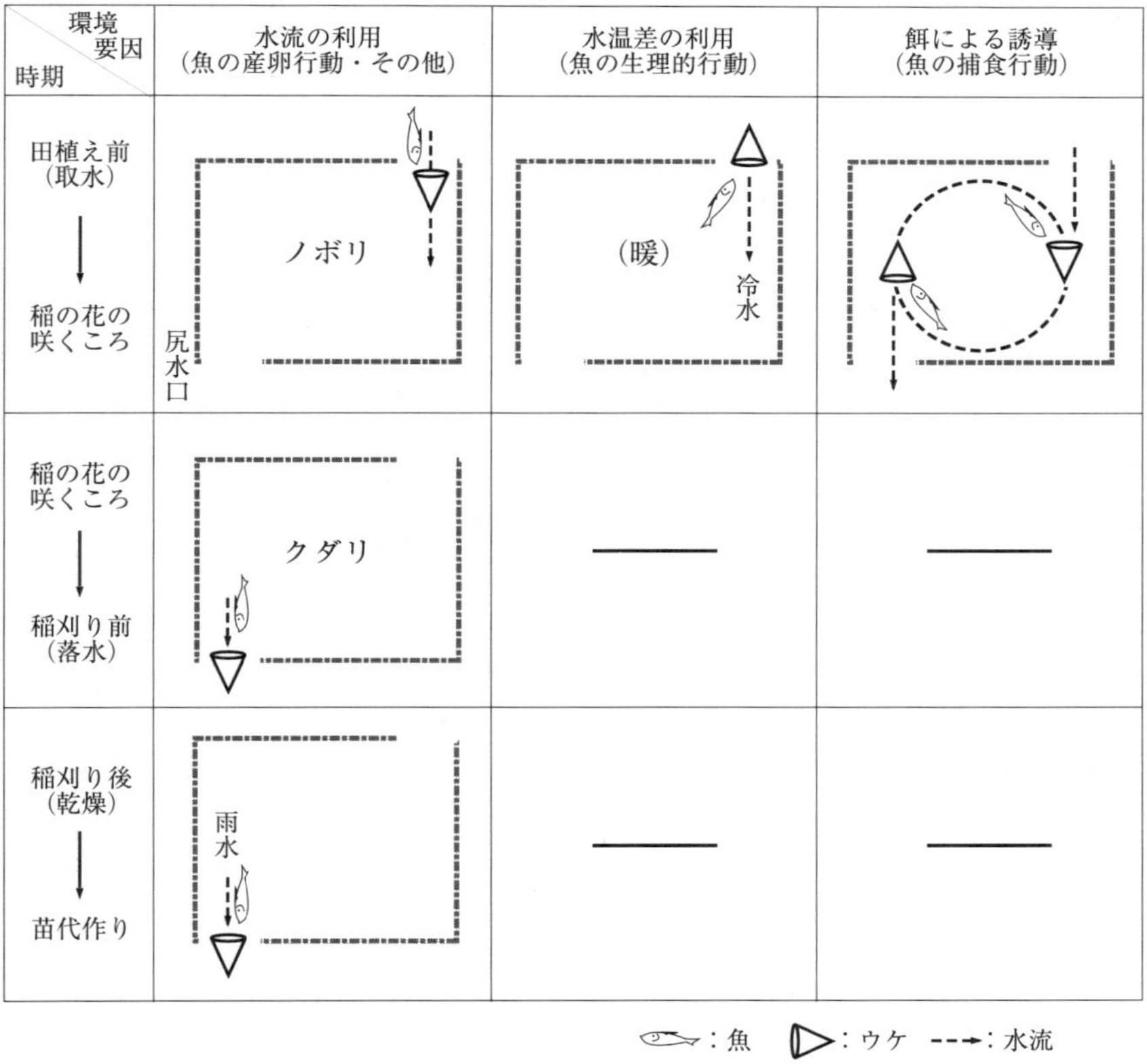

総論－4図　水田におけるウケ敷設のパターン

用水系の外へとくだる時期に当たっており、それを捕らえようとするものである。

ノボリ・クダリの区別は、先に示したように、必ずしも実際の水田内の水流を示しているわけではなく、あくまでもその時期を代表する水流の認識にすぎない。そのように、水流の認識のあり方が実際の稲作作業をかならずしも反映したものとはなっていないなら、ノボリ・クダリの区別は水田水利のあり方というよりも、ウケの仕掛け方として、より強く意識してなされたものであると考えられる。また、実際に筆者の調査でも、水田用水期の水流のあり方がノボリ・クダリに二区分されるのは、ウケの仕掛け方を説明するときがほとんどであった。ノボリ・クダりの区分は稲作民にとっては水田漁撈に対応した環境認識のあり方であるといえる。同じドジョウウケでも、イネの花が咲く時期より前の仕掛け方をノボリウケといい、それより以降の仕掛け方をクダリウケと呼んで区別するのはそうしたことの証であろう。

そうしたウケなど小型定置性の陥穽漁具以外にも、田植え前の代掻き時にはタタキやオーニケリなどとよばれる能動的で労力投入型の漁法がおこなわれた。これは主に松明やカンテラを灯して夜間におこなう漁である。そのため、ヒブリ（火振り）とかヨトボシ（夜灯し）とも呼ばれる。タタキは水田内のドジョウを櫛状の針が付いた棒を用いて突き取るものであり、オーニケリは水田内のウナギをのこぎりや山刀を用いてやはり叩き取るものである。こうした能動的な漁法が農繁期にもかかわらず可能になったのは、それが夜間におこなわれる漁のため、稲作作業と競合することがなかったことがなかったからである。

また、農繁期においても、低湿田地帯のように水田用水期と乾燥期の区分が明確でない水田では、増水に伴って冠水した水田内においてつかみ取りや魚伏籠による漁撈がおこなわれた。これは、水利段階が低く乾田化することができない地域における生計上の工夫のひとつであり、稲作というひとつの生業に特化していないからこそ可能になった漁法である。洪水のように人為を凌駕する自然の圧倒的な力を、漁の好機と考える低湿地に暮らす人びとの発想の柔軟さを示すものだといえよう。

以上みてきたように、水田用水期におこなわれる水田漁撈の技術的特徴は、以下の五点に集約することができる。

①受動的で省力型の小型定置陥穽漁法が主となること（労力投入型の漁法も用いられることはあるが、その場合には夜間におこなうなど稲作との労働重複を回避してなされること）。

②個人的な漁（ひとりでおこないえる漁法）が主となること。

③漁の多くは稲作作業に伴う微細な水環境の変化に対応しておこなわれる。そのため、同じ水田の中でも漁撈が繰

り返し可能となること。
④一回あたりの漁獲量は少ないが、繰り返しおこなわれるためシーズン全体の漁獲量は総体として多くなること。
⑤稲作の各作業（水田耕作プロセス）により漁場としての特性が更新されること。さらにいえば、全体としては、毎年稲作が繰り返されることにより水田用水期の水田漁撈も一年をサイクルとして繰り返しおこなうことが可能になっていること。

2　水田乾燥期（水田用水期外）の水田漁撈

水田用水期の漁撈が受動的で省力型の漁撈技術であったのに対して、水田乾燥期のそれは能動的で労力投入型の漁獲原理に基づくものであるということができる。さらに、そうした漁獲原理の違いは、利用される空間（漁場）や漁の主体者の違いとしても理解される。

ウケに象徴される水田用水期中の漁撈は、水田用水系の中でもとくに水田という個人の所有する空間を利用しておこなわれることが多い。もちろん漁撈自体も小規模なものであるため、ほとんどの場合、漁の主体者は個人である。さらにいうと、水田で漁をおこなうのは多くの場合、その水田の所有者自身である。

それに対して、この水田乾燥期の漁は、用水路・溜池・堀（クリーク）といった稲作社会においてはいわば公共の場（総有される空間）を舞台としておこなわれることが多い。こうした場は、その特徴として、水田に比べると水界としての規模が大きいことがあげられる。そのため、水田乾燥期の漁は、何人かの、またときには村全体の、協同による大規模なものになることが多い。

具体的に、河川中流域に展開する用水灌漑稲作地（小山市網戸）および讃岐平野に発達した溜池灌漑稲作地（観音寺市池之尻）の例を見てみることにしよう。

【事例2】用水路のカイボシ——栃木県小山市網戸（安室 一九八八）

網戸用水は、栃木県南部を流れる巴波川（渡良瀬川の一支流）に取水口を持ち、その名の通り網戸の耕地を潤すために近世期（中世ともいわれる）に開削された用水路である。網戸にとって網戸用水は単なる一用水路にとどまらず、住民生活全体を支えるまさに生命線である。網戸は網戸用水に沿って上流から、藤塚・中坪・追切・折本・本宿の五集落に分かれているが、網戸用水も各集落ごとに分割管理されている。そのためカイボシ漁は集落を単位としておこなわれる[11]。

網戸用水は秋の稲刈り前になると川との分岐点のところにある水門を閉ざして網戸用水に水が入らないようにする。この水門はいわば網戸用水の元栓であり、そこを閉め切ることにより、網戸用水内から水はすっかり抜けてしまう。

そのとき、藤塚では集落のヤク（共同労働）として、セキハズシ（落水に伴う堰板の片付けや掃除といった仕事）をおこなう。これには各戸から一人ずつ男が出なくてはならない決まりになっていた。

そのセキハズシが終わると、藤塚にある五か所のセキ（堰）でカイボシ漁をおこなうことになっていた。セキには水が落ちるところに必ず大きな淵ができているが、網戸用水の水を落とすと、それが水溜まりとして残る。その水溜まりの水を掻い出しておこなうのが網戸のカイボシ（掻い干し）である。このカイボシにはセキハズシ同様に各戸から男が一人ずつでることになっていた。

このカイボシではコイ・フナ・ウナギなど網戸用水に棲息する魚のほとんどが取れる。藤塚では、昭和二十年ころまで、カイボシで取った魚を肴にして、集落の会所において慰労会をかねてオベッカ（共同飲食）をおこなっていた。それが、第二次大戦後には、セキハズシの日に会所に集落の人たちが集まり、部落総代を中心にして、五か所あるセキにおける秋彼岸中のカイボシの権利を入札にかけるようになった。このようにカイボシの権利が個人に入札されるようになると、オベッカも自然とおこなわれなくなってしまった。なお、こうしたカイボシ権利の入札がおこなわれたのは昭和二十五年ころまでである。

藤塚のほか、中坪では網戸用水に三か所のセキを持っている。秋彼岸の前に中坪では部落常会を開いて、彼岸中のセキのカイボシの権利を入札していた。中坪の場合、こうした入札は昔からおこなわれており、昭和十五年ころまで続いていた。

また、追切は網戸用水に四か所のセキを持っている。各戸の主人は秋彼岸の中日に集落の会所に総代を中心にして集まる。この日はとくに網戸用水の掃除や普請をおこなうことはなく、四か所のセキにおいて、みんなでカイボシをおこなうことになっていた。カイボシで取れた魚を自分たちで料理してはオベッカをおこなった。こうした秋彼岸のカイボシとオベッカは昭和四十五年ころまで続いていた。他集落のようにカイボシの権利を入札により個人に売ることは今までに一度もないという。

【事例3】　溜池のゴミタテ――香川県観音寺市池之尻（安室　一九九〇b）

讃岐平野の一画にある池之尻には大小八つほどの溜池があり、それがちょうど集落を囲むように点在している。中でも仁池は表面積および貯水量が格段に大きく、池之尻にとっては住民生活を支えるもっとも重要な溜池となっていた。池之尻の溜池はすべて水田用水を確保するために作られた人工の皿池（周囲を土手で囲んだ浅い池）である。

溜池は一年に一度、ゴミタテといって、溜池の水をすべて抜いて池底の清掃や土手の補修をおこなう必要がある。池之尻の場合、ゴミタテは稲刈り終了後、通常は秋の氏神祭の前におこなわれることになっていた。なお、具体的なゴミタテの日時は水利委員が各池ごとに決めている。

ゴミタテに際して、仁池のように大きな池ではフダウチがおこなわれた。フダウチとは、元来は漁撈権の入札を意味するものであったが、、現在はそれが転じて、ゴミタテに伴っておこなわれる入漁料を払って漁に参加することを意味している。フダウチは水利組合が管理する池ではほとんどのところでおこなわれた。それはひとつには、フダウチが水利組合の重要な収入源となり、高額にのぼる溜池の維持管理費の一部に当てられるからである。

フダウチがおこなわれる日には池之尻だけでなく各地から漁の好きな人が集まってくる。主に漁好きな農家の人たちである。身近に溜池があるこの辺りの人びとは主な仕事は農業でも、みな漁が好きだとされる。子供のときからの遊びのひとつでもある。そのため、何時、何処の池でフダウチがおこなわれるかといった情報は好きな人なら自然と耳に入ってくるという。

池之尻の人が他村の池へフダウチに行ったり、また他村の人が池之尻の池のフダウチにやってくることも、仁池のような大きな池ではよくあることである。池ごとに管轄する水利組織が異なっているため、その都合によりゴミタテの日も違ってくる。そのため結果的にフダウチも「今日はあの池、明日はこの池」というように適当に分散することになり、好きな人は各地のフダウチを回ることができるようになっている。

フダウチするということは、その池の漁撈権を一時的に売買することを意味する。金を払ってフダ（許可証）を受ければ、その池の水利組合員であるかないかは問われることなく、池で魚を取ることができる。反対に、フダウチがおこなわれない池は、ゴミタテ時の漁撈はその村の住人とくに池の水が懸かる範囲の人（水利組合員）に限られるといってよい。フダウチのない池は、総じて面積は小さく、魚量も多くない。フダウチをしないため、ゴミタテの日時などの情報が、その池の水が懸かる範囲以外に知れることはない。したがって、そうした小さな溜池におけるゴミタテに伴う漁はその水掛りの人たちだけでおこなわれることになる。

仁池の場合、フダウチされる漁法は、投網・イタギ・ウナギカキ・サデアミの四種である。それぞれフダの値段が異なる。もっとも高いものが投網であるが、それでも一人あたり三〇〇〜五〇〇〇円程度（一九八五〜九〇年当時）である。四種ともフダの数はとくに制限されていない。

漁は漁法によっておこなわれる順番が決まっていた。四種の漁法のうち、まず投網が一番最初におこなわれる。その後イタギ（魚伏篭の一種、ドウヅキともいう）がおこなわれ、次にウナギカキとサデアミの番になる。こうした漁の順番は、排水の進捗に対応している。つまり池の中に残る水の量（水位）に対応して漁法が選択されている。投網はまだ水が池の中に十分にあるうちにおこなわれる。そして、排水が進み、水が腰の高さ以下になるとイタギになる。そうして、イタギをやるうちに水が掻き回されて濁り、魚が弱って水面に口を出すようになるとサデアミで掬い取ることができるようになる。また、イタギで池中を掻き回したあと少したつと、イタギやサデアミでは取ることのできないウナギが、水面に顔を出すので、それをウナギカマで掻き取ることができる。

また、こうした漁法の違いは、その漁をおこなう主体者を反映する。投網は一般の農家にとってはやや専門的な漁法であり、誰にでもできるというものではない。そのため、淡水漁師や農家の中でも各地のフダウチを回るようなとくに漁好きな人が主として用いる漁法である。それに対して、イタギ以下の漁は溜池地帯ではもっとも一般的な漁法であるといってよい。かつてはどの農家にもイタギやウナギカキがあったとされる。

イタギを使って漁をするのは、その池のある村に住む一般農家の人たちであり、淡水漁師や他所からフダウチにやってくるような人ではない。そのためイタギ漁は村人のための漁であるとされ、村人総出の漁の様相を呈する。技術的にも単純で誰にでもでき、しかも勇壮でおもしろい漁であるとされる。

投網が終わると、水利委員の合図を待って、男たちは褌ひとつになって池の中に入ってゆく。ユル（排水栓）は池の底から三・四〇センチ上のところにあるため、ユルを抜いてもすべて水が抜けるわけではない。そんなときおこなわれるのがイタギである。水深が三・四〇センチしかないため、大きな魚だと水面の様子や水音でおおよそ潜んでいる場所がわかる。それを目がけてイタギを被せる。イタギの中に魚が入ると、その側壁に当たる感触でわかる。そうすると、イタギの上口部から手を入れて魚を掴み取る。

このイタギ漁はゴミタテにとって重要な意味を持つ。多くの人が夢中になって池の中をイタギを突いて回っていると、池の底に溜まったドロやゴミが沸き立って水がどろどろに濁る。そうしておいてから、水利委員が池の底にあるセッケツと呼ぶ栓を抜く。そうすると、ドロやゴミは水とともに押し流されてきれいに排水される。これがゴミタテの仕組みである。

こうしたイタギ漁のおこなわれた日には、池之尻は村中がフナやコイを焼く匂いでいっぱいになる。このとき取れた魚は、その日のうちにすべて食べてしまうことはできないため、それぞれの家でいったん焼いてから天日で乾燥させ保存しておいた。


こうした水田乾燥期中の漁は、事例2・事例3に示したように、用水路や溜池を共有する村または水利組合などの農家集団によっておこなわれたり、または入札によりその権利を第三者に売ることでその村または農家集団全体の利益（金銭収入）にしたりする。漁自体は、カイボシなど能動的で労力を多大に必要とするものであることが多い。

このとき、こうした労力投入型の漁がおこなわれる背景に注目しなくてはならない。そうした背景のひとつに、農閑期における農家の余剰労働力の存在がある。多くの場合、こうした時期は、縄ないなどの藁仕事のほかは、農繁期に比べると稲作作業にかかる労力は少ない。そうした余剰な労働力があるからこそ、はじめて労力投入型の漁が可能になるといってよい。

こうした漁により漁獲される魚は多量に上り、それは稲作社会を維持する上で大きな意味を持つ。ひとつには、金銭収入として水利組合など稲作社会にとって不可欠な農家集団の維持運営に使われること。

そして、もうひとつの意味としては、稲作社会における社会的・精神的な統合に大きな役割を担っていることが上げられる。それは、事例２（小山市網戸）に見られたオベッカに象徴されよう。網戸の場合、網戸用水は水利の要である。秋、水田に水が必要なくなると、網戸用水から水を落としてしまう。そのとき、集落単位で用水路の掃除と堰板の片付けをおこなう。この作業は村仕事として一軒につき一人の労力を出さなくてはならない。そうした片付けとともに、用水路の各堰に残る水溜まりにおいて共同でカイボシ漁をおこない、そこで取られた魚は作業の終了後オベッカと呼ぶ共同飲食に用いられることになっていた。後には、そのときの堰におけるカイボシの権利を入札により特定個人に売るようになっていったが、そのときの収入は当然集落全体のものとなり、やはり網戸用水の管理維持およびそれに関連する共同飲食の費用の一部となった。

こうした水田乾燥期の漁撈に用いられる漁具は、魚伏籠・ウナギカキ・大型のウケ（カイボシ漁用）・手掴みといった、人による直接的な魚への働きかけを伴う漁具が主となる。水田用水期には省力型で受動的な小型陥穽漁具が主となったのに対して、水田乾燥期の場合は労力投入型で能動的な漁法が多く用いられている。

漁法としては、同じ場所では一年に一回しかおこなえない一回性のものが多く、そのかわり一回当たりの漁獲量は水田用水期の漁に比べると格段に多い。ただし、一回性とはいっても、やはり水田用水期の漁と同様に、稲作が営まれるとともに一年をサイクルとして、その漁場としての機能は更新されていく。カイボシのように一時的に水界からすべての水を排除しておこなうような大規模で、かつその水界中の魚を一網打尽にしてしまう漁であっても、次の年には水や魚はまた元通りになり、同じように漁が可能な状態に戻っているという[12]。それは必ずしも定量的に確かめられたことばかりではないが、そうした環境に対する認識はその土地に稲作を営みながら長く暮らしてきた人びとのものだけにかえって信頼度は高いと考える。

これまで述べてきた水田乾燥期におこなわれる水田漁撈の技術的特徴を、水田用水期の漁撈と比較して示すと、以

	水田用水期の漁	水田乾燥期の漁
漁　　　期	4月から9月 （稲作の農繁期に対応）	10月から3月 （稲作の農閑期に対応）
漁　　　場	水田が主 （稲作作業により漁場性が更新）	溜池や用水路が主 （一年をサイクルに漁場性が更新）
漁　　　法	ウケなど陥穽漁法の多用	カイボシ漁法に代表
漁の特徴 ①	受動的漁法	能動的漁法
②	省力型	労力投入型
③	ノボリ・クダリといった水田水利のあり方を利用する漁法	落水・減水期といった気象および土地条件を利用する漁法
④	産卵習性など魚介類の生理生態を利用する	農閑期の労働力を利用
⑤	一回あたりの漁獲は少ない	一回あたりの漁獲は多い
⑥	同一の場で繰り返し可能な漁	一回性の漁
⑦	個性的な漁が主	共同漁がおこなわれること
漁法選択の背景 ①	稲作をめぐる用水管理が頻繁	水田用水系からの水の排除
②	農繁期で忙しい	農閑期で余剰労力がある
③	稲作作業による規制が大きい	稲作作業による規制は少ない
魚の処理 ①	ケの食材に利用	ケの利用とともに、ハレの日の供物食物にも利用
②	保存食化されることは稀	保存食化されること大
③	スシに代表される発酵保存 （一部地域にのみ存在）	焼き干しに代表される乾燥保存
処理法選択の背景 ①	一度には少ないが、繰り返しもたらされる漁獲	一度に大量の漁獲
②	温暖な気象条件 （乾燥保存は不適、発酵保存は適）	冷涼で乾燥した気象条件 （乾燥保存に好適）

総論－1表　水田漁撈の方法
—水田用水期と水田乾燥期の対比—

下のようになる（総論―1表参照）。

①能動的で労力投入型の漁法が主となること。

②個人的な漁とともに、村や農家集団において共同で漁がおこなわれること。

③農閑期の余剰労働力を背景に、大規模な漁撈がおこなわれること。

④一回性の漁となるが、一度に多量の漁獲がもたらされること。

⑤毎年稲作が繰り返されることにより、水田用水系の漁場としての機能は更新され、水田漁撈も一年をサイクルとして繰り返しおこなうことが可能となっていること。

五　水田漁撈の漁獲対象――水田魚類の存在

1　水田魚類とは――魚にとっての水田用水系の意味

水田漁撈により漁獲される魚介類は、ドジョウ・コイ・フナ・ナマズ・ウナギ・タウナギ・タモロコ・メダカ・タナゴ・タニシ・淡水二枚貝・淡水エビ・淡水カニなどである。こうした魚介類の特徴は、ひと言でいえば、水田用水系に高度に適応した生活様式を持つという点にある。それをひとまずここでは水田魚類と呼ぶことにする。[13]以下では、水田魚類について、稲作農民の民俗知識をもとにその特徴をまとめてみよう。

まず、水田魚類の水田用水系への適応のあり方として注目されるのは、ひとつには、水田用水系を産卵の場としている点である。ドジョウ、フナ、ナマズ、タニシなどがそうした魚介類の代表であろう。産卵期を迎えると、いわゆる「寄り魚」と化して水田用水系を目指す魚類である。フナやナマズのように産卵のために水田用水系にやってくる魚類のほかに、ドジョウやタニシのように水田用水系内で産卵し、かつ農閑期に水が排水された後も泥の中に潜ったりして水田用水系内で越冬するものもいる。

また、水田用水系と魚類とが明らかに連動して分布域を広げたと考えられる例がある（安室 一九八四）。栃木県を流れる思川流域では、第二次大戦後の食糧難時代を迎えると、畑作地帯であった上流域に新たに用水路が引かれ水田が拓かれたが、そうするとそれまでその地域には棲息していなかったドジョウが見られるようになったという。その後、食糧難時代を過ぎると、水田はもとの畑（コンニャク畑）に戻され、水田のための用水路は放置されたまま、ドジョウも姿を消した。

上流域には本来ドジョウが棲息していなかったにもかかわらず、ドジョウウケが農家に保存されていたのはそのためである。ドジョウは明らかに水田の拡大に連動して分布域を拡大したといえる。本来生態的に棲息に適していない地域にも水田ができることによってドジョウの棲息を阻んでいた環境条件が解除され、結果としてドジョウの棲息が可能になったといえる。

もうひとつ、水田用水系への適応のあり方として注目されるのは、水田魚類が水田用水系を棲息の場とする点である。ドジョウなどは水田用水系の中で産卵し、かつそこで一生を過ごすことも希ではないが、ウナギのように産卵場は海にあり、その後棲息の場を求めて水田用水系の中に入り込む魚もいる。ただし、フナやコイの場合は、棲息域や産卵場が水田用水系に限定されるものではないが、水田用水系があるからこそ、より多くの棲息が可能になっている場合もある。これは、そうした魚類にとって、より適した水温などの生理的条件を水田用水系が満たしているためであるといえる。

たとえば、ギンブナの場合、長野県佐久地方の水田養鯉地帯では、水田に養殖されるコイに随伴して、半養殖的に水田用水系で繁殖しているものがみられる（安室 一九九八ａ・ｂ）。この場合、ギンブナは、コイとは違って養殖対象にはなっていないにもかかわらず、コイが水田の中で養殖されるとともに自然に殖えていったものである。佐久平のような高冷盆地では自然の水界においてフナの棲息数はかなり限定されるが、水田養鯉のシステムに入り込むことにより、フナは多くの棲息を可能にしていたといえる。その結果、フナはターカリブナ（「田上がり鮒」または「田刈り鮒」）と呼ばれ、川などの自然水界ではなく、あくまで水田に棲息する魚であると住民には認識されていたのである。

魚類にとって水田用水系の持つ意味を問うとき、水田用水系の存在自体が内包する機能に注目する必要があろう。構造改善や土地改良がおこなわれる以前の水田は、たとえば先に例として掲げた思川流域の場合、下流域の水田稲作地帯においてさえ一枚がせいぜい五畝（五アール）程度の面積しかなく、小さいものは一畝にも満たないものが多かった。しかも、そうした水田は、むしろ方形のものは少なく一般に不定形で、その間を縫うように用水路が走っていた。また、山間の棚田稲作地においては、たとえば飯山市富倉のように、一軒の家の所有する五反（五〇アール）程度の水田が五〇～八〇枚にも分かれていたところもある（安室　一九九七ａ）。なかには、笑い話ではなく、自分の置いた蓑笠の下に隠れてしまうほど小さな水田もあったとされる。

そうした不定形で小面積の水田では、全体に畦畔が耕地に占める割合は高くなるが、畦畔の周囲（畦際）に集まる傾向（渡辺　一九七九）のあるドジョウにとっては、耕地面積に占める畦畔の割合が高いほど、より多くの棲息が可能になったといえる。

また、河川の下流域や湖岸に広がる低湿田地帯には、アゲタなどと呼ぶいわゆる掘り上げ田が作られたが、そうした掘り上げ田の場合、一枚の水田の脇にはその水田を嵩上げするために土を取った跡が水溜まり（ホリなどと呼ばれる）となって残っていた。また、そうした低湿田地帯には農閑期になっても十分に排水することのできないドブッタやヒドロッタなどと呼ぶ湿田が多くあった。そうした掘り上げ田に伴う水溜まりや一年中水の捌けない湿田は、やはり魚介類にとっては越冬も可能な格好の棲息場所となっていた。

また、山の沢水などを用水源とする山間の水田には、必ずといってよいほどにヌルメやマワシミズなどと呼ぶ温水装置が作られていた。ヌルメとは沢から入る冷水をいったん溜めることで陽に当て暖める水田（温水田）のことであるが、用水を田渡しでやり取りする関係にある何枚かの水田のうちもっとも上に作られていた。また、マワシミズはやはり冷水が直接田に掛からないように水田の畦際に手畦を築いて水をひと回りさせてから本田へと入るようにしたものである。

ヌルメやマワシミズはあくまでもイネのための温水装置ではあったが、同時に魚介類の繁殖や生理にも大きな意味を持っていた。本来その地域には水が冷たいために棲むことのできなかったドジョウなどの魚が、その地域に進出することができた背景のひとつとして、そうした稲作のための温水装置が機能したと考えられる（安室 一九八四）。

つまり昭和初期における基盤整備や土地改良される以前の水田地帯を見てみると、そこには不定形で細分化された水田、曲がりくねった用水路、クリーク、低湿田、掘り上げ田に伴う水溜まり、温水田といったものが存在した。そうした存在は基盤整備や土地改良の理念からすればイネの生産性のために排除されるべきもの、また稲作技術が洗練されればおのずと解消されるものであると考えられてきた。しかし、それは実のところ、その地域の自然環境、ことに魚類相に大きな影響を与えていた。水田用水系に適応して棲息域を拡大する水田魚類の存在が示すように、水田用水系は地域の魚類相を豊かにする上で大きな意味を持っていたといえる。

2　魚食とその意義

水田漁撈の方法が大きく水田用水期と水田乾燥期（水田用水期外）とに分けられることは前述の通りであるが、それにより漁獲される魚の処理についてもその時期区分は当てはまる。総論―1表に示したように、漁獲方法はもちろんのこと、魚食の位置づけや保存法といった点においても、水田用水期と水田乾燥期とでは対照的である（安室 一九九二c）。

水田用水期中に漁獲される魚は、多くの場合、二・三日中に自家消費される。とくにそうした漁がオカズトリ（安室一九八七a）と称されることをみてもわかるように、日常（ケ）の食料として用いられる傾向が高い。なぜなら、水田漁撈の方法で詳述したように、この時期の漁法は小規模ではあるが、同じ水田の中にあっても何度となくおこなうことができたため、漁具さえ仕掛けておけば期間中には毎日のように魚を手に入れることができたからである。

そのため、水田用水期には取った魚を保存処理して後の為にとっておく必要はない。また、保存するほど一回当たりの漁獲量も多くない。保存技術的な面からいっても、水田用水期は春から初秋にかけての暖かい気候のもとにあるため、水田乾燥期にみられる焼き干し法などによる保存処理には不適である。

ただし、産卵期を迎えて水田用水系へとやってきた魚を大量漁獲できる地域では、そうした魚をナレズシに代表される発酵法により保存するところもある。こうした淡水魚（とくに水田魚類）の発酵保存がなされるところは、民俗調査の報告で見るかぎり、全国的にはかなり限定されているといってよい。また、現存する地域では、儀礼食や祭の供物に用いられるなど、発酵保存した魚に何らかの民俗的価値づけがなされていることが多い。

そうした水田用水期中の魚食に対して、水田乾燥期中に漁獲された魚は、保存食化され、長期にわたる食料とされることがある。ひとつには、水田乾燥期の漁法が、溜池や用水路の排水に伴っておこなわれる大規模で一網打尽とするような漁法であるため、一度に大量の魚が人びとにもたらされるからである。しかし、そうした漁はその水界においては、一度おこなうとシーズン中には再度おこなうことができないものが多い。

つまり、一時に大量の魚がもたらされ、しかもそう何度もおこなうことができない漁であるため、そのとき取った魚を保存処理し長にわたる食料とする必要にせまられたといえる。農耕生活においては、不足しがちな食料とくに動物性たんぱく質の平均化の工夫のひとつとして位置づけることができよう。

水田乾燥期中の保存処理法として一般的なものは、焼き干しである。串に刺した生魚を囲炉裏で軽く火に炙ってからベンケイやマキワラなどと呼ぶ藁束に刺しては軒下や囲炉裏の上につるして乾燥させるものである。場合によっては、生のまま、またいったん茹でてから、魚を天日に干す場合もある。これらの保存法は、ひと言でいえば、乾燥法ということになるが、囲炉裏近くに置かれる場合は燻製の意味もある。こうした乾燥保存は、いわば、水田乾燥期（秋から冬にかけて）の寒冷で乾燥した気象条件を巧みに利用した保存法であるといえる。

こうしてベンケイなどに刺して保存された魚は、必要に応じて豆などと一緒に煮たり、また味噌汁に砕いて入れ、だし兼具として用いたりすることができた。そうして使った分はまた順にベンケイに刺しては補充していき、翌年の春頃まで場合によっては夏前まで使うことができたという。さらにいうと、焼き干しや煮干しにした小ブナやエビは救荒食料として桶などに入れて屋根裏や土蔵に保管することもあった。また、タニシの場合には、長野県のように救荒食料として郷倉に保存していたという伝承が残るところもある（長野県 一九九一b）。

もうひとつ水田乾燥期の漁獲物の特徴としては、ケ（日常）の食物として用いられるとともに、正月や秋祭りといった年中行事のハレ（非日常）の場において、儀礼食や供物として用いられることにある。長野市檀田（安室 一九八九b）のように、そうした魚介類を秋祭りのご馳走としているところは全国に多い。また、先に示した小山市網戸のように、村（または水利組織）の共同作業として、用水路の整備とともに漁がおこなわれ、そのとき取った魚が村人の共同飲食に用いられるところもある。

六　水田漁撈の意義

これまで論じてきたことをひとまずまとめると、水田漁撈の民俗学・歴史学的な意義として以下の四点を指摘することができる。ただし、ひと口に日本における水田漁撈の意義を論じるといっても、当然、気候や地形といった自然環境および水利段階など歴史環境を異にする多様な稲作地が日本列島には存在するため、それらをすべて同列に扱うことはできない。

たとえば、先に記したように、稲作地それぞれの自然条件や水利段階に応じて、水田用水期の漁撈に比重をおくところと水田乾燥期の方を重視するところという差がでてくるし、また水制御段階の低い低湿な水田地帯では労力投入型の能動的な漁法が多くなるのに対して、高度に水利の発達したところではノボリ・クダリに対応する小型定置陥穽漁具のような省力型で受動的な漁法が発達する傾向にある。

そのため、ここでは日本を微視的に眺めたときに問題となることではなく、もう少し大きな視点から水田漁撈が内包する潜在力といったものを日本列島という括りで論じることにする。

⑴自給的生業（動物性たんぱく質獲得法）としての重要性

水田漁撈の意味を問うとき、まず第一に挙げられる点は、稲作民における自給的生業活動としての意義である。中でもとくに動物性たんぱく質の獲得法としての重要性に注目しなくてはならない。

水田漁撈の漁期は大きく水田用水期と水田乾燥期とに分けられるが、それぞれ漁獲原理を変えることにより、食料としての魚を一年間を通して平均化することが可能になっていた。水田からもたらされる米と魚介類との組み合わせは、稲作民の食生活における栄養バランスの問題をかなりの部分解決することができると考える。[14]

本章に復元した昭和初期は、生計上の意義という点でいえば、かなりの部分において商品経済が農村部にも浸透しており、水田漁撈が稲作地における主たる動物性たんぱく質の獲得法であったとはいえない。

しかし、農家経済簿の分析（安室　二〇〇三）や聞き取り調査による限り、当時の稲作農家の食生活とくにケの食物に関してはかなりの程度まで自給性が保たれていたし、また水田漁撈に関する伝承の豊富さを考えると、日本において水田漁撈は稲作地における自給的生業活動として一定の意義を有していたと考えることはむしろ自然なことだといえよう。また、その重要性はおそらく商品経済の浸透と反比例するかたちで、時代を遡るほど大きくなっていくと考えられる。

また、これは次に述べる金銭収入源としての重要性とも関わる問題であるが、自給的生業活動としておこなわれてきた水田漁撈は、長野県のような内陸地において、水田養魚へと展開し、商品としてのコイの生産という性格を強く持つに至ったところもでてくる（安室 一九九八b）。自家消費の範囲を越え、商品経済・貨幣経済の浸透に対応した近代における農家経営のあり方を示す一例といえよう。

⑵金銭収入源としての重要性

第二点目は、水田漁撈の持つ金銭収入源としての意義である。これは、水田漁撈の意義が個人または家の自給的生業活動から村社会（水利社会）全体のものへと拡大していったときにみられるものである。その場合、水田漁撈の場は、個人の所有となる水田ではなく、村や水利組織で共有（総有）する溜池や用水路であることが多い。共有される溜池や用水路は水田に比べると大規模で漁獲量も多いため、より金銭収入源としての性格を帯びやすいといえる。

たとえば、先に示した栃木県小山市網戸や長野県大町市海ノ口（安室 一九九二b）では、共有する溜池や用水路を利用した漁撈には入札制が導入されており、入札金は村や水利組織の収入となっていた。また同様に、香川県観音寺市池之尻（安室 一九九〇b）や神奈川県横浜市鶴見区獅子ケ谷（安室 一九九五a）では、溜池を利用して村や水利組織が主体となって養殖業を営んだり、また養魚権を町の養殖業者など第三者に売っては収入を上げたりするようにもなった。

当然、そうした収入は村や水利組織が管理する溜池や用水路の管理維持費に充てられる。そうした公共性の高い溜池や用水路では、個人または家レベルの自給的生業活動よりも、村や水利組織の利益が優先されていたといってよい。
そうした村や水利組織レベルの動向に対して、個人のレベルにおいては、元来自給的性格の強い水田漁撈が水田養魚へと展開し、さらにそれが大正から昭和にかけての養蚕不況を機に、養蚕に代わる稲作農家の現金収入源として一時期大々的に普及するところもでてくる（安室　一九九八b）。ただし、こうした個人レベルの動向は、長野県のように内陸地にあって、農家経営が養蚕業にかなりの部分依存していた稲作地において顕在化したものであり、日本全体に一般化できることではない。

(3)水田漁撈が生み出す社会統合（稲作水利社会を支える共同性の確認と強化）

先に第二点目として指摘したことは、水田漁撈が稲作社会（水利社会）の統合に果たした役割とも関連する。共有（総有）空間である溜池・用水路における漁撈や養魚の権利を売り、水利を共有する村や農家集団全体の利益にしようとする発想の根本には、水田漁撈が稲作社会の統合に果たした役割の歴史がある。先に示した小山市網戸の事例はそれをよく物語っている。

網戸では、用水路の漁撈に入札制が導入される以前は、各家から必ずひとりずつが出て用水路整備の村仕事をおこなうとともに、村人共同のカイボシ漁とその時取った魚を用いたオベッカと呼ぶ共同飲食が一連の行事としておこなわれていた。用水路の整備やカイボシ漁には男が参加したが、女もオベッカの賄い方として出る必要があった。村の規約では各家一人ずつということになってはいても、結局のところ一軒の家から男と女が出ることになるため、この行事はまさに村人総出の感があったとされる。こうした事例のほかにも、溜池における漁撈がその水を使う村人の共同でおこなわれたところは日本各地にみられるし、そうした共同漁が村の祭礼と結び付く場合もある。[15]

この場合、水田漁撈は、水を共有する人びとが、一年に一度、稲作社会（水利社会）における連帯の必要性を確認する機会として機能していたということができよう。共同の水利作業と共同漁および共同飲食が一連のものとしておこなわれることの社会的意義がそこにある。水田漁撈は、水利関連の共同作業とともに村仕事のひとつとされるが、それは道普請のような共同労働の意味にとどまらず、娯楽の側面も併せ持つことに注目しなくてはならない。共同でおこなわれる水田漁撈は、たとえるなら村民運動会のような役割を果たしていたといえる。

こうしたことを考えれば、水田漁撈が稲作社会における社会統合を生み出し、またそれを維持するひとつの契機になっていたといってよかろう。とくに、水田漁撈が社会統合と結び付く傾向は、水利が高度に発達した稲作地つまり水利において高度な共同性が要求される稲作地ほど高い点は注目しなくてはならない。先に事例2として取り上げた小山市網戸や事例3の観音寺市池之尻は、まさにそうした高度な水利社会の典型である。

⑷水田漁撈の娯楽性

昭和初期という時代は、水田漁撈の技術的な面でいえば、まさにクライマックスを迎えた段階にあった。水田内におけるウケの敷設方法（総論―4図）にみられるように、稲作をめぐる水管理のあり方に対応して、水田漁撈の技術はじつに精緻な段階に達していた。

しかし、先にも示したように、その自給的生業活動としての意味は商品経済の農村部への浸透に反比例して低くなっていたと考えられる。では、そのように自給的生業活動としての意味が薄れるなか、技術的にはむしろますます高度化し、かつその後においても、こうした水田漁撈の技術が伝承されていったのはなぜか。

そのとき考えなくてはならないことが、水田漁撈をおこなう人びとの心性についてである。これが水田漁撈の持つ第四点目の意義である。

水田漁撈が技術的にはクライマックスを迎えつつ、一方で水田漁撈が金銭収入源となり水田養魚へと結び付く方向性をたどったのとは別に、全体的には自給的生業活動としてその意義を低下させていったことは否定できない。しかし、そうした全体的傾向のなかにあっても、なおそれが伝承として豊富に残されているのは、単調な稲作労働に従事しつつ人々はある種の娯楽性を水田漁撈に見いだしていたからだといえるのではなかろうか。

筆者の経験でも、単調な民俗調査の最中、それまでの様子とはうって変わり、じつに生き生きと楽しそうに田圃での魚取りについて話し始める人は多い。まさにマイナー・サブシステンスの持つ娯楽性であろう。[16]

そして、水田漁撈にみる娯楽性は、個人のレベルにとどまらず、稲作社会における人と人また家と家の社会統合にも一役買っていたことは、第三点目の意義として指摘したとおりである。さらにいえば、小山市網戸や観音寺市池之尻のように、水利が高度に発達した稲作地ほど、そうした水田漁撈の持つ娯楽性が稲作社会の精神的統合に利用されやすいという傾向が読みとれる。

七　稲作史の再検討——生計維持システムとしての水田稲作

1　水田漁撈を支える思想

ひと言でいえば、水田漁撈を生みだし伝承させてきた根本には、民《みん》（私《わたくし》）の論理がある。水田漁撈の意義を生業活動にみるにしろ、また娯楽に見いだすにしろ、それは民の側の論理にあるものである。

ここでいう民とは、自ら水田を耕し、また水田漁撈をおこなって生計活動とする生活者を指している。また、次に挙げる官《かん》（公《おおやけ》）とは、そうした民を政治的また制度的に指導する階層を指す。言い換えれば、農政において稲作日本を主導した人および組織である。[17]

民の論理に対して、官の論理では、水田漁撈は明らかに排除の対象となる。なぜなら、イネの生産性に視点を置くなら、水田漁撈はマイナスの活動として為政者には受け止められていたからである。

たとえば、水田の魚を取るため水田用水期中にわざと畦を切って水を落としてしまうことは全国的にごく当たり前に見られることであるが、それは官の目にはイネに悪影響をもたらすものと映っていた。それに対して、民の論理では、魚を取るために半日くらい水田の水を切ってしまってもイネは生命力の強い草なので大丈夫だとされる。また、西表島の例（安室　一九九四ａ）にみられるように、ミズグモリと呼ぶ水田中にできる水溜まりは、重要な水田漁撈の場となっていたが、官としてはイネを植えることのできない空間として一刻も早く無くしてしまいたいものであろう。つまり、耕作者の反稲作的行動と水田構造上の非効率性の両面において、官の側から水田漁撈は排除の対象となってしまう。

以下の史料はそうしたことをよく示している。水田漁撈が記録として歴史史料に残されることは稀であるが、その残された記録はことごとく官が水田漁撈を規制するためのものである。以下、いくつかの史料をあげてみよう。

旧花岡村（長野県諏訪地方）における寛政九年（一七九七）の『猟業御廻状書写帳』（小林　一九六〇）には、

一、請場相止候ニ付自然植田等江網打又ハ夜中田之あと等損し致当テ網候類之儀制候為ヲ以来揚魚之節ハ水つき之場所村方より番人付置役人共昼夜相廻り候右躰之義又ハ調義取致シ候者於有之ハ不依誰相改右道具取押名前承り届可申出候

と記されている。これによると、魚を取るために水田の中で投網を打ったり、水口を壊したりすることを禁じ、その禁を犯したものについては村役人が道具を押収してその名前を報告すべしとしている。

花岡村に近い小坂村においても、明治三年（一八七〇）の『小坂村諸猟業触書留』（小林　一九六〇）には、

一、上り魚之節植田江網打亦は田之あと等損し当網等いたし□儀停止之事

と記されており、やはり水田漁撈は官により明確に禁止されている。

また、近世における南西諸島の農業事情を示す『農務帳』（具志頭　一七三一年〈享保一六年〉）によると、「農事手入」のあり方として、

一、稲刈後魚、鰻取抔畦切損候ハヽ、旱差当候節可耕様難成時節取失可申候間、右之仕方可差留事

とある。これは、稲刈り後にウナギを取ろうとして畦を壊してしまうと、水田が乾燥して耕作ができず農作業の適期を逸してしまう恐れのあることを戒めるものである。

同じ南西諸島の例として、近世後期（年不詳）の『田地奉行規模帳』（仲吉　一九三二）には、

魚鰍取得方に堰切倒又は耕方之□水相下り候儀、厳重取締可致候

とある。

さらに、近代に入ってからも、『農務帳』とほとんど同様の記述が明治七年（一八七四）の『八重山嶋農務帳』（冨川　一八七四）[18]に繰り返されているし、また明治二十五年（一八九二）に喜屋武間切地頭代の玉城三平が島尻役所に提出した『耕作上に関する村内法』（仲吉　一九三二）をみると、

一、田方より魚を捕る為め網を放ち作毛を害するものは、十銭以上一圓以下の科金申付、他村他間切の者は其村屋番所へ引渡、同断の科金徴収候事

とあるように、水田漁撈を厳しく戒め、それを犯したものに対する罰金の規定まで作っていたことがわかる。[19]

こうしたとき、たとえば、筆者が琵琶湖畔の低湿地帯で出会った「田にイネは植わっておりさえすればええ（収穫できてもできなくてもよい）」（安室　一九八七ａ）という人びとの存在や、また向山雅重が記録した「イネを作るよりフチ（水田の水口付近にできてしまう水溜まり）のほうがよい」（向山　一九七二）という民の声は、おそらく官の耳目には入ってこないし、また聞き及んだところで、それは官としては戒めるべき民の悪行・弊習ということになってしま

う。低湿田や水田の中の水溜まりが魚の宝庫であり重要な漁場であるとする民の認識との違いは明瞭である。明らかに水田漁撈を支えてきたのは民の知恵であるといってよかろう。

先に掲げた歴史史料にみられるような官による規制の存在は、反対からみれば、水田漁撈が米の収穫に影響を及ぼすほど頻繁におこなわれていたことの証であるとも考えられる。また、そうした規制が長野県や沖縄県において近世から近代にかけて繰り返しなされたにもかかわらず、現在に至るまで水田漁撈の技術が伝承されてきたことからは、まさに民における水田漁撈の重要性を読み取ることができよう。

2　水田漁撈の広がりと歴史的深度

水田漁撈はかつて日本各地の稲作地でおこなわれていた。総論―2表に示した筆者の報告以外にも、何人かの研究者により興味深い報告がなされている。いくつか事例を上げれば、宮城平野の広瀬川流域では「ドジョウボイ」または「ドジョウズ」と呼ぶヤナに似た方法で堀のドジョウを簀に追い込んで取っていた（中富 一九九〇）。また、宮崎平野（小野 一九六六）や奈良盆地（浦西 一九八一）では溌漑用の溜池において村人総出による大規模な漁撈が毎年定期的におこなわれていた。このうち奈良盆地では溜池の漁撈権が村儀礼「雨よろこび」に際して入札にかけられていた（野本 一九九三）。この他、埼玉県南部の綾瀬川水系では水田に上ったナマズを鋸で叩き取る「ナマズブッキリ」（安斉 一九八〇）と呼ぶ漁がおこなわれており、また同様に山陽地方（岡山県）では水田に上ったナマズを鉈で叩きとる漁を「ナマズキリ」（湯浅 一九七七）と呼んでいた。

さらに、こうした事例は日本に限らず、筆者の手元にある文献だけを見ても、中国（長江水産研究所ほか 一九六六）・フィリピン（八幡 一九五九）・インドネシア（五十嵐 一九八四）・ラオス（大西ほか 二〇〇一）・カンボジア（東 一九九六）・タイ（石毛・ラドル 一九九〇）・インド（ホーネル 一九七八・安藤 二〇〇〇）といったアジアの水田稲作圏の国々でも水田漁撈はかなり一般的なものであることがわかる。

とくに興味深いものにカンボジアのトンレサップ湖周辺の低湿地に住むクメール人の事例（河岡 一九七六）がある。彼らは二月から五月にかけて村落単位で湖沼地帯に移動して、その三か月間に浮き稲を栽培しながら漁撈活動をおこなうという。彼らにとってイネの神と魚の神は同一のものであるとされる。この事例などは、稲作民と漁撈民、水田と漁場、さらにそれに対応する神観念までが、まさに生業複合的な状態で存在していることを示すものといえよう。

写真総論－３　ウケ－中国雲南省麗江－

また、食習俗に関連した分野でいえば、広くアジアの稲作圏において魚醤・ナレズシの研究をおこなっている石毛直道とケネス・ラドルによると、インド亜大陸より東の水田稲作地域には、漁業の一類型として「水田漁業」と呼びうるものが存在し、とくに東南アジア大陸部の平地においてその傾向が著しいとされる。しかも、そうした魚と米がセットになった水田漁業の中からナレズシが起源したと推定している。さらに、水田漁業の研究は食習俗にとどまらず、水田農耕の生活様式を考える上で重要な問題であることを指摘している（石毛・ケネス 一九九〇）。この他、食習俗からみたときの水田漁撈の重要性の指摘は、日本の輪中地帯における魚食を調査した日比野光俊においてもなされている（日比野 一九九三）。

このように見てくると、水田と漁撈との関係は日本にとどまらず、水田稲作圏すべてにかかわる問題であることがわかる。

総論―2表　水田漁撈の方法一覧

漁具分類	漁具名（漁法）	調査地	仕掛け場所	魚	出典
筌	ドジョウウケ（同上）	長野市檀田	水田の水口	ドジョウ	（安室一九八九b）
筌	オケ（同上）	長野県長野市犬石	溜池の排水時	エビ	（安室一九九五b）
筌	ドジョウウケ（ノボリ）	栃木県鹿沼市酒野谷	代掻前の水田	ドジョウ	（安室一九八四）
筌	ドジョウウケ（ノボリ）	栃木県鹿沼市野尻	用水路の水入れ時	ドジョウ	（安室一九八四）
筌	ドジョウウケ（ノボリ）	栃木県粟野町北半田	田草取り時分の水田	ドジョウ	（安室一九八四）
筌	ノボリウケ（ノボリ）	栃木県粟野町細尾	用水路の堀干し時	ハヤ・ヤマメ・カジカ他	（安室一九八四）
筌	ウケ（クダリ）	栃木県粟野町深程	田植直後以外の水田	フナ	（安室一九八四）
筌	ドジョウウケ（クダリ）	栃木県粟野町深程	水田の落水時	フナ・ドジョウ	（安室一九八四）
筌	ウケ（同上）	栃木県粟野町小金沢	田植時の水田	フナ	（安室一九八四）
筌	カゴウケ（同上）	栃木県小山市生良	田草取り時の水田	ドジョウ	（安室一九八四）
筌	タチウケ（同上）	栃木県小山市生良	田草取り時の水田	ドジョウ	（安室一九八四）
筌	ドジョウウケ（ノボリ）	栃木県小山市網戸	水田の水入時・田草取時	ドジョウ	（安室一九八九a）
筌	ドジョウウケ（クダリ）	栃木県小山市網戸	夕立時・稲刈前の落水時	ドジョウ	（安室一九八九a）
筌	フナウケ（クダリ）	栃木県小山市網戸	水田の中干し時	フナ	（安室一九八九a）
筌	ドジョウウケ（アキクダリ）	栃木県小山市網戸	稲刈後の水田	ドジョウ	（安室一九八九a）
筌	カイホシウケ（カイホシ）	栃木県小山市網戸	用水路の堀干し時	コイ・ナマズ・ウナギ他	（安室一九八四・八九a）
筌	ドジョウウケ（クダリ）	栃木県小山市上生井	水田の中干し時	ドジョウ・フナ	（安室一九八四）
筌	ドジョウウケ（アキクダリ）	栃木県小山市上生井	稲刈後の水田	ドジョウ	（安室一九八四）
筌	タカッポウ（同上）	栃木県小山市下生井	冬の低湿田	ウナギ・ナマズ	（安室一九八四）
筌	ドジョウウケ（クダリ）	栃木県小山市白鳥	夕立にあった水田	ドジョウ	（安室一九八四）
筌	ドジョウウケ（ノボリドジョウ）	神奈川県横須賀市衣笠栄町	水田	ドジョウ	（安室一九九六）
筌	ドジョウウケ（クダリドジョウ）	神奈川県横須賀市衣笠栄町	水田	ドジョウ	（安室一九九六）
筌	ドジョウド（同上）	神奈川県横須賀市池田	田植後の水田	ドジョウ	（安室一九九六）
筌	ウエ（同上）	滋賀県守山市木浜	水田の畦際	ドジョウ	（安室一九八七a）
筌	ドジョウカゴ（同上）	香川県観音寺市池之尻	水田の水口	ドジョウ	（安室一九九〇b）
魚伏籠	ウゲ（アカシ）	長野県大町市海ノ口	冠水した低湿田	フナ	（安室一九九二b）
魚伏籠	オウギ（同上）	滋賀県守山市木浜	冠水した低湿田	フナ・コイ他	（安室一九八七a）
魚伏籠	イタギ・ドウヅキ（同上）	香川県観音寺市池之尻	溜池のゴミタテ（排水）	フナ・コイ他	（安室一九九〇b）
網	ケイサンデ（同上）	長野県大町市海ノ口	水田の尻水口	フナ	（安室一九九二b）
網	タモ（特になし）	神奈川県横須賀市大矢部	溜池の排水時	フナ・コイ他	（安室一九九六）
網	ドジョウスクイ（同上）	滋賀県守山市木浜	水田のホリ（堀）	ドジョウ	（安室一九八七a）

網	張り網（ワタカオイ）	滋賀県守山市木浜	冠水した低湿田	ワタカ	（安室一九八七a）
網	サデアミ（同上）	香川県観音寺市池之尻	溜池のゴミタテ（排水）	コイ・フナ他	（安室一九九〇b）
刺突具	ヤス（ヒブリ）	栃木県小山市網戸	水田への水入れ時	フナ	（安室一九八九a）
刺突具	ハリ（ドジョウタタキ）	神奈川県横須賀市池田	田植前の水田	ドジョウ・フナ	（安室一九九六）
刺突具	ウナギカマ（同上）	神奈川県横須賀市大矢部	溜池の排水時	ウナギ	（安室一九九六）
刺突具	ツキ（同上）	滋賀県守山市木浜	冠水した低湿田	コイ	（安室一九八七a）
刺突具	ウナギカキ（ウナギカキ）	香川県観音寺市池之尻	溜池のゴミタテ（排水）	ウナギ	（安室一九九〇b）
手掴み	（ナワシロツブ）	新潟県上越市桑取横畑	苗代田	タニシ	（安室一九九九）
手掴み	（ドッジョトリ）	長野県長野市檀田	水田のヒイセギ（排水溝）	ドジョウ	（安室一九八九b）
手掴み	（特になし）	長野県長野市檀田	苗代田・稲刈後の水田	タニシ	（安室一九八九b）
手掴み	（特になし）	長野県長野市檀田	用水路の石垣	カニ	（安室一九八九b）
手掴み	（ヨケホリ）	長野県長野市田子	水田のヨケ（排水溝）	ドジョウ	（安室一九九四b）
手掴み	（ドジョウオサメ）	長野県長野市犬石	水田のヨケ（排水溝）	ドジョウ	（安室一九九五b）
手掴み	（特になし）	長野県長野市犬石	溜池の水落とし	コイ・フナ・エビ他	（安室一九九五b）
手掴み	（特になし）	栃木県粟野町小金沢	用水路の堀干し	ドジョウ・ウナギ	（安室一九八四）
手掴み	（タニシヒロイ）	栃木県小山市網戸	苗代田・田起こし前の田	タニシ	（安室一九八四・八九a）
手掴み	（ドジョウホリ）	栃木県小山市網戸	田起こし時の水田	ドジョウ	（安室一九八九a）
手掴み	（タニシヒロイ）	栃木県小山市白鳥	稲刈後の水田	タニシ	（安室一九八九a）
手掴み	（特になし）	栃木県小山市白鳥	冠水した低湿田	フナ他	（安室一九八九a）
手掴み	（カイボシ）	栃木県小山市白鳥	掘り上げ田のホリ（堀）	コイ・フナ	（安室一九八九a）
手掴み	（特になし）	茨城県茨城町下石崎	溜池の池普請時	フナ・ウナギ	（安室一九九五a）
手掴み	（カイホシ）	神奈川県横須賀市久里浜	アゲタ（揚田）のホリ（堀）	コイ・フナ・ドジョウ他	（安室一九九六）
手掴み	（カイホリ）	神奈川県横須賀市池上	水田のタマリ（水溜）	フナ・ウナギ他	（安室一九九六）
手掴み	（タニシヒロイ）	滋賀県守山市木浜	稲刈後の水田	タニシ	（安室一九八七a）
手掴み	（タンボツカミ）	滋賀県守山市木浜	冠水した低湿田	フナ・コイ他	（安室一九八七a）
手掴み	（タニシヒロイ）	香川県観音寺市池之尻	稲刈後の水田	タニシ	（安室一九九〇b）
手掴み	（ドジョウホリ）	香川県観音寺市池之尻	水田の水口付近	ドジョウ	（安室一九九〇b）
手掴み	（クモリカチ）	沖縄県八重山郡竹富町祖納	水田のミズクモリ（水溜）	フナ・ウナギ・エビ	（安室一九九四a）
手掴み	（特になし）	沖縄県八重山郡竹富町祖納	水田	タニシ	（安室一九九四a）
その他	ざる・蚕網（特になし）	長野県長野市田子	溜池の排水時	コイ・フナ・エビ他	（安室一九九四b）
その他	のこぎり・なた（オーニケリ）	沖縄県八重山郡竹富町祖納	田起こし・代掻した水田	ウナギ	（安室一九九四a）
その他	ざる（クモリカチ）	沖縄県八重山郡竹富町祖納	水田のミズクモリ（水溜）	エビ・メダカ	（安室一九九四a）

＊ここに掲げた資料は、筆者が一九九九年現在において自ら調査して入手したもの（既発表のみ）である。ただし、水田漁撈の行われた地点（集落）、漁具名、仕掛け場所、仕掛け方等が明確なものに限った。詳細はそれぞれ出典を参考にしていただきたい。

また、歴史的に見てもこの問題はかなり遡って考えてみる必要がある。その一例として、静岡県伊場遺跡出土のウケの発掘例（八木 一九七三・江上 一九七五）を上げることができる。このウケは七世紀後半のものと推定されている。ウケの発掘場所に注目してみると、それは低湿地性集落の「大溝」とされ、稲作に関連した人為的施設と考えられる。そうなると、そのウケの付設場所は日本各地の民俗事例と同様に、水田に付属した用水堀であった可能性が高い。また、古墳時代から飛鳥時代にかけての水田跡（大阪府長原遺跡）からはヤスが発掘されており、その形態および発掘状況から水田漁撈法のひとつであるヨボリ漁と関連するものである可能性が指摘されている（根木ほか 一九九二）。もし、そうであるなら、あくまで推論にすぎないが、本章で結論として上げたことはかなり時間を遡っても当てはまるのではなかろうか。さらに言えば、日本における稲作の受容の時期にまで遡って考察してみる必要があると筆者は考えている。

文化人類学者の佐々木高明は、明確に弥生という時代設定をして、当時の文化を構成する要素のひとつに水田漁撈をとり上げている。さらに、それを中国大陸から伝わった技術・習俗のひとつと位置づけている（佐々木 一九九三）。筆者は、これまでにも繰り返し指摘してきたように、水田漁撈の系譜・起源は当然稲作文化の起源と深い関わりを持つことは充分に民俗事例から推論することはできると考えているし、そうした時代にあっては文化の重要な構成要素のひとつになるとも考えている。[20] しかし、その系譜が大陸につながるものかどうかについてはまだ充分に検討する余地があるのではなかろうか。

九〇年代になってやっと考古学的な見地から、水田漁撈が弥生時代にあってはきわめて重要な役割を果したとする見解が出されるようになった（大沼 一九九二・根木ほか 一九九二）。とくに大沼芳幸は網が多用される「縄文的漁法」に対して、ウケに代表される水田漁撈を「弥生的漁撈」と位置づけており注目される。ただし、「弥生的漁撈」という時代を限定的に捉えた言い方は今後の研究にはマイナスであると考える。近年の考古学の研究成果を概観しても水田稲作の起源には諸説あり弥生に限定されない可能性もあるし、何より大沼らが参照する事例自体が近現代の民俗事例であることを考えれば「弥生的」という括りでは、この問題を正しく認識しているとはいえない。今後、水田漁撈に関する研究を考古学的に進めるのであるなら、「弥生的漁撈」ではなく、「水田漁撈」ないしは「稲田依存型漁撈」とでもいうべきであろう。

さらにいえば、そうした考古学上の研究は、筆者がかねてから指摘しているように、まだ民俗事例からの推測の域を出ていない（安室 一九八四・一九九八b）。現時点では、民俗事例を無批判に弥生時代にまで遡って解釈することは許されなであろう。確たる発掘報告による検証が待たれるところである。

そうしたなか、近年注目されるものとして、環境史の視点から、考古学的資料を自然科学的な手法で分析し、水田漁撈の存在を立証しようとする動きが見られる。魚類学者の中島経夫は、弥生時代の遺跡から発掘されたコイ科魚類の咽頭刺を分析し、沖合から魚を誘導する装置として湖岸の水田用水系（人為的エコトーン）が機能したことを指摘している（中島 二〇〇二）。また、自然地理学者の宮本真二と渡邊奈保子は、ナマズ科魚類の動物遺存体情報をもとに、縄文から古代にかけての西日本におけるナマズ科魚類の分布が沖積平野の発達と関連がることを示すとともに、今後の課題としながらも、弥生時代以降の水田開発とナマズ科魚類分布とのかかわりについて予見している（宮本ほか 二〇〇二）。

3　稲作史の再検討――生計維持システム（複合生業論）の視点から

水田漁撈に注目すると、稲作の技術や生産力の発展また社会経済体制といったいわゆる稲作単一史観とは違った、新たな視点から日本における稲作の展開史について論じることができると考える。筆者がここで試みるのは、生計維持システム[21]の視点に立った稲作の展開史である。

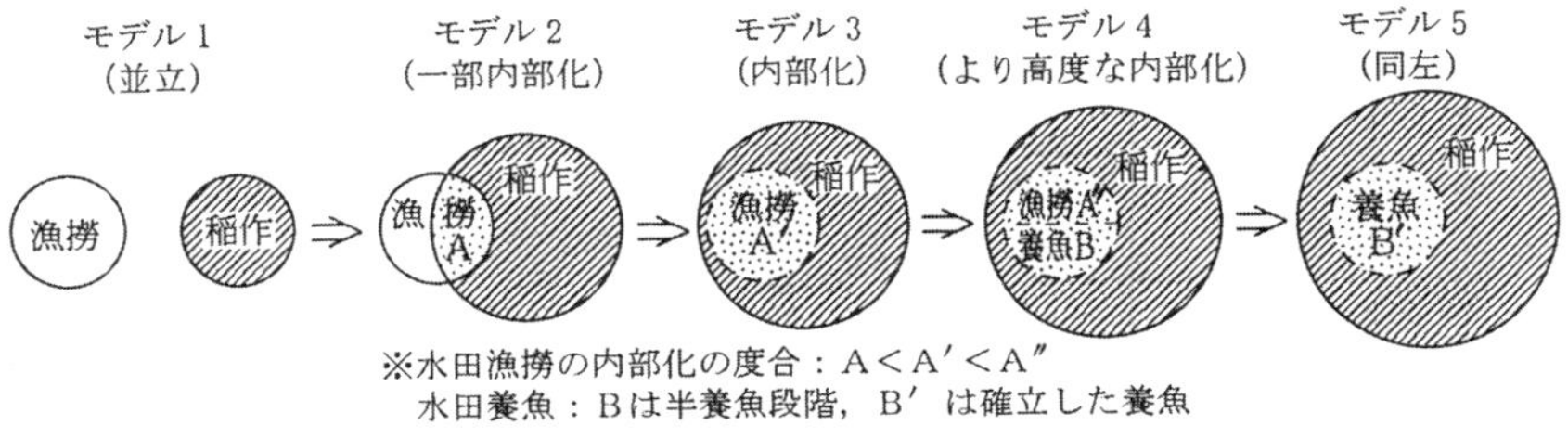

※水田漁撈の内部化の度合:A<A′<A″
水田養魚:Bは半養魚段階,B′は確立した養魚

総論－5図　〔稲作―漁撈〕関係の歴史的展開

なお、この点については水田二毛作や畦畔栽培といった水田畑作や水田採集とともに、別稿（安室　一九九一a・一九九七a・一九九八b）において詳述しているので詳しくはそれを参照していただきたい。以下では、本章の趣旨に沿い、稲作と漁撈との関係に論を絞って、稲作の展開史について簡単にその要旨だけを述べることにする。

本章において時間軸とした昭和初期までの日本における稲作史についていえば、その基本は拡大展開にあった。昭和初期には、水田率が九〇パーセントを超えるような極端に稲作に特化した地域が各地に形成された。そうしたとき、日本人をして稲作の拡大へと向かわせた原動力のひとつに、言い換えれば日本人が稲作を積極的に選んでいった要因のひとつに、水田漁撈があったと考えるものである。

水制御に代表される稲作の技術水準が上がり、その結果として稲作への特化が進んでいくと、必然的に稲作活動は時間・空間・労力のすべての面で人びとの生活を規定する割合を高め、稲作労働への集中化を生み出すことになる。稲作に適した条件を備えたところでは、自然環境は稲作により改変され、ことに水界は水田用水系へと整備されていく。必然的に、稲作とは別におこなわれていた漁撈活動は、労力的・時間的にその余裕が失われていく。つまり生業全体に占める稲作の重要性が他生業に比べて突出して大きくなった結果として、稲作活動に忙しくて、とても他の生業活動（たとえば自然水界での漁撈）まで手が回らなくなってしまう。

そうしたとき、稲作民が生計を維持するためにとった戦略が、稲作による他生業の内部化（稲作論理化）であるといえる。稲作への内部化は、漁撈であれば水田漁撈や

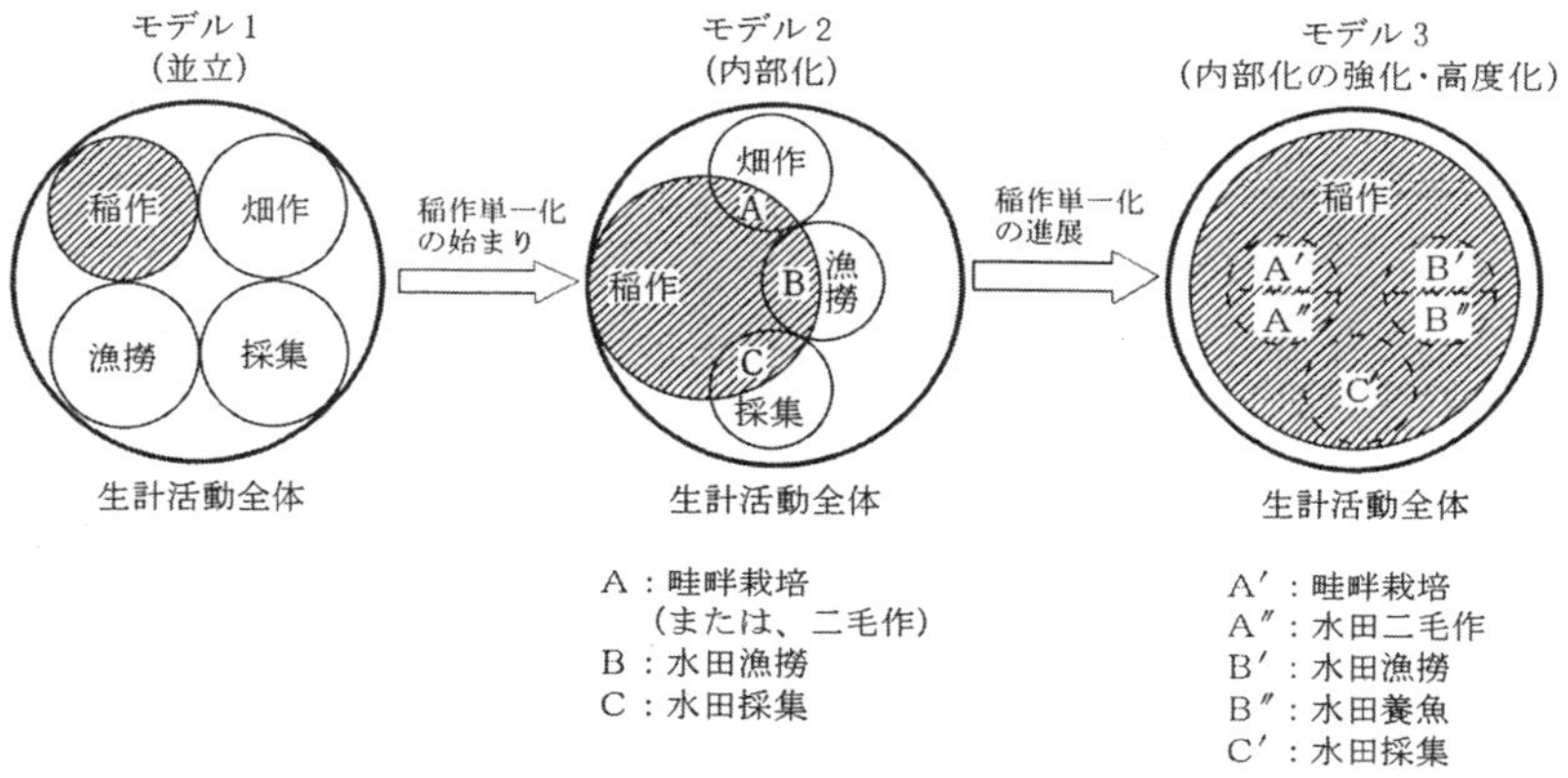

総論－6図　稲作地における生計維持システムの歴史的展開

水田養魚といったかたちでおこなわれる。つまり水田を稲作の場として選択したことが、稲作という生業に漁撈など他生業を内部化するための力を与えたということができよう。そうした水田の潜在力があるからこそ、日本において稲作が文化的・経済的に大きな影響力を持つほどに特化できたと考えられる。

水田漁撈に代表される稲作による他生業内部化の知恵は、商品経済・貨幣経済の進展といった歴史の大きな流れの中にあっても、比較的遅くまで日本の稲作農家が食料の自給性を維持することができた要因として指摘できる。また、そうした稲作に内部化された他生業の存在は、自給性を維持しながら稲作に特化するという、いわば矛盾した生計維持のあり方を可能ならしめた最大の要因であるといえよう。とくに水田漁撈が動物性たんぱく質の確保に果たした役割は大きかったと考えられ、日本稲作が有畜形態を明確にはとらなかったのも、こうした背景があってのことであるといえよう。少なくとも、水田漁撈がおこなわれていた以上、一般にいわれるように近代まで稲作農家では栄養上の問題として動物性の食物が極度に不足した状態にあったとは考えられない。

以上の点をまとめ、日本稲作の展開史について、漁撈活動との関係を示したものが総論－5図である。また、漁撈以外にも畑作、狩猟、採集といった生業活動を含んで、稲作特化への道筋を生計維持システムの変遷というかたちで理念化したものが総論―6図である。

こうした食料自給の志向性が崩れ、稲作＝米作（水田＝米作地）となり、水田からの恵み（水田漁撈に代表される内部化した生業活動）を手放してしまったのは、米の生産性と稲作労働の省力化を主眼とした近代農業のあり方および農村自体の変容（たとえば商品経済・貨幣経済の浸透による食生活の変化）によるものと考えられる。水田には昭和三十年代（一九五五）以降、大量の化学肥料や除草剤などの農薬および大型農業機械が投入されていった。その結果、水田にはもはやドジョウやタニシは棲まなくなり、また労働生産性に見合わない二毛作麦や畦豆の栽培は水田から姿を消していった。その是非は別として、その後の稲作はいわば工業論理化された稲作というべきものである。

おわりに

本章においては、水田漁撈の実態と意義について論じるとき、ひとまず空間軸を日本に、また時間軸を昭和初期（一九二六～一九三五）に設定しておいた。しかし、先にみたように、地域的広がりや歴史的深度からいっても、水田稲作文化と漁撈との関係は根源的なものがうかがわれる。その範囲は日本にとどまらず稲作圏全体に及び、かつ水田稲作をめぐる生活様式の根本とも関わる問題である。

今後の課題としては、水田漁撈は、漁撈類型のひとつとして歴史的にどのくらいまで遡りうるのか、また世界的にみるとどのような地域的広がりを持つのか、さらにはそうした地域的広がりのなかにあって各地の多様な環境条件下においていかなる受容のされ方をしているのか、そのとき日本における水田漁撈の普遍性と特殊性はいかなるものなのか、といった点を考究していかなくてはならない。

そして、その上でもう一度、水田漁撈の歴史的・民俗的意義を問い直してみなくてはなるまい。こうした問題を解決するには、民俗学的な調査研究だけでなく、今後は歴史学・考古学上の調査研究の成果を十分に検討しながら、同時に人類学や生態学といった関連分野を取り込んだ学際的研究が不可欠であると痛感する。

また、水田漁撈の究明は、水田稲作の歴史的展開構造を考える上で、ひとつの重要な観点になると筆者は考えている。水田漁撈を突破口にして、もう一度、柳田国男が挑んだ『稲の日本史』（柳田ほか　一九六九）の問題を考えてみたいと思う。

註

（1）従来、民俗学において民俗文化の類型化がなされるとき、時間概念の欠如が大きな問題として指摘されてきた。論じられている類型がいつの時点のものなのかを明確にしないまま、またときに意図的にそれが原始古代にまで遡りうるものとされてきた。時間軸を明確にして設定した類型が、論理的考察を経ることで、過去に遡ったり、また未来に続くものとして解釈されることはありえようが、民俗学における類型論の多くはそれ以前の問題であるといえる。

（2）漁撈技術や漁場水域による分類の他にも、漁撈により生計を営む村に注目して、漁村類型というかたちで、漁撈のあり方を分類することも可能であろう。また、それは漁業資本や漁業制度による分類とも関わってくる。これらについては、いくつもの優れた先行研究が社会学や地理学および経済史学を中心になされている。いくつか例を挙げてみると、「純漁村」「主漁従農村」「半農半漁村」「主農従漁村」「純農村」「漁業市場」といった農漁生産を指標とした六分類（青野　一九五七）は学史的につとに有名であるが、そのほかにも、漁場の利用形態および漁業権による漁村類型として、「専用漁業権の村」「特別漁業権の村」「定置漁業権の村」「区画漁業権の村」という四分類（潮見　一九五四）がなされたり、漁民層の分解と漁撈技術および漁場の所有形態の三要素から、「小生産的漁村」「資本的生産的漁村」「出稼漁村」「内水面漁村」に四分類される考え方も提出されている（小沼　一九五七）。しかし、ここでは漁村を対象とした類型化については深入りしないことにする。ひとつには、本章では、漁村の概念にとらわれず、漁撈行為そのものを通して類型化を試みようとするからである。また、多くの場合、こうした分類は、海附きの村を対象にしたものであり、さらにいえば、所与の前提として漁業を主生業とする家（村）を対象としたものとなっているからである。内水面の場合には、琵琶湖のように大水面に隣接し生計活動として特化した漁業を営む漁村のみが対象化されるにすぎない。こうしたことは本論に述べる民俗学における漁撈類型の問題にも共通する点である。

（3）ここでは、『明治前日本漁業技術史』（日本学士院 一九五九）の分類に従ったが、『日本水産捕採誌』（農商務省水産局 一九一二）においても、釣漁・網漁・特殊漁というほぼ同様な分類がなされている。

（4）たとえば、『日本の漁業』（平沢 一九八一）によると、沿岸漁業・沖合漁業・遠洋漁業という分類には明確な規定はあるわけではないとしながらも、以下のような目安を挙げている。沿岸漁業は日帰りか一日どまりの範囲の海域でおこなわれる漁業、沖合漁業は漁場が二・三日以内のところにあり出漁期間が一か月以内のもの、遠洋漁業は沖合い漁業以遠の漁場を利用するもの。

（5）ここでは、「漁撈」と「漁業」とは明確に使い分けている。すなわち、漁撈とは水中に棲息する生物（魚類・貝類・藻類など）を採補する行為自体をいい、漁業とは経済行為としての漁撈をいう。したがって、漁撈は経済性の有無は問われないのに対して、漁業は「事業あるいは産業として経営される」（末広ほか 一九六二）もので、とくに市場経済と結びついた概念である。

（6）たとえば、その代表に『原始漁法の民俗』（最上 一九六七）がある。そうしたとき原始漁法に関する明確な定義付けはなされていない。単に海面に比べると内水面は著しく技術革新の遅れた、つまり原始的なものが残存する「古い時代の漁法」という程度の意味で用いられている。そうした原始漁法という視点に立つと、桜田勝徳（桜田 一九五九）や竹内利美（竹内 一九八三）のように、研究者の関心はより古い時代へと向けられることになる。一例を上げれば、内水面漁撈具と狩猟具との類似性に関する問題への関心はその典型である。一見すると、本章の主題である内水面漁撈と水田稲作との関係性に関する問題と類似しているように捉えられようが、まったく違う視点に立っているといえる。

（7）川漁師は、セッショウ（殺生）などと他称されることをみてもわかるように、一般の農民とは区別され、またときに差別的な扱いを受けることが多い（栃木県立郷土資料館 一九七五）。川漁師の問題には、本章とはまた別の分析視点が必要である（安室 一九九〇a）。

（8）こうした点を明らかにした上で、筆者は、さらに水界への志向性や信仰および世界観といった要素を分析対象に取り込むことにより、高桑が主として海民の分析から抽出した「農民漁業」との合体を試みる必要があると考えている。

（9）一九八七年に邦訳された『古代中国の地方文化』（白鳥芳郎監訳）では、「水田漁撈」という用語が使われているが、内容的には水田での養魚活動に関する記述である。つまり、本章でテクニカル・タームとして概念規定している「水田漁撈」とはまったく異なる使われ方をしている。民族学者の山田仁史氏のご教授によれば、原典（ドイツ語版とその英語版）においては、「水田における漁撈

（ないしは養魚）」とされるべきもので、エバーハルトには「水田漁撈」という特別な概念はなかったとされる。日本語訳上の問題として、たまたま訳語と筆者の提唱しようとしている「水田漁撈」の用語とが一致しただけであるといえる。また、日本語訳が出された一九八七年時点ではすでに水田における漁撈活動に関する論考（安室　一九八四）を公刊しており、そうしたことも影響している可能性がある。

（10）　四月から九月までが水田用水期で、十月から三月までが水田乾燥期という区分は、あくまで日本における平均的な値にすぎない。南北に長い日本列島の場合、その地域差は大きいものがある。極端な例をあげると、沖縄県八重山諸島では、水田用水期と水田乾燥期の区分はそれぞれ一月から六月までと七月から十二月までというように平均値からは大きく外れている。また、八重山では水田乾燥期とはいっても、在来農法では水田を乾燥させないようにしていたため、農閑期でもたえず水田には水が張られていた。したがって、正確には水田乾燥期という言い方は当たらない。こうしたことは程度の差こそあれ、日本列島内の地域差として各地に認められることである。そうした地域差を生む要因は、気候や標高などの自然条件だけでなく、その地域における在来農法のあり方ともかかわっている。

（11）　網戸の中でも下流にある折本と本宿には、網戸用水の上流側にある藤塚・中坪・追切の三集落のようなセキにおける共同のカイボシ慣行はみられなかった。それは、網戸用水の末流にある折本と本宿は網戸用水自体の水量が乏しく、支水路に分水するためのセキが設けられなかったためである。

（12）　こうしたことも水田用水系が稲作活動を通してその外側にある自然水界と密接につながっていることを示すわけで、水田用水系は決して閉じられた系ではないことが理解される。

（13）　水田魚類については、これまで明確な概念規定はなされていない。農民の民俗知識をもとに、水田魚類を定義すると、まず第一に水田用水系を産卵場所にする魚介類であること、第二に水田用水系を一生または一生のうちのある期間を棲息の場として利用する魚介類であること、ということになる。この二つの条件のうちひとつでも満たすものなら水田魚類と呼ぶことにする。ただし、コイやフナ・ナマズといった魚類は、水田が歴史上に登場する以前から自然界に存在したわけで、そうしたことからすれば、水田の登場以降、水田稲作が作り出す水環境（水田用水系）に、より適応的な生活様式を獲得していった魚類であるという点も、定義の一項に加える必要があろう。そうしたことからすれば、水田魚類とは、生物分類の体系とは別のものであり、あくまで文化概念ということになる。また、さらにいえば、ここでいう水田魚類とは、食や娯楽などにおいて、あくまで人にとって有用なものという点を重要な要素として評価しているため、人に何ら利用されない魚介類は除外して考えている。

(14) 稲作民における魚食の栄養上の意味については、フナズシを例にとり論じたことがある（安室 一九九二c）。さらにいえば、畦畔栽培による大豆や小豆、二毛作による大麦や小麦といったものも考慮に入れると、水田からもたらされるものは総体として非常に栄養バランスのとれたものとなる（安室 一九九八b）。

(15) たとえば、埼玉県三郷市谷中の稲荷神社には、文政二年（一八一九）の『鎮守祭式覚簿』が残されている。その中には「祭式諸入用品々覚」として「一、鮒、大凡百人前余」とあるが、それは祭の前になると村中総出で神社の池をカイボリしてフナを取ったことを示すもので、そうしたことは第二次大戦前までおこなわれていた。ちなみに、取ったフナは焼いて甘露煮とし、ナマズは煮るなどして、祭の宴会の御馳走にしている（三郷市史編さん委員会 一九九一）。

(16) 松井健は、マイナー・サブシステンスとは、経済効果の高い日常的な生業活動とはまったく別の人間の営みの位相を身体を通して体感させる機会であるとし、そうしたマイナー・サブシステンスの有する娯楽性として、それが普遍化された技術となっていない点を強調する。そのような未熟な技術だからこそ「技法」が要求され、結果としてマイナー・サブシステンスのもたらす成果に個人差が生まれる。そのときそうした個人差がマイナー・サブシステンスの持つ楽しみや喜びの源となることを示している（松井 一九九三・一九九八）。また、松井のマイナー・サブシステンス論を受けて、菅豊は生計維持にとってほとんど意味を持たなくなってもなお労働がマイナー・サブシステンスとして伝承されてくる要因を労働に内在する遊びにもとめている（菅 一九九八）。

(17) 官は近世的な意味での公儀を指すものではなく、近代における地主小作制のもと実際の耕作者たる農民階層を政治的・社会的に指導し、稲作日本を作り上げていった階層をいう。具体的なイメージとしては、国・県・市町村の役人や農業指導者、および民間において稲作主導の農政を推進した人びとなどである。

(18) 『八重山嶋農務帳』（冨川 一八七四）には「一、稲刈跡魚、鰻取抔畦切損候ハヽ、旱差当候節、可耕様難成、時節取失候間、右之仕形堅可差留事」とある。

(19) 小林茂・中村和郎は、『農務帳』など同様の事例を引き、水田における魚取りの禁止は、天水田の多かった南西諸島において、水田の保水力・湛水力を維持することへの関心の高さを示すものだと指摘する（小林・中村 一九八五）。こうした記述がおもに為政者側の立場でなされたものであることを今一度考えてみる必要があろう。

(20) 水田漁撈を稲作の起源まで遡って考えることは必要である。現在、考古学では弥生時代の開始年代に関する議論が盛んであるが、水田漁撈の歴史展開を考えるとき、もう一度、弥生時代の生業のあり方について考える必要があろう。弥生時代において稲作を生業の基幹とする考え方は、水田をイネだけの生産の場としてみた場合にはそれほどの説得力を持っていない。たしかに水田稲作は土地生産性は高いといえるが、均平な水田面を造成し、畦畔を整え、かつ水利を整備し水管理をしていかなくてはならないことを考えると、その労働生産性は畑作などに比べるとけっして高いとはいえない。それでいながら水田稲作を生業の基幹に据えていくには、それなりの説明が必要であろう。そうしたとき、水田を稲作だけでなく、漁撈や狩猟そして畑作の場として捉え直すと、その生産性ははるかに高いものとなろう。こうした水田稲作に内部化された漁撈・狩猟・畑作の存在が、自然条件の上で稲作にけっして適しているとはいえない日本列島において、耕地の水田化を加速させ、結果として稲作への高度な特化を生み出したといえるのではなかろうか（安室　一九九八ｂ）。そう考えてくると、水田漁撈は弥生時代の生業要素として、その後の稲作への特化という生業の展開を考える上で不可欠なものとなるし、その生計上の重要性は内水面においては河川漁撈や湖沼漁撈にも増して大きなものがあるといえる。

(21)　生計維持システムの視点とは、生計を維持するため、つまり「生きる」ための生業はどのようなものかを考察するもので、それまで稲作・漁撈・狩猟・諸職などと個々に論じられることの多かった生業活動を再統合し、生業活動の複合の様相として捉え直すものである。筆者は先に同様の趣旨から、複合生業論を提唱したことがある（安室　一九九二ａ・一九九七ｂ）。このほか、同様の視点から日本列島史を論じたものとしては、たとえば川喜田二郎の生業パターンによるものがある（川喜田　一九八〇）。

引用参考文献

・青野寿郎　一九五三　『漁村水産地理学Ⅰ・Ⅱ』古今書院
・東　宏乃　一九九六　「田んぼと川のカンボジア、森と川のラオス」『むらとまち』七号
・安斉忠雄　一九八〇　「綾瀬川水系の漁撈1」『埼玉民俗』一〇号
・安藤和雄　二〇〇〇　「洪水とともに生きる」田中耕司編『自然と結ぶ』昭和堂
・五十嵐忠孝　一九八四　「西ジャワ・プリアガン高地における水稲耕作」『農耕の技術』七号
・石毛直道・ケネス ラドル　一九九〇　『魚醤とナレズシの研究』岩波書店
・浦西　勉　一九八一　「奈良県の漁業・諸職」『近畿の生業2』明玄書房
・江上波夫　一九七五　『日本考古学年報二六』日本考古学協会
・大島襄二編　一九七七　『魚と人と海―漁撈文化を考える―』日本放送出版協会
・大西信弘・岩田明久・木口由香・スックコンセン サイナレウス・サイプラデース チュラマニー　二〇〇一　「ラオスの天水田の漁労と魚類の生活史」『熱帯農業』四五号（別号二）

・大沼芳幸　一九九二「弥生的漁撈の系譜—稲・人・魚」『近畿民具』一六号
・小野重朗　一九六六「川漁点々」『西郊民俗』四五号
・小沼　勇　一九五七『日本漁村の構造類型』東京大学出版
・河岡武春　一九七五「渋沢敬三と筌と足半」『日本民俗学』九九号
・　同　　一九七六「低湿地文化と民具（一）（二）」『民具マンスリー』九巻三・四号
・川喜田二郎　一九八〇「生態学的日本史臆説—とくに水界民の提唱—」蒲生正男ほか編『歴史的文化像』新泉社
・具志頭親方　一七三四『農務帳』（仲地哲夫ほか校注『日本農書全集三四巻』農山漁村文化協会、一九八三、所収）
・小林正人編　一九六〇『諏訪湖漁業資料』諏訪教育会
・小林茂・中村和郎　一九八五「南西諸島の伝統的イネ栽培と環境」九学会連合日本の風土調査委員会編『日本の風土』弘文堂
・桜田勝徳　一九五九「漁業」『日本民俗学大系五巻』平凡社
・佐々木高明　一九九三「稲作文化とは何か」『農耕の技術と文化』集英社
・潮見俊隆　一九五四『漁村の構造』岩波書店
・渋沢敬三　一九五四『祭魚洞襍考』岡書院
・末広恭雄ほか編　一九六二『水産ハンドブック』東洋経済新報社
・菅　豊　一九九八「深い遊び」篠原徹編『民俗の技術』朝倉書店
・高桑守史　一九八三『漁村民俗論の課題』未来社
・　同　　一九八四「伝統的漁民の類型化にむけて」『国立歴史民俗博物館研究報告』四集
・竹内利美　一九八三「河川と湖沼の漁法と伝承」宮田登ほか編『日本民俗文化大系五巻』小学館
・辻井善弥　一九七七『磯漁の話』北斗書房
・栃木県立郷土資料館　一九七五『下野の漁撈習俗』栃木県教育委員会
・中島経夫　二〇〇二「琵琶湖の魚類相の成立」『地球環境』七巻一号
・中冨　洋　一九九〇「広瀬川水域の漁撈習俗」『広瀬川流域の民俗』仙台市歴史民俗資料館
・長野県　一九九一『長野県史民俗編五巻—総説Ⅱ—』長野県史刊行会
・仲吉朝助編　年不詳『琉球産業制度資料』（小野武夫編『近世地方経済史料九巻』近世地方経済資料刊行会、一九三二、所収）

・日本学士院編　一九五九『明治前日本漁業技術史』（日本学士院日本科学史刊行会編、野間科学医学研究資料館発行、一九八二、新訂版）
・根木修・湯浅卓雄・土肥直樹　一九九二「水稲農耕の伝来と共に開始された淡水漁撈」『考古学研究』三九巻一号
・農商務省水産局編　一九一二『日本水産捕採誌』（アテネ書房、一九七九復刻）
・日比野光俊　一九九三「『水田漁業』下の食形態」『人文地理』四五巻三号
・平沢　豊　一九八一『日本の漁業』日本放送出版協会
・冨川親方　一八七四『八重山島農務帳』（『日本農書全集三四巻』農山漁村文化協会、一九八三、所収）
・松井　健　一九九三「宮古群島のタカ獲り」『琉球新報』（九月三十日付）
・同　一九九八「マイナー・サブシステンスの世界」篠原徹編『民俗の技術』朝倉書店
・三郷市史編さん委員会　一九九一『三郷市史第九巻別編―民俗編―』三郷市
・宮本真二・渡邊奈保子　二〇〇一「動物遺存体資料にみる縄文時代以降のナマズの分布の変化」『鯰』琵琶湖博物館
・向山雅重　一九七二『続信濃民俗記』慶友社
・最上孝敬　一九六七『原始漁法の民俗』岩崎美術社
・八木勝行　一九七三「七世紀後半の筌」『民具マンスリー』六巻五・六号
・安室　知　一九八四「稲作文化と漁撈（筌）」『日本民俗学』一五三号
・同　一九八七a「水界をめぐる稲作民の生活」『信濃』三九巻一号
・同　一九八七b「漂泊と定住の生態民俗試論」『長野県民俗の会会報』一〇号
・同　一九八八「稲・水・魚」『信濃』四〇巻一号
・同　一九八九a「稲の力―水田における漁撈活動―」『日本民俗学』一七八号
・同　一九八九b「漁撈から養魚へ」『長野県民俗の会会報』一二号
・同　一九九〇a「川漁師の一年」『長野県民俗の会通信』九九号
・同　一九九〇b「溜池をめぐる農と漁」『環境に関する民俗的認識と民俗技術的適応』（平成三年度文部省科学研究費補助金研究成果報告書）
・同　一九九一a「水田で行われる畑作―水田二毛作と畦畔栽培―」『信濃』四三巻一号
・同　一九九一b「魚をめぐるくらし」『長野県史民俗編―第五巻―総説Ⅱ』長野県史刊行会

・同　一九九二ａ「存在感なき生業研究のこれから」『日本民俗学』一九〇号
・同　一九九二ｂ「低湿地文化・再考」『長野市立博物館紀要』一号
・同　一九九二ｃ「稲作民の淡水魚食」『信濃』四四巻八号
・同　一九九四ａ「西表島の水田漁撈」『農耕の技術と文化』一七号
・同　一九九四ｂ「水土をめぐる民俗技術」長野市誌編纂委員会民俗部会『田子・三千寺の民俗』長野市
・同　一九九五ａ「『昼間日記』にみる農民漁撈」『横須賀市博物館研究報告（人文科学）』四〇号
・同　一九九五ｂ「なりわい」『犬石の民俗』長野市立博物館
・同　一九九六「三浦半島の水田漁撈」『横須賀市博物館研究報告（人文科学）』四一号
・同　一九九七ａ「アゼ豆の村」『横須賀市博物館研究報告（人文科学）』四二号
・同　一九九七ｂ「複合生業論」野本寛一ほか編『生業の民俗―講座日本の民俗学第五巻―』雄山閣出版社
・同　一九九八ａ「水田養魚にみる自然と人為の狭間」篠原徹編『民俗の技術』朝倉書店
・同　一九九八ｂ『水田をめぐる民俗学的研究』慶友社
・同　二〇〇三「稼ぎ」湯川洋司ほか編『暮らしの中の民俗学2―一年―』吉川弘文館
・柳田国男・安藤広太郎・盛永俊太郎ほか編　一九六九『稲の日本史（上・下）』筑摩書房
・藪内芳彦編　一九七八『漁撈文化人類学の基本的文献資料とその補説的研究』風間書房
・八幡一郎　一九五九「魚伏篭」『民族学研究』二三巻一・二号
・湯浅照弘　一九七七「岡山県の内水面漁撈」『日本民俗学』一一〇号
・同　一九七八「浅海漁業と干潟漁業」藪内芳彦編著『漁撈人類学の基本的文献資料とその補説的研究』風間書房
・渡辺恵三　一九七九『ドジョウ（改訂版）』農山漁村文化協会
・C・O・サウアー　一九六〇『農耕の起源』（竹内常行ほか訳、古今書院、一九六〇）
・I・J・ホーネル　一九七八「漁撈文化人類学」『漁撈文化人類学の基本的文献資料とその補説的研究』風間書房
・W・エバーハルト　一九四二『古代中国の地方文化』（白鳥芳郎監訳、六興出版、一九八七）

I

水田用水系と水田魚類

第一章　人工的自然空間の創造
――水田用水系をめぐって――

一　埋め込まれた記憶――ホリとギロン

ここに一枚の手描きの地図がある（第I－1－1図）。これは、民俗調査の途上、筆者の求めに応じて、大正生まれの専業農家の男性が昭和初期（一九二六～一九三五）における自分の暮らす水辺の村の様子を描き、さらにそこに水田を農作業して廻る順路を描き加えたものである。この図は、あるひとりの老人の目を通して見た、その村に関するメンタルマップである。これを見ると、その村の住民が自分の暮らす水辺の村をいかに認識していたかがよくわかる。

この地図に描かれた村は、滋賀県守山市木浜といい、琵琶湖南湖のほとりにある。総じて地盤は低く、昭和三十年代後半から進められた近代的埋立や農業基盤の整備事業が為される以前は、湖岸に沿って低湿な耕地が広がっていた。そして、その耕地には、ギロン[1]と呼ぶ内湖[2]が四か所に点在し、それを結ぶようにしてホリ（水路）が縦横に走っていた（第I－1－2図）。こうしたホリとギロンが木浜におけるもっとも特徴的な景観を作り出している[3]（安室　一九八七）。

U氏は、第I－1－1図を描くとき、自宅を起点にしつつも木浜の耕地内に点在する四か所のギロンを図のほぼ中央部にランドマークとして描き、次に自分の所有した水田を描き込んでいった。図の中心にギロンを置き、それを基点に家や水田が配置されるという構図を示している。第I－1－1図と第I－1－2図を重ね合わせると、U氏は六か所

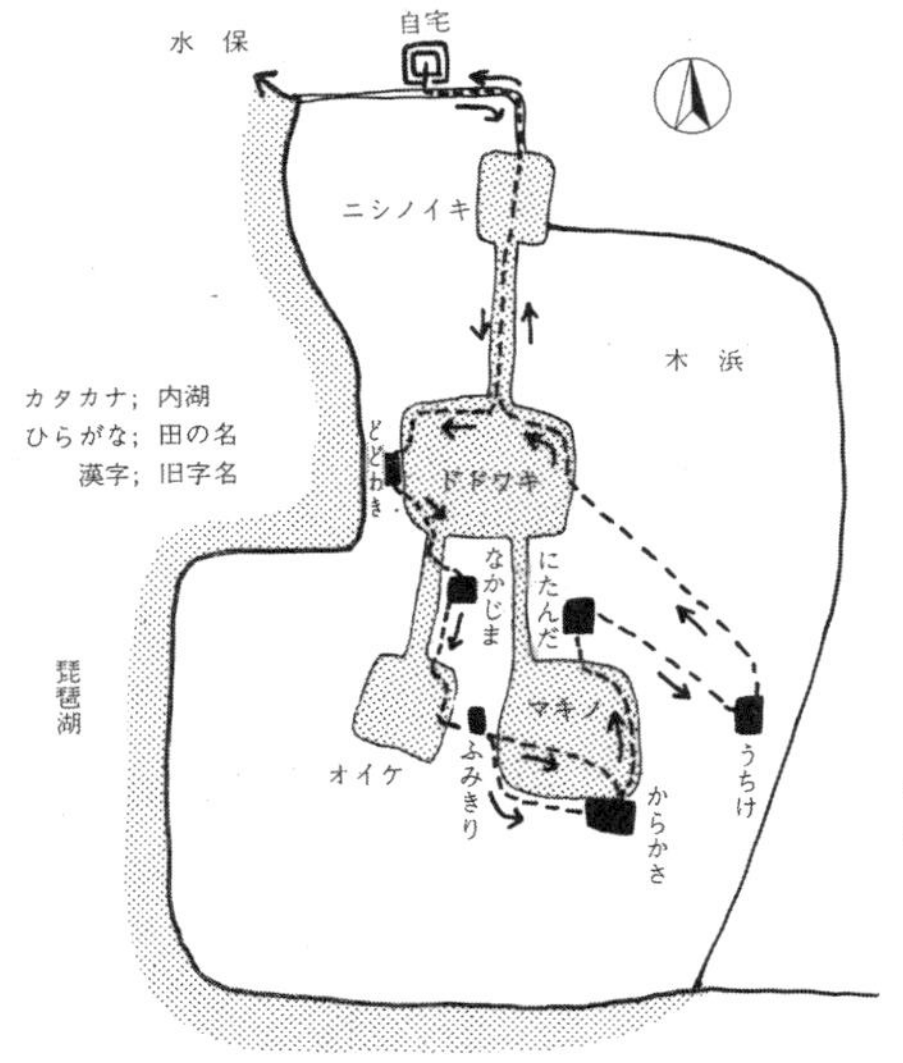

第 I−1−1図　住民が描いた水辺の村 −昭和初期−

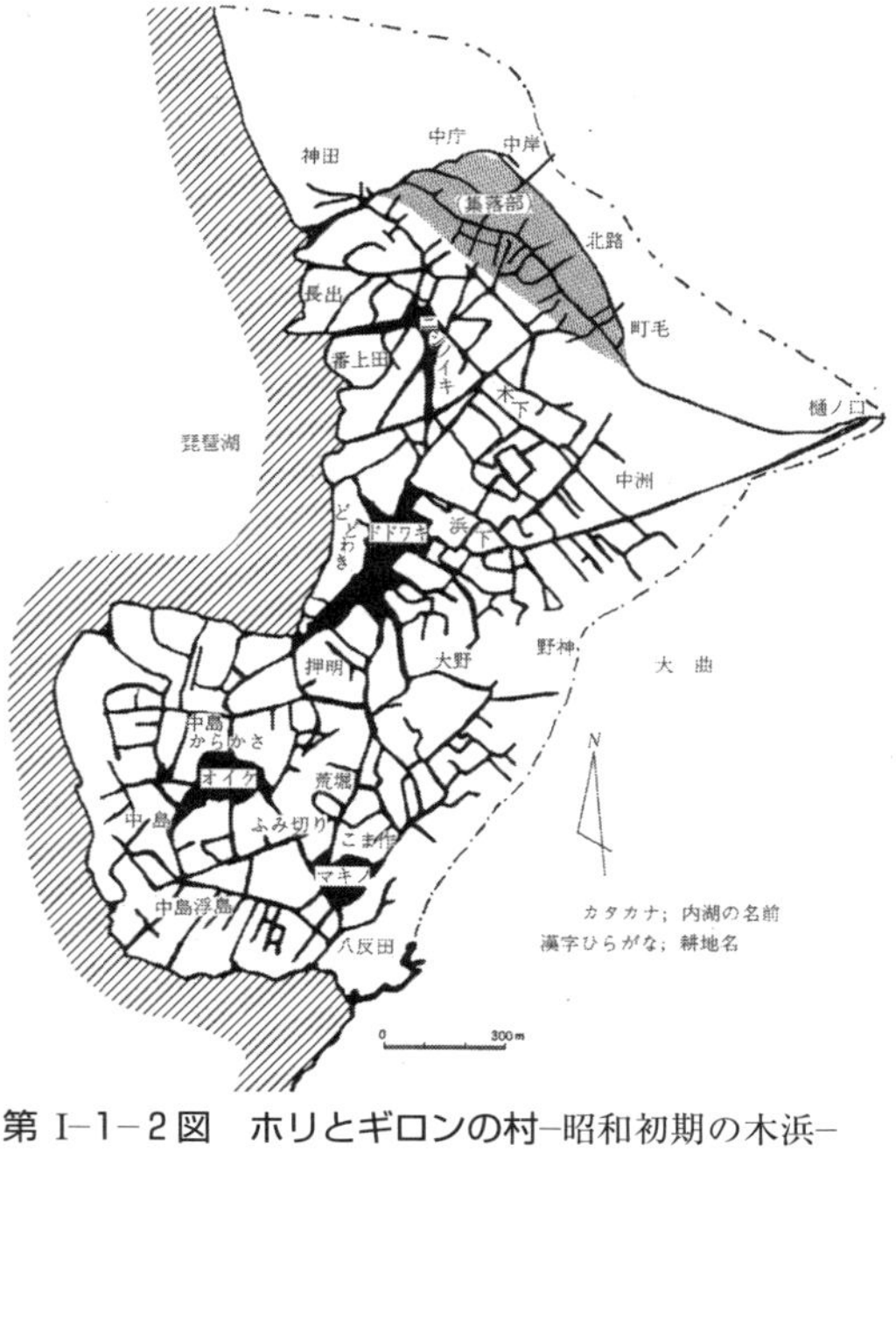

第 I−1−2図　ホリとギロンの村−昭和初期の木浜−

に分散する水田の農作業のために四か所あるギロンのすべてを通らなくてはならず、結果的に村のほぼ全域をめぐらざるをえなかったことがわかる。まさにギロンを通して村全体を地理的に把握していたということができる。

また、第I−1−3図は明治時代中期（一八九〇年代）の木浜の地図であるが、それを見ると面白いことがわかる。第I−1−1図や第I−1−2図に示した昭和初期における木浜の様子とは明らかに違う点がある。それはギロンについてである。昭和初期には四か所あったギロンが、明治中期には一か所もない。よく見ると、その後ギロンとなるところは、明治中期には入り江に過ぎず、独立した内湖とはなっていない。

琵琶湖は、明治三十八年（一九〇五）に瀬田川の洗堰ができるまでは、水位変動が激しく、増水すると湖岸は水に浸かってしまうこともたびたびであった。そのため、木浜沿岸の汀線も明確には描けない状態であったという（中川原一九九九）。そうした水陸漸移帯にはヨシ場が広がっていた。

それが、琵琶湖唯一の流出河川である瀬田川に洗堰ができて湖の水位が安定したことで、湖岸の安定的な利用が可能になったといえる。また、そうしたことにより水田開発もしやすくなり、ヨシ場の水田化は加速された。そうして湖側へ水田が進出するにしたがって、岸辺の浅いところは埋め立てられて水田になり、少し深い入り江になっているようなところは内湖として残されていったと考えられる。

こうして近代に入ってから木浜には四つの内湖が誕生したといえる。このことは、自然地形であったはずの湖岸の低湿地が、人為により大きく改変されていったことを示しており、それは人為的なエコトーンの拡大を意味している[4]。

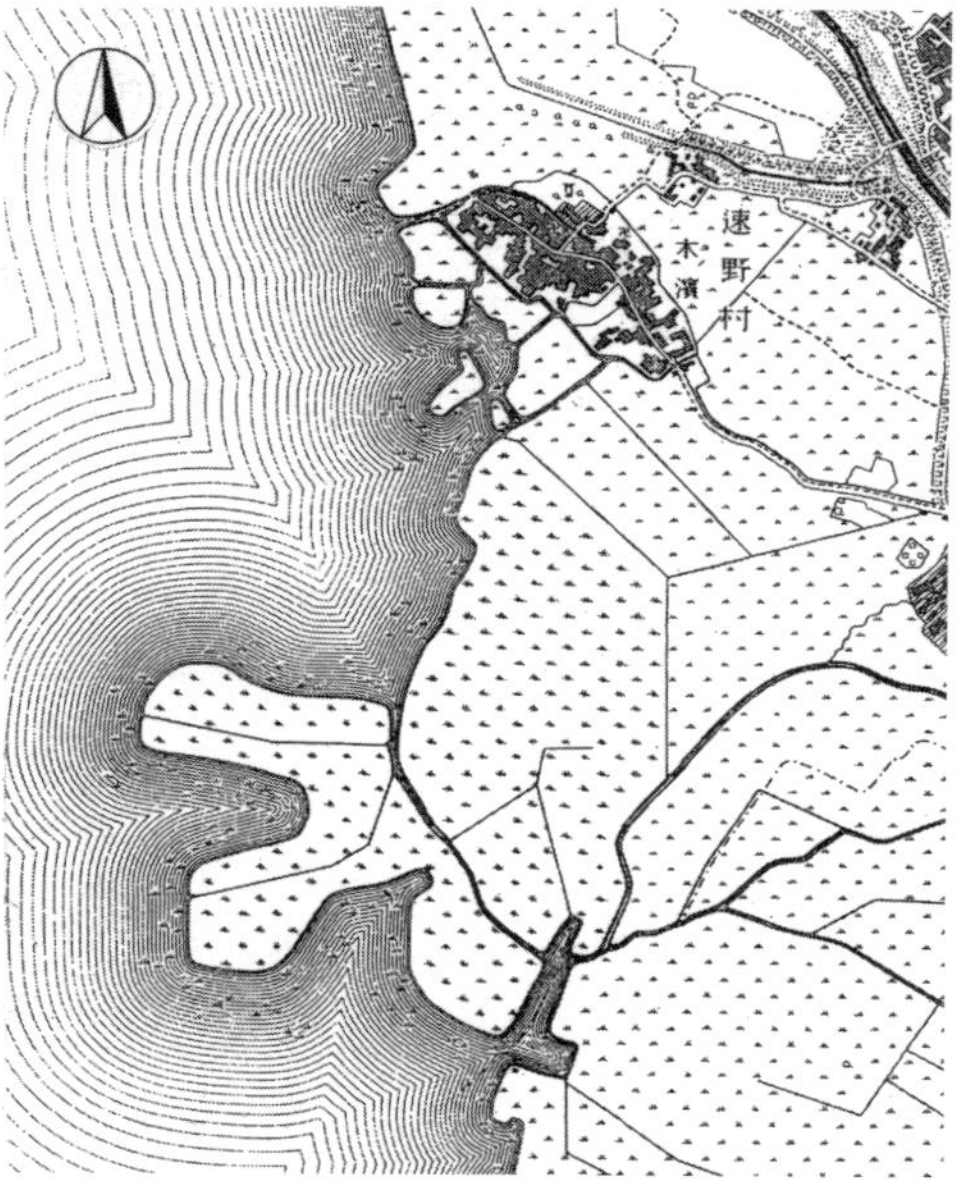

第Ⅰ−1−3図　明治中期の木浜
（大日本帝国陸地測量部、明治25・26年測量）

まさにギロンとそれを結ぶように張りめぐらされたホリは人工的自然空間といってよいであろう。そうした空間は湖岸の人びとにとって大きな意味を持っていた。かつて琵琶湖はウミ（海）と呼ばれる広大で、かつ人の利用を容易に許さない自然空間であった。大正時代（一九一〇年代）に小糸網（刺し網）が普及する以前は、漁具としてはウエやタツベと呼ぶウケ型の小型定置陥穽漁具が多く用いられていたことをみてもわかるように、漁師といえども主たる漁場は湖岸にあり、琵琶湖の沖合にでて漁をすることはなかった。それに対して、後に人為によって生み出されたホリやギロンは、琵琶湖という圧倒的な規模の自然とゆるやかに切り離されることによって、より積極的な人の利用を可能ならしめた。

木浜の人びとにとって、昭和初期におけるホリやギロンの持つ意味は以下の七点にまとめることができる。次節ではそれぞれについて説明していく。

◇交通路として使う……タブネやウシブネの利用
◇いろいろなものを採集する……ヨシやゴミの採集
◇稲作のための水を得る……水田用水
◇生活のための水を得る……炊事・洗濯・飲料水・水浴など
◇新たに水田を開く……水辺の小規模な埋め立て
◇魚を得る……オカズトリと呼ぶ漁
◇遊ぶ……水泳・魚取り・蛍狩りなど

二　人工的自然空間の存在価値——ホリ・ギロンの利用

1　交通路としてのホリ・ギロン

木浜の耕地に網目状に張りめぐらされたホリ（水路）やその結節点となるギロン（内湖）は、人や物の行き来にとって重要な意味を持っていた。ホリやギロンは陸路の発達を著しく遅らせる要因となった反面、「ちょっと隣に行くにもタブネで」というほど水上交通を発達させた。木浜の場合、ホリやギロンを通ることで村のほぼ全域へ行くことができた。当然、毎日の田仕事にもすべてタブネ（田舟）を利用していたし、牛馬を運ぶためのウシブネ（牛舟）まであった。そのためどんな農家でも必ず二・三艘の舟を持っていたという。また、男に限らず、女も巧みに櫓で舟を操ることができた。そうしなくては日常生活が成り立たなかったからである。

昔からある農家には、たいていの場合、屋敷の前か後ろにホリが付いており、そこにタブネが係留できるようになっている。毎朝、農家の人びとは屋敷に付いたホリから出発し、ギロンを中継しては、またホリを通って水田に至る。そうして順に水田を回り、夕方、その逆をたどって家に帰る。そうした木浜における一日の生活風景は、第Ⅰ－1－1図においてミズカエ作業を例にして示したとおりである。

そのように普段からタブネに乗り慣れているため、木浜の人びとは舟を苦にしないばかりか、積極的に舟による物資の運搬を生活の足しにしていた。たとえば、一〇キロ以上も離れた大津や堅田までタブネに乗って出かけていっては、市場に野菜を納めたり、また自ら市中をヤオヤ（野菜売り）に歩いたりしていた。一般的な農民のイメージとは違って、木浜の人びとは広い活動域を持っていたといえる。これも舟による水上交通の発達があるからである。

ただし、そうした水上交通の発達は悲劇を生むこともあった。三歳ぐらいまでの乳幼児を持った夫婦は子どもを田仕事に連れて行かなくてはならなかったが、そうしたときにはタブネに竹で簡単な屋形を拵えて中に子どもを入れておいた。そうしたとき親は田仕事をしながらもたえず子どもを気遣っていなくてはならない。しかし、親が田仕事に夢中になっているうちに子どもが舟から落ちてしまうことがあり、そのために子どもを亡くした人もかつては少なくなかったという。とくにヨチヨチ歩きを始めたころが危なく、悲劇はそうしたときに集中した。

2　採集の場としてのホリ・ギロン

採集の場として見た場合、ホリやギロンは人びとにさまざまな恵をもたらした。第一に挙げられるのがゴミである。ゴミとは、ホリやギロンの底に溜まったヨシなどの腐敗した沈殿物で、伝統的に木浜では水田肥料として用いてきた。

水底からゴミを掻き揚げて、田起こしをした水田に入れることをゴミカキという。そうしたゴミカキがおこなわれるのは主として冬期の農閑期である。まず、ゴミカキダモでゴミをホリ底から掻き取りタブネに上げる。そのゴミをアラガエシ（田起こし）後に立てた畝の溝に流し入れる。ゴミが均一になるようにゴミツキで突きならしながら、その上に藁を入れ、足で踏み込んでいく。一反当たりに入れるゴミの量はタブネにして一五～二〇杯である。それだけのゴミを入れるには、相当な労力を要する。男が丸一日かけてゴミカキしてもタブネに五～七杯分のゴミしか入れることはできない。そのため平均的な耕作面積である一町（一ヘクタール）の水田すべてにゴミカキするには一カ月以上の日数がかかってしまう。

ゴミカキをした水田は土が大変によく肥えたとされる。そのため、金肥をほとんど使う必要がなかった。そのように、労力さえ惜しまなければ、木浜の水田稲作は、水田からもたらされる藁と、ホリやギロンからもたらされるゴミとで、充分に再生産性を保っていけたと考えられる。

また、そうした水田のうちギロンやウミ（琵琶湖）に面するところには、広いヨシ場があり、さまざまに農民生活に利用されてきた。木浜では慣習的に水田に続くヨシ場はその水田の所有者のものとされていた。ヨシ場に続く水田は大水に遭いやすい反面、ヨシ場の占有権も同時に付属するため付加価値の高い水田であった。そのため、ヨシバモチ（葭場持ち）は古いオモヤカブ（本家筋）の家が多かったとされる。そうした家では稈が堅く強いヨシが生えるように、ヨシ場に砂を入れるなどの手入れをおこなっていた。

採集したヨシは、きれいに選って売り物にするほか、屋根葺きや簀の材料として、また選ったあとの屑ヨシは家の燃料としても利用されてきた。このように、ヨシは木浜の農家にとって、藁と並んで生活上なくてはならないものであった。ただし、ヨシカリ（葭刈り）は、冬季における女（とくに若嫁）の仕事とされ、寒風吹きすさぶなかタブネに乗り湖面の薄氷を割りながらおこなわなくてはならない辛い仕事であったという。

3　開田の場としてのホリ・ギロン

ホリやギロンに接するヨシ場に関してもうひとつ重要なことは、そこが水田に転換可能な場であるという点にある。ヨシ場は地先の水田の所有者により少しずつ埋め立てられ水田に造り変えられていった。そのため、前述のように、過去から現在に至るまで、たえず湖岸の様子やギロンの形は変化し続けているのである。

こうした開田作業は夏のミズカイ（水田への揚水作業）がひと段落すると、寸暇を惜しむようにしておこなわれた。ジョリン（鋤簾）でギロンの底土を掻き取り、それをヨシ場に入れては埋めていく。また、地盤の高い水田の土を取って埋土にする場合もあった。こうした開田作業は朝から始め昼までおこなうと、午後にはもはや身体が続かなくなるほどの重労働であったという。

木浜の水田はこうして造成されたところが多い。そうして埋め立てられた水田は初年は身体が沈んでしまうため人が入ることさえできないが、二〜三年もすると土が固くなりイネを植えることができるようになる。

こうした水田は地味が豊かで、湿田のため農作業には手間がかかるが、米のできは良かった。木浜の水田を称して、「カミ（大曲や開発などの内陸集落）の三反、オラ（木浜）の一反」というのは、そうした肥沃な耕地を形容してのことである。事実、昭和初期における水田一反当たりの収量は、玄米で七〜八俵に達し、滋賀県平均の六・二五俵を大きく上まわっている。

4　生活用水を得る場としてのホリ・ギロン

木浜に水道が引かれたのは昭和三十三年（一九五八）のことである。それ以前も各家には井戸があった。しかし、実際はホリやギロンの水は昔から大切な生活用水であったし、それは水道が引かれて以降もかわりなかった。

それは、タブネを使って何か所にも分散した水田へ田仕事に廻るため、どうしても行き来に時間がかかってしまうことと関係する。人びとは、田仕事に朝出かけると、昼は家に戻ることなく夕方まで水田にいた。当然、田仕事へは昼の弁当を持参した。そんなとき、水田の脇に建てておいた田小屋で、湯を沸かし昼食や休憩をとった。もちろんそのときの水は、ホリやギロンから汲んできたものである。ギロンでも沖の方の水は澄んできれいなため、沸かす必要もなく、そのまま飲むこともできた。

また、女はそうしたタブネによる田仕事への行き来の時間を利用して家事をおこなった。たとえば、洗濯は田仕事に行く途中にタブネのなかでおこない、それを水田に立てた竹杭に干しておけば、帰りにはそれを取り込んで行くことができた。また、水田から帰るときには、タブネのなかで夕飯の芋の皮剥きや魚の下拵えといった炊事をすることもできた。

そのほか、風呂の水は屋敷に付いたホリから汲んできたし、田仕事の後の水浴びはやはり水田脇のホリの水で充分であった。また、子どもたちにとってはホリやギロンは手頃な水遊びの場となっていたことは言うまでもない。

5　水田用水を得る場としてのホリ・ギロン

木浜の水田用水は、一部に野洲川の伏流水を利用するところがあるものの、その大部分は琵琶湖の水が利用されていた。しかし、そこにひとつの大きな問題がある。人智を超えて存在する琵琶湖の水は、かつては容易に水田用水に用いることはできなかった。琵琶湖は自然の水位変動が大きく、稲作暦に対応させて人がその水を利用することは不可能に近い。そうしたとき、木浜においてはホリやギロンという人工的自然水界が大きな役割を果たしていた。

耕地内に網目状に張り巡らされたホリやギロンと琵琶湖との接点にはごく簡易な水門が設けられていた。こうした水門はホリが湖水に通ずるところには必ず存在した。これにより、耕地内の水界（ギロンやホリ）と琵琶湖とはゆるやかに分断され、琵琶湖の水位の変動に対するある程度の調節を可能にしていた。

琵琶湖と耕地内の水界とを分断する水門は、琵琶湖の水位が下がる冬季には開け放たれている。それが、六月の田植え時分になると、門扉を閉ざし、二か所ある揚水場から琵琶湖の湖水をギロンに汲み上げていく。こうすることによりギロンの水位が高まり、それにつれてギロンに通ずるホリの水位も高まっていく。そうして水位の高められたホリから水田の一枚一枚に足踏みのミズグルマ（水車）で水を掻き入れていく。

そうした意味において、ホリやギロンは水田用水系を構成する一部であったといえる。[5] ただし、ギロンやホリといった人工的自然水界を媒介とした琵琶湖水の利用システムは、実のところきわめて脆いものであった。その象徴が、ミズゴミ（洪水）である。田植えの終わる六月中旬から九月の二百十日ころまでの間は、稲作におけるもっとも重要な時期に当たり、細かな水管理の欠かせないときであるが、そうした時期にミズゴミもまた集中する。

木浜のミズゴミの典型は、いわゆる「オキ（沖）から水がつく」タイプである。これは、琵琶湖の水位が上がり、水位調整のために閉じている水門や湖岸のアゼを越して琵琶湖の水が木浜の水田を水浸しにしてしまうものである。

瀬田川に洗堰ができるまでは、毎年のように六月の梅雨期や九月の台風時には琵琶湖の増水により水田が水に浸った。田植えしたばかりのときは、水田が何日間も水浸しになると、そこに魚（ワタカ）が上ってきて苗を食べてしまうこともあった。また、秋十一月の刈り入れ時にミズゴミになると、タブネに乗って穂刈りして廻ることもあった。

ただし、通常は、水がついても二・三日で引く場合が多く、イネが完全に水没して腐死してしまうことはなかった。

さらにいうと、たとえ魚害などによりイネに大きな影響がでても、こうしたミズゴミが木浜の人びとに決定的な危機的状況をもたらすことはなかった。それは、ミズゴミの有無にかかわらず、水界を利用したさまざまな益があったからである。こうした益のうちもっとも大きなものが、次に示す漁撈活動である。稲作にとってはミズゴミに代表される水制御の不安定要因は、視点を変えれば住民にとって漁撈機会の増大を意味していたのである。

6　漁撈の場としてのホリ・ギロン

従来、漁撈の場としてみた場合、内水面は河川と湖沼とに分けられることが多かった。つまり、そこには、内水面漁撈とは湖沼または河川でおこなわれるものであるという前提があった。当然、そうした従来の分類視点では、水田用水系に代表される人工の水界でおこなわれる内水面漁撈は存在しないことになる。しかし、実際は水田用水系における漁撈活動は広く日本の稲作地でおこなわれていた。

とくに、木浜のように琵琶湖という大水面に隣接してある低湿な稲作地においては、人の安易な利用を拒む琵琶湖よりも、はるかに漁撈の場としてホリやギロンといった水田用水系は重要であった。そうした水田用水系を舞台としておこなわれる漁撈を、筆者は水田漁撈と呼んでおり、河川漁撈・湖沼漁撈と並んで、日本における内水面漁撈の一類型に位置づけている。

木浜に暮らす人びとにとって水田漁撈はごくあたりまえの行為である。大人が自分たちの食べる魚をホリやギロンで取ることはもちろん、子どもたちも遊びをかねて毎日のように魚取りをおこなっていた。木浜の人びとはそうした日常おこなう漁撈をオカズトリと称していた（安室 一九八七・一九九二）。

木浜において農業を主生業とする人びとがおこなう漁撈は、第Ｉ－１－４図に示したとおりである。これを見れば、人びとが一年を通してどのような漁法を選択し組み合わせてオカズトリとしていたかがわかるであろう。

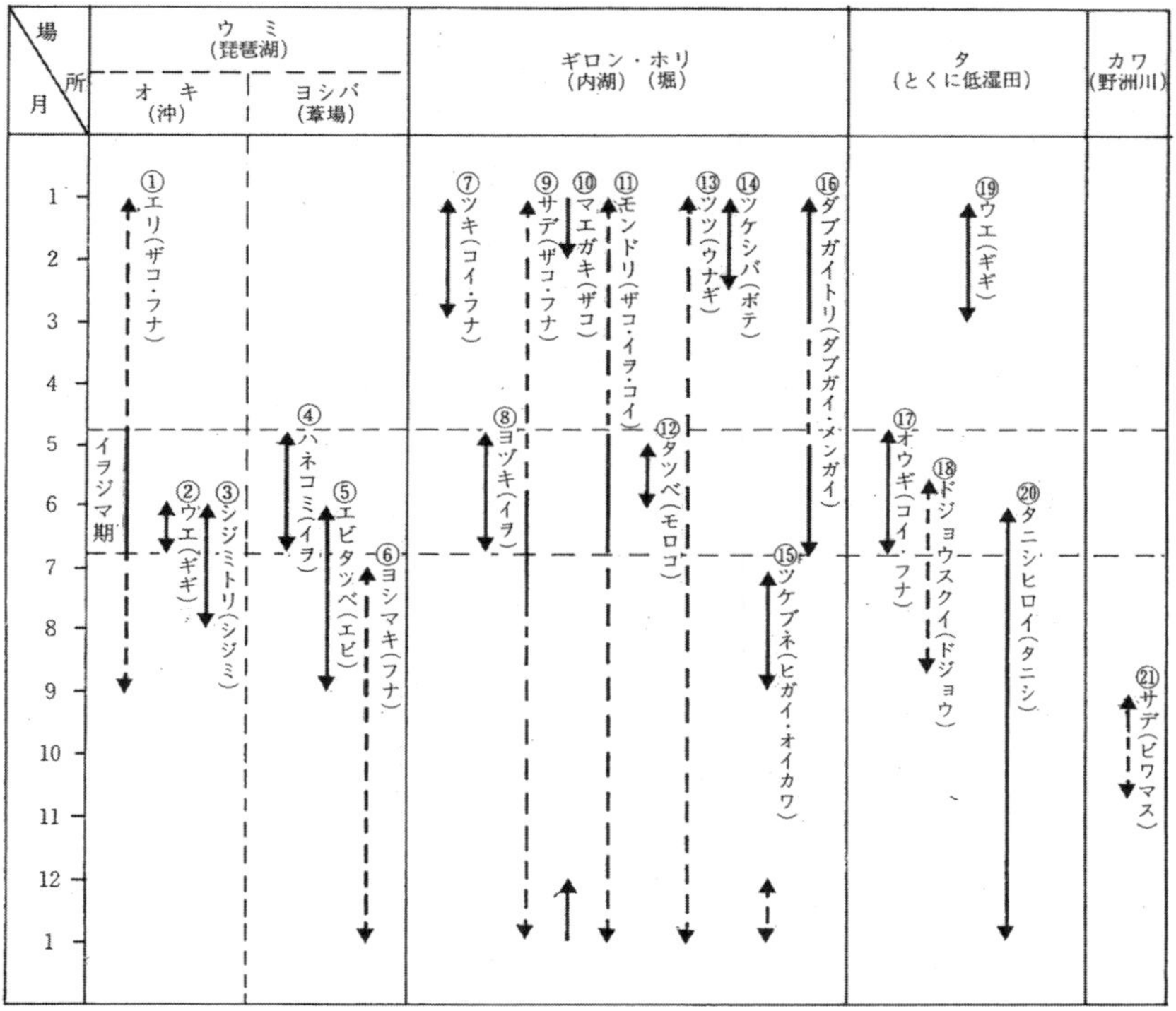

第I－1－4図　稲作民の漁撈暦

第I－1－4図のなかでも、とくに農民の漁法として多用されたものにモンドリ（ウケの一種）とサデ（すくい網の一種）がある。これらが多用された理由は、両者ともタブネによる田仕事への行き帰りの時間を利用しておこなわれるものだからである。モンドリは、田仕事の帰路に水田・ホリ・ギロンに仕掛けられ、翌朝田仕事にまわるときに上げられる。また、サデによる漁は、田仕事の帰り道、ギロンやホリの所々へ寄りながらおこなわれる。

こうした農民にとってもっとも重要な漁期は、五月から六月にかけてである。この時期はイヲジマと呼ばれ、魚の産卵期に当たっている。イヲとは、木浜ではフナのことをいうが、とくにフナズシに漬けられる抱卵したニゴロブナのことを指す。イヲジマとは、そうした魚が、島（陸）になるほど多く産卵のために岸辺に寄って来ることを形容している。産卵期を迎えた魚は、人工的自然水界であるホリ・ギロンそして水田のなかにまでやって来るため、専門の漁業技術を持たない農民にとってはまたとない漁の機会となる。

イヲジマの時期は、水田耕作にとってもっとも忙しい時期に当たっているが、タブネを操り何か所にも分散する水田を廻るために費やされる膨大な時間というものは、木浜の人びとにとってはどうすることもできない宿命である。そうした宿命的な条件を、モンドリやサデを使用することによって漁撈活動に振り向けていたといえる。このことが示すように、低湿地における水田稲作の持つ不利な面をプラスに転換する思考がこうした低湿地の稲作民には備わっていたということができよう。

農民にとっての漁場は、ギロン・ホリ・水田といった耕地またはその延長上にある内水面の小水界が中心となる。そこは人の手がたえず加えられ改変されてきたまさに人工的水界である。湖岸のヨシ場を除いては、琵琶湖のような自然界の大水界が漁場となることはほとんどないといってよい。

写真Ⅰ−1−1　タツベ −滋賀県守山市木浜−

そうしたギロン・ホリ・水田といった小水界は、梅雨期や秋の増水期になると、ギロンの水が溢れたり湖水が上昇したりを繰り返すため、自然に湖と内陸の小水界との間を水が行き来する。そんなとき産卵期を迎えた魚がいっせいにギロンやホリに遡ってくる。また、ヨシや藻が繁茂するギロンやホリはそれ自体が魚の繁殖地となる条件を備えている。そのように、外からの供給と内での繁殖という二つの好条件が備わり、ギロンやホリは木浜の住民が考える魚の宝庫となっていたといえる[6]。

水田漁撈によりもたらされる魚介類は、歴史的に日本の生業が稲作へと特化していくとき、稲作農民にとって重要な食料、動物性たんぱく質源となっていたと考えられる（安室 一九八四・二〇〇一）。とくに木浜のような低湿な稲作地にとってはそうである。

木浜の場合、オカズトリで漁獲された魚は、煮たり焼いたりしてすぐに食べてしまうほか、かなりの量が保存食化されていたことをみてもその重要性が理解される。木浜における保存法の代表が発酵作用を利用したナレズシである。もっとも一般的なナレズシはイヲ（抱卵したニゴロブナやゲンゴロウブナ）のフナズシであるが、そのほかにも、カマ（雄のフナ）・ハイ・ワタカ・モロコなど多様な魚がナレズシに用いられた（安室 一九九二）。こうした保存技術の伝承により、産卵期に大量に漁獲される魚を年間を通じて利用可能な保存食にすることができたといえよう。

三　人為と自然の交錯 ―― 人工的自然空間の意義

陸路が未発達なことなど、低湿な土地ならではの苦労をみると、ギロンやホリは低湿地に暮らす人びとをさまざまに制約してきたといえる。しかし、その一方で、ギロンやホリは、水位変動など人智の及ばない圧倒的な力を持つ自然といってよい琵琶湖の影響を和らげる緩衝地帯ともなっていた。また、漁撈・採集・水上交通など様々な点からみて、人びとにとっては、かえって利用しやすい適度な規模の水界となっていた。湖岸の低湿地に暮らす人びとは、暮らしを制約するギロンやホリとうまく付き合い、またそれを巧みに利用して自然を内に取り込む工夫を編み出していたといってよい。こうした点は民俗技術が有するもっとも注目すべき特徴である。

人間の制御が不可能に近い琵琶湖という大水面に接する低湿な稲作村においては、発展という名のもとに生業をある特定のものに単一化させるよりも、稲作民による漁撈活動に象徴されるように、むしろ複数の生業技術の複合性を保つことの方が生計維持の方途としては優れていたといえよう。そうした生業の複合性を維持する上でギロンやホリは大きな意味を持っていたのである。

ギロンやホリは、湖岸の低湿地に人為が加えられることで現出した空間であり、生活の営みとともに、たえず変化する人工的自然空間であることに大きな意味がある。人工的自然空間の特性として、自然のもつ豊かさを損なうことなく、また反対に人により利用されやすい状態を創り出すことが可能となっている。

琵琶湖のような自然空間は豊かな自然資源を有してはいても、かつてそれは人の制御の及ばない空間であり、人による容易な利用を妨げてきた。それが、稲作の展開とともに、琵琶湖のような大自然と、すでに耕地化され人為の場となっている陸地とのちょうど接点のところにホリやギロンといった人工的自然空間が形成されることになる。それにより、人は琵琶湖の持つ自然をそうした人工的自然空間のなかに内部化し、利用可能な状態にすることができたのである。つまりは、開田など稲作の営みを通して、自然空間を人為のなかに取り込みながら、〝内なる自然〟を拡大して行く方向性を持っていたといえよう。

人を寄せ付けない大自然と緩やかに切り離された人工的自然空間は、その地域に暮らす住民にとって大きな存在意義を持っていた。緩やかな分断だからこそ、水田魚類に象徴されるように人工的自然空間はたえず自然と行き来が可能となっていたし、また人為を加えながら自然を守るという一見矛盾したことを可能にしていたといえよう。

人為と自然という二項対立的把握は無意味である。人為であり自然であるところに水田をめぐる〝内なる自然〟の特徴があるといえよう。それはおそらく水田に限ったことではなく、人びとが伝承してきた多くの民俗技術に共通した特性でもあったと考えられる。

こうしてみてくると、住民により多様に利用されてきたギロンやホリとは、人為と自然との間にあるエコトーン

（水陸漸移帯）になぞらえることのできる空間である。住民にとって本当に意味のある（利用価値のある）自然とは、琵琶湖のような大自然ではなく、明らかに人為に内包された人工的な〝自然〟にあるといえよう。筆者はこうした人との関係性のなかで成り立つ自然のあり方を〝内なる自然〟と呼んでいるのである。

人と水界が近しい関係にあったとき、水辺に暮らす人びとの知恵を知るということは、これからの人と自然との関係や現在かかえる環境問題を考えるときに、大いに役立つことだといえる。なにも新しい科学技術ばかりが現代生活に役立つとは限らない。かつての暮らしのなかにも、人と自然との関係を健全に保つのに役立つさまざまな知恵や技術が存在していたからである。

日本人は、自然を改変しつつも、その改変した自然のなかにこそ、より身近な自然を感じていたといえるかもしれない。昭和前期にみるホリやギロンと木浜の人びとの親密なつながりは、そうしたことを教えてくれる。

四　変貌し続けるホリ・ギロン

ここで注目したのは昭和初期であるが、それ以降も木浜は変貌を続けている。

昭和三十年代後半（一九六〇年代）以降、木浜の耕地およびそれと琵琶湖との関係は大きく変貌した。先に示した第Ｉ－１－２図・３図と現在の木浜の地図（第Ｉ－１－５図）を比べるとそれは一目瞭然である。主な事業だけ取り上げても、湖岸埋立事業（昭和三十八年開始、四十一年完成）、農業構造改善事業（昭和四十二年開始、四十四年完成）、内水面圃場整備事業（昭和四十四年開始、四十七年完成）、防災湖岸堰堤工事事業（昭和四十八年開始、同年完成）と矢継ぎ早である。このほかにも、上記の事業と密接な関連を持って、琵琶湖大橋の架橋、湖周道路の整備、新興住宅団地の造成などもおこなわれている。

第Ⅰ−1−5図　現代の木浜
（国土地理院、2万5000分の1地形図）

そうした一連の事業にともない、木浜の住民とホリやギロンといった人工的自然空間との関係は希薄化していった。なかでも、農業構造改善事業と湖岸埋立事業は、木浜の住民と琵琶湖とのかかわりを考える上で大きな意味を持っている。農業構造改善事業は、湖岸堰堤の整備や圃場整備とともに、木浜耕地から四つのギロンを追放し、またギロンとギロンを結んで網の目のように張り巡らされていたホリを直線的で効率的なものに変えた。

また、木浜地先の前浜に一二四ヘクタールに及ぶ埋立地（四つの人工島）が完成すると、木浜耕地と埋立地との間には新たな人工水界が出現することになる。これは「木浜内湖」と命名され現在に至っているが、それはまさに近代土木技術が生み出した人工水界であり、近代において自然の力と人びとの営為との拮抗の中に出現した四つの内湖とはまったく成因を異にするといってよい。

こうしてまったく新たに生み出された内湖はいわば先にあったドドワキ以下四つの内湖とは違って住民との関係が失われたところから出発しているといえる。先の四内湖が人工的自然水界であり〝内なる自然〟として住民生活にさまざまに関わり利用されてきたこととは様相を異にしている。そうした住民との関わりを創造することから木浜内湖は出発することになるわけで、そうした自律的な動きがあってはじめて「ギロンの再生」ということができるのであろう。(7)

註

（1）　筆者が主として調査していた一九八〇年代から九〇年代にかけては、内湖はギロンと称されることが多かったように感じるが、現在ではギロというのが一般的である。

（2）　内湖（lagoon）とは一般的に琵琶湖のような大湖に付属するごく小面積の水界をいう。琵琶湖の場合、自然的成因とともに、本章で注目するように、開田などによる人為的な作用で入江が内湖化したと考えられるところもある。

（3）　ギロンとホリは地形上それほど大きな隔たりがあるわけではない。第I－1－2図を見てもわかるように、ニシノイキはむしろホリといってもよいくらいの細長い形をしている。ホリの広くなったものがギロンであるといえなくもない。ただし、大きな違いもある。それが固有名称の有無である。ホリとあまり変わらない形状をしているニシノイキではあるが、固有の名称が付いているということで言えば立派なギロンである。四つのギロンには固有の名称が付けられ、それは村人全員に周知されている。それに比べると、ホリには個人的に通称が付けられることはあっても、村人全員の共通認識とはなっていない。あくまで自分が使うための必要性から私的に名を付けたものである。ひとつにはその使われ方に原因がある。たとえば、交通路としてのギロンとホリを比較した場合、ギロンは田舟による交通の要となり、何処の田に行くにも必ず経由しなくてはならなかったのに対して、ホリの場合は幹線水路を除くと村人全員のためというよりはホリに面した水田を持っている人だけが使用するものである。

（4）　エコトーン（ecotone）は、一般には水陸漸移帯と訳される。琵琶湖では湖岸のヨシ場帯とともに、琵琶湖の水位変動により冠水してしまう水田およびその間に点在するギロンやホリも含まれる。

（5）　大自然である琵琶湖と緩やかに分断されたにすぎないギロンやホリは、用水灌漑稲作地における用水路や溜池灌漑稲作地の溜池と比べると、水田用水系としては、より自然に近いかたち、つまり人為度の低いものであるといえる。

（6）　そうした発想の延長線上に、第二次大戦後におこなわれるようになったギロンにおける淡水真珠の養殖があると考える。

（7）　現在、地元住民・行政・研究機関等が連携して、さまざまに内湖再生に向けた取り組みがなされている。木浜においても、「木浜内湖シンポジウム」（二〇〇〇年）を契機として、木浜内湖再生フォーラムが定期的に開催されるなど、そうした取り組みは活発化しており、その成果が期待されるところである。

引用参考文献

・中川原正美　一九九九「赤野井湾をめぐる地理と歴史」『琵琶湖研究所所報』一七号
・安室　知　一九八四「稲作文化と漁撈（筌）」『日本民俗学』一五三号
・同　　一九八七「水界をめぐる稲作民の生活」『信濃』三九巻一号（『水田をめぐる民俗学的研究』慶友社、一九九八、所収）
・同　　一九九二「稲作民の淡水魚食」『信濃』四四巻八号
・同　　二〇〇一「『水田漁撈』の提唱」『国立歴史民俗博物館研究報告』八七集

第二章　水田のなかの〝自然〟

――水田魚類をめぐって――

一　民俗技術の特徴――〝内なる自然〟の創造

自然との関わり方を論じようとするとき、農山漁村に伝承される多様な民俗のなかでも、とくに伝統的な生業や暮らしの中ではぐくまれてきた民俗技術に注目する必要があろう。

民俗技術は、工業技術の対極にある概念であるが、だからといって工業技術と完全に切れた関係にあるわけではない。自然環境への働きかけという点に注目すれば、工業技術のなかに民俗技術の片鱗を見つけだすことは容易である。民俗技術が工業技術化することもあれば、工業技術のなかに新たな民俗技術が形成されることもある。

では、両者のもっとも大きな違いは何かというと、民俗技術の場合、その基盤に、自然環境に関するものにとどまらず、信仰や禁忌など超自然的なものまでも含む豊富な民俗知識の蓄積があることにある。ひと言でいえば、民俗知識は人が自然とうまく付き合いながら伝統的な生活を維持しようとするとき必要となる知識で、多くは経験や口伝により体得されるものである。そのため、民俗技術はときには信仰・儀礼や社会関係といったいわばソフトな民俗知識によって強く規定される（安室 一九九六）。

そして、もうひとつの民俗技術の特徴は、たとえそれが成り行きの産物であっても、自然環境に対して順応的であることにある。そうした順応性に注目すると、人が民俗技術を用いて自然環境に働きかけるとき、そこには工業技術にはないひとつの特徴がみえてくる。

それが〝内なる自然〟の創造である。[1]〝内なる自然〟とは、いわば人が一度手を入れ改変した自然のなかに創り出した（またはおのずと現出した）ところの二次的自然である。それは工業技術が作り出す擬似的自然とはまったく違うものである。ときには、〝内なる自然〟空間は、改変する前の自然よりもむしろ多様な生物の棲息を可能にすることさえある。当然、〝自然〟とはいうものの、そこには多くの民俗知識と民俗技術が注ぎ込まれている。

自然環境は、二次的自然も含めて、農山漁村の生活を維持する上で重要な意味を持っていた。とくに近代以前の農耕や漁撈など自然に依存するかたちで営まれる生業においてはそうした傾向は強いであろう。伝統的な農山漁村の生活が、多分に自然の豊かさに依存していたこととともに、その反対に、そうした伝統的な暮らしが営まれるからこそ自然の豊かさが保たれてきたという面もある。[2]さらにいうと、農山漁村の民俗と自然のもつ豊かさの関係は相互補完的であり、たえずフィードバックする循環関係にあったといえよう。

近代までの伝統的な農山漁村での暮らしとそれを取り巻く自然との関係には、二つの側面があった。ひとつは、伝統的な生活をおくることによって維持される自然があるという面である。農業や漁業を中心として当たり前の生活が営まれることにより維持される自然があること、といえばよかろう。この点に関しては、農業の持つ環境保全の機能など、今までにもさまざまな点が指摘されてきた。

そして、もうひとつの面は、そうした当たり前の生活をめぐって新たに創造される自然があることである。それが、先に挙げた〝内なる自然〟である。このことは、自然と伝統的な暮らしとの関係を論じるとき、一見すると当たり前すぎて従来あまり注目されてこなかった点である。そうした点を、本章の主題とし、具体的にはそれを水田稲作をめぐる民俗技術のなかに見ていくことにする。

二　〝内なる自然〟としての水田用水系――水田稲作をめぐって創造される自然

人の活動が創り出す〝内なる自然〟の一例として、稲作のための人工的な水界である水田用水系に注目してみよう。日本の場合、歴史的にみると、水田は現在でも使われ続けているものとしては、もっとも古い人工物のひとつということになろう。しかも、日本において水田は、もっとも多いときには、三四〇万ヘクタール（一九六九年統計）を超え、全耕地の六〇パーセント近くにまで達した（矢野　一九八一）。

しかし、歴史的にみて、水田用水に天水を利用することの少ない日本の場合、けっして自然の成り行きで水田が拡大していったわけではない。その多くは灌漑施設の整備なくしてはありえないものであった。しかも、北は冷温帯の北海道から南は亜熱帯の八重山諸島まで、また高度〇メートルのデルタから一〇〇〇メートルに至る山間の棚田まで、さまざまな自然環境条件のもとに日本の水田は展開した。

そうした水田稲作の拡大展開の過程で、灌漑のために、自然の水界に人為を加えて改変したり、またまったく新たな人工の水界を造り出してきた。そして、結果としてそうした人工の水界は人里では自然の水界よりも多く存在するようになった。人にとって身近な環境になればなるほどそうであろう。そうした日本人にとってもっとも身近な人工的水界が水田用水系である。

水田用水系とは、水田・溜池・用水路といった稲作（灌漑）のために作られ、かつ管理維持されている人工的水界を指す（安室　一九八七）。そうした水田用水系の特徴は、湖沼や河川といった自然の水界とは違って、稲作活動により、水流・水量・水温などの水環境が多様に変化することにある。しかも、そうした水環境の変化は、ある一定のリズムを持ち、かつ稲作とともに一年をサイクルとして繰り返される。

水田用水系は、稲作の営みに応じて、水利上、乾燥期（十〜三月）と用水期（四〜九月）に大別される。そのうち用水期は、さらに取水期と排水期に分けられる。一般に稲作農家では、取水期をノボリ、排水期をクダリといっている。また、用水期には、ノボリ・クダリとともに、水口（取水口）と尻水口（排水口）を止めて水を水田中に溜める滞水期や反対に水口と尻水口の両方を開けて水を絶えず水田のなかに通わせる掛け流しといった時期も存在する。

本来、日本の農業用水のあり方は、いくつかの部分施設（水源施設・輸送施設・分水施設）が組み合わさった体系的なシステムである（玉城　一九八二）。従来、水田や溜池が生態系としてそれぞれ別個に論じられる傾向にあったが、農（水利）という人の暮らしに直結する視点に立つときには、水田用水系のような体系的・総合的な視野が必要とされよう。

日本の稲作は、集約的な灌漑を基盤にして築かれたものであり、「小農」に適合した経営であったとされる（旗手　一九八三）。そのため、精緻な灌漑施設の整備は、零細な稲作小経営の優越する日本においては必要不可欠なものであったといえる。こうして歴史的には、稲作の拡大展開に伴って、水田用水系は日本の大地に網の目のように張り巡らされていった。

日本の場合、地形や気象などの自然環境を反映して、水田用水系の構成要素はその地域により大きく異なっている。たとえば、讃岐平野のような瀬戸内気候の寡雨地帯では水田用水系のなかに占める溜池の割合（重要性）は大きくなるし、河川が造る扇状地に展開する水田地帯では溜池はあまりみられず代わりに用水路網が発達している。この他にもさまざまなバリエーションがみられる。また、水の制御度に注目すると、たとえば湖岸の低湿田のように自然水界の影響をまともに受けてしまうため水の制御が思うに任せない水田から、用水灌漑が整えられ、水田には一枚ごとに必ず取水口と排水口が設けられるような管理が行き届いた水田まで、さまざまな水利上の段階がある。

三 水田魚類と水田用水系——魚からみた水田用水系の意味

1 水田魚類の存在

水田の中の〝自然〟を象徴するものは何かと問われれば、まずはじめに魚介類が挙げられる。前述のように、水田は高度にまた長きに渡って人の手が加えられてきた人為空間である。為政者の視点に立てば、水田はコメを作るために存在する空間ということになる。そうしたとき、コメはまさに栽培という人為を象徴する存在であるのに対して、たくまざる魚介類の存在はいわば〝自然〟になぞらえられる。そうした魚介類は為政者にとっては関心の外にある存在であるが、実際の耕作者にとってはその地で暮らす上で大きな意味を持っている。

水田用水系のなかで、人により漁され食されてきた魚介類には、ドジョウ・コイ・フナ・ナマズ・ウナギ・タウナギ・タモロコ・メダカ・タナゴ・タニシ・淡水二枚貝・淡水エビ・淡水カニなどがある。こうした魚介類の特徴は、ひと言でいえば、水田用水系に高度に適応した生活様式を持つという点にある。それをここでは水田魚類と呼んでいる。(3)

水田魚類という用語は、管見の及ぶ限りではエッセイ風の文章にごく稀に登場するに過ぎず、明確な概念規定がなされているとはいえない。稲作農民の民俗知識をもとに、水田魚類を定義すると、まず第一に水田用水系を産卵場所にする魚介類であること、第二に一生または生活史のうちのある期間に棲息の場として水田用水系を利用する魚介類であること、ということになる。この二つの条件のうち、どちらかひとつでも適合するものなら水田魚類と呼ぶことにする。

ただし、コイやフナ・ナマズといった魚類は、水田が歴史上に登場する以前から自然界に存在したわけで、そうしたことからすれば、水田の登場以降、水田稲作が創り出す水環境（水田用水系）に、より適応的な生活様式を獲得していった魚類であるという点も、定義の一項に加える必要があろう。そうしたことからすれば、水田魚類とは、あくまで生物分類の体系とは別のものであり、文化概念ということになる。[4]

そうした水田魚類の水田用水系への適応のあり方として注目されるのは、ひとつには、水田用水系を産卵の場としている点である。ドジョウ・フナ・ナマズ・タニシがそうした魚介類の代表であろう。[5] その多くは、産卵期になると、いわゆる「寄り魚」と化して、水田用水系にやってくる魚介類である。魚がいっせいに水田用水系に押し寄せる様子から、そうした時期をイヲジマ（「魚島」滋賀県琵琶湖沿岸）とかノッコミ（「乗っ込み」関東地方）ともいう。フナやナマズのように、産卵のために水田用水系にやって来ては、またもとの自然水界へ帰っていく魚類のほかに、ドジョウやタニシのように、水田用水系内で産卵するにとどまらず農閑期に水が排水された後も泥土のなかに潜ったりして水田用水系内で越冬するものもいる。

従来から、生態学の分野では、淡水魚の繁殖場所および初期成育の場として「一時的水域」の重要性が指摘されていた（斉藤　一九九七）。水田地帯の一時的水域は、灌漑初期にいくつかの魚種に繁殖場所として利用されるだけでなく、そこに発生するプランクトンが多くの子魚や用水路だけに棲息する魚にも利用されていることが実証されている（斉藤ほか　一九八八）。

高度に稲作の発達した日本においては、そうした「一時的水域」の多くが、本章でいう水田用水系と重なるといってよかろう。歴史的にみると、大河川や湖沼の沿岸に広がるエコトーン（水陸漸移帯）がいわば天然の「一時的水域」ということになるが、そうしたところは住民の営為や土木技術の展開とともに水田化が進められ、稲作活動により規則的に水陸が入れ替わる人為的な「一時的水域」へと変貌していった。さらには、大水面に接しない内陸部にも、水路が引かれ溜池が築造されることで水田は拡大し、そうした稲作に伴う人為的な「一時的水域」はいっそう拡大することになったといえる。

では、なぜ水田魚類は水田に産卵に遡ってくるのであろうか。民俗事例からも明らかなように、水田に遡上してくる魚類はたいてい尻水口（排水口）から入ってくる。[6]水環境としては浅く流れの遅い水田は、その周辺の自然水界と比べると明らかに水温が高くなっており、その水が尻水口から流れ出ることになる。そうした周囲に比べ温かい水が産卵期を迎えた水田魚類を水田へといざなっていると考えることができよう。この点は、水田耕作者の民俗知識として語られるだけでなく、自然科学的にも推測されていることである。[7]このほか民俗的認識では、魚は「田んぼの泥を飲んで子をへる（産卵する）」（滋賀県湖東地域）といったりするが、それは降雨が水田への遡上の引き金になったり、また時期的にちょうど代掻きや田植えで水田の水が濁ったときに魚が遡ってくることを形容したものであると考えられる。

そして、もうひとつ、水田用水系への適応のあり方として注目されるのは、水田魚類が水田用水系を棲息の場とする点に関してである。ドジョウは水田用水系のなかで産卵し、かつそこで一生を過ごすことが多いが、ウナギのように産卵場は海にあり、誕生した後に棲息の場を求めて水田用水系のなかに入り込む魚もいる。また、フナやコイの場合は、棲息域や産卵場が水田用水系に限定されるものではないが、水田用水系があるからこそ、より多くの棲息が可能になっていると考えることもできる（安室　一九八四）。これは、そうした魚類にとって水温など生理的条件を水田用水系は満たしているためであるといえる。

たとえば、ギンブナの例をみてみよう。長野県南佐久地方の水田養鯉地帯では、かつて水田に飼養されるコイに伴って、ギンブナは半養殖的に水田用水系のなかで繁殖していた（安室　一九九八ａ・ｂ）。この場合、ギンブナは、コイとは違って明確には養殖の対象とはなっておらず、コイが水田のなかで飼養されるとともに、自然のうちに殖えていったものである。佐久平のような高冷盆地では自然の水界においてはフナの棲息数はかなり限定されるが、人が作り上げた水田養鯉のシステムに入り込むことにより、フナはより多くの棲息を可能にしていたといえる。その結果、南佐久地方ではギンブナはターカリブナ（「田上がり鮒」または「田刈り鮒」）と呼ばれ、土地の人には自然水界ではなく、あくまで水田に自然発生する魚であると認識されていた。

2　水田魚類の広がり

水田魚類は、歴史的にみると、水田稲作の拡大展開の動きとともに、その分布域を拡大していったと考えられる。[8]とくに大河川や湖沼の沿岸域のような低湿な環境では、水田の拡大とともに、水田用水系はいわば人為的エコトーン（水陸漸移帯）の機能を果たし、そのことがもともと水辺エコトーンにいた在来魚の内陸への拡大を促したと考えられる（中島 二〇〇一）。

たとえば、民俗例として、栃木県を流れる思川の事例（安室 一九八四）が挙げられる。第二次大戦直後の食糧難時代になると、それまで畑作地帯であった思川の上流域に水田が拓かれる。すると、それまでその地域には棲息していなかったドジョウ（タドジョウ）が見られるようになったという。その後、食糧難時代が過ぎると、水田はもとの畑（コンニャク）に戻され、水田のための用水路は放置されたまま、ドジョウもその地域から姿を消した。上流域には現在ドジョウがいないにもかかわらず、農家にドジョウウケ（ドジョウを取るための漁具の一種）が保存されていたのはそのためである。

ドジョウは明らかに水田用水系の拡大に連動して分布域を広げていったと考えられる。本来生態的に棲息に適していない地域にも水田ができることによってドジョウの棲息を阻んでいた種々の環境条件が解除され、結果としてドジョウの棲息が可能になったといえよう。

また、思川上流域の例のように、いわば水田魚類がみずから進んで新たな棲息場所として水田用水系を選んだこと、つまり自然に分布域が広がっていったこととは別に、運搬など人による直接的な魚への働きかけがなされ、その結果として分布域が拡大したと考えられる点も水田魚類の場合には無視できない。水田の拡大展開に伴い自然に分布域が拡大していくような場合、水田化が不可能な山岳地帯を水田魚類が越えていくことは無理である。そうした場合、商業活動を通して、そうした棲息の不可能な地域を越えていったと考えられる民俗事例がある。

たとえば、近世から近代にかけて、長野県を中心とした中部山岳地帯では佐久鯉や松代鯉などの名称で知られるコイの水田養魚が盛んにおこなわれていたが、南佐久・下伊那・安曇・埴科の四地域は稚魚および成魚の生産拠点となり、そこからコイは活魚として桶に入れられ天秤棒で峠を越えて長野県各地へ運ばれていった（安室　一九九八a）。コイの稚魚も同様に、コイゴウリ（鯉子売り）により生きたまま各地へもたらされていく。また、そうした養鯉の先進地でも、養殖されるコイは元をたどると、ボラゴイと呼ばれる在来の野生種とは別のもので、近世期に関西方面から持ち伝えられたものだと伝承されている。このほか、ナマズ科魚類についていうと、東日本（とくに関東地方）への分布域拡大は近世中期と比較的新しく、人為的な移殖であるとされる（宮本ほか　二〇〇二）。

そうした魚の移動は、成魚や稚魚だけでなく、卵の段階でもおこなわれていた。たとえば、近世期の農書『農業全書』（宮崎　一六九七）にはそうしたことを窺わせる記述があるし、近代に入っても、たとえば佐久鯉の卵は日本の中国大陸侵略に連動して軍部により中国東北部にまで空輸されている（安室　一九九八）。また、卵の段階での移動は、養魚目的のような意図的なものだけでなく、稲苗の運搬に伴って、そこに付着した卵が知らず知らずのうちに他所へ運ばれていく（守山　一九九七）ということも可能性としては充分に考えられよう。

3　水田用水系と水田魚類の関係

自然を切り開いて水田を造成することやそれを毎年耕作し続けることは、まさに自然の攪乱に違いない。しかし、ここで問題にしている近代までの農法は、「中程度攪乱」（清水　一九九七）として位置づけられ、それは自然のままよりも、また現代農法と比べても、かえって種の多様性を高めるものであるといえる。たとえば、水田耕作という「中程度攪乱」によりもたらされる一時的水域は、魚の生息環境や生態的地位を複雑にし、水田用水系の魚類相を豊かにするといわれる（斉藤ほか　一九八八）。

これまでみてきたように、水田用水系への水田魚類の適応のあり方は、水田稲作の諸活動と密接な関係を持っている。とくに、稲作の諸活動に伴う水利のあり方としてノボリとクダリに水流が大別されることは先にあげたとおりであるが、そのことは水田魚類の水田用水系への適応にとって重要な意味を持っている。

ノボリとクダリは、民俗的な認識では、イネの花の咲く頃を目安として転換するが、細かくみていくと、稲作期間中には水田内の水流はノボリ・クダリまた滞水・掛け流しを何度となく繰り返している。こうした水流の変化は、水田内の水温や水量といった水環境の変化を伴う。つまり多様な水環境を、稲作の諸活動（水利作業）は水田用水系にもたらすことになる。

そうしたとき、水田を産卵の場とする魚介類の多くは田植え前後のノボリのころに水田にやってくる。その時期は、梅雨時で大水の出やすい時期でもあり、そうした大水が引き金になって一気に水田に遡上する魚も多い。

そうした水田内の稲作活動に伴う多様な水環境は、水田魚類にとって、より適応的に作用しているといえよう。たとえば、北方系の魚（イサザ）と南方系の魚（ヨシノボリ）の産卵時期が田植えの前と後に分かれていることから、両タイプの棲み分けに耕起・田植え作業が重要な意味を持ち、結果として両タイプの共存を可能にしている（守山　一九九八）ことなどはそのよい例であろう。

また、魚類にとって水田用水系の持つ意味を問うとき、水田用水系の存在自体が内包する機能にも注目する必要があろう。農業基盤整備や土地改良がなされる以前の水田は、たとえば先に示した思川流域の場合、下流域の水田稲作地帯においてさえ一枚がせいぜい五畝（五アール）程度の面積しかなく、小さいものは一畝にも満たないものが数多くあった。しかも、そうした水田は、むしろ方形のものは少なく、一般に不定形で、その間を縫うように小水路が走っていた。

山間の棚田稲作地においては、たとえば飯山市富倉では一軒の家の所有する五反（五〇アール）程度の水田が五〇～八〇枚にも分かれていた。なかには自分の置いた蓑笠の下に隠れてしまうほどの水田もあったとされる（安室 一九九七）。そうした不定形で小面積の水田は、全体に畦畔の割合が高くなるが、畦際に集まる傾向（渡辺 一九七九）のあるドジョウにとっては、耕地面積に占める畦畔の割合が高いほど、より多くの棲息が可能になったといえる。

また、ヤト（谷戸）やヤツ（谷津）などと呼ばれる浅く細長い谷に作られた水田は、谷奥から谷口へと傾斜しているため、基盤整備がなされる以前には田から田に水を渡していくいわゆる田越し灌漑が一般的であった。そのとき、上の田から下の田へと水が落ちる水口付近には水の勢いで小さな窪みができるが、そこには一年中水が溜まっており、イネが植えられない空間となっていた。

たとえば、沖縄県の西表島ではそうした水溜まりをミズグモリ、千葉県夷隅地方ではオッポリと呼んでいる。近代農業からすれば、水田の中に窪みができイネを植えることができないなどということは非効率の典型として、いち早く排除されなくてはならないものであった。実際に基盤整備においてそうした水界はほとんど姿を消しており、今残るのは極小規模な谷戸田など元来イネの生産性が低く基盤整備に見合わないようなところだけである。千葉県御宿町では、皮肉にも里から姿を消しつつある天然記念物のミヤコタナゴが最後まで残っていたのがオッポリであった。(9)

河川の下流域や湖岸に広がる低湿田地帯には、アゲタやホリタなどと呼ぶいわゆる掘り上げ田が造られたが、そうした掘り上げ田の場合、一枚の水田の脇にはその水田を嵩上げするために土を取った跡が水溜まり（ホリなどと呼ばれる）となって残っていた。また、そうした低湿田地帯には農閑期になっても十分に排水することのできないドブッタやヒドロッタと呼ぶ泥深い強湿田が多くあった。そうした掘り上げ田に伴う水溜まりや強湿田はやはり水田魚類にとっては越冬も可能な格好の棲息場所となっていた。

写真Ⅰ－2－1　水田の温水装置－青森県川内町－

また、山の沢水などを用水源とする山間の水田には必ずといってよいほどにヌルメやマワシミズなどと呼ぶ温水装置が作られていた。ヌルメとは、沢から入る冷水をいったん溜めて暖めるための水田（温水田）のことであるが、それは用水を田渡しでやり取りする関係にある何枚かの水田のうちのもっとも上に作られていた。また、マワシミズとは、やはり冷水が直接水田に掛からないようにするため、畦際に手畦を築いて水をひと回りさせてから本田へと入るようにしたものである。

ヌルメやマワシミズはあくまでもイネのための温水装置ではあったが、同時に魚介類の繁殖や生理にも大きな意味を持っていた。本来その地域には水が冷たいために棲むことのできなかったドジョウなどの水田魚類が、その地域に進出することができた背景のひとつとして、そうした稲作のための温水装置が機能したといえる（安室 一九八四）。

つまり基盤整備や土地改良される以前の水田地帯を見てみると、そこには不定形で細分化された水田、曲がりくねった用水路、クリーク、低湿田、水田の水口付近にできる水溜まり、掘り上げ田に伴う池、温水田といったものが存在した。そうした存在は基盤整備や土地改良の理念からすればイネの生産性向上のためには排除されるべきもの、また稲作技術が洗練されればおのずと解消されるものと考えられてきた。

しかし、それは実はその地域の自然環境、ことに魚類相に大きな影響を与えていた。水田用水系に適応して棲息域を拡大する水田魚類の存在が示すように、水田用水系は地域の魚類相を豊かにする上で大きな意味を持っていたといえる。

四 〝内なる自然〟の再生

1 水田漁撈の終焉とその復活

水田用水系は、第一義的には稲作のためのものであるが、前述のように、多くの水田魚類にとっては産卵の場であり住処であった。と同時に、生計維持の視点から眺めると、稲作農民にとっては、重要な漁撈の場でもあった。そうした漁撈は、自給的で、娯楽の意味を多分に持ったものであった。

こうした水田用水系を舞台としておこなわれる漁撈を、筆者は水田漁撈と呼んでおり、河川漁撈・湖沼漁撈と並んで、日本における内水面漁撈の一類型に位置づけている（安室　一九九八b・二〇〇一）。水田漁撈によりもたらされる魚介類は、歴史的に生業が稲作へと特化していくとき、稲作農民にとって重要な食料とくに動物性たんぱく質源となっていた。そのため、稲作農民は自らおこなう水田漁撈をオカズトリと表現することも多い（安室　一九八七・一九九二）。

生業論の立場からいえば、水田漁撈はまさに水田稲作により内部化された生業ということになる。それは、水田に内在する〝内なる自然〟を背景にして、漁撈や狩猟・畑作といった稲作以外の生業を、稲作単一化（生業のみならず生活のあらゆる面が稲作に収斂していくこと）の過程で、その論理の中に取り込んだものであると言い換えられる。

稲作による漁撈活動の内部化について具体的に示してみよう。水田漁撈の方法をみると、それはわかりやすい。水田用水期（四～九月）においては、稲作の諸作業によりもたらされる水流・水量・水温といった水環境の多様な変化に対応して、主としてウケのような小型定置陥穽漁具を用いることで、同じ水田においても何回にもわたって漁撈をおこなうことが可能となった。また、水田乾燥期（十～三月）においては、溜池など水田用水系に残る水場を利用して、そうした水溜まりの水をすべて掻き出して中の魚を一網打尽にするカイボシなどの比較的大掛かりな漁がおこなわれた。

そうした水田漁撈の特徴を対比的に示すと、水田用水期は農繁期のため人手を掛けずに、稲作の諸作業に伴う水流変化をうまく利用しながらおこなうことのできる省力型の漁撈法が選択されるのに対して、水田乾燥期は農閑期にあるため人手を掛けた大掛かりな労力投入型の漁撈がおこなわれる傾向が高い。また、水田用水期の漁は、一回当たりの漁獲量は多くないが、期間中に何度となく同じ水田を利用しておこなうことができるのに対して、水田乾燥期の漁は、大規模で一回当たりの漁獲量は多いが、一回おこなうとそこではそのシーズンはもはや漁をすることはできない。その結果、もたらされる漁獲物は、水田用水期には短時日（せいぜい二・三日）のうちに自家消費されてしまうのに対して、水田乾燥期の場合には一どきに大量にもたらされる魚を焼き干しにしたりして保存食化することも多い。

漁撈活動が稲作に内部化されたときの様相（漁撈の稲作論理化）は以上の通りである。こうした漁撈活動の稲作への内部化現象をみていくと、反対に、水田魚類に象徴されるように内部化が可能となるだけの潜在力が水田にはあること、つまりかつての水田用水系には豊かな〝内なる自然〟が存在したことが理解される。

しかし、日本の場合、昭和三十年代[10]に入ると、農薬や化学肥料の大量使用、大型農業機械の導入、そして用排水分離を基本とする土地改良・基盤整備の推進といった稲作の工業論理化が進行する。その結果、水田生態系は大きく変貌し、それとともに、水田漁撈はおこなわれなくなっていった。また、高度成長期を迎え、農家の生活も大きく変化していき、もはや水田漁撈により得た魚介類を食べたり売ったりする必要はなくなってしまった。

結果として、昭和三十年代を境にして、かつての水田が有していた〝内なる自然〟をすべて手放し、水田はまさにコメを作るためだけの空間になってしまったといえる。当然、水田漁撈も瞬く間に日本の農村から姿を消してしまった。そこにあるのは、いかに効率よく水田からコメを得るかという生産性中心の農業である。

そうして、いったん途絶えた水田漁撈が、平成に入る頃（一九八〇年代末から九〇年代）から日本各地で復活してきている。それは、現代稲作における〝内なる自然〟の再生として評価されるべきものなのであろうか。詳しくは本書の終章「水田漁撈の現在」で論じるが、水田漁撈の復活は、サステイナビリティー（持続的利用）やワイズ・ユース（賢明な利用）といった環境思想の大衆化・市民化の動きに対応して起こってきたものであるといえる。また、それは、農業基本法（一九六一年制定）に象徴される農業生産（生産性）中心の農政から、新農業基本法「食料・農業・農村基本法」（一九九九年制定）に象徴される環境（農業の多面的機能、景観、生物多様性など）や消費者の視点を盛り込んだ農政への転換の時期とも重なっている。

2　復活の手法――「水田魚道」の試み

いったん途絶えた水田漁撈が復活を果たそうとするとき、具体的にはどのような動きがあったのだろう。また、それは〝内なる自然〟や水田魚類とどのように関わるのであろうか。

現代社会において復活を果した水田漁撈は、大きく分けると二つの目的を持っていた。ひとつが環境教育、もうひ

写真Ⅰ－２－２　水田魚道－兵庫県小野市来住町－

とつが地域おこしのイベントである。どちらか片方だけというのではなく、多くの場合、濃淡はあるにしろ両方の性格を有しており、また主催者側の立場の違いにより、環境教育を強調するものであったり、反対に地域おこしに重点をおくものだったりする。

それらの目的を持って復活した水田漁撈は、表面的には自然保護や地域おこしの市民運動およびＮＰＯ活動としておこなわれることが多い。しかし、予算や実行主体の背景をみてみると、農林水産省を中心に国土交通省や環境省また文部科学省が連携して進める自然再生関連事業[11]および農業・農村整備事業と関係しているものが数多くあることに気がつく。

農林水産省では、これまでの圃場整備が水田と用排水路また自然水界とを分断し、魚類の行き来を阻んできたものであると認めた上で、水田への魚類の遡上を促す具体的な事業として「水田魚道」の設置を進めようとしている（農林水産省 二〇〇四）。

水田魚道とは、「排水路と水田との落差により魚類等が水田へ遡上できなくなった箇所に対して、排水路から水田への魚類の遡上を可能とする施設」（農林水産省 二〇〇四）とされるが、水路から水田への遡上だけでなく、当然魚類の移動においては水田から水路へという双方向性が確保されるものでなくてはならないであろう。

この水田魚道は、水田用水系と自然水界との魚類の行き来を促し、水田環境の生物多様性を取り戻すための切り札的事業のひとつであるといえる。水田魚道の設置とともに、水路への魚巣ブロックの敷設やビオトープ水田の造成が進められれば、魚類に限らず、いっそう水田の生物多様性は増すことになるであろう。水田魚道やビオトープ水田という発想は、自然再生事業が「美しい農村の再生」や「豊かな水田生態系の復活」というそれまでのスローガン的なものから、より具体的で実現可能な事業へと展開しつつあることを示しており興味深い。そうした動きを受けて、農水省では二〇〇四年度より、水田魚道の設置に対する補助事業を開始した。

水田魚道は基盤整備後の圃場にさらに手をかけて造成されるものであることを考慮すれば、それは地域の自然を今以上に破壊するものであってはならず、そのためには施設としてはあくまで簡易で小規模、可塑性のあるものが望ましいし、その地域の自然的特性や対象魚に応じて、素材や形状にはきめ細かな配慮が必要とされる。

当初、こうした水田魚道については、大学や農業工学研究所などの研究機関により実験・研究が進められ、水田魚道による魚類の遡上が定量的に明らかにされている。[12]そうした研究成果を受けて、水田魚道は自治体や民間団体・NPOなどでもさまざまに実践されるようになってきている。

水田魚道は、水田の生物多様性を具現化し、それを積極的に推進しようとする事業である。それはまさに環境保全型農業から環境創造型農業への進化を象徴するものであるといえよう。この取り組みが、新たな公共事業の受け皿[13]となることなく、本当の意味で自然再生事業として本格化すれば、もう一度水田に〝内なる自然〟を取り戻せるかもしれないという期待を抱かせる。

註

（1）ここでいう〝内なる自然〟とは、本章の主旨に合わせて考案した筆者の造語であるが、他の学問分野においても従来この言葉は用いられてきた。たとえば、生命論の分野では、〝内なる自然〟は人体そのものを示す言葉である。

（2）　ここでいう「自然の豊かさ」とは、あくまでも人間の側に立った豊かさである。したがって、それは利用価値と言い換えることもできるもので、生物学でいう生物多様性だけを意味するものではない。
（3）　ここでいう水田魚類には、漁撈の対象という意味から、貝類やエビ・カニなど甲殻類も含んでいる。なお、近年、水田利用魚類という言い方がなされることもあるが、その場合は文化概念ではなく、産卵習性などあくまで魚類の生態的特徴を捉えてのものである。
（4）　さらにいえば、文化概念である水田魚類は、あくまで人にとって食や遊びなどの面において有用であるという点を重要な判断材料としている。そのため、人に何ら利用されない魚介類はひとまず除外して考えている。
（5）　京都府八木町の水田地帯を例に取ると、その地域で確認された二三種の魚類のうち、ドジョウ・アユモドキ・スジシマドジョウ・ギンブナ・ナマズ・タモロコの七種が産卵のために水田地帯の一時的水域を利用している（斉藤ほか　一九八八）。また、岡山市では、コイ・フナ・ドジョウ・スジシマドジョウ・アユモドキ・ナマズが産卵のために用水路にやってきたことが確かめられている（湯浅ほか　一九八九）。
（6）　ただし、基盤整備以前には多くみられた田越し灌漑の場合、水口は同時に尻水口となるため、尻水口を一概に排水口であるということはできない。
（7）　魚類の水田への遡上を促す要因としては、水の温度と臭いが大きな意味を持っていることが自然科学的に推測されている（湯浅ほか　一九八九）。また、ドジョウにおいては水流の発生が遡上を促すものと指摘されている（鈴木ほか　二〇〇一）。
（8）　そうした指摘は、早くは西村三郎によりおこなわれている（西村　一九七四）。西村は、生物地理学的な考察から、コイ科・ドジョウ科・ナマズ科といった水田魚類が水田稲作とともに北進し、本州北部に分布域を広げていったと推定している。
（9）　千葉県大原町の市民運動家、渡辺和玉氏のご教授による。
（10）　ここで西暦を用いず「昭和三十年代」としたのは、そうした場合、日本人の時代観および世代意識をより明確に示すことができるからである。歴史家の色川大吉は、昭和における生活革命の画期として、昭和三十年代（一九五五年ころを始点とする一九六〇年代）を位置づけている（色川　一九九〇）。
（11）　二〇〇二年に制定された自然再生推進法を法的根拠とした各種の事業。
（12）　たとえば、兵庫県豊岡土地改良事務所の調査結果（二〇〇三年五月二十六日から八月二十二日）によると、水田魚道を敷設したビオトープ水田において、以下の魚介類一二種の遡上を確認している（兵庫県　online：14mie.pdf）。名称は種名、カッコ内は期間中確認された総個体数。ウナギ（一）、ギンブナ（八）、オイカワ（八）、ムギツク（一）、タモロコ（三八五）、ドジョウ（二〇一）、シマドジヨウ（一）、スジシマドジョウ（一）、ドンコ（五）、トウヨシノボリ（一）、ヨシノボリ類（三）、ミナミヌマエビ（二五七）、モクズガニ（三）。

(13) 現在進められる自然再生事業の問題点として、草刈秀紀（草刈　二〇〇三）が指摘するように、公共事業との関係は今後注意深く監視する必要があろう。

引用参考文献

・草刈秀紀　二〇〇三「自然再生を総合的に推進するための『自然再生基本方針』とは」鷲谷いづみ他編『自然再生事業』築地書館
・斉藤憲治　一九九七「淡水魚の繁殖場所としての一時的水域」長田芳和・細谷和海編『日本の希少淡水魚の現状と系統保存』緑書房
・斉藤憲治・片野修・小泉顕雄　一九八八「淡水魚の水田周辺における一時的水域への侵入と産卵」『日本生態学会誌』三八巻一号
・清水矩宏　一九九七「水田生態系における植物の多様性」農林水産省農業環境技術研究所編『水田生態系における生物多様性』養賢堂
・鈴木正貴・水谷正一・後藤章　二〇〇一「水田水域における淡水魚の双方向移動を保証する小規模魚道の試作と実験」『応用生態工学』四巻二号
・玉城　哲　一九八二『日本の社会システム』農山漁村文化協会
・中島経夫　二〇〇一「琵琶湖の魚たちのおいたちを考える」『地球』二三巻六号
・西村三郎　一九七四『日本海の成立（改訂版）』築地書館
・農林水産省 食料・農業・農村政策審議会 農村振興分科会 農業農村整備部会 技術小委員会編　二〇〇四『環境との調和に配慮した事業実施のための調査計画・設計の手引き―第三編―圃場整備』農林水産省
・旗手　勲　一九八三『水利の日本史』農林統計協会
・宮崎安貞　一六九七『農業全書』（『日本農書全集一三巻』農山漁村文化協会、一九八七、所収）
・宮本真二・渡邊奈保子　二〇〇一「動物遺存体資料にみる縄文時代以降のナマズの分布の変化」『鯰』琵琶湖博物館
・守山　弘　一九九七『水田を守るとはどういうことか』農山漁村文化協会
・同　　一九九八「多様な生物が利用している水田」農林水産省農業環境技術研究所編『水田生態系における生物多様性』養賢堂
・安室　知　一九八四「稲作文化と漁撈（筌）」『日本民俗学』一五三号
・同　　一九八七「水界をめぐる稲作民の生活」『信濃』三九巻一号

・同　一九九二「稲作民の淡水魚食」『信濃』四四巻八号
・同　一九九六「生態系と民俗技術」古家信平ほか編『現代民俗学入門』吉川弘文館
・同　一九九七「アゼ豆の村－稲作と畑作の交錯－」『横須賀市博物館研究報告（人文科学）』四二号
・同　一九九八a「水田養魚にみる自然と人為の狭間－ターカリブナの生き方に注目して－」篠原徹編『民俗の技術』朝倉書店
・同　一九九八b『水田をめぐる民俗学的研究』慶友社
・同　二〇〇一「『水田漁撈』の提唱」『国立歴史民俗博物館研究報告』八七集
・矢野恒太郎記念会編　一九八一『数字で見る日本の100年』国勢社
・湯浅卓雄・土肥直樹　一九八九「岡山県における水田及び水田に類似した一時水域で産卵する淡水魚群」『淡水魚保護』二号
・渡辺恵三　一九七九『ドジョウ─水田養殖の実際（改訂版）』農山漁村文化協会

（オンライン文献）
・兵庫県ホームページ「三江地区水田魚道調査報告書（概要版）」http://web.pref.hyogo.jp/tajima/kikaku_tiiki/ichipdf/14mie.pdf（04.6.10）

第三章　ターカリブナ（田刈り鮒）の生き方
——水田養鯉のなかのフナ——

はじめに

ここで取り上げるのは、人為と野生の関係からみた生業のあり方についてである。どこまでが人為でどこからが野生なのか、そうした接点のところに成立する生業についてみていくことにする。従来の民俗学では、視点はいつも人の側にしかなかった。一貫して人がいかに自然を利用するかといった見方で民俗学の研究はなされてきた。そのとき成り立つ両者の関係性は無視され、当然自然の側から人に働きかける部分があること、およびそれが思いのほか民俗技術のレベルにあっては重要であることは理解されてこなかった。

民俗学における生業研究では、人から自然への働き掛けといった視点からの研究はほぼ資料化され尽くした感はあるが、反対に自然から人への働き掛けをも視野に入れて両者の関係性を問うとき[1]、そこにはまだ多くの民俗学が掘り起こさなくてはならないテーマが潜んでいるといえよう。

たとえば、鵜飼がウの野生を損なうことなく人間との共生関係を結ぶことにより成り立つものであり、その関係性維持の上でペアリング（雄と雌をつがえること）の技術がとくに重要な役割を果たしていた（篠原 一九八九）が、こうした鵜飼にみるペアリングの発見はまさにそうしたことを教えてくれる。

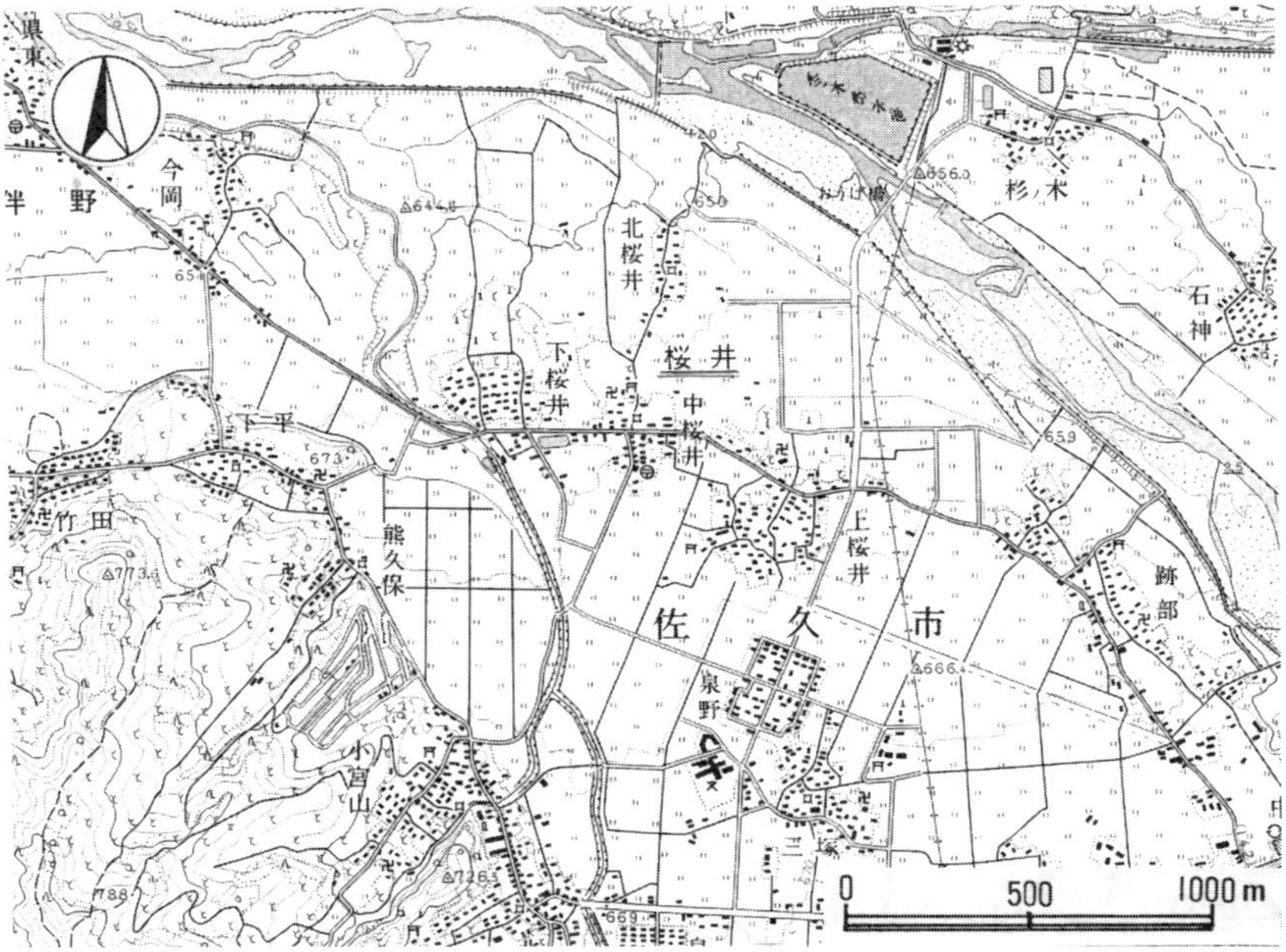

第Ｉ－３－１図　佐久市桜井（国土地理院、２万5000分の１地形図）

本章ではそうした人と自然との関係性に重点を置いて、水田養魚をみていくことにする。調査地には、全国でもっとも大規模にそして高度に水田養魚を発達させた長野県佐久市桜井を取り上げた（第Ｉ－３－１図）。なお、桜井の自然環境上の特性および稲作のあり方については次章に示した。

桜井を含む南佐久地方の場合、水利システムに代表される高度に発達した水田稲作と、それに照応するかたちでやはり高度に展開した水田養魚の技術は、水田をまさにイネと魚の栽培場にしたといってよい。それは一時的にではあるが、長野県においては「佐久鯉」という全国的なブランド商品を生み出し、商品経済・貨幣経済の流れに乗って、コイは水田におけるイネの生産よりも重要視されるに至った。

ここで述べることは、とくに断りのない限り、実際に養鯉をおこなってきた人たちからの聞き書きによる。昭和初期（一九二六－一九三五）に時間軸を設定して調査したものである。なお、昭和四年（一九二九）の統計をみると、桜井二二〇戸のうち水稲の作付をした家が一八九戸ある（桜井村 一九二九）が、養鯉をおこなった戸数もちょうど一八九戸である（桜井村農会 一九三〇）。つまり、必ずしも養鯉をおこなったところがすべて稲作農家であるとは言い切れないが、桜井ではほとんどの稲作農家が水田において養鯉をおこなっていたと考えてよい。

一　水田養魚の対象としてのコイとフナ――「佐久鯉」と「ターカリブナ」

1　佐久鯉とは

中国には紀元前四六〇年ころに書かれたとされる『養魚経』が存在しており、魚を養殖するという行為が成立するのは、はるか紀元前にさかのぼることがわかる（中国淡水養魚経験総結委員会編 一九六六）。そうした養魚の対象として昔から用いられてきた魚にコイがある。

コイは分類学上コイ目コイ科コイ属の一属一種である。しかし、生息地の環境条件によりかなりの変異があり、またその上にコイは古くから人に飼養されてきたために人為的な選抜淘汰により種々の品種が作られている。日本においても長い養鯉の歴史の中から地方によってそれぞれ特色を持った養殖型の品種が固定されている。一般に日本の養殖型のコイはヤマトゴイ（大和鯉）の呼称で代表されるが、各地で固定された品種としてヨドゴイ（淀鯉）・オウミゴイ（近江鯉）などと並んでサクゴイ（佐久鯉）がある（第I―3―2図）。

佐久鯉は分類学的には養殖型の一品種として存在するものであるが、佐久鯉の称号は南佐久地方で生産されるコイの商品ブランド名として用いられるようになったものである（淡水魚研究会 一九八四）。つまり、佐久における養鯉の歴史に比べると、佐久鯉の名称の使用は比較的新しいものである。

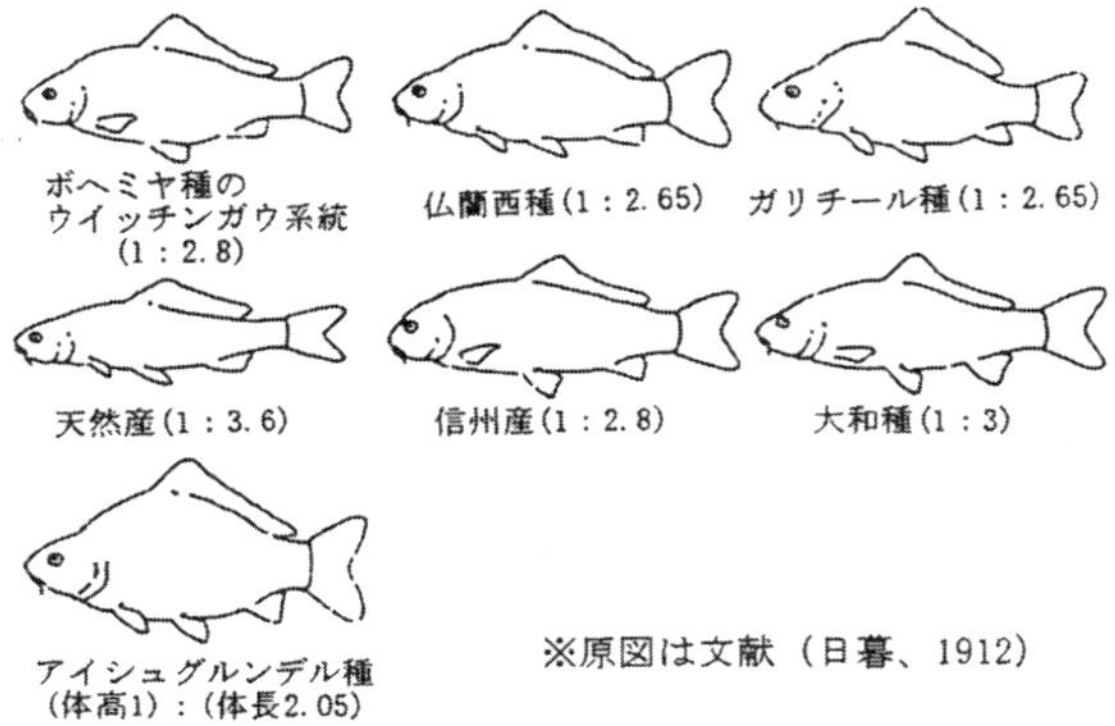

第Ⅰ－3－2図　コイの形態と品種

佐久におけるコイの養殖は、自然型の在来種であるボラゴイの飼養に始まるとされる。伝承としては、文禄年間（一五九二～一五九五）にまで遡る（南佐久郡史刊行会　一九一九）とされるが、実際のところはよくわかっていない。また天明年間（一七八七～一七八八）になると桜井村の臼田丹右衛門によって大和の淀川からヨドゴイが桜井村へ移殖されたとする（南佐久郡史刊行会　一九一九）。そのほか、新しいところでは、明治末のヨーロッパ産ドイツゴイの移殖がある。ドイツゴイの移殖は事業としては必ずしも成功はしなかったが、ドイツゴイは南佐久地方の従来からある養殖型のコイと交配することにより、とくに後年の佐久鯉の品種形成に大きな影響を与えた（淡水魚研究会　一九八四）。

また、大正から昭和初期にかけての頃になると、知名度を増した佐久鯉は親鯉や稚魚が盛んに各地に移殖されるようになる。その範囲は北は北海道から南は九州にまで及び、また、第二次大戦中には日本人の大陸侵略に連動して中国東北部にまでもたらされている。

2　ターカリブナとは

古来から養殖の対象とされ、種々の記録や伝承に残るコイに対して、やはり水田において〝生産〟されるフナについてはほとんど記録がないといってよい。

南佐久地方においても、フナは水田の中でコイとともに殖えるものであった。そうしたフナを桜井ではターカリブナと呼んでいる。しかし、フナはあくまでも水田養鯉の副産物であり、意識して増殖させる対象ではなかった。佐久鯉の場合は他品種との交配などさまざまな人為により作られた養殖型の品種であることは確実であるが、このターカリブナの場合には養殖型の品種と同定することはできない。

ただし、水田養鯉の管理体系の中に組み込まれて棲息することは事実であるため、人が意識するしないにかかわらず人為が及んでいたと考えることもできるわけで、河川などの自然水界に棲息するフナとターカリブナとが分類学的な意味で系統を異にするもの、つまり養殖型として固定された品種になっている可能性も否定できない。

ターカリブナのいわれは、「田刈り鮒」とも「田上がり鮒」ともされる。「田刈り鮒」は稲刈り時に取れるフナを意味するのに対して、「田上がり鮒」は田から取れるフナということになる。

ターカリブナは、聞き取り調査から推測するに、銀色の光沢を持った体色をしていることや体高がゲンゴロウブナに比べて低いことなどの体形的な特徴から、ギンブナであると考えられる。

桜井は高冷地であるため河川などの自然の水界にはフナはあまり棲息していない。そのため、桜井ではフナは水田にいるものだと考えられている。また、一般の農家の中にはフナは水田の土から湧く（生まれる）ものであると考えている人もいる。夏に水田で生まれたフナは、秋になって水田から取り上げるときには一寸（三センチ）程に成長している。フナの場合にはコイのように意識して二年ないし三年と飼うことはない。そのため、桜井ではフナはみな体長が一寸ほどしかないものだと思われている。

つまり、桜井の人びとの民俗的認識では、ターカリブナとは水田で生まれ育つ（または水田に湧く）体長三センチほどの小さな銀色の魚ということになる。

二　水田におけるコイの飼い方——水田養鯉の基本

1　三年かけてコイを育てる

養鯉には主に池中養殖（溜池養殖も含む）と水田養殖の二つの方法がある。その起源は一般には池中養殖の方が古いとされる。そうしたなか、南佐久地方の養鯉は主として水田養鯉によりおこなわれてきたことに特徴がある。

桜井における水田養鯉の基本パターンは、イケと水田を往復しながらコイも三年間育てることにある。最初の二年間は、夏は水田、冬はイケに入れられ、三年目になると夏もそのままイケに入れておかれる。つまり、南佐久地方でいう水田養鯉は、養鯉の場として水田とイケを季節または成長段階に応じて組み合わせ使用するものである。[2]

その場合、二年間の水田での養成はおもにコイの肥育を主眼としてなされる。標高七〇〇メートルに近い高冷盆地の佐久にあって、早くから水温の上がる水田に入れることにより餌の食いをよくするものである。それに対して、イケでの一年間（三年目）は秋の出荷を前にした仕上げの段階だといえよう。イケは夏でも水田のように水温が上がらず、また桜井のイケは絶えず水の動く流水池（第Ⅰ—3—3図）であるため、そこではコイの肥育よりも身を引き締めることが主眼となる。

そして、三年の間にコイは呼び名をコイゴ→トウザイ→チューッパ→キリと三回変える。

孵化してから約一か月まで、体長がほぼ一寸（三センチ）以下のものがコイゴ（「鯉子」）である。このコイゴを水田に入れてひと夏育ててから秋取り上げると、体長四寸（一二センチ）・重さ一〇匁（三七・五グラム）ほどになっており、それをトウザイ（「当歳」）と呼ぶ。トウザイを次の年また水田に入れて秋取り上げると、体長七寸（二一センチ）・重さ一五〇匁（五六〇グラム）ほどのチューッパ（「中羽」・「中端」）になる。チュウッパをさらにもう一年、イケまたは水田で飼うとキリ（キリゴイ「切鯉」）となる。キリの基準は二〇〇匁（七五〇グラム）とされ、筒切にして食べることができること、つまり出荷サイズに達したことを示す。

なお、このコイの成長段階名については、次章であらためて取り上げることにする。

2　コイを水田に放す

一般農家では稚魚生産をおこなわないところが多く、コイゴは当時桜井に一五軒ほどあった稚魚生産業者から買っていた。桜井の場合には、どの農家も所有する水田のすべてにコイを飼うため、稚魚の購入量も多く、一戸あたり毎年数千から一万尾単位で買っていた。

桜井の場合、コイゴだけではないく、トウザイやチュウッパも水田に入れる。その場合には、それぞれ入れる水田を区別することが多い。また、水

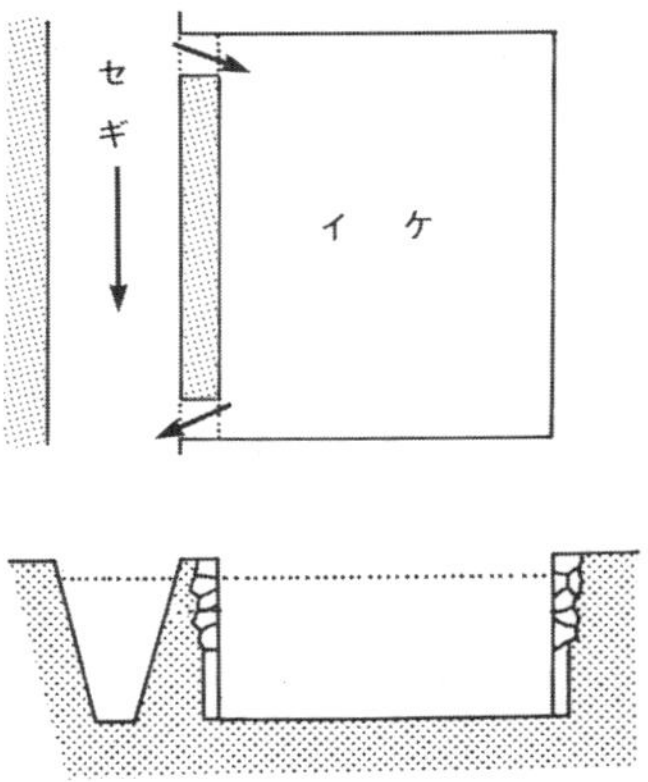

第Ⅰ－3－3図　イケの構造

写真Ⅰ－3－1　イケ—長野県佐久市桜井—

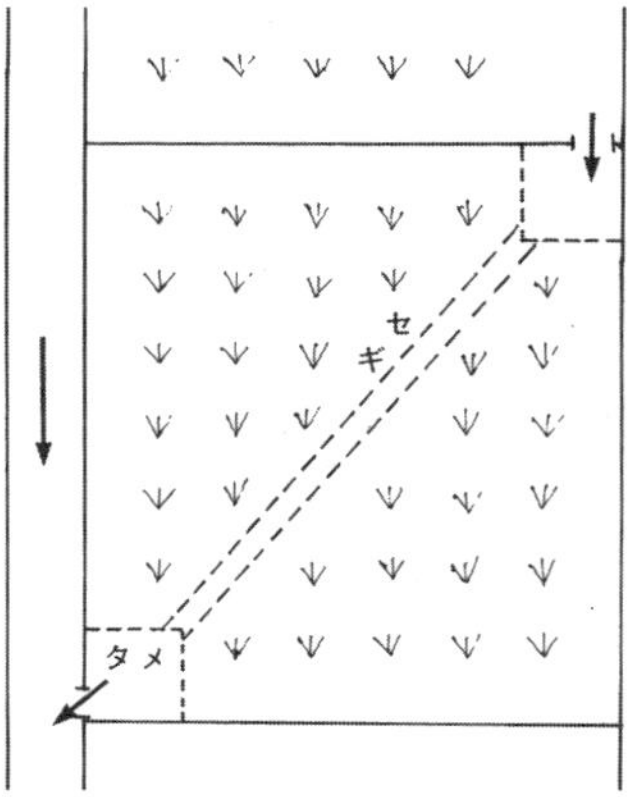

第Ⅰ－3－4図　コイの収穫方法

写真Ⅰ－3－2　セギとタメ －長野県佐久市桜井－

田の除草効果を高めるためにコイゴやトウザイの田にキリゴイなど大きなコイを混ぜて入れる場合もある。

水田にコイを入れるのは田植え前後である。桜井の場合、例年田植えは六月十二日頃におこなわれる。シロカキを終えた水田には水が張ってあるので、水田の状態としてはいつでもコイを入れられるようになっている。目安としてはコイゴは田植え後に、トウザイやチューッパは田植え前に入れるとされるが、実際には田植え前か後かはその家の田仕事の都合によって決められた。

そうして水田に入れられたコイには毎日、朝と夕の二回、餌が与えられた。畦を歩きながら、スクイバチを使って、サナギやコヌカなどの餌を水田中にばら撒いた。

そして、秋になるとコイを水田から取り上げる。コイの収穫をコイアゲというが、稲刈り前の九月二十日から下旬にかけておこなわれる。目安としては、秋彼岸のころ、他生業との関わりからいう

写真Ⅰ－３－７　水田養鯉の風景
－コイアゲの様子－

写真Ⅰ－３－８　水田養鯉の道具
－コイの選別器－

写真Ⅰ－３－９　水田養鯉の道具
－コイオケ－

写真Ⅰ－３－10　水田養鯉の道具
－スクイバチ－

写真Ⅰ－３－３　水田養鯉の風景
－産卵するコイ－

写真Ⅰ－３－４　水田養鯉の風景
－卵の付着した藻を運ぶ－

写真Ⅰ－３－５　水田養鯉の風景
－卵を孵化田に移す－

写真Ⅰ－３－６　水田養鯉の風景
－養鯉田に餌をやる－

と、ちょうどアキゴ（秋蚕）の収繭が終わり、稲刈りが始まるまでのわずかな余暇にコイアゲはおこなわれる。

コイを取り上げるには、まず水田の中に、第Ⅰ—3—4図に示したように、タメ（水溜め）とセギ（水路）を造る。タメは水田の水の出入口付近に掘り、セギはミナクチ（水口）からシリクチ（尻口）に向けてまっすぐに掘る。タメは一坪（三・三平方メートル）ほどの面積で、セギは約四〇センチの幅で造る。

そうしておいてから、水の出入口に簀を張って魚が逃げないようにし、水田の中の水を落とす。水田の水が少なくなるに従って、中にいたコイは深みになっているセギへ、そしてさらにタメへと水の流れとともに自然と集まってくる。そうして水田から水を完全に落としてしまうと、タメやセギに残ったコイを網ですくったり手づかみにしたりしてコイオケ（鯉桶）に入れていく。このときターカリブナも一緒に収穫されることになる。

三　養鯉とフナの接点——産卵・孵化の技術をめぐって

1　コイの稚魚を生産する人びと

すでに多くの研究者が指摘するように、家畜化の指標として、生殖が人に管理されているかどうかという問題は重要である（例えば、［野沢　一九八七］）。当然、水田養魚においても産卵・孵化の技術は人為と野生の関係を問うときもっとも象徴的なテーマとなる。また、それはターカリブナと佐久鯉の違いをもっとも際立たせるものでもある。

桜井には水田養鯉の技術とともに稚魚生産の技術が古来よりセットとして存在している。長野県では昭和初期（一九二〇年代後半から三〇年代）において水田養鯉は広くおこなわれていたが、桜井のように稚魚生産からおこなっているところはむしろ稀である。つまり一般的な水田養鯉地では稚魚を買い求めることから養鯉が始まるといってよい。そんなとき、稚魚生産技術を持たない一般的な水田養鯉地へ稚魚を供給する役目を果たしたのが、桜井をはじめとする南佐久地方の養鯉先進地である。

ちなみに南佐久地方以外に稚魚生産をおこなっていたのは、第I－3－5図に示したように、長野県内では下伊那地方の松尾地区（現飯田市）、安曇地方の北穂高・会染地区（現穂高町・池田町）、埴科地方の松代地区（現長野市）の合わせて四地域にすぎない。この四地域の中でもっとも広い稚魚供給圏を持ち、また文献記録の上でもっとも古くから稚魚生産をおこなってきたのが南佐久地方である。さらにその中でも桜井はとくに稚魚生産の盛んな地として有名で、そのため水田養魚自体の発祥地とも目されてきた。

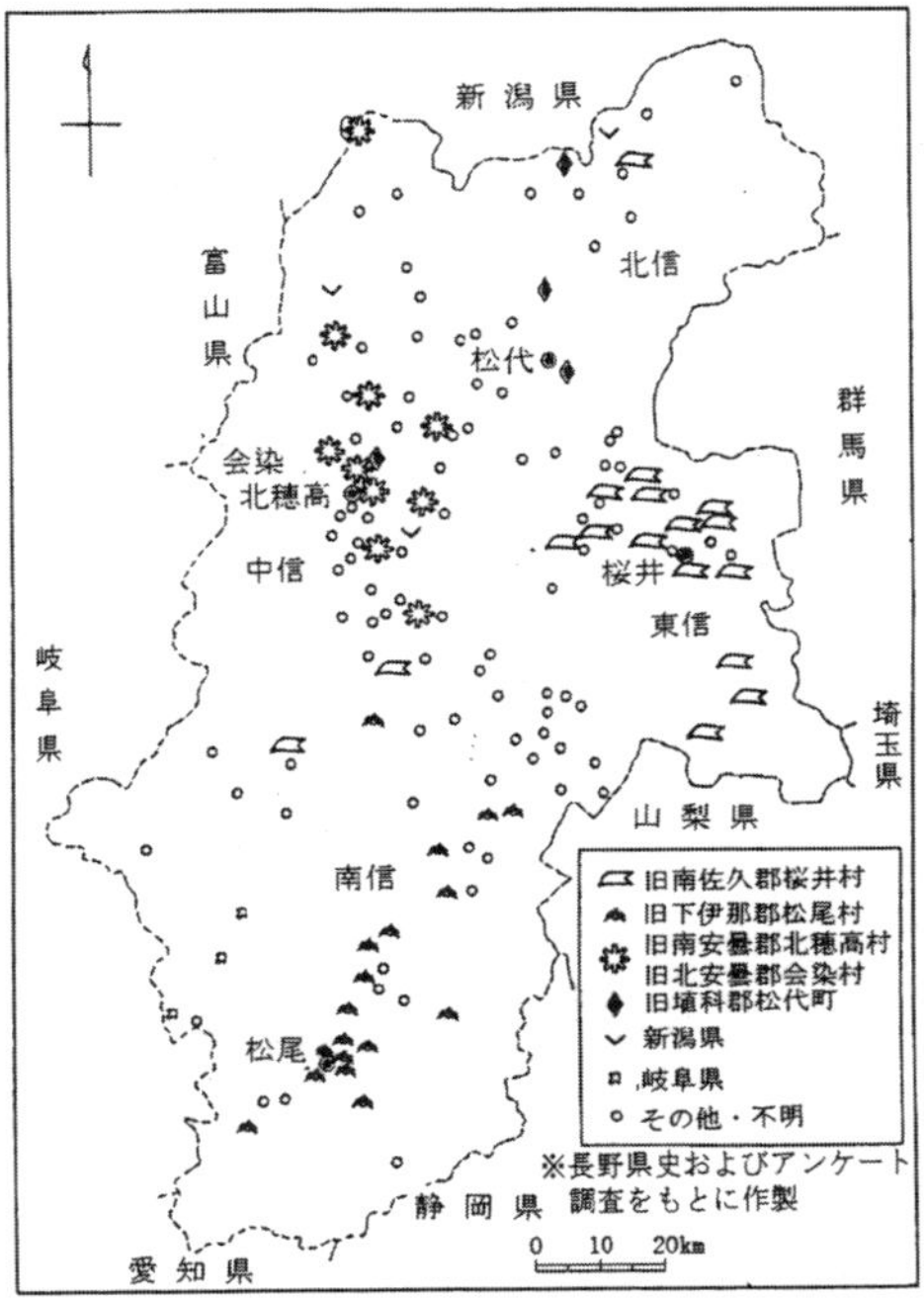

第I－3－5図　水田養鯉地とコイゴ売りの活動域
－昭和初期－

しかし、桜井とはいってもすべての家で稚魚の供給をおこなっていたわけではない。昭和初年の時点では、自家消費の域を越えて稚魚生産をおこない、他所にまで稚魚を供給していたのは桜井二二〇戸のうち一五戸ほどにすぎない。そうした稚魚の生産供給をする家は一般にはコイゴヤ（鯉子屋）と呼ばれていた。そのほかの家では自家の水田養鯉用にのみ稚魚生産をおこなっていたか、またはコイゴヤから稚魚の供給を受けることで水田養鯉をおこなっていた。

しかし、稚魚の生産供給者も水田養鯉をおこなうことに変わりなく、また自家用の稚魚生産のみをおこなう家も桜井には存在していたことを考えれば、桜井内部では初めから稚魚生産技術と水田養鯉技術とが二つに分化して継承されてきたものではないことがわかる。もとはおそらくどの家でも水田養鯉をおこなうところでは自家で必要な分の稚魚生産はおこなっていたものと考えられる。

それが、明治後期から昭和初期（二〇世紀前半）にかけて水田養鯉が県内に広く普及しようとするとき、稚魚の需要は増大し、大量生産の必要が生じる。そうした社会的要請を商売拡大の機会として受けとめた何軒かの家が、自家消費の域を越えて稚魚の大量生産技術を生み出し、より確実な現金収入の方途として稚魚生産に特化していったものと考えられる。

2　タネゴイを飼う

桜井といえどもすべての家で稚魚の生産をおこなっていたわけではないことは前述の通りだが、それには理由がある。稚魚生産をおこなうには、ひとつには親魚となるタネゴイ（種鯉）をたえず養成しておく必要があること、ふたつめにコイの産卵・孵化に関する技術を保持しなくてはならないことという二つの条件を満たさなくてはならない。

コイゴヤは通常一戸あたりタネゴイを二〇～三〇尾所有したが、中には最盛期に一〇〇尾近くも飼う家があった。コイは一〇〇年以上生きるとされ、親子三代にわたって用いたタネゴイも珍しくないという。昔は年を取って大きなコイほどタネゴイにはよいとされたが、後には（昭和初期の段階では）あまり年取ったものはタネゴイには向かないとされるようになった。

タネゴイはキリゴイとは別にタネゴイノイケ（種鯉の池）に入れられる。一年中タネゴイノイケで飼われ、水田に入れられることはない。そうしたことからも、タネゴイはすでに肥育の対象とは考えられていないことがわかる。タネゴイノイケには一〇歳くらいのものから一〇〇歳を超えるものまで一緒に入れられている。数合わせをすることもないため、何歳のタネゴイが何尾というように正確な把握はなされていない。

年取ったものは自然に死んでいなくなるので、総数が変わらないように、また一対三という雌雄のバランスが大きく崩れることのないようにタネゴイを補充していくだけである。

3　産卵の場と時

カリンの花が咲き始めると、そろそろコイの産卵準備である。迎える五月二十二・二十三日の臼田の小満祭[3]がコイの産卵にはもっともよい時期とされる。桜井ではその頃になるとやっと水温が一四～一五度に達する。

コイの産卵はイケでおこなう。タネゴイノイケを持っている家では、そのままそこを産卵池にする。産卵にイケを用いるのは、それがたえず水が出入りする流水池だからである。また、産卵床となる藻の出し入れが楽なように、産卵に用いるイケは五坪ほどの小さなものがよいとされる。

産卵の日時はある程度人為的な操作が可能であった。十分に成熟しているコイなら、イケガイ（池替または池掻）といってイケの水を入れ替えてやることにより産卵行動を誘発させることができる。それまで入っていたイケの水よりも温かい水に突然変えてやることで刺激を与えるものである。朝早くイケガイをすると翌朝に、午後にイケガイした場合には翌々日にコイは産卵行動をおこすとされ、そうした計算に基づいてイケガイが算段された。

実際にイケガイをするときには、事前にタネゴイをイケから取り上げ、イケの脇を流れるセギ（用水路）などに入れておく。イケの水をすべて抜いてしまうと底に溜まった泥を掻き出してなかをきれいに掃除する。そうしてから新たに水を入れ、そこにタネゴイを戻す。そうしてイケの水面にキンギョモ（金魚藻）と呼ばれる藻をいっぱいに敷きつめる。この藻がコイの産卵床になる。

一般に「コイはふた朝、卵を産む」という。つまり、タネゴイは朝に一回目の産卵をすると、翌日の朝もう一度卵を産む。こうして藻に卵が産み付けられると、すぐに卵の付着した藻をイケから出して新しい藻を入れておく。藻に産みつけられた卵は楊枝の頭よりも小さな粒で、初めは淡黄色をしている。それがうまく受精していると徐々に透明度を増していくが、無精卵だと白く濁ってしまう。

4　産卵への人の関与

コイの産卵と人とのかかわりについては、イケが重要な意味を持っている。ことイケの中に関するかぎり、つまり産卵自体にはほとんど人の管理は及んでおらず、自然の成り行きに任されているといってよい。

たとえば、イケガイのやり方をみてもわかるように、産卵行動を誘発させるのもイケをひとつの単位としておこなわれている。また、産卵時のタネゴイの雌雄の比率は一対三がよいとされるが、産卵前にイケの中にいるタネゴイの数合わせをすることはなく、またイケの中の雌がすべてまったく同じタイミングで卵を産むわけでもないため、最初のころに産む雌には五〜六尾の雄がつく場合もあれば、後から産んだものにはほとんど雄が集まらないということもでてくる。また、とりたてて雌雄のマッチングはおこなわないため、一〇〇歳以上のコイから一〇歳程度のコイまでイケの中にいるものはすべて一緒に産卵をすることになる。つまり人の管理が及ぶのは、空間的にはイケの単位までであり、時間的にはあくまで産卵以前のコイの産卵環境づくりのところまでである。

また、タネゴイへの人のかかわり方として注目すべきは、タネゴイ一尾ずつに対する管理ではなく、あくまでイケの中のタネゴイ全体をひとまとめにして管理することにある。確かに特定の個体には「先代の養成したもの」などという区別はあるが、産卵させ稚魚を得るという点においてはみな一緒に扱われる。もちろんタネゴイの個体識別はおこなわないし、特別にコイに命名して区別するなどということもない。あくまでも、その家で飼う何十尾かのタネゴイはひとまとまりのものであり、落ちて（自然に死んで）少なくなった分に関してそれを補充することにより全体を維持しているにすぎない。どのタネゴイが落ちたかといったことにはほとんど関心は払われない。イケをひとつの単位に、全体として雌雄のバランスを保ちながら一定数を維持することが重要なのである。

そのため、卵や稚魚に関しても、その個別の出自が問われることはまったくない。その意味で、コイゴには個別の個体の掛け合わせに意味を持たせるような血統という認識はなく、「〇〇（コイゴヤの屋号）さんちのコイゴ」ということで一括される。(4)

5　イケガイの意味とフナの排除

イケガイ作業には大きく三つの意味がある。ひとつは、前述のように、環境を変えてやることでコイの産卵行動を誘発すること。二つ目は、イケの掃除。そして三つ目は、コイ以外の魚とくにフナを排除することである。

一番目の意味は、単にコイの産卵行動をいっせいに誘発させることだけにとどまらない。イケガイは、コイの産卵時期を自然状態に比べ一か月以上も早くすることを可能にしている。このことは、中部山岳地帯において水田養鯉を拡大普及させる上で非常に大きな意味を持っていた。自然状態で産卵を待った場合、佐久盆地のような高冷地ではコイの産卵は六月下旬になってしまう。

そうなれば、田植えまでにコイゴの段階にまで育て、放流可能な状態にすることができない。放流時期の遅れはそのまま、水田におけるコイの肥育期間の短縮を意味する。いってみれば、イケガイによりコイの産卵時期を管理できたことが、こうした高冷地において水田養鯉を成り立たせた最大のポイントであり、イケガイは人為の及ぶもっとも先端的な部分として人為と野生とがせめぎあう接点となる民俗技術であるといえる。

そして三番目の意味は、コイゴヤと呼ばれる稚魚生産者にとってはとくに大切なことである。イケにはどんなに注意していてもコイとともにフナなどの雑魚が混じっており、コイが産卵行動をおこすとフナも同じように産卵を始めるという。コイの卵とともに藻に生みつけられたフナの卵はそのまま孵化田に入れられ、そこで孵化してコイゴに混じることになる。稚魚の段階ではコイとフナはほとんど見分けがつかないため、コイゴを売る段になってフナッコ（鮒子）だけを選り出すことは不可能である。

そうしたことを防ぐにはイケガイの時にフナを徹底して排除しておくしかない。そのため、多少面倒でもイケガイのときにはわざわざコイオケを使ってコイを別の場所に移し、イケの水をすべて掻い出してしまうのである。そうしないと後で、「お宅のコイゴにはフナッコが混じっている」という苦情が来たりして稚魚の生産業者としての評判を落としてしまうことになる。

コイゴを売った農家のうち、たとえ一軒でもマイナス評価を受ければ、そのコイゴヤが生産するすべてのコイゴにも同様の評価がなされることになる。前述のように、イケ単位にすべて一括してなされるコイゴの生産方法からいって、「フナッコが混じったのは○○家に売った分だけ」という言い逃れができないのである。

6　孵化の技術

卵の付着した藻は大急ぎでイケから上げコイオケ（鯉桶）に入れられる。卵をいつまでもイケに入れておくとタネゴイに食べられてしまうためである。コイオケに入れた藻は、あらかじめ決めてある水田に持っていき、その中に移す。その水田はすでにシロカキを終え水が張られており、そこが孵化場となる。それをコイシロ（鯉代）という。目安としては、一歩（三・三平方メートル）の水田で五〇～六〇万尾の稚魚が生産できる。なお、コイシロも稚魚の養成が終われば苗を植えて稲田とした。

卵は水田に移すと気温の低い年で約七日、暖かい年だと三日ほどで孵化する。孵化までの日数は積算水温で計算できるとされるが、実際には経験的にその年の気候から上記のような基準で判断される。

孵化場として用いる水田は、各自が所有する水田の中から条件に合ったものを選ぶ。その条件とは、第一に水の便の良いこと。第二に、湧水が入らず河川水が主な用水源となっていること。第三に、ミジンコなどのプランクトンがよく湧く田であること。

第一および第二の条件は、孵化田に不可欠な水に関するものである。孵化田には水がたえず入れられ、しかもできるだけ温かい水でなくてはならない。六月過ぎになると、湧水と河川水との水温が逆転し、一五度前後で一定している湧水よりも河川水の方が水温が高くなるため、冷たい湧き水が入る水田は避けなくてはならない。

そして、第三の条件は、生まれたばかりの稚魚の飼料に関係する。コイの稚魚は、孵化して最初の五日間は水田に自然発生するミジンコなどのプランクトンしか食べない。そうしたミジンコは水田で自然発生するとしたが、それは正確には自然発生するようにあらかじめ人が仕向けているというべきである。というのは、孵化に用いる水田にはシロカキ前に堆肥・人糞・鶏糞などの有機質を入れておくことによりミジンコの発生を促すことが可能だからである。たとえば堆肥を入れてシロカキすると約三日でミジンコが湧くとされる。また、入れる有機質の種類や配合のバランスによって、少しずつミジンコの発生をずらすことさえできるとされる。

つまり、ミジンコを発生させる時期とその期間について人の操作が可能だったわけで、そのため、より確度高く、わずか五日間という短い孵化後の初期育成段階に対応させてミジンコを発生させることができたといえる。そのため、この点は、産卵・孵化に関わる民俗技術のなかでももっとも重要視され、有機質の配合の仕方などはその家の秘伝として伝承されることになる。

四　水田養鯉のなかのフナ　――ターカリブナの生き方

1　ターカリブナはなぜ小さいか

前述のように、養鯉家とくにコイの稚魚生産者からは目の敵にされ、コイゴ生産の段階で徹底して排除されたフナがどうして秋にはターカリブナとしてコイとともに収穫されるのであろうか。それは言い換えれば、人為による徹底した排除をいかにかいくぐってフナは繁殖することができたのかという問題になろう。

その問題を解く鍵のひとつはターカリブナの形態的特徴にある。先に述べたように、民俗レベルではターカリブナは、ひと夏だけ水田に棲息する三センチほどの小魚と認識されている。桜井ではフナはあくまでターカリブナのことであり、川などの自然水界に棲息するものではない。また二年以上生き長らえる（つまり一〇センチを越えるようなサイズに成長する）ものではない。知らず知らずのうちに水田の中にいてイネ（およびコイ）とともに秋には収穫されてしまう存在である。

秋になりコイアゲをすると一緒に大量のフナも取れる。そして、収穫後コイとフナとは厳密に選り分けられる。コイの場合は次年も水田に入れるため生きたままイケに移されるのに対して、ターカリブナは水田から揚げられるとすべて殺され食料にされてしまう。

こうしたフナは、コイの養成段階でいえば、コイゴが水田から上がりトウザイとなった段階（つまり生後五か月ほど）に当たる。つまり、フナの場合は、水田養鯉の体系の中にいる限り、コイのようにチューッパやキリにまで成長する機会はないことになる。

そのことが、民俗的認識の上でターカリブナは体長一寸（三センチ）ほどしかないという形態的特徴を生み出す基盤にあると考えられる。

2　ターカリブナは水田から湧くのか

桜井の場合、高冷地のため河川などの自然水界にはフナはあまり棲息しておらず、天然のフナが産卵のために水田に上ってくるとは考えられない。また、民俗的認識でも、そうしたことを語る人はいない。そして、なにより桜井の水田はほとんどすべて養鯉に使うためミナクチやシリクチには簀が張られており、水田の中からコイが出られないように外からも魚は入ることはできない。

にもかかわらず、コイアゲのときすべて取り尽くしてしまっているはずのフナが、また次の年には水田の中で殖えている。そのことは紛れもない事実である。そのため、フナは水田に自然発生するもの、水田の土から湧くものと考えている人が一般農家の中にはいるのである。

このことは、なぜ人為による淘汰をくぐり抜けてターカリブナは殖えることができるのかといった問題を考えるとき重要な意味を持つ。

ターカリブナは水田から湧くという認識を生み出した背景には、ふたつの要因がある。ひとつは、コイアゲ作業時の淘汰を免れたフナがコイとともにイケに入り込むことにより、次の年に親ブナとなりコイの産卵に乗じて繁殖したと考えること。フナは通常二年で成熟し卵を産むようになるので、そうしたことも可能である。そして、もうひとつは、購入したコイゴに混じって水田に入れられたフナッコが成長したと考えること。

この二つの要因はじつはひとつの問題であるといってよい。第一の要因は、産卵段階に関わることである。これは、とくにコイゴヤ（コイの稚魚生産業者）にとっては商売に関わる重大な問題であることは前述の通りである。それに対して、一般の農家ではそうしたコイゴヤからコイの稚魚を購入することで養鯉をおこなっていたわけで、そうした人びとにとっては第二の要因が大きな意味を持つ。つまり、第二の要因は養成段階の問題ということになり、あくまで第一の要因が前提になってのことである。

3　ターカリブナはどうやって殖えるか

では、フナはいかにして水田養鯉の体系の中に入り込み、繁殖することに成功したのか。この点について、主としてフナの側から考えてみることにする。

前述のように、例年五月下旬になるとコイの産卵行動を誘発するために人為的操作（イケガイ）をするが、そのときイケの中でコイとともにフナも一緒になって産卵する光景はコイゴヤなどの養鯉家なら誰でもごく普通に目にしている。

このとき、春のイケガイおよび秋のコイアゲという二段階において、あれほど徹底的に排除されたなかにあって、都合よく親ブナとして雄と雌が残り産卵・受精することができるのかという疑問が湧く。しかもギンブナの場合は、自然段階ではほとんどが雌であり、雄の占める割合が極端に少ないという生物的特徴を持っている（宮地ほか 一九八六）。そのため、たとえ排除を免れたにしろその中に雄のフナが存在する確率はきわめて低いといわざるをえない。つまり、そうした自然的にも人為的にも厳しい状況下においてフナは本当に水田で繁殖できるのであろうか。

そうしたとき注目すべきは、人の目からは特異ともいえるギンブナにおける繁殖方法である。それは単為生殖（単性生殖）と呼ばれ、必ずしも雄を必要とせずに繁殖することができるものである。単為生殖とは、ごく簡単にいえば、雌の生んだ卵が他の魚種の精子の刺激により発生を開始する生殖法をいう。その場合、生まれてくるフナは他の魚種と雑種になるのではなく、雌であるフナの遺伝的形質だけを受け継ぐことになる。つまりクローンである。ギンブナは、自然界においては、もちろん両性生殖もおこなうが、その生息環境によっては、一〇〇パーセントに近い高率で単為生殖がおこなわれる例が報告されている。また、その場合、ひとつの湖沼にいるフナのすべてがわずか一尾の雌の子孫（クローン）であると考えられる例さえある（小野里 一九八三）。

そう考えれば、人為による厳しい淘汰を受けるターカリブナの場合も、わずか一尾でも親ブナとなる雌のフナが残っていれば、たとえ残った親ブナのなかに雄がいなくとも、コイとともに産卵行動を起こすことによりコイの雄の精子を利用してフナの卵は孵化し繁殖することができることになる。このことはまさに養鯉家の目撃した光景と一致している。

単為生殖がおこなわれるのは寒冷地や砂漠といった生物相が貧弱で厳しい環境下に多いとされる（片野 一九九五）が、ターカリブナの場合はそうした自然的制約だけでなく、水田養鯉システムの中で受ける人為的な制約もフナの単為生殖を生む要因となっていたと考えられる。擬人化していうなら、ターカリブナの場合は、水田養鯉のシステムの中に入り込むために、両性生殖ではなく単為生殖を選択したといってもよいのではなかろうか。

いわばターカリブナは水田という人為空間に入り込むために単為生殖を選択したわけで、それほど水田はターカリブナにとって魅力的な環境であったともいえよう。水田養鯉のシステムの中に入り込むことによって、わずかひと夏ではあってもコイとともに手厚い保護を受け、水田という快適な成育環境を与えられることになったのである。

ただし、水田養鯉のシステム全体から見れば、一歩でも水田から外に出たとき、ターカリブナの運命は過酷である。たとえば、イケにおいてはイケガイにみるように徹底して排除される存在であり、それを切り抜けてもひと夏水田で生活した後はイケに移されることなく、わずか三センチほどの大きさでほぼ取り尽くされてしまう。そう考えると、水田養鯉のシステムのなかに入り込み、単為生殖により繁殖することをもってして、単純にギンブナの生存戦略と解釈することはできまい。

4　フナとコイが一緒にいるのは自然なこと

一般の農家つまり稚魚生産をおこなわない家にとっては、前述のように、コイゴヤから買い入れたコイゴの中にある程度のフナッコが混じってくるのは当然のことである。また、自給程度にコイの稚魚生産をおこなう家では、コイゴヤのように目くじらを立ててフナを排除したりはしない。むしろそうした家々では水田養鯉とはいいながらも半ばコイとフナとの混養という意識がかつてはあったという。そのため、かつては秋のコイの取り上げのときに親ブナをわざと残してイケに入れる人もいたぐらいである。

自給レベルの水田養鯉にとってはフナが混じっていることはかえって都合の良いことであった。コイは餌を与えるとまず最初に食べに来るが、どうしても細かな食べ残りがでてしまう。そんなとき後から来てフナがコイの食べ残しを食べているという。そのため、餌が無駄にならず、水田の中の水もきれいに保つことができるのだとされる。

そんなことから、人びとの認識としては、養鯉田にフナが混じっていても、コイとフナは競合するのではなく、かえってコイには良い方向に作用するとされる。しかも、フナも佐久のような高冷盆地では自然水界にいるよりはコイと一緒に水田にいる方がずっと成長がよい。

そう考えれば、佐久鯉が商品として大々的に生産されるようになる以前は、水田養魚にとってはコイにフナが混じるということはむしろ自然なことであるといってよい。また、前述のように、対象魚をコイだけに単一化することは水田養魚の場合にはかなりの技術や労力を要しても不可能なことである。

そうしたことを考え合わせると、水田養魚の対象がコイに特化していったのは、自然の流れではなく、もっと違ったレベルの問題、つまり佐久鯉というブランド形成やコイゴ販売業の発達といったコイをめぐる商業化の流れと密接にかかわることであるといえよう。

5　ターカリブナは美味しい

ターカリブナの利点としてもっとも注目すべきは食糧としての価値である。

ターカリブナはコイを水田で飼っている家ならどこでも毎年秋には手に入れることができた。聞き取り調査では、桜井では多い家で重量にして一〇貫目（三七・五キログラム）以上ものターカリブナが取れたし、少ないところでも三貫目（一一キログラム）ぐらいは手に入ったという。(5)その量の多寡は、当然のことながら水田養鯉におけるコイの生産量にほぼ比例しているといってよい。

こうしたターカリブナはほとんどが自家消費された。また、他所に住む（つまり養鯉をしていない）親戚へ贈ったりもした。それでも余った場合は業者に売ることもあったが、それはごく稀なことである。

ターカリブナは水田養鯉を盛んにおこなっていた南佐久地方においては、秋から冬にかけての自給的動物性タンパク質源となったと考えられる。この時期ターカリブナに代わりうるだけの量と安定性をもった動物性タンパク質源は他に見当たらない。水田養鯉地帯においてもコイは冠婚葬祭に用いられるなど、どちらかというと御馳走という感覚で受け止められていた。それはコイはまず第一に商品として農家の金銭収入を担うものだったからである。それに対して、フナは商品となることはなく、日常の食材としてしか扱われなかった。

しかし、一方でターカリブナは、桜井では秋の家庭料理にはなくてはならないものでもあったという。そのため水田養鯉がおこなわれなくなった現在でも、年に一度はフナの丸煮(6)を食べないと気が済まないという人も多く、そうした人のために秋口になると農業協同組合を通じて各戸にフナの注文票が回ってくる。

水田で育つターカリブナは、溜池などで取れるフナとは違って身が締まり泥臭くないと桜井ではプラス評価される。そのため現在でもターガリブナの味を覚えている地域つまりかつて水田養鯉の盛んであった南佐久や小県地方の一部の人にとってはフナは美味しいものという印象がある。それに対して、それ以外の地域ではフナは泥臭く不味いものというイメージが強い。

　現在、水田養鯉がおこなわれなくなった桜井には、休耕田を用いてフナの養殖をおこなう人がいるが、そうして生産されるフナの需要のほとんどはターカリブナの味を覚えている地域の人びとによるものである。このことは裏返せば、ターガリブナの美味しさを知るごく限られた地域でしか現在養殖されるフナは売れないことを示している。そのため、南佐久地方全体で合計五〇トンも生産すれば需要を満たしてしまい、それ以上フナ養殖を拡大することはできない。しょせんフナの養殖は、現状では水田転作の選択肢のひとつにしかすぎず、一時期のコイ養殖が占めたような南佐久地方の基幹産業としての発展は望むべくもない。

6　フナだけの養殖は割に合わない

　現在おこなわれているフナの養殖は、フナに専門化しているにも関わらず、かつてのコイほど生産性はよくない。せいぜい一反歩（一〇アール）の水田を利用して三〇〇キログラムも収穫できれば上出来であるとされる。現代の技術をもってしてもそれが限界である。

　ひとつには、水田放飼期におけるフナの歩留まりの悪さがある。全般にフナはコイに比べ水田から逃亡する率が高い。時に大雨が降って水が少しでも水田から溢れたりすると、秋の取り上げのときにはまったくフナがいなくなっていることもある。

　また、もうひとつ考えられる理由としては、収穫してから出荷するまでの間の目減り率の激しさを上げることができる。たとえば、今日水田から取り上げて明日出荷するとしても、収穫したときの目方に比較して出荷するときの目方が大きく減ってしまう。コイに比べるとその率が格段に高く、目方で取り引きする養殖業者にとってはそれだけ割に合わない。コイに比べるとフナは身に水分が多いため、たとえ一日でも水田からイケへ移し、餌を止めてしまうと身が細ってしまうとされる。

そうしたことを考えると、コイに水田養魚の対象が特化していった背景には、コイの商品価値の高さといったことだけではなく、同じ水田魚類ではあってもコイはフナに比べ飼いやすいこと、つまるところ人や水田との相性の良さというものがあったといえる。

つまり、現代の技術をもってしても、フナだけの養殖というのはけっして効率の良いものではない。フナの場合、むしろ以前のようにコイとの混養形態や水田養鯉の副産物としての生産の方が、手間が掛からないばかりか、はるかに生産性も高かったといえるのではなかろうか。

五　ターカリブナの位置――人為と野生の狭間

水田漁撈は、水田環境に適応して生息域を拡大していったドジョウなど水田魚類の存在を基盤にして成り立つものであることは言うまでもない。こうした水田魚類は野生生物であり、水田漁撈はそれを取る行為であるが、そこには無意識の養殖ともいうべきドメスティケーションの萌芽をみることができる。

一方、水田養鯉は生殖管理を伴うもので完全にドメスティケーションの段階に達した生業である。いわば人が自然を取り込んで成り立つものである。ただし、この場合も、人とコイとの関係は完全に人が野生を管理できているかといえばそうではなく、イケを単位とした産卵のあり方をみてもわかるように、あくまで野生を認めつつ、それをうまく取り込むことで成り立つものであった。それはまさに福井勝義のいう「自然を内在化する文化装置」（福井 一九九五）に他ならず、人為と野生という二項対立的な考え方からはけっして生み出し得ない発想といえよう。

そうしたときターカリブナはどのように位置づけたらよいであろうか。おそらく狩猟・漁撈・採集・農耕といった従来からの生業類型では、これを正しく位置づけることはできまい。

セミ・ドメスティケーションという概念にあらためて注目した松井健は、従来の生業類型はその対象が野生生物であるかドメスティケイトされたものであるかの二分法のもとに成り立つものであるとした上で、野生生物と人との関係性はそうした二分法では割り切れない多様な様相を示すとした（松井　一九八九）。筆者も基本的に同様な立場に立って民俗技術レベルの生業を捉えようとしているわけで、ここで取り上げたターカリブナの問題は、従来の生業類型や二分法から離れて、人と野生生物との多様な関係性の中に位置づけなくてはその本質がみえてこないと考える。

ひと言でいえば、ターカリブナとは、水田漁撈のようにドメスティケーションの微かな萌芽が認められる自然段階と、水田養鯉のように野生を内包したかたちで成立しているドメスティケーション段階とを結びつける存在であるといえる。それは生業（民俗技術）としては「半養殖」段階として位置づけられよう（安室　一九八九）。

水田養鯉のために人が設定した時空間に入り込み、そこで繁殖するフナ。人は意図するしないに関わらずフナを水田の中に飼うことになるわけだが、人はフナを積極的に保護することはなく、秋にはフナはコイとともに収穫され、さらに食物として利用される。つまり、人とフナとの依存関係をみてみると、フナは人により一方的に利用される立場にある。人は水田を稲作の場として整備し、そこに現金収入源としてコイを放し管理する。そうした行為を通して水田は結果としてフナの生存にも都合の良い場となったにすぎない。人はコイやイネには手厚い保護を加えるが、フナにはいたって冷淡である。にもかかわらず、食物としてフナは一定の重要性をもっている。人とフナとの関係はそうした依存関係のアンバランスにひとつの特徴があるといえる。

当然、本章では詳しくは触れられなかったが、ターカリブナを考えるときイネの問題を無視することはできない。水田養魚にみる〈人－魚－イネ〉の三者の関係は、人がイネや魚を栽培するといった一方的な依存関係では説明することはできない。人とイネ、人と魚といった人を中心においた一対一の関係ではなく、あくまで三者の関係として成り立つもので、当然人との関係を離れて魚とイネとの関係の中にも水田養魚を成り立たせる要素が存在している。

また、フナの立場に立ってみると、単為生殖は、水田養鯉の〈人－コイ〉関係の中に入り込むためにフナがとったひとつの手段であると解釈することも可能ではないだろうか。一般には水田漁撈の主な漁獲対象はドジョウとフナであるが、桜井をはじめとする水田養鯉地帯ではドジョウは量的にも嗜好の上でもほとんど問題にされず、前述のようにフナがとくに重要視される。なぜドジョウではなくフナなのかを考えると、フナの生き方に水田養鯉のシステムに巧みに入り込んで繁殖する方途としての単為生殖の戦略を認めないわけにはいかない。そこには人為の視点からだけ見ていたのでは決して理解されない、野生と人為との接点の上に営まれる生業（民俗技術）の存在をみることができる。それはまさに、どこまでが野生でどこからが人為なのかが不分明なところに成立している関係性ということができよう。

ターカリブナの場合、単純に水田漁撈と水田養魚とを結ぶ線上に位置づけることはできない面がある。フナの場合、水田養魚においてフナに魚種を特化しようとしても、それを可能にさせない高いハードルが存在することは前述のとおりである。コイの場合は、そうした技術的な面でのハードルはフナに比べて低く、比較的容易に水田養魚の対象をコイへ単一化していくことができた。また、商品価値という点に注目すれば、技術面での高いハードルも、コイのように商品価値が高ければ、人はそれを乗り越えたかもしれない。しかし、結局はフナの商品価値は低く、単一化までフナ飼養の技術を上げる必要もなかったという見方もできよう。

そう考えると、フナは半養殖段階にとどまるからこそ、生計活動として意味を持ち続けられたということができよう。技術面だけでなく経済性なども考慮すると、フナはドメスティケーションへは向かわなかった存在である。生業技術は必ずしも自然段階から人為段階へとベクトルが向かうものばかりではなく、民俗技術にたよる生業の中には、そうした方向性をあえてとらず自然段階へとどめる力が働いてはじめて成立するものもあったことがわかる。野生と人為との関係性からみたときのターカリブナのもうひとつの大きな特徴になろう。

註

（1）その発想は、篠原徹の注目する民俗自然誌（篠原 一九九五）の視点と重なる部分が大きい。
（2）イケはすべてコイ飼養のために造られた人工池である。たいていはセギ（用水路）に接して流入口と流出口を持ち、たえず水の動く流水池になっている。
（3）小満祭はもともと二十四節気のひとつ小満の日に臼田町の稲荷神社において五穀豊饒や商売繁昌を祈願しておこなわれるようになったもので、佐久盆地ではもっとも盛大な祭りとされる。
（4）この点はニシキゴイ養殖とのもっとも大きな違いである。ニシキゴイの場合には雄雌のマッチングが重要な意味を持ち、それ故できる卵や稚魚には血統が意識されることになる。
（5）あくまでも副産物にすぎないターカリブナの性質上、生産統計などはまったく存在しない。生産量が三貫から一〇貫という数字はあくまでも聞き取り調査から得た概数にすぎない。
（6）鱗を取った小ブナを頭や尾ひれを付けたまま醤油味で煮たもの。

引用参考文献

・小野里担　一九八三「クローンブナのはなし」『淡水魚』九号
・片野　修　一九九五『新動物生態学入門』中央公論社
・桜　井　村　一九二九『桜井時報』（昭和五年十一月十五日付）　桜井村
・桜井村農会　一九三〇『昭和五年度公文書綴』（佐久市志刊行会蔵）　桜井村農会
・篠原　徹　一九八九「鵜のこころ・鵜匠のこころ」『列島の文化史』六号
・篠原　徹　一九九五『海と山の民俗自然誌』吉川弘文館
・淡水魚研究会　一九八四『佐久鯉の歴史』淡水魚研究会

・中国淡水養魚経験総結委員会編（周達生訳）　一九六六『中国淡水魚類養殖学（上）』新科学文献刊行会
・野沢　謙　一九八七「家畜化の生物学的意義」福井勝義・谷泰編『牧畜文化の原像』日本放送出版協会
・日暮　忠　一九一二『水田養殖学』裳華房
・福井勝義　一九九五「自然を内在化する文化装置」福井勝義編『地球に生きる4』雄山閣出版
・松井　健　一九八九『セミ・ドメスティケーション』海鳴社
・南佐久郡史刊行会　一九一九『南佐久郡史』南佐久郡史刊行会
・宮地傳三郎ほか編　一九七六『原色日本淡水魚類図鑑（全改訂新版）』保育社
・安室　知　一九八九「漁撈から養魚へ」『長野県民俗の会会報』一二号

＊なお、本文中の水田養鯉の風景・用具（写真Ⅰ－3－3～10）は佐久市野沢公民館蔵『佐久鯉アルバム』によった。

第四章　コイの民俗分類と水田養魚

——成長段階名をめぐって——

はじめに

人は動物をどのように見ているか。また、そうした認識のあり方は、人と動物との関係性のなかでどのような意味を持つのか。これは、すぐれて文化的なテーマである。人が動物を眺めるとき、その眼差しは多様である。そのなかでも、分類と命名のあり方は、もっともストレートに、人が動物をいかに認識してきたかを表すことになろう。ここでは、近代日本において盛んにおこなわれた水田養魚に注目し、コイに対する分類・命名のあり方から、日本人と動物との関係性について検討していくことにする。

魚に限っていうなら、研究対象として、その名称に本格的に注目したのは渋沢敬三が嚆矢であろう。渋沢は、魚名を「人と魚との交渉の結果成立した社会的所産」と位置づけ、「時と所と人とにより多くの場合複雑なる変化を示す」とした（渋沢　一九五九）。渋沢は全国各地の多様な魚名語彙を収集し分類整理するという方法をとったが、その多様さゆえに、結局のところ「人と魚との交渉」のあり様をうまく抽出することはできなかった。

魚の民俗分類と命名に関する研究は、分類自体の法則性なり意味なりを見つけだす方向性とともに、必ずそれを伝承する人のレベルでその生活との関わりが問われること、いわば民俗分類の機能面について考察されなくてはならない（松井　一九七五）。民俗分類とは、人が自然界の存在である魚に対してきわめて恣意的な意味付けをおこなうことで、そうした恣意性のなかに内在する文化の特性や価値の体系を明らかにすることこそ重要である（秋道　一九八四）。本章はまさに、在地に伝承される養鯉技術を通して民俗分類の機能を考察し、そこに内在する文化的特性を明らかにすることを目的としている。

いわゆる出世魚のように、その成長段階に応じて魚名が変化するものがあることはよく知られている。渋沢における魚名研究の集大成ともいえる『日本魚名の研究』（渋沢　一九五九）によれば、日本にはそうした成長段階名[1]を持つ魚が八二種あるとされる。たとえば、よく知られるものとしては、東京方面でワカシ→イナダ→ワラサ→ブリ、大阪方面でツバス→ハマチ→メジロ→ブリなど各地でさまざまな成長段階名を持つブリや、スバシリ（オボコ）→イナ→ボラ→トドと名前を変え「トドのつまり」という言葉の語源にもなっているボラがある。

そうしたなか、本稿で注目するコイ[2]についていえば、通常は成長段階名を持つことはないが、かつてコイ養殖がおこなわれた地域ではその養成段階に対応する複数の呼称が存在していた。

ブリやボラといったいわゆる出世魚の成長段階名とコイの成長段階名との大きな違いは、そこにドメスティケーションという人間側からの働きかけが存在するかどうかということにある。ブリやボラは、漁獲されたその時点における魚体の大きさに応じて分類・命名されるもので、その魚自体が人の管理のもと成長し次の段階名へと移行していくことはない。つまり、成長段階名とはいってもブリやボラは漁撈活動を通してなされる一回性の命名行為である。それに対して、コイは養殖という複数年にわたる継続的な人との関係のなかで段階的に命名がなされる。そのためコイを通して民俗分類や命名のあり方を理解することは、ドメスティケーションの文化的特性を明らかにすることにもつながる。

かつて水田でコイを飼うという行為はそれほどめずらしいことではなかった。とくに長野県や群馬県といった内陸県では、明治後期から昭和前期（一九〇〇～一九三〇年代）にかけて、国や県の指導により養蚕に代わる稲作農家の現金収入源として積極的に奨励された時期がある。[3] そうしたなか全国的にみてもっとも高度に水田養魚を発達させた地域として調査地に選んだのが長野県佐久市桜井（旧桜井村）である。桜井は日本における養鯉および水田養鯉の発祥地のひとつに目される地域である。[4] かつて桜井を含む南佐久地方に生産されるコイは「佐久鯉」と呼ばれ、市場においては一種のブランド商品となっていた。[5]

なお、ここに挙げる資料の多くは、佐久市桜井で実際に養鯉をおこなってきた人たちからの聞き書きによるもので、主として昭和初期に時間軸を設定して調査記録したものである。

一　水田養鯉を取り巻く環境――水田とイケ

1　桜井の概観

(1)　桜井の自然的位置

佐久平（佐久盆地）は長野県の東部、八ケ岳や浅間山に囲まれた標高六五〇メートルから七〇〇メートルの高原盆地である。その佐久平の南部に桜井は位置する（調査地の地図は前章の第Ⅰ―3―1図を参照）。

標高の高い佐久盆地は、冬の寒さは厳しく、桜井における一月と二月の平均気温は〇度以下である。それ対して、八月の平均気温は二五・一度あり、気温の年較差は二七・一六度に達する。また、気温の日較差も大きい。つまり桜井の気候は明瞭な内陸性気候を示している。また、年降水量九五〇・二ミリメートルは全国的にみて水田稲作地としてはきわめて寡雨の地域に属する（佐久市志編纂委員会 一九八八）。

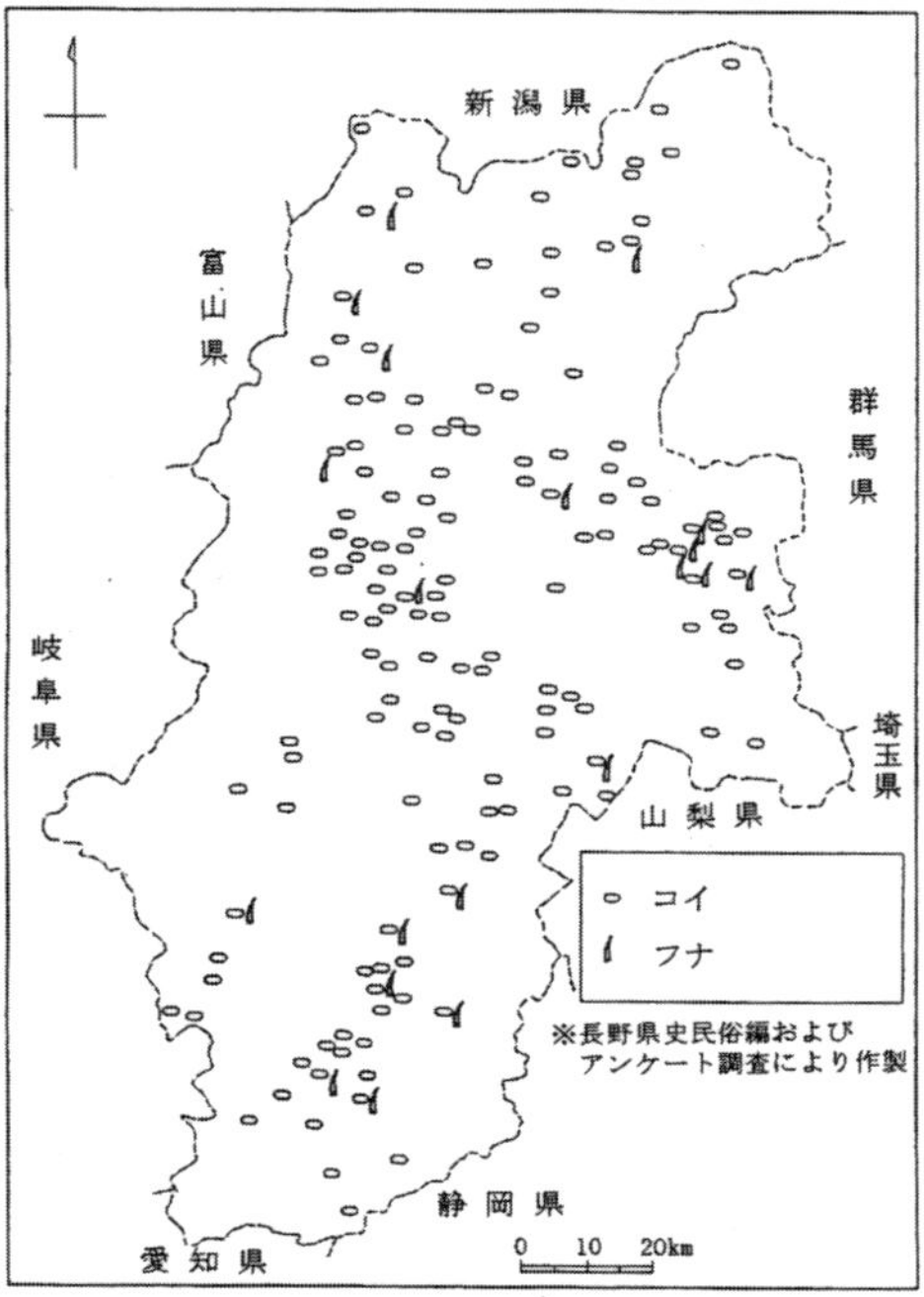

第Ⅰ－4－1図　長野県における水田養魚の分布

なお、昭和五年（一九三〇）の国勢調査によると、桜井（当時は桜井村）は総戸数二三六戸で、東から上桜井・中桜井・下桜井・北桜井の四集落に分かれている。集落別の戸数は、上桜井八九戸、中桜井五七戸、下桜井六六戸、北桜井二五戸となっている（桜井村　一九二九）。

⑵　水田養魚をおこなう人びと

昭和四年（一九二九）において、寺社などを除く桜井二二〇戸のうち、水稲の作付をした家は一八九戸ある（桜井村　一九二九）が、桜井村農会の調べでは養鯉をおこなった家数もちょうど一八九戸である（桜井村農会　一九三〇）。必ずしも養鯉をおこなった家がすべて稲作農家であるとは言い切れないが、ほとんどの稲作農家が水田養鯉をおこなっていたと考えてよいであろう。

水田養魚に注目すると、その関わり方により、桜井の人びとを三分類することができる。

一番目が、水田稲作を中心的な生業としながら水田養魚をおこなう人たちである。人数的には桜井では圧倒的多数を占める層である。そうした層の人びとにとって水田養魚の位置づけは、自家で食べる分くらいのコイを飼えばよいというものである。収入源としては自家消費の余った分を売る程度にすぎない。

二番目が、稚魚生産に特化していった人たちである。コイゴヤ（鯉子屋）と呼ばれる存在である。桜井二二〇戸のなかでは一五戸ほどの少数にすぎない。コイの産卵・孵化の技術を持ち、稚魚の生産と販売をおこなうことを主生業とする階層である。水田稲作と水田養鯉についても第一の階層と同じようにおこなっている。

三番目は、一番目や二番目の階層の人たちが生産したコイを買い集めて売ることを生業とする人たちである。いわばコイの仲卸業者で、一般にコイヤ（鯉屋）と呼ばれる。人数的にはもっとも少ない階層である。また、こうした家ではコイ料理屋や割烹旅館を経営しているところが多い。

コイとの関係からいうと、一番目の階層が生産者とするなら、三番目の階層は商品としてコイを扱う商業者ということになる。そして、二番目の階層は、その両面を併せ持つ。

2　水田をめぐって

(1)　豊かな水

桜井は千曲川が造る沖積地の上にあり、片貝川などの自然河川のほか、八ケ用水・跡部用水といった人工の用水も多く流れている。そのため、昔から桜井は用水に不自由することはなく、しかも水環境上たいへんに安定した立地にあるとされる。過去に大きな水争いを経験することもなかったし、また耕地は緩やかな傾斜地になっているため排水にも優れていた。

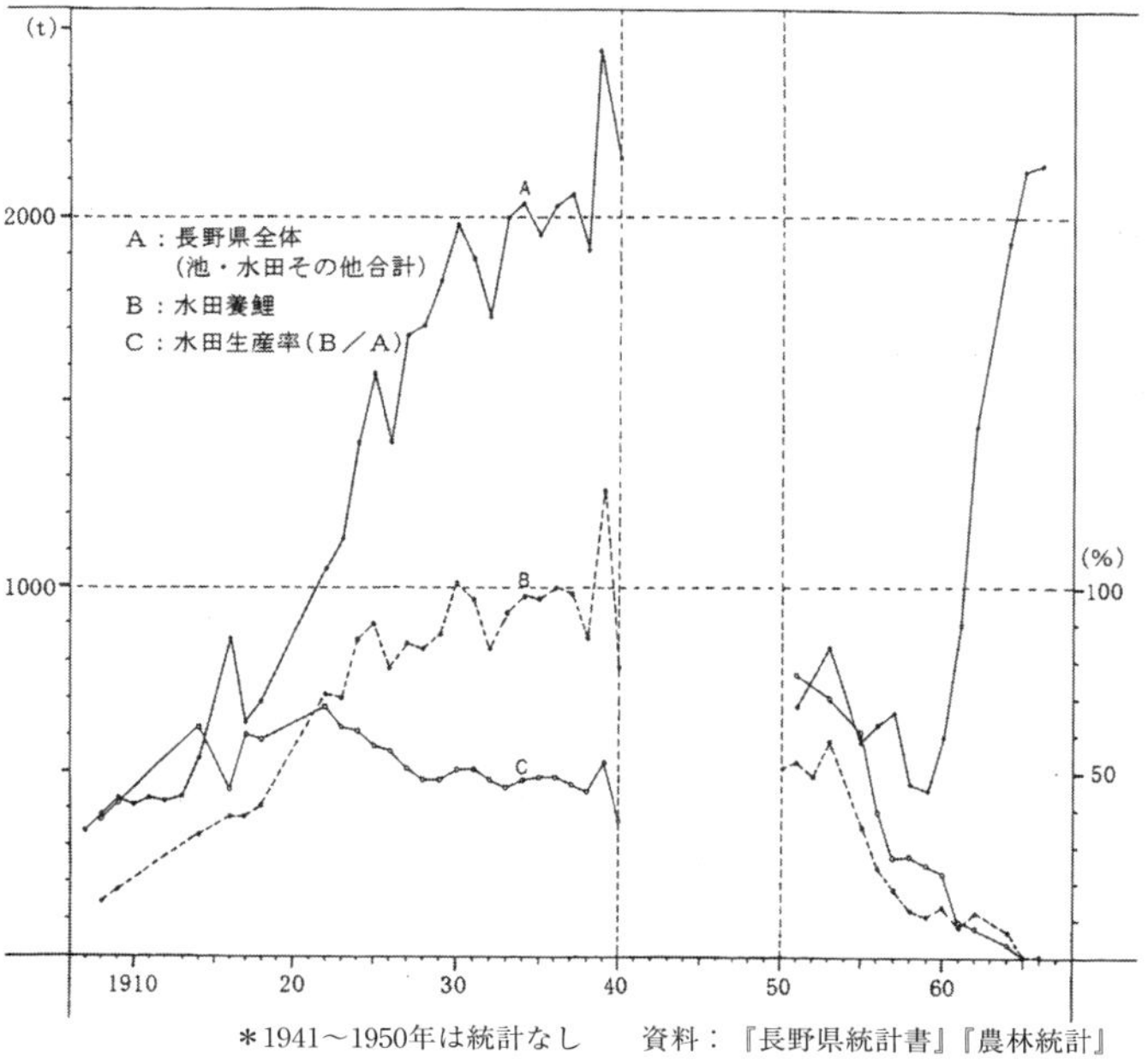

＊1941～1950年は統計なし　　資料：『長野県統計書』『農林統計』

第Ⅰ－4－2図　長野県におけるコイ生産高の推移

桜井のなかでも上桜井には千曲川の伏流水が湧出する地点が多くあった。この湧水は、水田養鯉にとって大きな意味を持っている。桜井の立地する千曲川南岸の扇状地状沖積地では、桜井のほか、跡部・三塚などにも湧水があり、そこは水田養鯉のなかでもとくに稚魚生産が卓越する地となっている（蛭田 一九三三）。

⑵　水田のあり方

桜井の耕地はほとんどが水田化されている。昭和四年の土地台帳（桜井村 一九二九）によると、水田が一一二町二反（一一二・二ヘクタール）に対して、畑は二三町一反三畝（二三・一三ヘクタール）となっている。これをもとに水田率を計算すると約八三パーセントになる。ただし、この畑のうち普通畑はわずかで、その多くは桑畑であった。しかも、そうした桑畑のほとんどが、桜井の耕地というよりは、蓼科山麓部や千曲川河川敷の荒地を利用したものであった。そのため、実際には桜井の耕地は八三パーセントをはるかに超える割合で水田化が進んでいたと推察される。

桜井では基盤整備以前には水田は五坪（一六・五平方メートル）ほどのものから一反五畝（一五アール）程度のものまで、その大きさはさまざまであった。一般に一反を超えるものは大きな水田とされた。昭和初期当時、桜井の耕地は大小さまざまな水田がモザイク状に組み合わさった状態にあった。

⑶　水田の所有

桜井では水田を一町歩以上所有する家は稀で、住民の意識としては一戸当たり六反の水田所有が一般的であった。たしかに、昭和四年の統計（桜井村 一九二九）をもとに計算すると、一戸当たりの水田面積は約五反九畝となる。

桜井における水田所有は、水田一枚ごとではなく、水管理上のあるひとまとまりを単位としていた。その水管理上のまとまりとは、セギ（用水路）から水を取り入れ、またその水をセギへ排水するまでをいう。桜井では水がセギから水田へ入る口をカケクチ（掛け口）、水田からセギへ落ちる口をシリクチ（尻口）というが、つまりそのカケクチからシリクチまでが水田所有上の一単位となる（第I－4－3図）。カケクチ－シリクチ間は通常二～三枚の水田で構成されている。カケクチ－シリクチ間にある水田の間では、水の出入りは直接上の田から下の田へと入るワタリミズ（渡り水）が基本となる。このカケクチ－シリクチの間では下の田つまりシリクチに近いところにあるものほど面積が小さくなる傾向にある。

こうしたカケクチ－シリクチを単位として、人びとは四～六か所に分散して水田を所有していた。そのため、水田の枚数は多い家では二〇枚にものぼった。ごく平均的な稲作農家であるF家をみてみると、合計六反五畝の水田は面積六坪から一反のものまで一一枚にわかれていた。

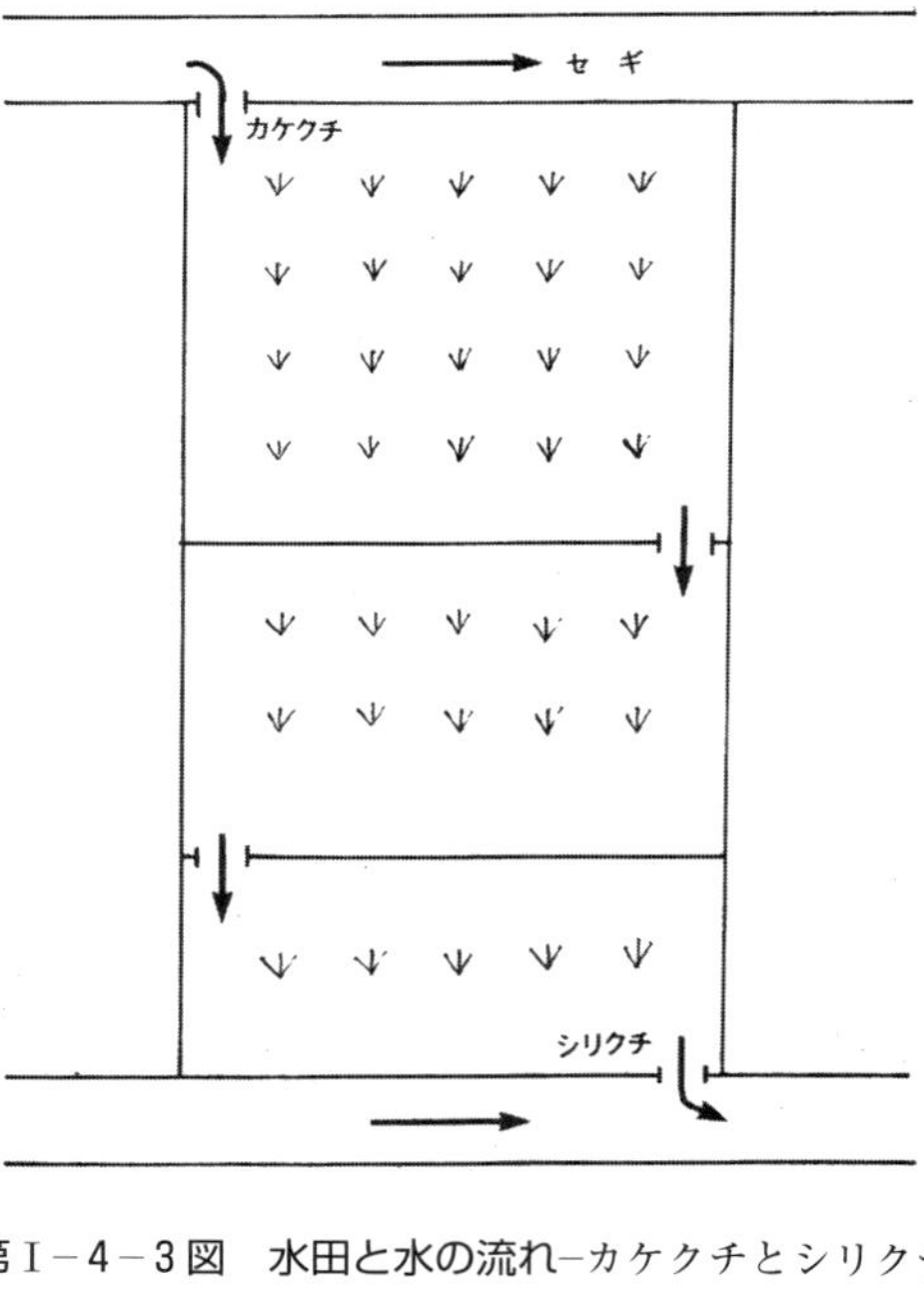

第I－4－3図　水田と水の流れ－カケクチとシリクチ－

(4)　稲作のあり方

桜井を含む佐久平では一般に水田ではイネしか作らない。つまり二毛作はむかしからおこなわれていない。冬の寒さが厳しくムギの登熟が田植えに間に合わないことが主な理由として上げられる。

しかし、たとえば長野市檀田の事例（安室 一九九二）でもわかるように、長野県の盆地部においては昭和初期の農業技術をもってすれば、二毛作は十分に可能であったと考えられる。にもかかわらず、現実に昭和初期において佐久平では二毛作がほとんどおこなわれていなかったというのは、明らかに二毛作が水田養鯉にとっては不都合であったためである（安室　一九九八）。

なお、昭和初期における桜井の水田稲作暦は第Ⅰ－4－4図に示したとおりである。「昭和四年米収穫調査」（桜井村　一九二九）によると、桜井村全体では水稲作付戸数は一八九戸で、作付総面積は一〇三町七反あった。その収穫高は二九四五石（五三〇キロリットル）で、一戸当たりでは一五石五斗（二・八キロリットル）になる。

3　イケをめぐって

(1)　イケの分布

大正十二年の桜井村農会調査（桜井村農会　一九二三）によると、当時桜井の集落内には三〇〇か所以上ものイケが存在した。第Ⅰ－4－5図に示すように、当時の戸数一八二戸で計算すると、一戸当たり一・七個のイケを所有していたことになる。昭和初期を想定した聞き取り調査からは、「桜井では少なくとも一軒に一個は屋敷にイケがあり」、「新たに家が建つと必ずイケもひとつ造られた」とされる。

また、水田の脇に作られる小さなイケを含めれば、一戸当たりのイケの数はさらに多くなる。稲作を主生業とする平均的な農家の場合を見てみると、たとえば前出のF家では屋敷に一か所のほか水田の脇に四か所の合計五か所にイケを持っていた。どれも三～四坪ほどの面積しかなく、合計してもイケの面積は二〇坪に満

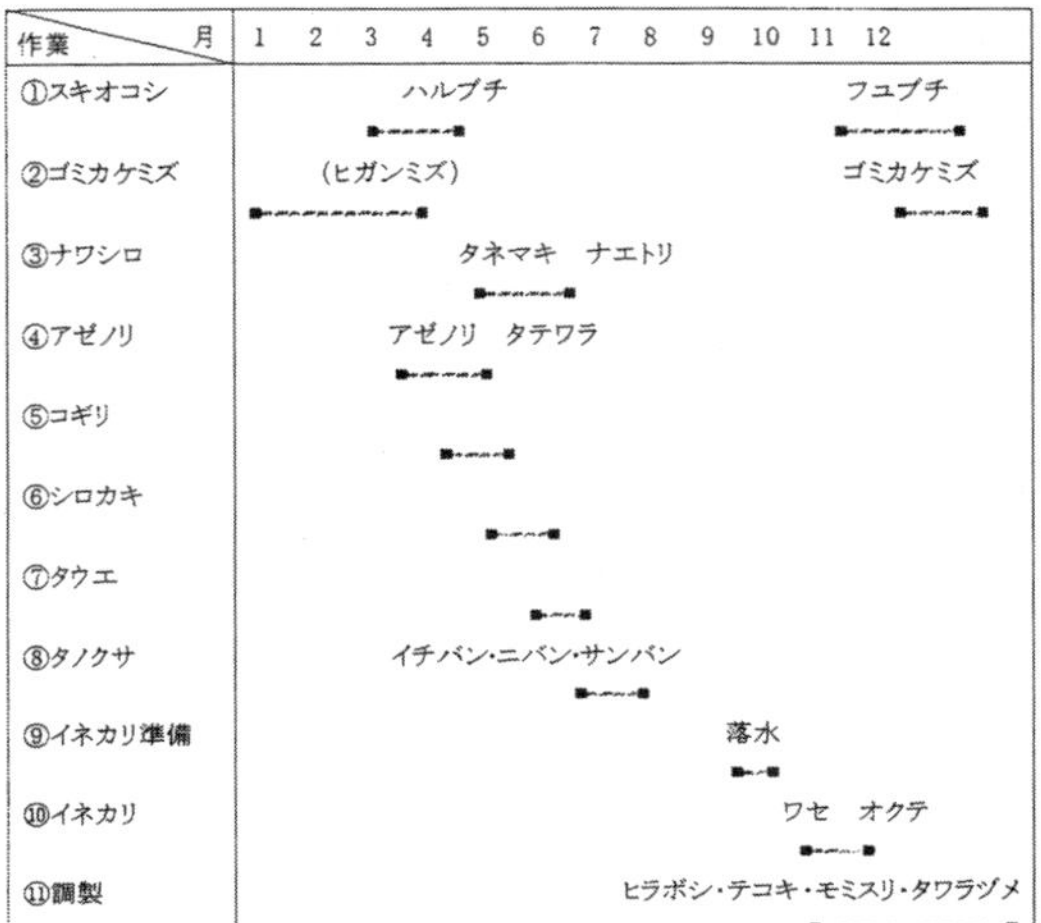

第Ⅰ－4－4図　桜井の水田稲作暦

たない。

(2) イケの特徴——流水池

桜井ではイケといった場合、それは自然の水界ではなく、すべて人工のものを指す。その特徴は、前章第I－3－3図に示したように、セギ（用水路）に接して取水口と排水口が別個に造られており、絶えずイケ内の水が動いていることにある。いわゆる流水池である。水量は豊富で夏冬を通して枯れることなく、イケにはたえず新鮮な水が通っている。

水がたえず流れているということは養鯉にとって大きな意味を持つ。流水により酸素供給量が多くなり、狭い空間に、より多くのコイを飼うことができる。溜まり水では一坪当たりせいぜい四キログラムのコイ（成魚で三・四匹）しか飼うことができないが、流水池ではその数十倍のコイを入れておくことができる（富永 一九七九）。

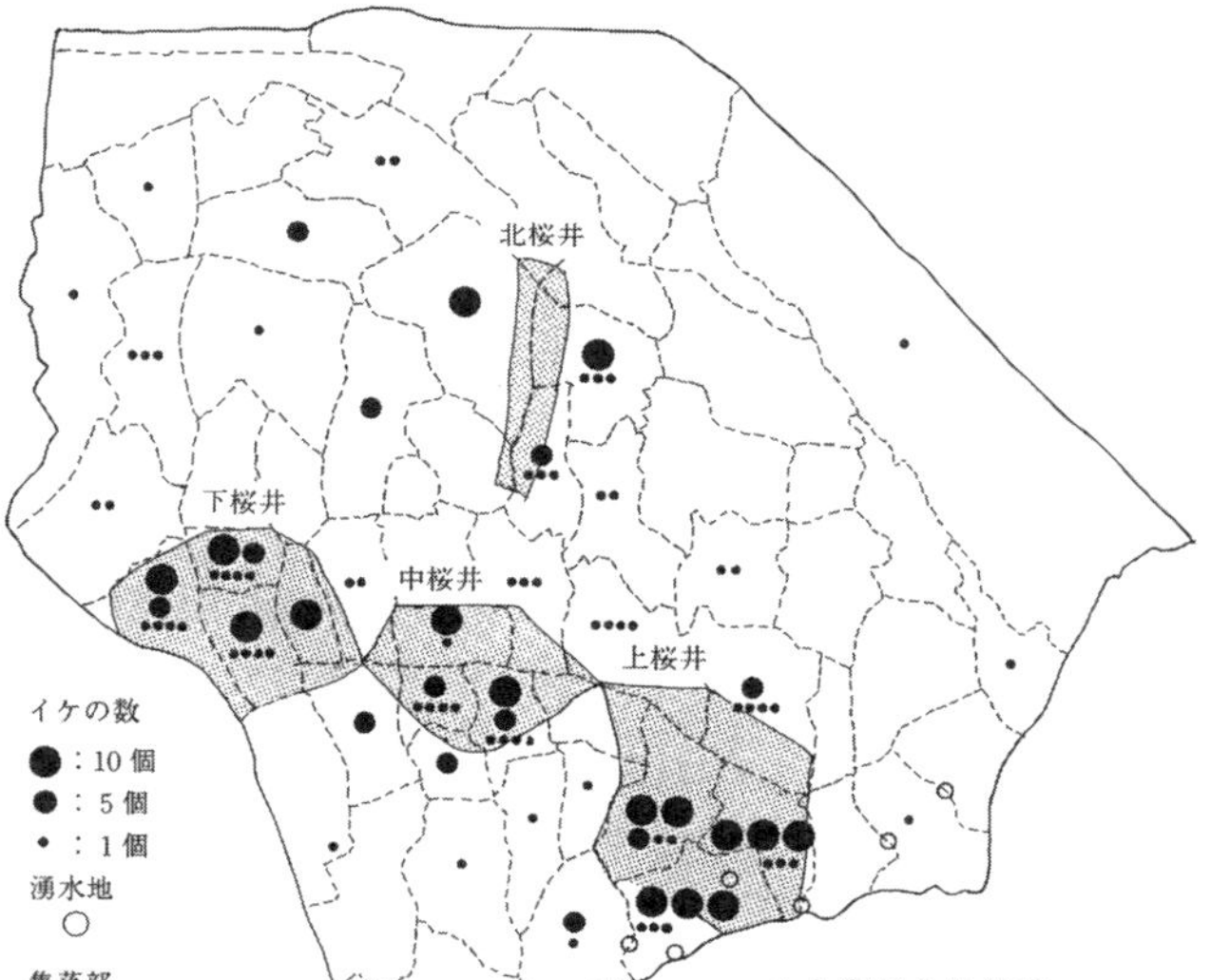

a　集落(戸)	b　イケ総数(個)	c　イケ総面積(坪)	c / b (坪)	b / a (個)	c / a (坪)
上桜井　72	182	929	7.6	1.8	12.9
中桜井　41	61	638	10.5	1.5	15.6
下桜井　49	82	990	12.1	1.7	20.2
北桜井　20	29	225	7.8	1.5	11.3
桜　井　182	354	2782	7.9	1.9	15.3

第I－4－5図　イケの分布

(3) イケの二類型

イケの水環境は上桜井と中桜井・下桜井とでは異なっている。両地域とも河川水を主な用水源とすることに変わりないが、湧水の有無についてみてみるとその違いが明瞭となる。

上桜井の場合、第Ｉ－４－６図にあるように、域内に六か所の湧水地点が存在しており、イケにはその湧き水が入るようになっている。そのため、イケの水温は冬は一二～一三度、夏は一五～一六度と、一年を通じてほぼ一定である。

それに対して、中桜井・下桜井にあるイケには河川水しか入らないため冬は〇度近くまで水温が下がり、夏は反対に二三～二四度まで上がる（佐久市志編纂委員会 一九八八）。

こうした水環境の違いは養鯉池としての使い分けに利用され、桜井全体としてすぐれた水田養鯉システムの基盤を成している（後述）。

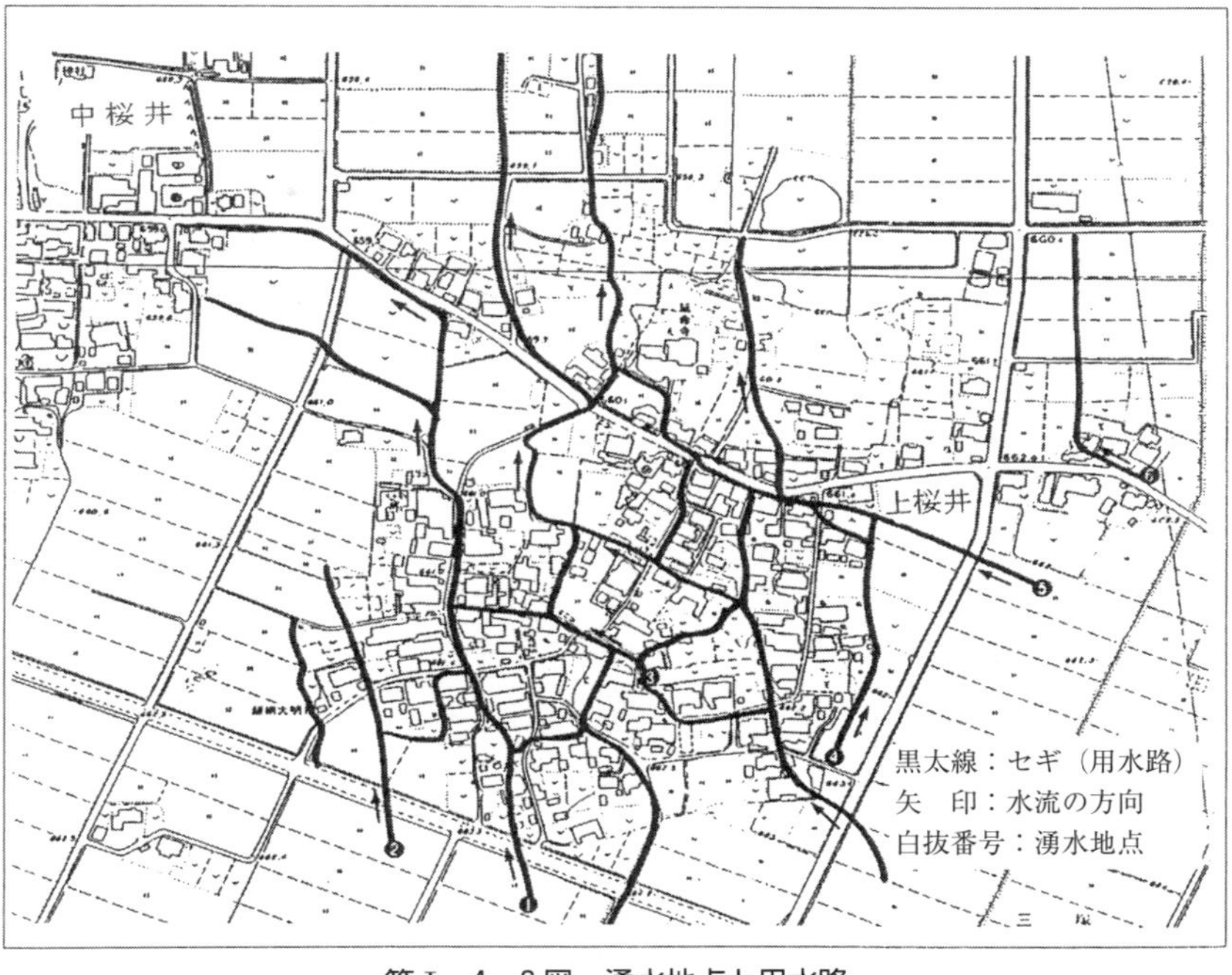

第Ｉ－４－６図　湧水地点と用水路

二　水田養鯉の基本――三年飼養

1　三年飼養の基本

桜井の水田養鯉の基本は、水田とイケを季節ごとに行き来しながら三年間コイを飼養することにある[6]。最初の二年間は、コイは夏の間は水田、秋から春にかけてはイケで過ごすことになる。

一般の農家では当時桜井に一五軒ほどあったコイゴヤと呼ばれる稚魚生産業者から稚魚を買うことが多かった。また、なかには自家で産卵・孵化させた稚魚を用いるものもあったが、それは少数である。産卵孵化をおこなって稚魚を生産するには、そのための道具・施設と親魚の維持、さらには産卵孵化に関する特殊な技術を必要とするためである（安室 一九九八）。

コイが水田に入れられるのは田植え前後である。桜井の場合、田植えは、第I－4－4図に示したように六月中旬になる。シロカキを終えた水田には水が張ってあるので、状態としてはいつでもコイを入れることができる。目安としては、稚魚は田植え後、二年目以降のコイは田植え前に入れる。そうして水田に放されたコイには毎日（朝・夕二回）餌が与えられる。

そして水田の中でイネとともに育てられたコイは、稲刈り前になると落水の機会を利用して取り上げられる。それをコイアゲ（鯉揚げ）またはタアゲ（田揚げ）という。稲刈り前の九月下旬におこなわれる。そうして水田から揚げられたコイは、成長段階別に屋敷や水田脇にあるイケに入れられ、そこで冬を迎える。

そして、イケで冬を越したコイはまた次の年も田植え前後になると水田に入れられる。稚魚の段階から数えると、こうしたサイクルを二回繰り返し、三年目を迎え一定の大きさに達したコイは秋以降に出荷される。

2　三年目の飼養法

三年飼養の場合、三年目を迎えたコイの扱いには二つのパターンがある。

一つ目のパターンは、夏になっても水田に入れず、そのままイケで過ごし、秋の出荷に備えるものである。その場合、最初の二年間における水田での養成は、主にコイの肥育を主眼としてなされる。イケに比べ、いち早く水温の上がる水田に入れることにより、餌の食いをよくしコイを太らせる。それに対して、最後のイケでの一年間は出荷を前にしたコイの仕上げ段階といえよう。桜井のイケは、河川水や湧き水が入り、また絶えず水の動く流水池であるため、水田のように水温が上がらない。そうしたイケに夏になってもコイを入れたままにしておくのは、肥育よりも身を引き締めることが主な目的である。また、水田に入れると、どうしても泥臭さが身に付いてしまうため、出荷を控えた三年目は流水池のなかで飼う方がよい。こうした段階が三年目に設定されているということが佐久鯉の佐久鯉たる所以であり、とくに食味上の特徴を生み出すもとになっているといってよい。

そして、二つ目のパターンは、三年目もコイを水田に入れて飼う場合である。それは二年間水田で飼っても十分に大きくならなかった場合である。その要因のひとつは、水田に入れる一年鯉の数が多すぎることにある。一定面積から数を絞って水田に入れた方がコイの肥育は良くなる。また、放流過多ではなくても、当然成育の悪い一年鯉を用いたときには十分な大きさの二年鯉にならず、三年目も水田に入れて肥育する必要がでてくる。そう考えると、南佐久地方の場合、三年目に水田に入れなくてすむコイというのは、成長に関していえば優等生である。

なお、地域的なことでいえば、長野県内広くに水田養鯉は普及し、とくに南佐久地方ではすべての水田にコイが入れられていたといってもよい程であったが、桜井のように稚魚から出荷サイズのコイまでを三年かけて養成していたところはごく限られていた。詳しくは本章五節で検討することになるが、桜井のようないわば養鯉先進地以外では、水田養鯉は稚魚を購入することから始まり、それをひと夏水田で育てた後は越冬させることなく（つまり二年鯉まで育てることなく）食べたり売ったりしてしまうことが多かったのである。

三　コイの成長と呼称の変化

1　成長とともに変わるコイの呼称

桜井では、第Ⅰ－4－1表に示したように、コイは成長（養成）段階によって、呼び名をコイゴ↓トウザイ↓チュッパ↓キリと三回変える。

孵化してから約一か月までのものをコイゴまたはコイッコ・コイノコと呼ぶ。漢字を当てると「鯉子」で、体長が一寸（三センチ）未満のものをいう。

なお、稚魚生産者のあいだでは、コイゴの段階をさらに細かく、ケゴ（毛子）とアオコ（青子）に分けている。ケゴとは孵化して間もないものをいう。目（頭）ばかり大きくて、体が毛のように細い。それがある程度成長して、体色が青みを帯び、形態的にほぼコイの特徴を備えるようになると、それをアオコと呼ぶ。体長は一寸ほどになっている。また、さらに細かくコイゴを一級から五級さらに特級までの六段階に区別することもある。これも稚魚を生産・販売する側の区分であり、稚魚を買う側つまり一般の稲作農家ではそうした区別はしない。

コイゴを水田に入れてひと夏育て稲刈り前に取り上げると、トウザイ（トウサイ・トウゼイ）と呼ぶ段階になる。「当歳（才）」の字を当てる。水田から取り上げるときには、体長が四寸、重さが一〇匁（三七・五グラム）程になっている。とくに成長のよいものだと、重さ一三〜一四匁になる。しかし、水田に入れる前後を比較すると、その歩留りは低く、水田に入れたコイゴのうち無事にトウザイとして収穫されるのは四〜五割に過ぎない。

そうしたトウザイを翌年また水田に入れ、秋に取り上げるとチューッパ（チュッパ）になる。「中羽」または「中端」[7]と書く。チューッパになると、平均で体長七寸、重さ一五〇匁ほどになる。トウザイからチューッパになるときの歩留りは八割ほどである。

チューッパをさらにもうひと夏イケまたは水田で飼うとキリ（キリゴイ）となる。「切（切鯉）」の字を当てる。切身（筒切り）にして食用にすることができることからこの字が当てられるとするが、本来は養成の最終段階を意味するものと考えられる。実際はキリは出荷できるもの、つまり売り物になるものという意味で使われることが多い。

成長段階	目　安
コイゴ *	・孵化後1（〜4）か月まで ・体長1寸（3センチ）以下
トウザイ	・孵化後4か月から12（〜16）か月まで ・体長4寸（12センチ） ・重さ10匁（37.5グラム） ・歩留まり（コイゴ→トウザイ）5割
チューッパ	・孵化後16か月から25（〜29）か月まで ・体長7寸（21センチ） ・重さ150匁（560グラム） ・歩留まり（トウザイ→チューッパ）8割
キリ	・孵化後29か月以上（出荷まで） ・重さ200匁（750グラム） ・歩留まり（チューッパ→キリ）9割以上

＊ 稚魚生産業者ではケゴ（毛子）とアオコ（青子）または1〜6（特）級に細分化することもある。

第Ⅰ－4－1表　コイの成長段階名と目安

成長段階	『養鯉記』の記載
コイゴ	「鯉子」
トウザイ	「当才」「当才子」 *1「当才上」
チューッパ	「中」「中物」「中もの」「中鯉」 「弐才」「弐年子」「弐才鯉」 *2「上弐年」「大弐」 「中ノ切」
キリ	「切」「切鯉」 「上」「上物」

なお、以下は親魚を示す記載例
「種」「種用」「種鯉」「種用鯉」「種用上等鯉」
*1　トウザイのうちとくに成長の良好なもの
*2　チューッパのうちとくに成長の良好なもの

第Ⅰ－4－2表　『養鯉記』のなかの成長段階名

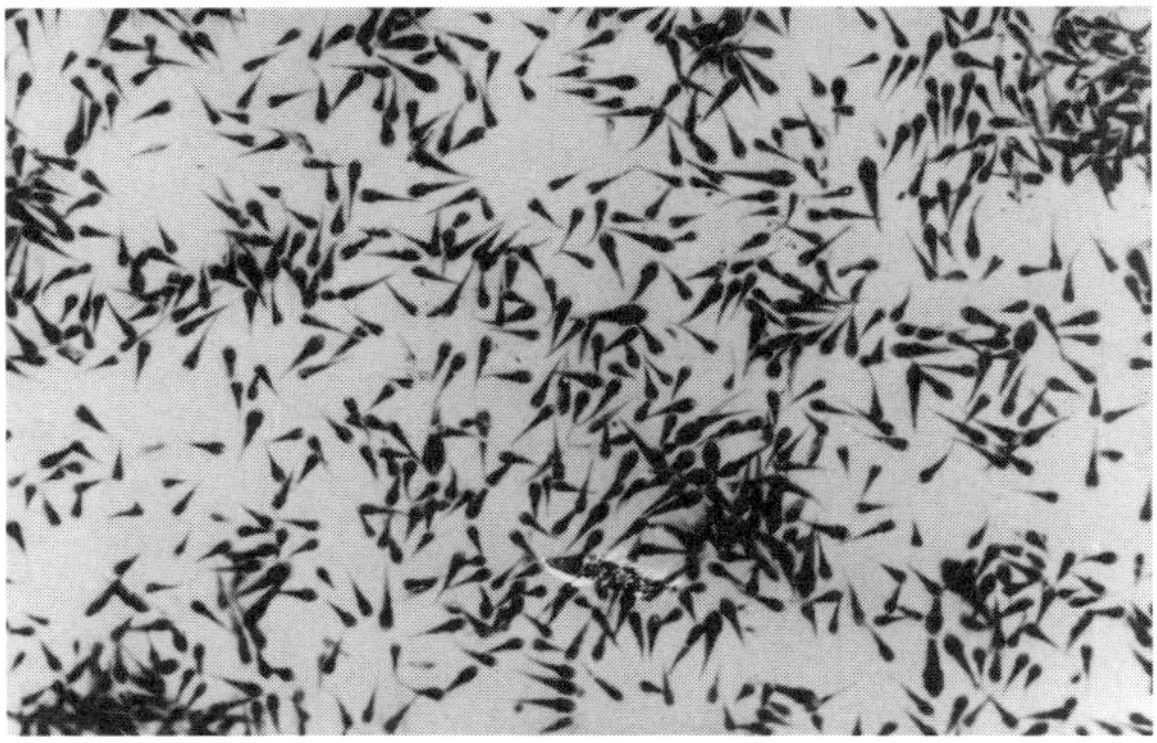

写真Ⅰ－4－1　コイゴ（鯉子）

写真Ⅰ－4－2　キリゴイ（切鯉）

このとき重要なことは、キリの基準は三歳という年齢にあるのではなく、二〇〇匁（七五〇グラム）以上という魚体のサイズにあることである。二〇〇匁に達しないと、たとえ三年飼ってもキリとして扱われなかった。二〇〇匁[8]という基準は、コイを筒切りにしてコイコクにしたとき、ちょうどその切身が丸く椀に収まることに由来するとされる。チューッパからキリゴイになるときには、伝染病など不測の出来事がない限りは九割以上の歩留りがある。

2　明治四十四年『養鯉記』のなかの成長段階名

ここでは少し視点を変え、文献史料を用いて、明治期におけるコイの成長段階名について検討してみる。

その史料とは、明治四十四年（一九一一）に記された『養鯉記』である（淡水魚研究会 一九八四）。佐久市野沢町において農業および養鯉業を営んでいた金子喜一郎が自家の養鯉作業を記録した日誌である。なお、野沢町は桜井の南東一キロメートルほどのところにあり、当時やはり南佐久地方における養鯉業の中心地であった。

『養鯉記』の記述をみてみると、第Ⅰ－4－2表に示すように、コイは成長段階に応じて大きく四つに分類・命名されていたことがわかる。

第一の成長段階を示す名称が、「鯉子」である。第二段階が、「当才」「当才子」である。第三段階が、「弐年子」「弐才」「中」「中物」「中鯉」である。この第三段階は、コイの年齢で表したもの（「弐年子」「弐才」）と、コイのサイズで表したもの（「中」「中物」「中鯉」）とが併存する。[9] また、例外的な存在として「上弐年」「大弐」「中ノ切」「中ノ切弐才鯉」という表現もあるが、これは第三段階（二年目）において、とくに成長がよく、出荷サイズに達してしまったものを指している。そして、第四段階として、「切」「切鯉」「上物」がある。これはともに出荷サイズに達したものを意味している。

このほか、文中に「種用」「種用上等鯉」「種鯉」「種女鯉」とあるのは、食用魚として養成されるコイではなく、稚魚生産を目的とする親魚である。

こうしてみてみると、やはり明治四十四年においても、佐久ではコイは三年飼養を基本としていたことがわかる。また、現在同様、なかには成長が早く二年で出荷サイズに達するコイがいたこともわかる。

以上のように『養鯉記』では、コイはおもに鯉子－当才－中（弐才）－切の四つにカテゴライズされていた。これは昭和初期の桜井の場合と同様である。そのため、例外的に二年で出荷サイズに達したコイについては、「中ノ切」のように「中」（第三段階名）と「切」（第四段階名）とを組み合わせて対応している。言葉を補えば、「中ノ切」とは、「二年鯉なのにキリゴイになったもの」といえばいいであろう。このように、基本として、四つの成長段階に対応した呼称が存在し、例外にはそうした四つのカテゴリーを組み合わせて対応していたことがわかる。

そして、もう一点ここで注目すべきは、第三段階を示す成長段階名が五つもあることである。例外的な呼称を含めると九つも存在することになる。他の段階に比べるとはるかに呼称のバリエーションが多い。そうした呼称には、年齢で示されたものと魚体の大きさで示されたものとが同時に存在しており、それが第三の成長段階名をバラエティー豊かなものにしている背景にある。またさらにいえば、この段階には、先に示したように、様々なかたちで例外的な呼称が設けられている。この点も成長段階名を多様なものにしている要因といえよう。

こうしたことは、この成長段階が単一の分類概念では言い表すことが困難な複雑さ・多様さを持っていることを示している。この点も昭和初期の聞き取り調査において確認されることである。この点は、本章の結論として八節3項で改めて取り上げることにする。

四　コイの養成段階と水田・イケの使い分け

1　コイの養成段階と水田の使い分け——夏の管理

水田は、コイにとっては夏期を過ごす場であり、人から見るとコイを効率よく肥育するための施設である。人はコイが水田のなかにいる間にできるだけ多くの餌を食べさせ、魚体を大きくしようとする。

前述のように、耕地整理される以前の水田は、一般に面積は狭く、また大きさや形もさまざまであった。当然、水の掛り方も一様ではなかった。そのように多様な環境条件にあるからこそ、水田をさまざまな用途に使い分けて養鯉に用いることができたといえる。

養成段階による水田の使い分けが可能となる（また使い分けなければならない）背景として、まず第一に、コイの放入時期が養成段階により異なることが挙げられる。

放入の目安としては、コイゴは田植え後、トウザイやチューッパは田植え前（シロカキ後）となる。桜井の場合、例年田植えは六月十二・十三日ごろになるが、シロカキを終えた水田には水が張られ、いつでもコイを入れられる状態になっている。

コイを水田へ放す時期が、コイゴとそれより大きなコイ（トウザイ・チューッパ）とでは田植えを挟んで前後に異なっている理由は、おもにコイの入手時期に関係している。コイゴの場合、コイの産卵期が五月下旬から六月初旬になるため、その入手は早くても田植え時分になってしまう。そのため一般農家がコイゴを入手して水田に放すことができるのは田植えの後ということになる。それに対して、二年目・三年目のコイはすでに自家のイケで越冬させているので、入手時期による制約はない。そうしたトウザイやチューッパは冬の間はほとんど冬眠に近い状態にいるため、できるだけ早く水温の高い水田に入れる方がよいとされる。それは、そうすることでコイの「目」を覚まし、より多くの餌を食べさせることができるからである。水田に移すのがたとえ一日でも早ければ、それだけコイの成長は速くなるという。そのため、トウザイやチューッパの場合には、シロカキが済み次第、田植えを待つことなく、水田に放してやることになる。

そして、養成段階による水田の使い分けが可能となる背景として二番目に注目される点は、水田ごとに水利条件が異なることである。それは、水温に対するコイの適応力とも関係している。

コイを入れる水田の選択と水利条件とは密接な関係にあった。第Ⅰ－4－3図に示したように、水田の所有上の最小単位であるカケクチ―シリクチは通常二～三枚の水田で構成されていた。その単位のなかでは水は田渡し（田越し灌漑）が基本である。そうしたとき、成長段階の進んだ大きなコイほど低水温に対する耐性が高いとされ、そのことが水田選択の判断基準として大きな意味を持つことになる。仮に、三枚でひとつのカケクチ―シリクチ単位とした場合、一番上にある水田つまりカケクチのある水田には用水路から冷たい水が直接入るため、適応力のある大きなコイ（キリやチューッパ）を入れ、その下（二枚目）の水田つまり上の水田から田渡しで水の入る水田には次に大きいコイ

（チューッパやトウザイ）を入れた。そうして、もっとも耐性の低い生まれたばかりのコイゴは、カケクチ―シリクチの単位のなかでは、もっとも下（三枚目）の水田に入れられる。上の水田から田渡しで来るうちに水は十分に暖められているからである。

この点は、また水田の水量とも関係する。民俗的な認識として、大きなコイになるほど、面積が大きく、深く水の溜められるところがよいとされる。そのもっとも大きな理由が酸素の供給量である。大きいコイほど酸素を多く必要とするため、大きな水田に絶えず水を通わせ、しかも深水を保つことにより、酸素不足にならないようにしなくてはならなかった。それに対して、コイゴを入れる水田は小面積のものでよかった。管理上の都合もあり、むしろ小さな水田ほどよいとされた。酸素の必要量は大きなコイに比べると少なく、また魚体も小さいため、必ずしも深水に保つ必要もなかった。そうしたとき、カケクチ―シリクチ単位の中では水田は下に行くほど小さくなる傾向にあることを考えれば、やはり先に示した水利（水温）条件の場合と同じように、上の水田から順に大きなコイを入れていくことが良しとされる。

さらにいえば、放入するコイと水田選択の対応関係には、水温と酸素供給量のバランスが重要な意味を持っている。水温と酸素供給量という二つの自然環境的要素に注目すると、小さなコイほど水温に強く規定されるのに対して、コイが大きくなるに従って水温よりも酸素供給量に規定される部分が大きくなっていくといえる。このような当時の稲作農家が有していた民俗知識は、自然科学的に証明しえるかどうかということよりも、成長段階により水田の使い分けをおこなう上で民俗的根拠として機能していたことのほうが本章にとっては重要である。

コイの養成段階に応じた水田の使い分けは、その家で飼うコイの数量にもかかわることである。基本は、前記のように、水温や水量といった環境条件を基準にコイの養成段階に合わせて水田を選択するものであるが、そうした水田とコイの養成段階とのきめ細かい対応関係は、ある程度多くのコイを養殖する家がおこなうことである。そうした家では自らコイの仲卸業者になったり、また仲卸業者に売ることを目的としてコイの養殖をおこなうところが多かった。

それに対して、自家消費の範囲にとどまる養鯉量の家では、せいぜいコイゴを入れる水田だけは区別するが、それ以外のコイ（トウザイ・チューッパ）は同じ水田に入れてしまうことが多かった。たとえば、標準的な桜井の稲作農家であるF氏は一一枚ある水田すべてにコイを入れていたが、三ショーマキ（「升蒔」、水田面積の単位）の水田一枚にコイゴを入れ、それ以外の一〇枚の水田にはすべてトウザイとチューッパを一緒にして入れていた。

また、先に示した基準とは別に、水田の除草を目的としてコイゴ用の水田にわざとキリを混ぜたりすることも、自家消費の範囲で養鯉をおこなう家ではよくあることであった。それは大きなコイほど除草効果が高いとされるためであるが、反面ではそうしたことはキリの商品価値を低めることでもある。このことは、コイが現金収入源として重要性を増すとともに、水田養鯉のいとなみではイネよりもコイを重視し優先する風潮が高まっていったが、そうした動きにあえて乗ろうとしない農家経営の志向が存在したことを示している。また、自家消費の範囲にとどまる稲作農家だからこそ、コイ養殖に過度に特化しない柔軟な農家経営の発想が存在したといえよう。

2　コイの養成段階とイケの使い分け――冬の管理

桜井のイケには、用水源からみて二つのタイプがあることは前述の通りである。河川水を主な用水源とするものと湧き水が入るものの二タイプである。河川水を主な用水源とするイケは水温が冬と夏とでは大きく変動するのに対して、湧き水を水源とするイケの場合には水温は一年を通してほぼ一定で、そのため相対的に冬に暖かく夏に冷たい水となる。

この水温変動の有無がイケの多様な使用および地域ごとの役割分化を可能にしている。湧き水の多い上桜井のイケは冬でも水温が一二～一三度と暖かいために、コイの越冬に適している。とくにトウザイと呼ぶ一年鯉は寒さに弱く、湧水の入らない中桜井や下桜井のイケでは越冬することができない。

しかし、反対に三年鯉の飼養には上桜井のイケは向かない。というのは、前述のように、コイは三年間飼養してキリと呼ぶ食用（出荷）サイズの成魚になるが、その三年目の仕上げには夏の間も水田に入れずにイケで飼うことが多かった。そんなとき、湧水のため夏でも一五～一六度にしか水温の上がらない上桜井のイケでは、コイ養殖の最適温度（二〇～二五度）に達しないためうまく仕上げることができない。そんなとき、河川水を主とする中桜井・下桜井のイケでは水温が二三～二四度になるため、コイは餌の食いもよく、身を引き締めながらも痩せさせることなく効率よく仕上げることができる。

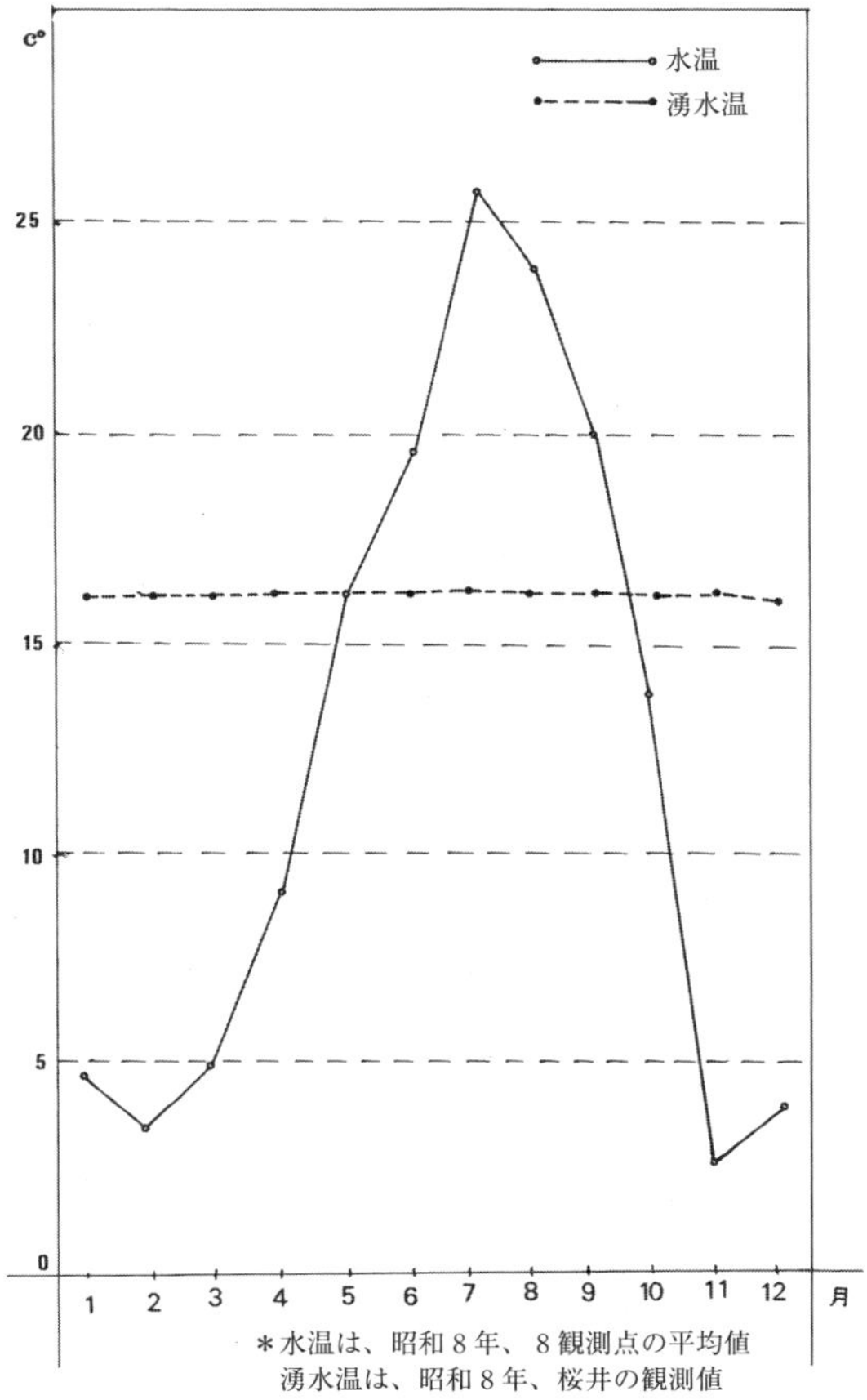

第Ⅰ－４－７図　桜井の水温（〔中島、1935〕より作製）

また、一軒の家でも、その所有するイケは何か所かに分散していることが多かった。大きく分けると、水田脇にあるイケと屋敷に作られるイケである。この違いによってもイケは使い分けられる。

前出の一般的農家であるＦ家の場合には、屋敷にある一つのイケと水田脇の四つのイケとを成長の段階に応じて使い分けていた。水田にあるイケには、キリになる前つまりトウザイとチューッパが入れられていた。しかも、その四つのイケはさらに養成段階により使い分けられている。四つのイケのうち、用水の流れに沿ってもっとも上にあるものにトウザイを入れ、その下にある三つのイケにはチューッパを入れた。そして、屋敷内にあるイケにはいつでも食べられるようになったキリ（三年鯉）を入れていた。もっとも多いときには屋敷内の四坪ほどのイケに八〇貫（三〇〇キログラム）ものキリが入れられていた。わずか四坪のイケに八〇貫ものキリを入れることができたのは、前述のように、屋敷内のイケがたえず取水口から新しい水を取り入れては、同時に排水口から古い水を排水する構造になっていたからである。

この他、イケの使い分けについて言えば、稚魚生産をおこなっている家には、食用を目的とするコイのためのイケとは別に、タネゴイ（種鯉）専用のイケが造られていた。タネゴイとは産卵させるための親魚である。このイケには一年中タネゴイしか入れられず、同時にそこは五月になると産卵池にされた。

以上、検討してきたように、桜井の水田やイケはコイの成長段階に応じてさまざまに使い分けられていた。そうした使い分けは、桜井の場合、耕地整理以前の水田が有した多様な水土環境を基盤とするものであったし、ときに高冷かつ寡雨という稲作地としては恵まれない環境条件を逆手に取るものでもあった。また、カケクチ—シリクチといった水田所有や水田水利のあり方など水田稲作をめぐる社会的諸条件にも対応するものであった。

さらには、低水温に対する耐性や酸素必要量といった、生物としてのコイに関する知識の体系化もそこには必要とされた。水田やイケの使い分けは、そうしたコイについての詳細な民俗知識に基づくものであり、そのもっとも根本にあるものがコイの成長段階に応じた分類・命名である。歴史的には、水田とイケを循環する飼養システムが長期化・精緻化するほど、水田やイケの使い分けを反映して、コイに対する認識も精緻さを増していったと考えられよう。

五　後進地にみる成長段階名

1　長野市犬石の水田養鯉

(1)　水田養鯉をめぐる環境と歴史

長野市犬石は、善光寺平の西部山地（通称「西山」）に位置する棚田稲作地である（第Ⅰ－4－8図）。傾斜地に拓かれた棚田には、ごく小規模な溜池が点々とある。それが水田のおもな用水源となっている。そうした溜池を一般にイケと呼ぶが、その多くは水田を掘り込んで作ったものである。その特徴は、何年かして水漏れなどのため溜池の用をなさなくなると次々と場所を変えていくことにある。そのとき、新たに水田が潰されてイケになると同時に、それまでイケであったところはまた元の水田に戻される。つまり犬石の場合、イケと水田は相互に転換可能な空間であり、それが水田とともに養鯉の場として重要な意味を持っている。

犬石では水田とイケを組み合わせた養魚が昭和二十

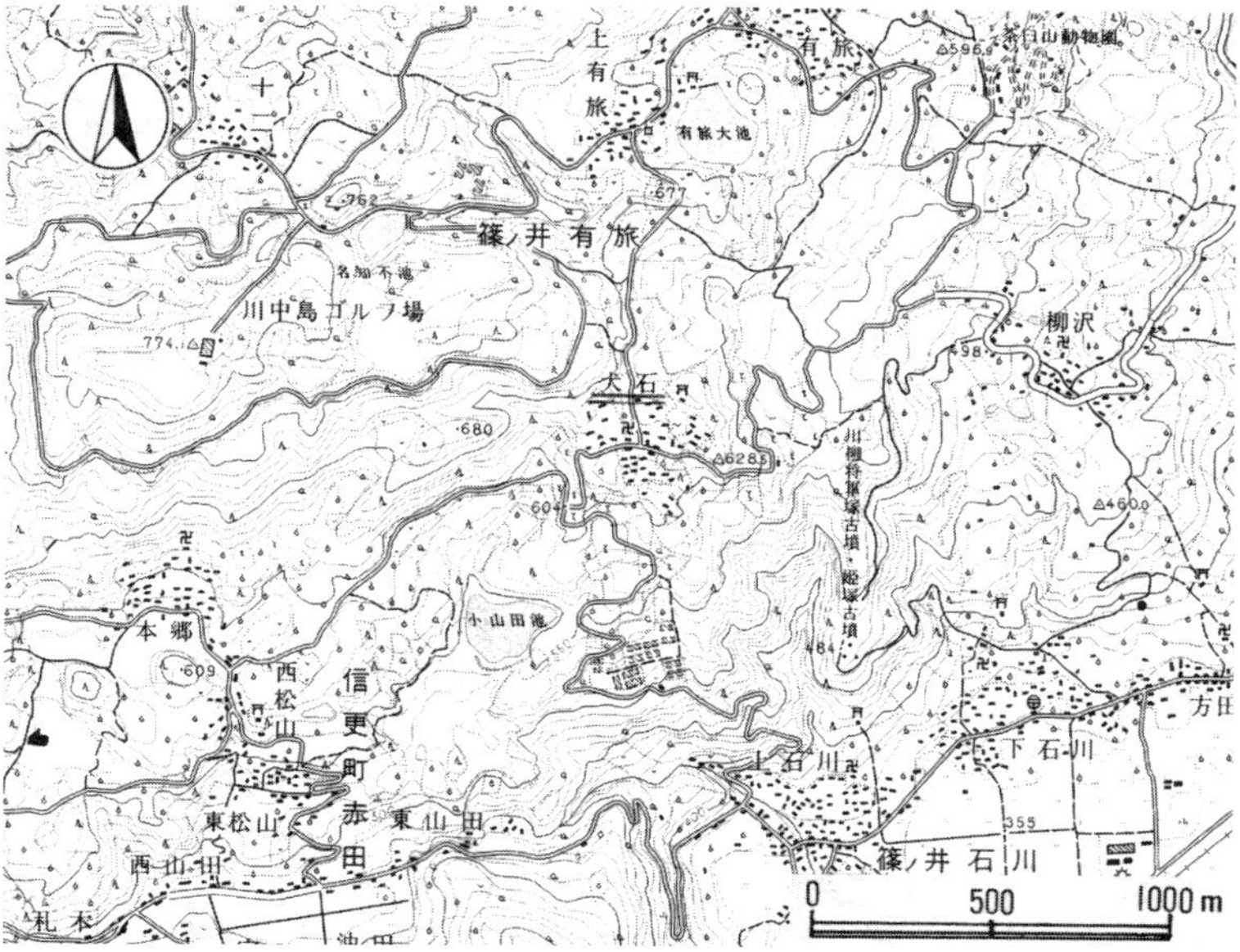

第Ⅰ－4－8図　長野市犬石（国土地理院、2万5000分の1地形図）

年代までおこなわれていた。いつ頃から犬石で養魚がおこなわれるようになったかは、聞き取り調査からは不明である。ただし、コイの稚魚を購入に頼っていることから考えて、犬石における養魚の起源は、桜井のような養魚先進地において稚魚の供給体制が整って以降であると考えられる。

(2)　水田養鯉の実際

犬石の人びとは田植えが終わると、所有する水田にコイッコ（体長一寸に満たないコイの稚魚）を放す。コイッコは田植えが終わるころ天秤棒に桶を担ぎやってくるコイッコウリ（鯉子売り）から買う。自家でコイッコを生産することはない。犬石の場合、コイッコは南佐久地方で生産されたもので、コイッコウリも南佐久地方からやって来る。第二次大戦後は農業協同組合であらかじめ各農家から一〇〇匹単位で注文を取り、村で一括してコイッコを購入することもあった。

水田に入れられたコイッコはひと夏そのなかで過ごし成長する。餌はとくに与えない。餌だけでなくコイに関しては何ら管理らしきことをしない。そうして稲刈り前になるとコイを収穫する。収穫はまず水田にヨケ（排水溝）を作り、それから水を落とす。水が少なくなるにつれて水田じゅうに分散していたコイがヨケに集まってくる。ヨケは本来水田を乾燥させるためのものであるが、結果としてコイを一か所に集める役目を果たしている。そのため、コイの収穫作業はヨケに集まったところを掬い取ればよく、手間はかからなかった。

コイは水田から上げたときには、体長四〜五寸（一二〜一五センチ）になっている。ただし、イタチや鳥に食べられてしまうため、放流数に比べ収穫できる数は半分以下に減っている。

水田から取り上げたコイは、その後各農家が所有するイケ（溜池）に入れられる。そこで越冬し、さらに数年育てられる。ただし、餌は与えられることはない。ひとつのイケにコイを集中させると成長が良くないため、一戸当たり三個ほど所有するイケに分散して入れるようにした。イケに入れられてからは二度と水田に移されることはない。

以上のように、犬石における養鯉は全般に粗放的である。水田および溜池では給餌などの管理はほとんどおこなわれず、とくに溜池に入れてからはそのコイが何年前に入れられたものなのかさえ、はっきりとは把握されていない。そのため、その収穫もイケを移動するときなど偶発的なもので、わざわざイケのコイを取りに行くことはなかった。

2　後進地におけるコイの成長段階名

(1)　二段階の命名

犬石の水田養鯉はまず稚魚を購入することから始まるが、その購入時点における段階名がコイッコである。コイッコは購入後すぐに水田に入れられ、稲刈り前に水田から上げられるときにはコイと呼ばれるようになっている。成長段階名からすると、この時点で稚魚はコイと呼ばれる成魚の段階に達したことになる。

ひと夏水田の中で育てられただけではまだ食用には適さないため、その後は溜池に移されて飼われることになる。ただし、前述のように、溜池に入れられて以降は水田のとき以上に人はコイに無関心となり、給餌はもちろんのこと、いっさいの管理はおこなわれない。イケの移動や修理などの機会に偶発的に取れるコイが、食用に適する大きさのものであれば、それを自家に持ち帰り料理して食べるだけである。そのとき、そのコイが何年前にイケに入れられたものなのかはよくわからないとされる。当然、コイの正確な年齢（飼養年数）は把握されていない。大きさの違うコイがいれば、大きなものは小さなものより前に入れたものと考える程度である。

犬石では、コイはその成長に応じてコイッコからコイへと呼称が一回変わるだけであり、いわば稚魚と成魚という区別しかなされていないことがわかる。また、水田に入れる前と後でコイの呼称が変わっていることから、呼称が変化する契機としてやはり水田が重要な意味を持っていたことがわかる。

なお、犬石以外の水田養鯉の後進地では、コイゴを水田でひと夏育てた後そのまま食べてしまうところは多い。山間の溜池灌漑地である犬石の場合は、稲作農家はみな個人の溜池をいくつか持っていたため、それをコイの再放流場所に使うことができた。しかし、そうした個人の溜池を持たない平坦部の稲作地では、佐久のような養鯉の先進地を除いては、水田から取り上げたコイをその後も生かしておく場所がなかったといえる。

また、昭和三十年代になり塩田平（長野県上小地方）のような溜池地帯で、溜池を利用した養鯉が大々的におこなわれるようになってくると、農家でひと夏育てられたコイ（いわゆるトウザイ）が、仲卸業者により買い集められ、溜池養鯉用の種苗として出荷されるようにもなった。なかには、そうした仲卸業者がトウザイ生産を目的として、契約した農家にコイゴをひと夏水田で育てさせるという新たなかたちの水田養鯉も一時期おこなわれた。

後進地の場合、コイゴを水田でひと夏飼った後すぐに食べてしまうにしろ、また種苗として売るにしろ、水田養鯉をおこなう一般農家からすると、コイはひと夏しか飼うことはない。そのため、成長段階名としては、コイゴの次はあくまでコイでしかないのである。

(2)　養鯉先進地との違い

コイゴの供給を得てはじめて水田養鯉をおこなうような後進地では、コイゴの次はコイという名称しか存在しない。当然、コイはひと夏水田で過ごすだけのため、トウザイやチューッパという段階は存在しない。養殖技術としては素朴な段階にあるといってよい。

犬石の場合、水田でひと夏育てられたコイはイケに入れられるが、その後は何ら管理されることなく、年齢（飼養年数）や数さえ忘れられてしまう。そのため、その後は、前述のように、イケの修理や移転の機会にたまたま大きくなったコイが取れれば良しとするだけである。ここに至っては、養魚をしているという自覚さえ犬石の人にはないといってよい。イケで取れたコイがいったい自分がコイゴから育てたものなのか、または天然のものかという判断はつかないといってよい。ただし、民俗的認識としては、イケにいる魚のうち、フナは自然に殖えたもの（天然物）だが、コイは後から入れられたもの（養殖物）であるとされる。

前章第I－3－5図に示したごとく、南佐久地方のように親魚養成と産卵・孵化の技術を有し、稚魚からキリゴイの生産まで一貫しておこなう、いわば養鯉先進地は長野県には四地域しかなく、むしろそうした養鯉先進地から稚魚の供給を受けることではじめて養鯉をおこないえた犬石のような稲作地の方が圧倒的多数を占める。

『日本魚名の研究』には、日本各地からコイの成長段階名が集められている（渋沢　一九五九）。それによると、コイ以外の名称として、ブンショー・コジロ・ナメイゴ・アワゴなどさまざまなものがあることがわかる。それらはほとんどすべてが、幼魚段階の名称である。幼魚と成魚とのあいだに段階名称を設定しているところ、つまり三段階以上に命名がなされているところはない。要するに、『日本魚名の研究』を見る限り、コイの成長段階名を持つところでは、ほとんどすべての地域において、幼魚段階の次はコイ（成魚）になるのである。この点は、犬石の事例でみたコイッコ→コイという二段階と同じである。

なお、孵化後一年以下の幼魚に、トウザイとコイゴの区別がなされるのは、南佐久地方のような産卵・孵化の技術を有する進んだ養鯉地だからこその特徴であるといえる。コイゴは孵化後から最初に水田に入れられるまでの間の稚魚をいい、トウザイはコイゴがひと夏水田で過ごした後の段階名である。つまり、南佐久地方の場合は、孵化後わずか四か月の間にこうした二段階の命名がなされていることになる。成長段階として到達点を示すキリを除くと、コイゴの期間が他の二つの成長段階のなかではもっとも短い。それは、反対からみれば、コイゴと称される期間がもっとも成長率が高い、つまりもっとも大きく魚体が変化するときであるということを示しているといえよう。

トウザイという段階名は、コイのような養殖魚に限らず、天然魚においても存在する。たとえば、静岡県ではナマズ、宮城県ではボラ、岡山県ではクロダイの成長段階名となっている（渋沢 一九五九・室山 一九八二）。そうした天然の魚類に共通するのは、かならず成長段階における一番最初の段階名としてトウザイが位置づけられていることである。つまり、天然魚の場合には、トウザイ以前の成長段階名は存在しないといってよい。

そうしたことを考えると、トウザイ（当歳）が意味する孵化後一年以下の段階で、コイゴ→トウザイという二段階に命名されるのは養殖魚に特徴的なことであるといえる。天然魚に比べ養殖魚の場合は、孵化の段階から絶えず人の目が注がれていることの証であるといってよい。この点はいわばドメスティケーションが成長段階名つまり分類・命名のあり方に与える影響のひとつといえよう。

六　成長段階名の発生

1　「養殖」の持つ意味

渋沢敬三は魚類の成長段階名が成立する生物学的背景として、「魚類の移動性と隠顕」、「幼魚の棲息場所」、「魚類出現の季節的変化」の三点を上げるとともに、その経済的要因として、魚類の各成長段階ごとに商品となりえること、各成長段階ごとに相当量の漁獲があること、各成長段階の出現時期に季節的変化があることの三点に注目している（渋沢 一九五九）。このように生物学的背景とともに経済的な要因に注目した点は、当然のことではあるが命名という行為が経済性を反映したすぐれて文化的なものであることをあらためて教えてくれる。

また、室山敏昭は鳥取県の一小漁村を取り上げて、そこにおける成長段階名について言語学的な考察を加えている（室山 一九七七）。それによると、成長段階名が成立する要因として、成長に応じて魚体が急激に大きくなること、成長の各段階がそれぞれ美味で人びとの要求があること、成長段階のそれぞれが漁獲の対象となること、歴史的にみて長期にわたる漁獲がなされることの四点を挙げている。そのとき注目されるのは、調査対象地において成長段階名を持つ魚類は歴史的にも経済的にも当地において中心的な漁獲技術である地引き網漁の主要な漁獲対象であることを明らかにした点である。この点も、渋沢の指摘と同様に、魚類における成長段階名の成立が経済的要因に大きく左右されることを示している。

では、コイの場合はどうであろうか。渋沢や室山の考察が天然の魚類を対象とした漁撈行為に注目してなされたのとは違って、コイの場合、成長段階名の有無は明らかに養殖と深く関わっている。しかし、養殖もいわば漁撈以上に経済性の高い活動であるといえよう。そのため、成長段階名成立の要因を明らかにしようとするとき経済的側面に注目したことの先見性は認めつつ、ドメスティケーションとの関わりを問うことなく、渋沢や室山の指摘をコイに当てはめることはできない。また、ドメスティケーションの側から成長段階名の問題を考えることも必要である。ドメスティケーションにはその知識・技術の体系の中に必然的に分類・命名という行為が付いて回ることになるわけで、それはドメスティケーションの文化的特質とも深く関わってくることだからである。

繰り返し述べているように、コイの場合、自然の状態では成長段階名を持つことはほとんどない。たとえ持っていたにしろ、コイゴのように幼魚のときのみに認められるもので、成魚を意味するコイと差別化するための段階名にすぎない。つまり、コイは幼魚と成魚の二段階に成長段階名は限られているといってよい。しかも、こうした二段階の命名の場合でさえも、その多くは、長野市犬石の事例にみたように、稚魚を購入してそれをひと夏だけ育てるような養魚後進地（技術的には自然段階に近い地域）であったと考えられる。コイゴの名称は自然段階においても成魚との対比で存在した可能性は否定できないが、コイゴと成魚との中間段階名となるトウザイやチューッパについては養殖段階になって初めて登場したといってよい。

このように、コイの成長段階名は、養殖という人為によって生み出されたものであるといってよかろう。[10] さらにいうと、コイの場合には、成魚になるまでに要する数年間に及ぶ継続的な管理の中からその成長段階名は生み出されている。コイゴを購入に頼る養魚後進地つまり産卵・孵化の技術を持たない地域においては、コイゴ→コイつまり幼魚→成魚といった二段階の命名しかなされないのに対して、卵段階から体重七五〇グラムの成魚段階に至るまで一貫して育成する養魚先進地においては、コイゴ→トウザイ→チューッパ→キリというように四段階にも段階名が増える。

そのことはまさに成長段階名の数は人とコイとが関係する期間（飼養期間）の長期化および養殖技術の高度化に比例していることを示している。養魚技術が高度化すること、つまり人のコイに対する管理がより精緻に、かつ長期にわたってなされるようになるとともに、人のコイに対する認識はきめ細かなものとなり、結果として成長段階名も増加することになるといえよう。

なお、同じ南佐久地方の養殖魚でもフナの場合は成長段階名を持つことがない。せいぜいフナッコ（鮒子）―フナの二段階である。こうしたことを考えると、多様な成長段階名を持つというのはコイに特徴的なことであるといってよい。同じ養殖魚でも、多様な成長段階名を持つものと持たないものとが存在することは、養鯉後進地のコイの場合と同様に、養殖期間の長さに関連する。コイは先に述べたように三年かけてやっと七五〇グラムという出荷段階に達する。それに対して、南佐久地方で養殖されるフナは四か月（六～一〇月）で出荷サイズに達してしまう。佐久の養殖フナの場合、出荷サイズは五センチ程度のもので、それ以上では市場価値がほとんどない。そのため、生物学的には可能なことではあっても、二年三年と養成期間を延ばしてより大きなサイズにまで育てることはない。そうした差が、同じように南佐久地方で養殖される魚であっても成長段階名の多寡をもたらす大きな要因になっていると考えられる。

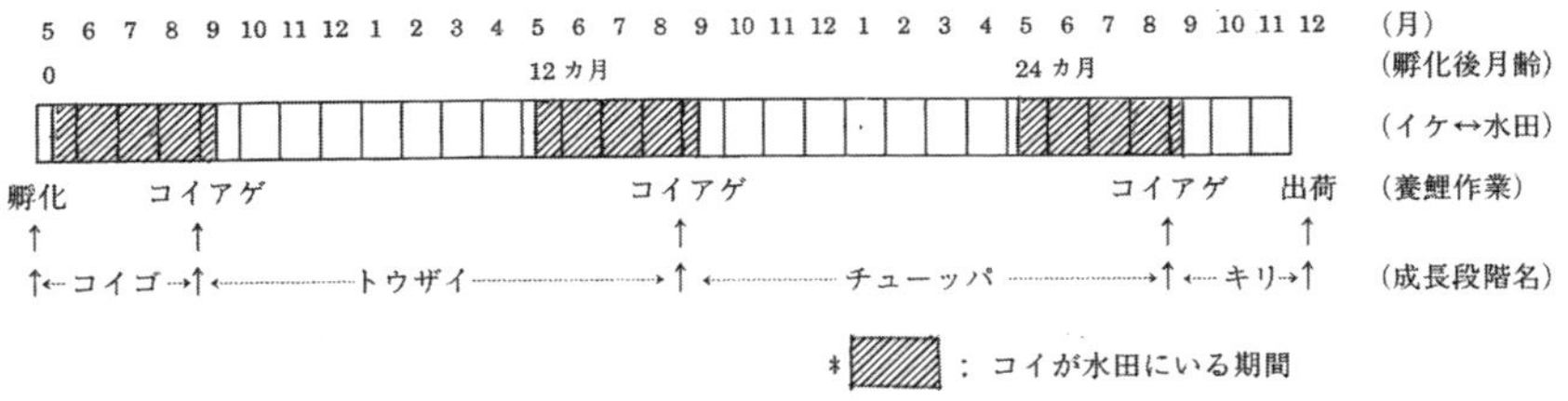

第I－4－9図　コイの生活暦

2　呼称の変わるとき

(1)　水田が転換点として大きな意味を持つこと

成長段階に応じていくつもの呼称を有するということは、呼称が変わる毎にコイに対する人の認識が新たになることを意味している。そのため、命名の前段階として、人はコイの生活暦に認識の転換点となるいくつかの区切りをつけていると考えてよい（第I－4－9図）。

桜井では水田とイケとを行き来させながら三年かけてコイを出荷サイズまで育てるが、その三年間の生活暦に人がどのような区切りをつけるかが問題となる。コイからみれば、一連の流れである三年という期間に、人は三つの区切り（孵化と出荷を入れれば五つの区切り）をつけ、四つの成長段階名を与えているのである。ここでは、コイゴ↓トウザイ↓チューッパ↓キリと変わっていくときの三つの転換点（↓の部分）に注目する。コイの生活暦のどこに句点を打つかは、まさに人によるコイの管理の仕方、つまりは水田養魚というドメスティケーションのありようと大きく関わってくる。

では、桜井ではどの時点でコイの成長段階名が変わるのであろうか。ひとことでいえば、それは夏のあいだ水田に入れられていたコイがイケに移される時点である。さらに時期を限定すれば、水田から上げられたその時点（コイアゲのとき）を境に呼称が変わることになる。つまり水田の中にいるときはまだ入れられる前の成長段階名で呼ばれている。コイゴからトウザイ、トウザイからチューッパ、チューッパからキリ、[11]すべてにそれは当てはまる。なお、卵からコイゴへの転換も同様である。

水田から上げられたときに名称が変わる理由として考えられるのは、ひとつには、水田のなかにいるときがコイは一年のうちでもっとも成長するときだからである。水田に入れる前と後とでは格段に魚体の大きさが違っている。この時期、コイは一年のうちでもっとも旺盛に餌を食べ、体を大きくする。そのために水田にコイを入れるのであるから、それは当然といえば当然のことであろう。佐久平では、イケで過ごす秋十月から春四月までの間（七～八か月間）は、時間的にはコイが水田に入れられている期間（四～五か月間）よりも長いが、水温が低いためコイは餌をほとんど食べず、したがって成長もしない。

そして、もうひとつの理由として考えられるのは、サギやイタチに食べられたり、また自ら逃げ出したりしてコイの数が大きく減少するのが、やはり水田に入れられているときだからである。水田養鯉をおこなう者にとって、この期間におけるコイの歩留りは重大な関心事である。

だからこそ、水田に入れられた期間をうまく生き延び、かつ魚体が入れる前に比べると格段に大きくなって戻ってくるコイに対して、人びとは新たな気持ちで迎えることになるのである。

また、コイの呼び名が水田に入れられる前後で変化することは、南佐久地方の養鯉にとって水田の存在がいかに大きなものであるかということを示すひとつの傍証となろう。

水田から上げられるときがコイにとって呼称の変わる契機となっていたことは、養魚をめぐる儀礼のなかにも現れている。養鯉に関しては唯一の儀礼であるといってよいコイアゲの祝い(12)がおこなわれるのが、まさにコイを水田から取り上げたそのときなのである。コイアゲのときに唯一の儀礼が設定されるということは、その時点がコイの飼養期間におけるひとつの大きな折り目として意識されていたことの証となろう。

(2)　成長段階名の変化は自然から人為への移行期になされること

同じように成長段階名を持つブリやボラの場合をみてみると、それらの魚は海から漁獲された時点において、その魚体の大きさに応じて成長段階名が付与されている。この点は、三年間にわたって継続的に養成され、その過程で呼称が転換していくコイとは大きく異なっている。

しかし、個々の呼称が付与される契機を考えると、コイとボラ・ブリとの共通点も見えてくる。ブリやボラの場合、漁撈行為を通して海という自然界から人の手に魚が移ったときに名称が付与されていると考えることができる。さらにいえば、それは自然界に生きる生物としての魚類から人間社会における商品としての海産物に姿を変えたときである。つまり、自然から人為への移行に際して名称の付与がなされているといえる。そのこと自体は命名の行為としては至極当然のことであろう。

その点を水田養魚のコイについても考えてみると、コイはまさに水田からイケへと移行するときに新しい名称が付与されているわけで、それはまさに自然から人為への移行期に当たっているといえる。水田とイケを対比的に捉えると、南佐久地方の人びとにとって、水田はコイの成長を促す力を秘めた自然度の高い空間であるのに対して、イケは人為度の高い空間つまり人の目が行き届き管理しやすい場ということになろう。

水田内のコイはイネに隠れてほとんど人の目に付かないところにいる。また先にも述べたように、水田にいる間はコイがもっとも成長するときであり、水田に入れる前後ではその姿は一変している。水田から取り上げたときこそ、まさに人が自然の力を実感するときであるといえよう。

そのように、水田養鯉を通して佐久の人びとが、本来高度に管理された人為空間であるはずの水田に自然の力を感じるということは、日本人の自然観のあり方とも共通する。筆者はそうした自然観のあり方を「内なる自然」と表現したことがある（安室 一九九六）。

七　成長段階名にみる汎用技術と在地技術

1　汎用技術の中の成長段階名

これまでに刊行された農家向けの養鯉手引書[13]をみてみると、コイの成長段階名と養殖技術（ドメスティケーション）との関係について興味深いことがわかってくる。また、成長段階名に注目することで、いわば全国共通ともいうべき手引書に示された養殖に関する汎用技術と佐久において口承される在地の技術との相違がより明確になってくる[14]。第I－4－3表では、調査対象とした昭和初期を中心に、大正年間から昭和五十年代（一九一〇～一九七〇年代）にかけて出版された農家向けの啓蒙書を中心に取り上げてみた。

こうした農家向けの養鯉手引書を概観してまずわかることは、コイはあくまで二年間で成魚として出荷できるまでに育てることが経営上は良しとされることである。そうした二年で出荷サイズまで育てるときには、つまり二年飼養の場合には、コイの成長段階名は通常三つしか存在せず、それはコイゴ→トウザイ→キリとなる。

そうしたとき、佐久のように三年かけなくては出荷サイズにまで育てることができないのは、低水温地帯など養鯉にとっては環境条件の悪いところに限られるとされる。必然的に三年飼養は効率が悪く、農家にとって利も薄いとされる。

そうした三年飼養の場合に、特徴的にみられる成長段階名がチューッパやナキである。それは通常トウザイからキリになる途中に位置づけられている。つまりコイゴ→トウザイ→チュッパ・ナキ→キリという順序で四段階の成長段

第Ⅰ－4－3表　養鯉手引書のなかの成長段階名

近現代の養鯉手引書　―内容と解説―

①『**趣味実益最新養鯉法**』大正十四年（一九二六）

（本書内容）

稲田養鯉について、「稲田に放養をなし得るは二歳までにして三歳鯉は不可能なり。故に別に池等放養をなし得る場所を所有せざれば、二歳の秋季に於て食用となし或は売却するものなり」といい、「二才の秋期に於て食用となし得ざるもの即ち百匁以下のものは尚一ヶ年投餌するの必要あり」とする。

（解　説）

コイは二年で成魚にすることを養殖の基本としている。また、説明は一貫して、一歳鯉・二歳鯉というような年齢に応じた分類をもとになされている。

②『**実地応用養魚の研究**』昭和七年（一九三二）

（本書内容）

養鯉は「本年孵化発生した鯉児を、翌年秋から三年目の春季産卵時期迄に、食用鯉に仕立てて販売する二年収納法」が基本とされる。三年以上かけて収納するのは、「北海道のような寒地か山間で用水が渓流で冷たいとか、湧き水のある地盤で鯉が育ち難いとか云う様な特殊の場合にのみ行う可きである」とされる。

「二年収納法」で二年目の秋を迎えたコイのうち、三〇匁前後を「吸物鯉」、七〇～八〇匁を「ナキ」、一〇〇～一二〇匁を「中羽」「中羽物」、一二〇～一八〇匁を「食用小物」、一八〇～二五〇匁を「食用物」「切鯉」、二五〇匁以上を「食用大物」という。なお、「ナキ」・「中羽」・「吸物鯉」は、再び三年目も飼育池に入れられるため、「通返」とも総称される。

（解　説）

本書によると、池中養鯉では、二年で出荷サイズまでコイを養成するのがもっとも効率よい養殖法とされる。そのため、正規の出荷サイズとなる「食用小物」「食用物」「切鯉」・「食用大物」に達しない「ナキ」や「中羽」は、養鯉家泣かせの中途半端な物というマイナスイメージから付けられた呼び名だとされる。なお、「吸物鯉」とは吸い物の具にしかならないという意味であるが、ある程度そうした需要は見込めたため「ナキ」や「中羽」ほどマイナスイメージを付与されてはいない。

③『**水産増殖の知恵**』昭和十八年（一九四三）

（本書内容）

コイを養成する段階として、「鯉子」を水田で飼ったのち池で越冬したものを「当歳」といい、それをまた水田に入れて九月下旬に落水とともに水田から取り上げたものを「切り鯉」または「食用鯉」とする。

（解　説）

本書は、水田養鯉では二年で食用サイズにコイを養成することを理想とするもので、成長段階名も鯉子→当歳→切り鯉という三段階しか示されない。つまりチューッパの段階は完全に無視されている。

④『養魚講座一―鯉』昭和四十六年（一九七一）

（本書内容）

＊『実地応用養魚の研究』（一九三二）の記載に一部共通する。

コイの呼び名として、以下の段階をあげている。

・孵化直後　　：「水仔」「毛仔」「ハダカ」
・体長三センチ位：「青仔」
・青仔を池などに入れて秋に取り上げたもの：「新仔」「当歳」
・新仔が年を越したもの：「明二才」
・新仔を春に放し秋に取り上げたもの（一一〇グラム前後）：「吸物鯉」
・　同　（二六〇～三〇〇グラム）：「泣き」
・　同　（三七五～四五〇グラム）：「中羽」「中羽物」
・　同　（六七五～九四〇グラム）：「切り鯉」「食用物」

「切り鯉」「食用物」は食用として出荷され、「新仔」「当歳」は種苗としてやはり取り引きされる。それに対して、「中羽」と「泣き」は種苗には大きすぎ、食用には小さすぎる。そのため、泣きの語源は「養鯉家泣かせ」、中羽の語源は「どちらにも向かない」ことにあるとされる。なお、「中羽」「泣き」「吸物鯉」を総称して、「通し返し」と呼ぶが、それは一度取り上げられた後に再び三年目に切り鯉養成用の池に戻すためである。

（解　説）

二年で食用サイズに仕立てることを標準的な養殖技術とし、それを基本にして説明される。そのため、『実地応用養魚の研究』（一九三二）の記述と同様に、二年で食用サイズに達しないものを「中羽」「泣き」といいマイナスイメージを付与している。

⑤『コイ―農家養殖の新技術―（改訂版）』昭和五十四年（一九七九）

（本書内容）

「長野県や東北地方のような低水温地帯の流水養鯉では、飼育群の三分の一から四分の一ぐらいが三年目にかかってしまうところもあるが、大部分は二年で出荷できる」とする。養成段階としては、種苗（稚魚）段階とキリゴイ（成魚）段階に分け、さらに種苗段階を「毛仔」（体長六・七ミリ）・「青仔」（体長二・五～三センチ）・「当歳」（または「新仔」、五〇～一五〇グラム）に三分類している。この段階を経た後、一年かけて「キリゴイ」に養成する。

（解　説）

日本の場合、コイ養殖は二年で出荷サイズまで育てるのが基本だとされる。養成に三年を要するのは、あくまで長野県や北海道のような低水温地帯に限られる。本書で種苗とされる三段階のうち前二段階の「毛仔」と「青仔」は、桜井におけるコイゴに相当する。そのため、養成段階としてはコイゴ→トウサイ→キリゴイという三段階を示していることになり、二年間で出荷サイズまで育てることと一致する。ただし、本書のなかでも、チューッパについてはふれておらず、「当才と切ゴイの中間ぐらいの大きさで、三〇〇～五〇〇グラムのもの」とされる。それはかつて種苗としてさかんに取り引きされたが、近頃では二年でキリゴイにされるようになったため、種苗として取り引きされることがなくなったという。このことは、まさに、チューッパという段階名称がコイの三年飼養に伴って設けられていたことを示している。

階名が設定される。

二年飼養地において、チューッパやナキの成長段階を持つこと、つまり三年かけなくては出荷サイズにならないコイができてしまうことは、養魚をおこなう農家からは嫌われることになる。いくつかの手引書にみられるように、ナキやチーュッパの語源が、ナキは「養鯉家泣かせ」、チューッパは「中途半端」の意味であるとされるのは、まさにそうしたことを象徴している。その語源の真偽は別にして、三年飼養しなくてはならないときに発生する段階名のチューッパやナキは、こうした一般的な手引書ではマイナス・イメージで扱われることになったといえよう。全国共通の汎用性を有し、二年飼養を基本に、より効率的な技術の解説を旨とする手引書においては、それは当然のことであるといえよう。

そうしたとき、高冷地にある佐久は、まさに三年かけなくては出荷サイズにまで育てることのできないところにあったわけで、佐久ではそうした不利な点を「二年でボーっと育ったコイよりも三年かけて育てた佐久鯉の方がうまい（コイは暖かいところで二年で育てるよりも、冷たい水のところで三年かけた方が身が締まっていてうまい）」と言い、価格ではなく味に市場での活路を見出そうとした。

そうした養殖効率の悪さを逆手に取る言説は、昭和の一時期、東京や京・大阪といった大都市で流布した佐久鯉ブランドの成立と大いに関係することである。ブランド商品として市場で遇されなければ、商品としては生き残れないからである。生産効率が悪いということは価格に跳ね返ってくることで、実際に佐久鯉は他産地のコイに比べて高価格で取り引きされていた。

全国の農家向けに書かれた手引書の世界では二年飼養を有利とし三年飼養を不利としていても、実際に佐久では三年飼養が主流かつ通常な養鯉形態であったわけで、佐久ではコイの成長段階名としてチューッパは欠くことのできないものであった。当然、その名称にマイナス・イメージなどない。二年目の夏を水田で過ごしたコイに対するごく当たり前の名称としてチューッパは存在するのである。

汎用技術の世界では、養殖の効率からすると、チューッパは落第生ということになろう。二年で出荷サイズになることを一般的な基準とすれば、三年飼養地にしか存在しないチューッパ段階は、それがあること自体、養殖効率の悪さを象徴するものであり、効率低下の張本人とさえされてしまう。しかし、三年飼養が通常の佐久ではチューッパにそうしたマイナス・イメージが付与されることはなく、トウザイとキリとを結ぶひとつの成長段階としてきちんと位置づけられているのである。先に挙げた養殖効率の悪さを逆手に取る言説が成り立つのも、いわばチューッパという成長段階が存在するからであるといえよう。

2　汎用技術の限界

ごく初期の手引書においては、水田養鯉の技術は汎用化されることなく、南佐久地方とくに桜井の伝承技術がモデルとして取り上げられることが多かった。当然、そうしたときには、成長段階名も、桜井にみられるコイゴ→トウザイ→チューッパ→キリがそのまま紹介されていた（安室 一九九八）。

しかし、手引書に描かれる養鯉技術が、限られた地域にのみ通用する伝承的な在地技術から全国的な汎用技術へと書き換えられていくとき、つまりはその手引書が全国どの地域においてもマニュアルとして使用可能なものになっていくとき、手引書のなかのコイの成長段階名もまた同様に汎用性を持つものに換えられていくことになる。

それが「一年鯉」「二年鯉」「三年鯉」および「一歳魚」「二歳魚」「三歳魚」といった成長段階名である。これはコイの年齢つまり飼養年数をもとにした分類・命名の仕方である。一般の養魚手引書に採用される以前は、水産学の専門書や国や県がおこなう養鯉試験の報告書の中に多く見受けられる用語である。たとえば、水田養鯉を学問的かつ詳細に取り上げた初期の水産学専門書である『水田養魚』（松井 一九四八）や長野県立農業試験場がおこなった試験結果を報告する『稲田養鯉臨時報告』（長野県立農業試験場　一九一〇）においては、こうした分類・命名により水田養鯉について自然科学の立場から解説している。

しかし、こうした分類・命名のあり方は、一見すると科学的で厳密なものであるかのような印象を与えるが、現実の養魚現場とくに農家がおこなう零細な養魚では必ずしも有効なものとはいえないし、またときにかえって混乱を招くことさえある。コイの年齢に基づいた分類・命名のあり方について、それが持つ矛盾および不明確さを挙げると以下のようになる。

第一点は、年齢は必ずしもコイの成長段階を表してはいないことである。詳しくは次節において論述するが、チューッパやトウザイ、キリという名称は、必ずしも年齢だけでなく、魚体のサイズや重量も含んだ概念である。それを年齢で割り切ってしまうと、養鯉の実態とは合わなくなってしまうことになる。たとえば、「二年鯉」といった場合、二年でキリ（出荷サイズ）に達するものと、もう一年イケや水田に入れて肥育しなくては出荷サイズに達しないもの（つまりチューッパ）との区別ができなくなってしまう。つまりキリには二歳のものと三歳のものがいることになる。養魚をおこなう農家にとっては出荷という最終段階に達しているかどうかが大きな問題なのである。

そして、第二点は、「一年鯉」から「二年鯉」および「二年鯉」から「三年鯉」に変わる時期の不明確さである。こうした分類・命名法を採用した手引書では、どれもその点を明確に示していない。その点は、水産学の専門書や水産試験場の報告書も同様である。「一年鯉」から「二年鯉」になる場合を例にとってみると、「二年鯉」になるのは、前年五月に孵化したものが年を越したとき（つまり数え年）なのか、または次年の五月を迎えたとき（つまり満年齢）なのか、または何か違う契機があるのか、そのあたりは不明確なままである。むしろ意図的にそこには触れないようにしているとさえ考えられる。この場合、最大五か月の差が生じてしまい、出荷される時点が「二年鯉」なのか「三年鯉」なのか判然としないことがある。

こうした矛盾点や不明確さは、農家向けの養魚手引書が佐久に伝承されてきた在地技術を基にして、その汎用化を図ろうとしたとき、研究書（手引書とは違った学術的立場から書かれている）において用いられていた年齢に基づいく分類・命名法を、その用語だけ当てはめたがため起こったことである。その結果、養鯉手引書によくある『○○初級入門』や『趣味と実益の○○』というタイトルが示すように、農家が養魚を始めようとするとき参考とするにふさわしい入門書と銘打たれながら、現実には使いものにならない手引書となっていることも多いのである。

八　成長段階名にみる民俗分類の思考

1　成長段階の分類概念

(1)　コイゴ

コイゴという成長段階はいわば時間概念で割り切れる分類である。第Ⅰ－4－1表に示したように、いちおう体長や重量による目安は存在しても、それに達していないからといって、もう一年間コイゴのままでいるということはない。コイゴの場合、孵化後一か月ほどして水田に入れられ、取り上げられたときにはすべてトウザイになる。

なぜコイゴという成長段階が同じ個体では繰り返されることがないかというと、それはまず第一に、その名称は「鯉子」の字が当てられていることをみてもわかるように、孵化を起点としてその約四か月後までのごく幼少な段階につけられたものだからである。いちいち体長や重量で差別化できるほど個体は大きくなっていない。また、期間的には孵化後四か月間ほどの段階名にすぎないコイゴが翌年の田植え時分まで、つまり一六か月間にわたって、コイゴとして扱われることは現実にはありえないといってよい。

(2)　トウザイ

コイゴ同様、トウザイもどちらかというと時間概念で割り切れる存在である。コイゴが水田から取り上げられるときにはすべてトウザイになることができたのと同様に、翌年水田に入れられたトウザイが取り上げられるときには、やはりほとんどがチューッパになっている。トウザイからチューッパへの移行が体長や重量により制限されることはほとんどない。当然、同期間養成しても成長の思わしくないコイはでてくるが、そうしたコイはさらに一年間トウザイとされるのではなく、小振りなチューッパという扱いを受けることになる。

そのように佐久において一般的な農家がおこなう水田養鯉では、トウザイのほとんどは落第することなくチューッパとなることができたが、それはトウザイがチューッパと一緒に同じ水田に入れられることが多かったためである。トウザイとチューッパを一緒に入れた水田からコイを上げるときには、出荷サイズのキリに達していないものはすべてチューッパとしてしまったほうが、選別の手間を考えるとより実質的であるといえよう。

ただし例外もある。一般の農家がおこなう水田養鯉では上記のようにトウザイとチューッパを一緒の水田に入れることが多かったが、養殖業に特化した家では両者を区別して別々の水田に入れることもあり、そうしたところでは水田に入れても十分な成長をせずチューッパの基準に達しないものはもう一年トウザイとして扱われることもあった。この点は、どんな場合でも、次の成長段階であるトウザイに移行することのできるコイゴとの違いである。

(3)　チューッパ

前述のように、コイヤ（鯉屋）ほど養鯉業に特化していない階層の家つまり桜井では大多数を占める一般の稲作農家では、トウザイとチューッパは一緒にして同じ水田に入れてしまうことが多い。そのため水田から取り上げるときも、当然両者は混じり合った状態である。順調にいけば、チューッパはキリに、トウザイはチューッパになっているはずである。

しかし、実際には生育の悪いチューッパはでてくる。当然そうしたチューッパはキリに昇格することなく、次の年もチューッパと見なされ、トウザイとともに水田に入れられる。つまり結果的にそのコイはチューッパを二年おこなうことになる。また、反対に、高冷盆地の佐久では希なことではあるが、トウザイでもとくに成長が良かった場合には、水田から上げられた後、キリとして選別される可能性もある。その場合、チューッパという成長段階を経ることなく結果的に二年でキリに達してしまうことになる。つまり他産地にみられる二年飼養と同じことになる。

このようにチューッパ段階には、年齢や大きさ（重さ）において多様な個体が含まれていたことがわかる。先に第Ⅰ－4－2表で示したように、『養鯉記』の記載では、チューッパ段階だけが飛び抜けて多様な段階名を有していたのはそのためであるといえよう。

(4)　キ　リ

成長の最終段階であるキリは明らかに魚体の質量によってその基準が決められている。二〇〇匁という基準を満たさない限り、それは何年経たコイであろうがキリにはなれない。つまり、コイゴやトウザイのように時間概念で割り切れる存在、つまりある一定期間が過ぎればほぼ自動的に次の成長段階に移行できるというものではない。

この基準はいわば商品として出荷するときの決まり事である。それは商業者側から要請されたことであるともいえる。キリの前段階までは養魚をおこなう農家の管轄であるが、それ以降はコイを扱う魚屋や仲卸業者といった商人の管轄となる。そこには大きな断絶があり、養魚をおこなう農家から商人へと魚が移行するときの決まり事として重量二〇〇匁は絶対的な意味を持つことになる。そこに、飼養した期間つまりコイを出荷できるまでに要した手間を重視する生産者と、商品の質量つまりどれだけの可食部分があるかということに最大の関心をおく商業者や消費者との意識の違いを見て取ることができよう。

その点は、ブリやボラが漁獲されたその時点における魚体の質量（サイズ）によって成長段階名が決められることと一脈通ずる。キリの段階に至って、コイはまさに稲作農家によるドメスティケーションの対象から、商業経済の中の商品へと変貌したことになる。

なお、キリの基準について興味深いことは、重量が魚体サイズよりも優先されることである。同じ二〇〇匁でもやせて細長いコイと太って短躯のコイとがいるはずであるが、その点はあまり問題にされることがない。それは、ひとつには、佐久鯉の場合、そのサイズ（体高と体長の比）はその時代の消費者ニーズにより微妙に変化してきているからである[15]。細長い姿形が市場で求められる時代があれば、また体高の高いものが人気のときもあり、そうしたときいつも一定の基準とされてきたのがいわゆる二〇〇匁という重量であるといえる。

2　成長段階名が意味するもの——二つの分類概念の交錯

先に、桜井における水田養鯉の基本形態として、最初の二年間は水田、三年目はイケ（または水田）に入れて飼うとする三年飼養のあり方を示した。しかし、実際問題として、コイはその実年齢に合わせて水田やイケに厳密に分別され飼われていたわけではない。キリやチューッパという呼び名はコイの実年齢を必ずしも表していないからである。

前述のように、コイゴ→トウザイ→チューッパ→キリは一連の成長段階でありながら、コイゴのように時間概念に重きを置くものとキリのように質量の概念が重視されるものが同時に存在していたことがわかった。コイゴ→トウザイ→チューッパ→キリという成長段階名は、いわば、年齢という時間概念と魚体の大きさを示す質量の概念とが融合しつつも矛盾なく一連のものとして人びとに認識されていたことになる。

公的機関による養鯉実験など研究のレベルでよく用いられる概念であるところの一年鯉↓二年鯉↓三年鯉や一歳魚↓二歳魚↓三歳魚といった成長段階名、および商業レベルで多用される小鯉↓中鯉↓大鯉といった成長段階名は、それぞれ時間の概念または質量の概念で統一されている。そのため、そうした言い方は一見すると矛盾なくコイの成長段階を示しているように見える。しかし、それは農家がおこなう零細な水田養鯉の現場ではかえって使いづらいものであった。その点、コイゴ↓トウザイ↓チューッパ↓キリという成長段階名は、分類基準として時間と質量という二つの概念が錯綜しているかのようにみえるが、実際にはすぐれて実践向きであり、かつ人びとにはわかりやすいものとなっていたといえる。

理念としては、各成長段階において年齢と魚体の質量が対応していることが望ましい。そうであるなら、時間概念に重きを置いた成長段階名と質量に重きを置いた成長段階名が同時に存在しても何ら問題ないし、どちらか片方の分類概念で統一しても必要に応じてもう一方の分類概念へ換算が可能なためやはり問題は起きない。しかし、現実には年齢は必ずしも魚体の質量に比例しているわけではない。だからこそ、養鯉現場では年齢だけまたは質量だけで割り切った概念でコイの成長を分類し命名することができないのである。そこに、佐久におけるコイの成長段階名が時間と質量という二つの分類概念が融合したかたちで用いられる意義があるといえよう。

また、ボラやブリのように、漁撈行為により得た漁獲物を商品として分類・命名するのであるなら、質量（サイズ）で割り切った方が漁業者のみならず消費者や商業者にとってもわかりやすいものになるであろう。しかし、桜井のコイの場合にはたんにキリという商品である以前に、三年にわたって継続的に育て上げられた記憶がある。そうしたとき、必然的に段階名には成長の過程が反映してくるし、それにはどうしても時間の概念を加味しなくてはならない。ここに、ドメスティケーションを背景とした分類・命名のあり方と漁撈を背景とした分類・命名のあり方との大きな違いがあるといえよう。

また、前述のように、コイゴ・トウザイ・チューッパ・キリが時間と質量のどちらにより強く規定されるかを見ていくと、それぞれ時間の概念と質量の概念のバランスが異なっていることに気がつく。しかも、コイゴ→トウザイ→チューッパ→キリの順にみていくと、上（コイゴ）に行くほど時間概念に強く規定されるのに対して、下（キリ）に行くほど質量の概念が大きな意味をもつことがわかる。

そのように見てくると、チューッパの位置がとくに重要な意味を持っていることに気がつくであろう。時間の概念から質量の概念へと転換していく、ちょうどその結節点にチューッパが位置するからである。

3　チューッパの意義

チューッパは三年飼養の地域で生まれた成長段階名であるといってよかろう。全国的にみると一般的な飼養形態である二年飼養の地では、チューッパは成長段階そのものが認められない。チューッパ段階が生じることはあくまで尋常ではないこととされ、「中途半端」「養鯉家泣かせ」というマイナス・イメージが付いて回った。それは前述の通りである。

では、三年飼養地において、チューッパ段階はどのような意義を持つのであろうか。チューッパは三年飼養地における水田養鯉のあり方および分類・命名の体系を探るときの鍵になる存在であると筆者は考える。ひと言でいうと、チューッパは、年齢という時間概念に重きを置いた成長段階であるコイゴ・トウザイから、質量の概念に重きを置く成長段階であるキリへの移行期に当たっているからである。

そうしたとき、水田養鯉をおこなう人びとの立場からすると、チューッパはキリを前にして最終的な調整の期間となる。そのため、この期間は、コイは夏に水田に入れられるものとそのままイケですごし出荷を待つものとに分けられることになる。それまで肥育の思わしくなかったコイは、イケで夏を過ごしたのではキリの基準である二〇〇匁に達しないため、秋の出荷に間に合うよう肥育を目的に三年目の夏も水田に入れられる。イケで夏を過ごすものは出荷をひかえて身を引き締める期間となる。また、そうした調整でも間に合わなければ、チューッパとしてもう一年過ごすことになる。この場合、チューッパの期間は二年間に及び、キリになるまでに都合四年を要することになる。

養殖の過程においてこのような調整がおこなわれるのは、チューッパのときだけである。そう考えると、チューッパの時期というのは、コイゴからトウザイへ、そしてチューッパへと成長段階が進んでいくとき、年齢と魚体の質量（サイズ）とがうまく合致しなくなってきた個体に対して、その成長段階を調整する役目を担っている重要な期間であるといえる。つまり、それ（コイゴ・トウザイ）まで時間の概念で分類してきたときに徐々に溜まってきた矛盾を是正し、加えて質量の概念へのスムーズな転換を図っているのが、まさにチューッパ段階であるといえよう。

コイ養殖の場合、年齢（飼養年数）に応じた標準体重が目安として存在するが、本来は年齢に象徴される時間概念と魚体の重さに象徴される質量概念とはまったく違う要素であるため、個体が小さいうちは目立たなかったそのずれが、時を経るとともに目立つようになってくる。すべての個体がそうだというのではないが、年を経るほど同じ年齢でも質量（サイズ）のばらつきは大きくなってしまう。また、高冷盆地にあり環境条件が厳しい三年飼養地の方が二年で基準の大きさに育てることのできるところよりも、成長に伴うコイの個体差は大きくなると考えられる。そうしたとき、そのずれを埋め、最終的にはキリという出荷サイズにまで到達させなくてはならない。その役割がチューッパ段階なのである。

また、もう少し違った視点からみてみると、コイと人との関係において、実際に養鯉をおこなう稲作農家つまり生産者の論理から、コイを商品として扱う商業者およびそれを買い求める消費者の論理へと劇的な転換が図られるのがチューッパ段階であるといえよう。コイゴからトウザイまでは生産者が年齢をもとにコイの成長を見守っていくが、キリになったとたん消費者の目を意識してコイは年齢よりもその大きさや重さに目が向けられるようになるのである。その橋渡し役がまさにチューッパであったといえよう。

また、前述のように、チューッパ段階と認識されているものの中には、二年魚を標準としながらも、三年魚やまた一年魚さえ混じることになる。しかし、人はそうしたチューッパに対して、そうした年齢の違いを意識することはない。あくまでチューッパはチューッパなのである。それはひとつには、チューッパという成長段階はコイについての認識の仕方を時間概念によるものから質量の概念によるものへと転換する時期に当たっているからである。このことはおもしろいことを教えてくれる。

本来コイゴから順に成長段階が上がるとともに、徐々に個体数は減少し、かつ個体自体のサイズは格段に大きくなっていくことを考えると、人が養殖対象へ向けるまなざしは本来なら成長段階が進むにしたがって個への関心が増していくように考えられる。しかし、コイのドメスティケーションをみる限り、そうしたことはない。つまり成長段階が上がるとともに顕在化する個体差というものをたえず調整して全体に均してしまう思考が働いているからである。時間から質量へと認識概念の転換を図り、コイの個体差を調整するチューッパの段階がそうしたことをまさに象徴している。つまり、魚類のドメスティケーションの場合、飼養対象に関しては、つねに個への関心は低いまま保たれ、水田およびイケ一枚ごとを単位とした全体的な認識が優先されているといえる。たとえば、コイゴを入れた水田は、それが取り上げられるまでは「コイゴの田」であり、越冬のためトウザイを入れたイケはやはり「トウザイのイケ」と称されることをみても、水田やイケがコイを認識するときの最低単位となっていることがわかる。

註

（1）　いわゆる出世魚のように、同一種でありながら、その成長の過程で変化する魚の名称について、渋沢敬三（渋沢　一九五九）は「成長段階名」と命名し注目している。それを筆者も踏襲する。

(2) コイは分類学上コイ目コイ科コイ属の一属一種である。しかし、日本においては長い養鯉の歴史の中から地方ごとに特色を持ったいくつもの品種が生み出されている。一般に日本の養殖鯉はヤマトゴイ（大和鯉）と呼ばれるが、各地で固定された品種としてヨドゴイ（淀鯉）・オウミゴイ（近江鯉）などと並んでサクゴイ（佐久鯉）がある。

(3) 価格変動が激しい繭への過度の依存を改め、多角的な収入源を確保して、より安定的な農家経営を目指すため、とくに長野のような内陸の養蚕地域では、かねてから民間レベルでおこなわれていた水田養鯉が注目された。当時、国や県では農業試験場などにおいてさかんに水田養鯉の有効性について試験をおこなっている（長野県立農事試験場 一九一〇）。

(4) 佐久におけるコイの養殖は、自然型の在来種であるボラゴイの飼養に始まるとされる。伝承としては、文禄年間（一五九二～九五）にまで遡るとされるが、実際のところはよくわかっていない。また、天明年間（一七八一～八八）になると桜井村の臼田丹右衛門によって大和の淀川からヨドゴイが桜井村へ移殖されたとする説もある（南佐久郡史刊行会 一九一九）。

(5) 佐久鯉のブランド名については、いわばもうひとつの民俗分類として、興味深い問題であるが、その命名の経緯については別に論じている（安室 一九九八）。

(6) 近世の農民日記である『猪六日記』からは、南佐久地方において、水田と流水池を行き来しながら三年かけてコイを飼養する方法がすでに近世後期には成立していたことがうかがえる（安室 一九九八）。

(7) 南佐久地方では「中羽」を当てることが多いが、他産地とくに二年飼養地では「中端」を当ててマイナス・イメージを付与している場合がある。詳細は第七節。

(8) かつて水田養鯉が盛んであった頃は、三〇〇匁（一一〇〇グラム）を超えるコイは大きすぎるという理由から市場価値が低かった。近年では反対に一キロ以上ないとキリゴイとして出荷できなくなっている。

(9) 第三段階の「中物」という言い方は、第四段階に「上物」という名称があることを考えると、コイの質を表していると解釈することもできる。そうなると、コイの分類概念は、年齢・重量（サイズ）・質の三要素が『養鯉記』には存在することになる。ただし、文意からすると、「中物」や「上物」はあくまで重量に基づく分類概念であると考えられる。

(10) コイとは様相を異にするものの、養殖が新たな成長段階名を生む例としてハマチが挙げられる。香川県の安戸湾で始められたハマチの養殖はもともと関西におけるブリの一成長段階前の名称にすぎなかったハマチを全国的なものにした（川本 一九八二）。

(11) チューッパからキリへの変わり目には、ひと夏イケに入れられて出荷を待つ場合もあり、必ずしも水田に入れられるとは限らない。

(12) コイアゲの祝いは、コイに関する一種の収穫儀礼である。家ごとにすべてのコイを水田から取り上げ終えるとおこなった。この日、養鯉農家ではコイの収穫と養鯉作業の一段落を祝ってコイコク（鯉こく）をはじめとするご馳走を作る。

(13) 水田養鯉が農家副業として注目されるとともに、明治後期から昭和前期にかけて、『副業としての稲田養鯉』（長野県農商課　一九三〇）のような稲作農家を対象にした養鯉手引書の出版が官民挙げてさかんにおこなわれた。

(14) 本文では便宜的に在地技術と汎用技術を二項対立的に示したが、水田養鯉をめぐる技術はどこまでが住民の経験知に基づく民俗技術であり、どこからが自然科学的な技術なのかという線引きは難しい。おそらく民俗技術を基盤としながらも、そこにさまざまな機会をとらえて自然科学的な知見や技術が加味され、昭和初期における在地技術が形成されていたと考えられる。

(15) 佐久鯉の姿形の特徴は一概に言うことはできない。明治時代にはドイツから移殖されたカガミゴイの形質が入ることで体高のあるものとなったが、昭和時代に入り中華料理（コイの丸揚）の需要が増えると徐々に長手のものへ変化した（安室　一九九八）。同じ佐久鯉と呼ばれていても、時代性を反映してその姿形は微妙に変化している。

引用参考文献

・秋道智彌　一九八四　『魚と文化』海鳴社
・阿部　圭　一九三二　『実地応用養魚の研究』大日本水産会
・川本栄一郎　一九八二　「青森県における『鰤』の成長段階名」『弘前大学人文学部文経論叢』一七巻三号
・桜井村　一九二九　『桜井時報』（四年十二月十五日、五年十一月十五日）桜井村
・桜井村農会　一九二三　「養鯉池ノ調査」（佐久市志刊行会蔵）桜井村農会
・同　一九三〇　『昭和五年度公文書綴』（佐久市志刊行会蔵）桜井村農会
・佐久市野沢公民館　作製年不詳　『佐久鯉アルバム』（私家版）
・佐久市志編纂委員会編　一九八八　『佐久市志－自然編－』佐久市
・渋沢敬三　一九五九　『日本魚名の研究』（『渋沢敬三著作集2』一九九二、平凡社、所収）
・淡水魚研究会　一九八四　『佐久鯉の歴史』淡水魚研究会
・富永正雄　一九七九　『コイ－農家養殖の新技術（改訂版）－』農山漁村文化協会
・富永正雄ほか　一九七一　『養魚講座1－鯉－』緑書房
・中島盛男　一九三五　『佐久鯉ニ関スル一考察』長野県南佐久郡教育会

・長野県農商課　一九三〇『副業としての稲田養鯉』長野県
・長野県立農事試験場　一九一〇『稲田養鯉臨時報告』長野県立農事試験場
・畑　久三　一九四三『水産増殖の知恵』錦城出版社
・日暮　忠　一九一二『水産養殖学』裳華房
・蛭田浩一郎　一九三三「信州佐久平に於ける用水の地理学的研究」『大塚地理学会論文集』二輯（上）
・松井佳一　一九四八『水田養魚』富書店
・松井　健　一九七五「民俗分類の機能」『季刊人類学』六巻二号
・南佐久郡史刊行会　一九一九『南佐久郡史』南佐久郡史刊行会
・室山敏昭　一九七七「漁業社会の魚名語彙」『国語と国文学』五四巻三号、至文堂
・　同　　一九八二「岡山県笠岡市真鍋島岩坪方言の魚名関係の語彙」『広島大学文学部内海文化研究紀要』一〇号
・目黒辰美　一九二六『趣味実益最新養鯉法』博文館
・安室　知　一九九一「水田でおこなわれる畑作」『信濃』四三巻一号
・　同　　一九九六「生態系と民俗技術」古家信平ほか編『現代民俗学入門』吉川弘文館
・　同　　一九九八『水田をめぐる民俗学的研究』慶友社

＊なお、本文中の写真（写真Ⅰ―4―1・2）は佐久市野沢公民館蔵『佐久鯉アルバム』によった。

Ⅱ

水田漁撈と農民漁撈

——水田漁撈の意義1——

第一章　農業日記にみる農民漁撈

――「農民」と「漁民」の交錯――

はじめに

筆者は本章の表題に「農民漁撈」という表現を用いた。これは言い換えれば、農民（農耕民）の漁撈活動のことである。こうした表現の対極には、漁民（漁撈民）の農耕活動というものも存在する。ともに、実際に農村や漁村を訪れてみれば、ごく当たり前におこなわれていることである。

しかし、こうした問題は従来の民俗学における生業研究のレベルでは十分に対応することができなかったものである。こうした表現はあたかも矛盾したものであるかのような印象さえ与えてしまう。農民は農耕をおこなうものであり、漁民は漁撈をおこなうものであるといった画一化し固定した生業の認識しか持ちえない、それが民俗学の現状なのである。実際の生計活動としては、農民の漁撈活動も漁民の農耕活動も決して無視することのできない重要なものであるにもかかわらず。また、こうしたことは漁村や農村といった村落類型論についてもいえることである。

本章で取り上げる内水面漁撈はほとんどの場合、農耕との複合関係で見ていかないと生計活動としての本質は見えてこない。本章では、明治時代に書かれた農業日記の記述の中から、農耕を主生業とする人々によりおこなわれた内水面漁撈の実体について、農耕との複合関係のなかに見ていくことにする。

一　『星野日記』について

いわゆる『星野日記』は神奈川県厚木市金田の星野家に残された農業日記である。明治十九年（一八八六）から昭和四年（一九二九）までの記録がある。星野家の当主であった星野岩吉が書き記したものである。

『星野日記』は農業日記と一括されるが、内容を見ると金銭出納簿や年中行事などについての記述も含んでいる。そのため、文書の表書きには、農事日誌・農業日誌・農家日誌という表現に混じって年度によっては稼穡日誌・稼穡簿記とされたり、また当初は単に丙戌新記・丁亥新簿・庚寅時事雑録と記されていた。この農業日記群のうち明治十九年から明治四十一年（一九〇八）までの分が厚木市教育委員会により『星野日記』として編集刊行されている。したがって、本章の分析の対象となるのは、その二十三年間の日記である。

日記の舞台となる厚木市金田は、相模川中流域に位置している。第Ⅱ－1－1図にあるように、ちょうど中津川と相模川との合流点のところに両河川にはさまれるようにして立地している。位置としては、丹沢山地から続く丘陵のひとつである中津原台地の舌先端部にあり、相模川の形成した沖積地との接点に位置している。そのため、耕地の多くはそうした沖積地にあり、集落は少し高い段丘上に集まっている。

天保十二年（一八四一）当時、戸数九〇戸弱（芦田　一九七二）。明治九年（一八七六）の『村物産集計』（厚木市文化財協会一九八二a）によると、米の生産高が五二三・八石（九四・三キロリットル）と現在厚木市になっている旧十三か村の中では厚木村に次いで多い。また、金田の中で見ても、米の生産高は他の作物に比べて大きく、水田稲作村の性格が強いといえる。

また、金田は水田稲作に欠くことのできない用水に恵まれていた。集落の西・東・南にそれぞれ中津川から水を引く用水路が流れており、水田用水はほとんどそれにより賄うことができた。この用水を牛久保用水または本間堀と呼ぶ（厚木市文化財協会　一九八二b）。そうした反面、相模川と中津川に三方を囲まれているため、立地上河川の増水による洪水にはたびたび悩まされてきたことが日記の記載から読み取れる。ただし、それは主に沖積地にある水田が冠水するもので、段丘上にある集落にまで被害が及ぶことはほとんどなかったといってよい。

第Ⅱ−1−1図　神奈川県厚木市金田（国土地理院、２万5000分の１地形図）

次に、日記を残した星野家について述べておく。星野家の概要は、『星野日記（明治十九〜三十年）』（厚木市文化財協会　一九八二b）に記されているのでそれを参照していただきたい。家系図は第Ⅱ−1−2図に示したとおりである。ここでは、おもに、当時、星野家が村の中でどのような階層上の位置にあったかということについて簡単に触れておくことにする。

この日記を記した星野家十三代当主の岩吉は慶應二年（一八六六）に生まれ、昭和五年（一九三〇）に没している。つまり、日記は岩吉が二一歳のときから六五歳で亡くなるその前年まで書き続けられたことになる。岩吉は十二代弥五右衛門の長

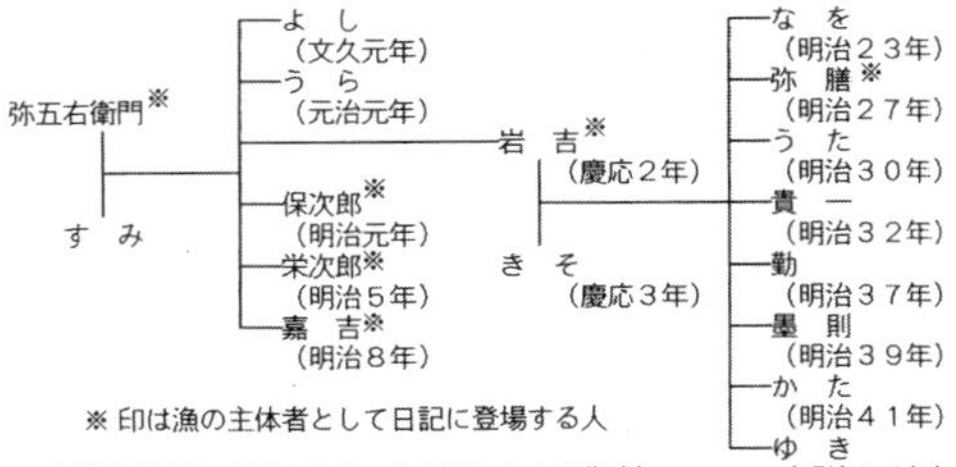

※印は漁の主体者として日記に登場する人
（『星野日記<明治１９年～３０年>』より作成）

第Ⅱ−1−2図　星野家の家系図

男として六人兄弟の第三子に生まれている。その後家督を継いだ岩吉は四男五女をもうけている。また、こうした家族以外にも常時一人ないし二・三人の使用人（下男・雇人）を使っていたことが日記からわかる。

明治十九年（一八八六）の日記をもとに星野家の階層について推測してみる。当時星野家では水田九反四畝（九四アール）、畑八反二畝（八二アール）を所有していた。米でいえば、その年合計二〇石五斗（三・七キロリットル）の収穫を得ている。前出の明治九年の統計によると、金田では一戸平均の収穫量が一〇石弱であるから、星野家ではその二倍以上の収量を上げていることになる。また、明治二十四年（一八九一）の日記からは、三反二畝三歩（三二・三アール）の小作地を持ち、合計四石五斗二升（〇・八キロリットル）の小作米の収納があったことがわかる。こうしたことから、星野家は金田の中では上層に属する自作農家で小規模地主でもあったといえる。

二　農業日記に登場する漁撈

1　農業日記の記載——事例

『星野日記』の中から漁撈に関係する記事を抜き出してみる。以下、年ごとに日をおって記述する。

なお、記事の最初に、「岩」「保」「弥」「梅」「栄」「嘉」「文」「今」「安」とあるのは、漁の従事者を指している

（原文表記のまま）。それぞれ、「岩吉」「保次郎」「弥五右衛門」「梅吉」「栄次郎」「嘉吉」「文司」「今吉」「岡田安」を意味する。

《明治十九年》
六月二十四日　快晴　保、セボシ（瀬干）に行く、大獲あり
八月一日　虫送に付休暇　今、相（模）川へセボシに行く、太兵衛及雪太郎三人
九月二十二日　雨天　岩、釣針を造る
岩、釣さほをあぶる三本
九月二十七日　曇天　岩、釣竿のノウラソギする
九月二十九日　雨天　后、岩、アユ（年魚）釣行、無猟
九月三十日　曇天　午前、岩、釣針糸こしらえ
后、岩、鮎釣に行く、四疋とる
十月三日　晴天　午前、岩、十時頃より中津川堀内下、瀬干に行七人、鮎猟甚多
東京へ大一五枚、八王子へ三四枚許出
保、夜番河原に伏七人許、シキリ壱人に付五三宛也
十月四日　曇天　昨夜より午前、保、セボシへ行く、猟又多
岩、三日夜よりセボシにて風邪を引起頭痛に付休す
十月五日　雨天半曇　夜雨降　午前、岩、鮎釣針手グス結付る、四かけ并ワラジ作壱足
十月十一日　半曇半晴　后、保、セホシに行く、猟在前日の半也
《明治二十年》
一月七日　人日七草休暇　午前、岩、中津川セボシに行く、夜迄、カジカ魚多猟
一月八日　晴天　岩、相（模）川へ鮒とりに行く、魚居らざるを以て帰る
二月二十五日　晴天　后、岩、座間兄と中津川のキリコミ掲に行く、猟少なり

十月三十日　快晴　午前、岩、中津川セバリ（梁縄）に行く、下河内、松ノ木田二か所
午前、岩、瀬干こしらえに行く
十一月三日　晴天　天長節　岩、瀬梁番、一日
十一月七日　曇天　岩、梁番行く、一日
十一月十二日　晴天　岩、梁懸に行く、一日
十一月十四日　晴天　后、岩、梁番に行く、五人口六枚二四銭、四人口六枚二六銭
十一月二十一日　晴天　后、岩、瀬梁番
十一月二十六日　晴天　后、栄、梁番
十一月三十日　晴天　午前、栄、梁番
十二月三日　晴天　午前、栄、瀬梁直に行く、半日
十二月四日　快晴天　后、栄、梁番に行く
《明治二十一年》　*『農業日記』なし
《明治二十二年》　*『農業日記』なし
《明治二十三年》
一月五日　快晴　入寒　弥、セホシに行く、夜迄猟大にあり
八月二十二日　雨天大雨　北風吹　相模川・中津川大洪水（ここより二十六日迄朱筆）
八月二十六日　曇天　后半晴　后、岩、セボシに行く
八月二十七日　曇天　岩、中津川に瀬ぼしに行く
東京□へ出す鮎四五枚、二本にて□□□
二三五匁鰻一本、一五匁鰻一本、大猟
但一〇〇目に付五銭の割、其外別割一人に付四□□□
外ウグヒは別る
八月二十八日　雨天　午前、岩、セボシコハシに行く
鮎八枚、鰻三本、ナマヅ三〇〇目にて代一円也

九月七日　快晴

九月二十三日　晴半

十一月二十日　晴天

十二月六日　半晴

《明治二十四年》

一月三日　晴天

三月一日　雨天

四月七日　午前曇天　后晴天

五月九日　晴天

十月一日　曇天前日中津川洪水

十月二日　曇天

十二月二十七日　晴天

《明治二十五年》

一月八日　晴天　今朝甫て氷る

二月十一日　晴天

五月二十六日　晴天　前日大雨洪水　栄、ナマヅ取り行く

十月二十四日　雨天　后雨止

十一月三日　晴天

十一月十九日　晴天

十一月二十四日　雨天　大雨水増

十一月二十五日　晴

弥、セボシ

后、岩、セボシに行く

岩、瀬張り番、一日

栄、セバリバンに行く

后一時、岩、中津川セボシに行く、猟佳

栄、セボシに行く

午前、栄、セボシに行く

弥五右衛門、網引

后二時頃より、栄、川へセバリ張りに行く

弥五右衛門川へ行き瀬張り

后、弥、セボシに行く

弥、セボシに行き、猟有り

午前、岩、相模川キリコミ上げに行く

川岸留吉、金子清太郎と三人にて、猟少し

午前、嘉、セバリハリ、後セボシに行く

弥、午前よりヤナ（簗）こしらへ一日

午前、岩、キリコミ入れに行く相模川

后、岩、簗こしらへに行く

嘉、午前簗こしらへに行く

ヤナ破かいす 北風大吹

午前、岩、簗こしらへに行く

十二月三十一日　晴天　　后、岩、セボシに行く、猟在

《明治二十六年》　　＊この年は『農業日記』なく、『年始出入』のみ。

《明治二十七年》

一月一日　曇天　后六時頃微雨　　弥、内堀セボシに行く、猟在り

一月八日　快朗晴天　無風　　午前、嘉、セボシに行き、猟あり

《明治二十八年》

五月十八日　曇天　　嘉、鯉魚一本とる

十一月十六日　晴天　　后、岩、キリコミ入れに行く

《明治二十九年》

一月二十六日　晴天　　嘉、セボシに行く、猟少

一月二十七日　雨天　　午前、岩、セボシコハシに行く

《明治三十年》

五月四日　晴天　　此夜、岩・文・当吾、三人にて火ブリに行く、猟少々あり

《明治三十一年》　　＊該当事項の記載なし

《明治三十二年》　　＊該当事項の記載なし

《明治三十三年》

四月二十五日　雨天　　后、安、魚取りに行く、猟なし

四月三十日　晴天　　后、岩、堀干したるに付魚取りに行く、猟少々あり
后、安・彦、二人、魚取りに行く、猟無し

五月十日　晴天　　午前、岩、セボシに行く、猟有り

九月八日　曇天　十時急雨忽止　　后、岩、セボシに行く、猟可なり有り

九月九日　晴天　八菅天王祭　　朝前八時過迄、岩、セボシに行く

《明治三十四年》

一月二日　晴天　　后、岩、セボシに行く、中津川大セボシ、車屋下より堀ノ内下迄

一月三日　晴天　　　　　　　　岩、セボシ、一日
一月四日　曇天　此夜雨降る　　岩、セボシ、一日
一月五日　雨天　水増し堤破る　岩、セボシ、后一時迄に了わる
四月十一日　晴天　前日大雨洪水　此夜、岩・藤吉、魚すくいに行く、有猟　梅も行く、無猟
四月二十三日　雨天　　　　　　午前、梅、ジャガ植少々、それより中津川セボシに行く一日
五月十一日　雨天　苗代休暇　　此朝、安、魚取りに行く、大鮒七つ
八月十四日　晴天　盆休暇　　　此夜、屋根屋萬吉と火振に行く、漁あり
九月十七日　午前晴、后曇　　　后、梅、相模川へセボシに行く、スバ魚二〇本猟あり
九月二十五日　午前曇天　后晴天、午前八時頃より雨止む
　　　　　　　　　　　　　　　オコジウヨリ、梅、ドデウ取りに行、休
十月二日　快晴　　　　　　　　后、梅、ドヂャウ取りに行く、怠
十月十三日　午前大雨　后止　　半晴半曇　宗祖大士星祭
　　　　　　　　　　　　　　　梅、魚担に行く
十二月六日　晴天　后西南風大吹　后、梅、セボシに行き、大猟あり
十二月七日　晴天　　　　　　　梅、セボシに行く
十二月八日　　　　　　　　　　梅、セボシ
十二月九日　曇半半晴　　　　　梅、セボシコワシ

《明治三十五年》
九月八日　雨天　洪水　　　　　后、藤治・藤吾、魚取りに行く
九月二十八日　雨天　大風雨洪水　后、藤治・藤吾、魚すくい、猟無し

《明治三十六年》
八月六日　晴天　暑気猛烈　　　田住みのドヂャウ・魚死す
九月二十七日　雨天　后曇天　社日　地神講
　　　　　　　　　　　　　　后、金太・弥膳、魚取りに行く、猟無し

《明治三十七年》
九月十八日　晴天暑甚　夜雨降　　午前、藤吾・弥膳、魚取りに行く
《明治三十八年》
五月十八日　雨天　夜大雷雨　此夜、弥膳・藤吾・萬吉と三人にて火ブリに行く、猟無し
五月十九日　晴天　　弥膳・藤吾、魚猟に行く、なし
五月二十四日　晴天后二時大雷雨　午前、藤吾、畑ウナイ
后、魚すくい、さつま苗取り
十二月十一日　雨天　　八菅より魚猟に来る四人
《明治三十九年》
＊該当事項の記載なし
《明治四十年》
一月二十日　曇天夜雨　恵比須講　午前、岩・弥膳、魚すくいに行く、猟なし
四月十三日　晴天夜雨　南風大吹　夕方、浜・弥膳、セボシに行く、猟なし
四月十四日　雨天　南大風吹　非常暖気　后曇　暴風
后五時頃より、セボシへ行く、猟なし
八月二十五日　雨天　北風　前日、前後未見の大水なり、相模川・中津川漲る、上河原の堤破る
后、浜吉・弥膳、魚すくい、猟なし
十月二日　晴天　　浜吉、セボシに行く、一日、猟少々
十月三日　曇天　朝雨少々降　浜吉、魚猟に行く、一日
十月二十一日　曇天　　岩、厚木へ生鮎売却に行く
《明治四十一年》
十月三十日　晴天　　后、弥膳、そばカケ肥二荷、それより年魚釣り

2　農業日記に登場する漁撈——概観

『星野日記』に登場する漁撈についてその概観を示す[1]。

①セ　ボ　シ　日記では、セボシと書くほかに、「瀬干」の字を当てる場合もある。比較的幅の狭い川を簀で堰き止めてから、その下流側にヤナ（簗）やウケ（筌）を仕掛けたりして中の魚を一網打尽にするものである。第Ⅱ‐1‐3図参照。また、川のほかに堀でもおこなわれたことが日記には記されている。ウナギやウグイなど川や堀にいる魚はなんでも取れるが、主たる漁獲対象はアユである。ほぼ一年中おこなうことができる。大掛かりな漁のため、何人かの仲間と組んでおこなうことが多く、日記にも三～七人でおこなったことが記されている。

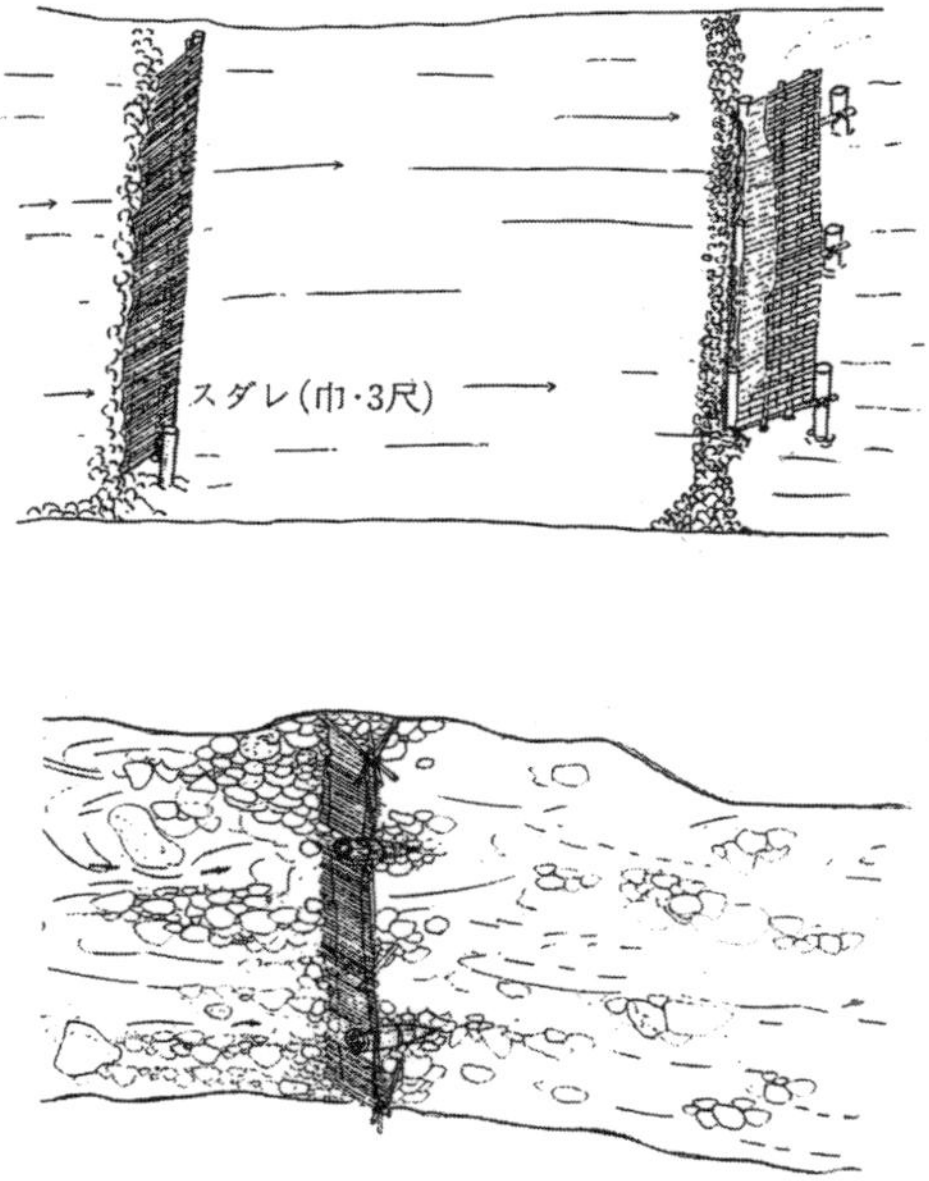

第Ⅱ−1−3図　セボシ漁（上）　セバリ漁（下）
（〔平塚市博物館、1978〕より）

②セ　バ　リ　日記では、セバリと書くほか、「瀬張」「簗（梁）縄」の字を当てる場合もある。原理はセボシと同様と思われるが、下流にヤナを掛けたりせず、川を堰き止めた簀にウケを仕掛けて川を下る魚を取るものである。主に落ち鮎（秋になって産卵のため川を下るアユ）を取る。第Ⅱ‐1‐3図参照。

③ヤ　ナ　日記では、「簗（梁）」「瀬簗（梁）」の字を当てる。セボシと同じ原理と考えられるが、簀で川を堰き止めたりせずヤナだけを仕掛けるものとも考えられる。ここでは、おもにクダリ（水流を受け止める形）に仕掛け、落ち鮎を取る。

④キリコミ　冬寒くなると、川や堀のなかでも比較的流れの少ない所に枯枝などを束ねて沈めておく。そうすると、魚がその中に籠もる。周りに簀を回して隔離し、中の枯枝を取り出してから、ウケやサデ網などを用いて魚を取る。主に寒鮒を取る。

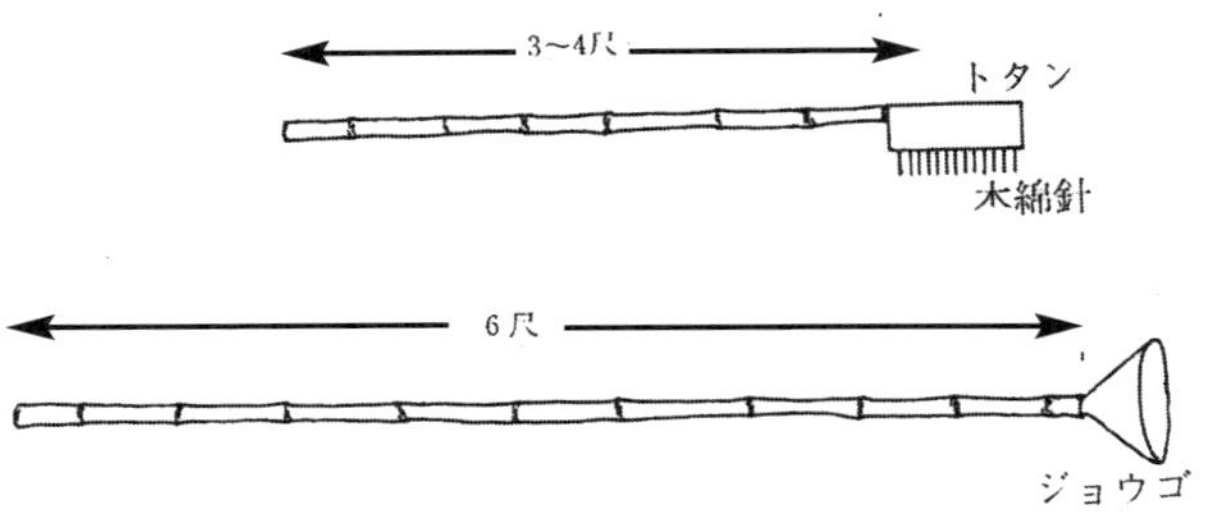

第Ⅱ−1−4図　ヒブリ漁（〔平塚市博物館、1978〕より）

⑤ヒ　ブ　リ　日記では「火振」の字を当てることもある。魚を取るときの様子からブッタタキともいう。五・六月の産卵期になると、夜間、フナ・コイ・ナマズなどの魚が川や堀から田にいっせいに上がってくる。それを第Ⅱ−1−4図のような道具で叩いて取る。大きなナマズなどはヤスで突いて取ることもある。夜の漁なので、松のヒデ（後にはカーバイト）で明かりをともしておこなう。魚はその明かりに寄って来るともいい、比較的たやすく取ることができた。

⑥ホリホシ　日記では、「堀干し」の字を当てる。漁自体の名称というよりは、春先や晩秋におこなわれる用水路の管理維持作業を指すものであり、作業の主体は堀の水を落として中に溜まった泥を浚渫したり堀を修繕したりすることにある。それに付随して、排水した堀で魚取りがおこなわれる。

⑦サカナスクイ　ヨドスクイともいい、大水が出た後におこなう。大水で川の水かさが増したとき、流れの弱い岸近くや淀みをサデ網で掬って魚を取る。また、これはヒブリの後にもおこなわれるが、そのときは田に上がった魚が深夜（午前

○時頃）になると今度は川に下るので、そこをねらって堀でおこなう（平塚市博物館 一九七八）。

⑧ツ　リ　『星野日記』の場合、ツリとは主に鮎釣りを指している。日記には、鮎釣りの竿・釣針・糸などの拵えの記事も載っている。その手間を考えると、これは多分に趣味的要素が強いものと思われる。

三　農業日記にみる農民漁撈のあり方

1　漁　法

漁法とその漁期については、第Ⅱ—1—5図に示したとおりである。前節で示したように明確に漁法として認めることができるのは八種類である。しかし、そうした記述以外に、単にドジョウトリやフナトリとしか記されない場合もある。

漁法については、日記に登場する回数でいうと、ある特定の漁法に集中する傾向がある。具体的には、セバリ・セボシ・ヤナの三漁法の記載がとくに多い。こうした漁法は、二人から七人程度の複数でおこなう比較的大規模な漁である。当然、その装

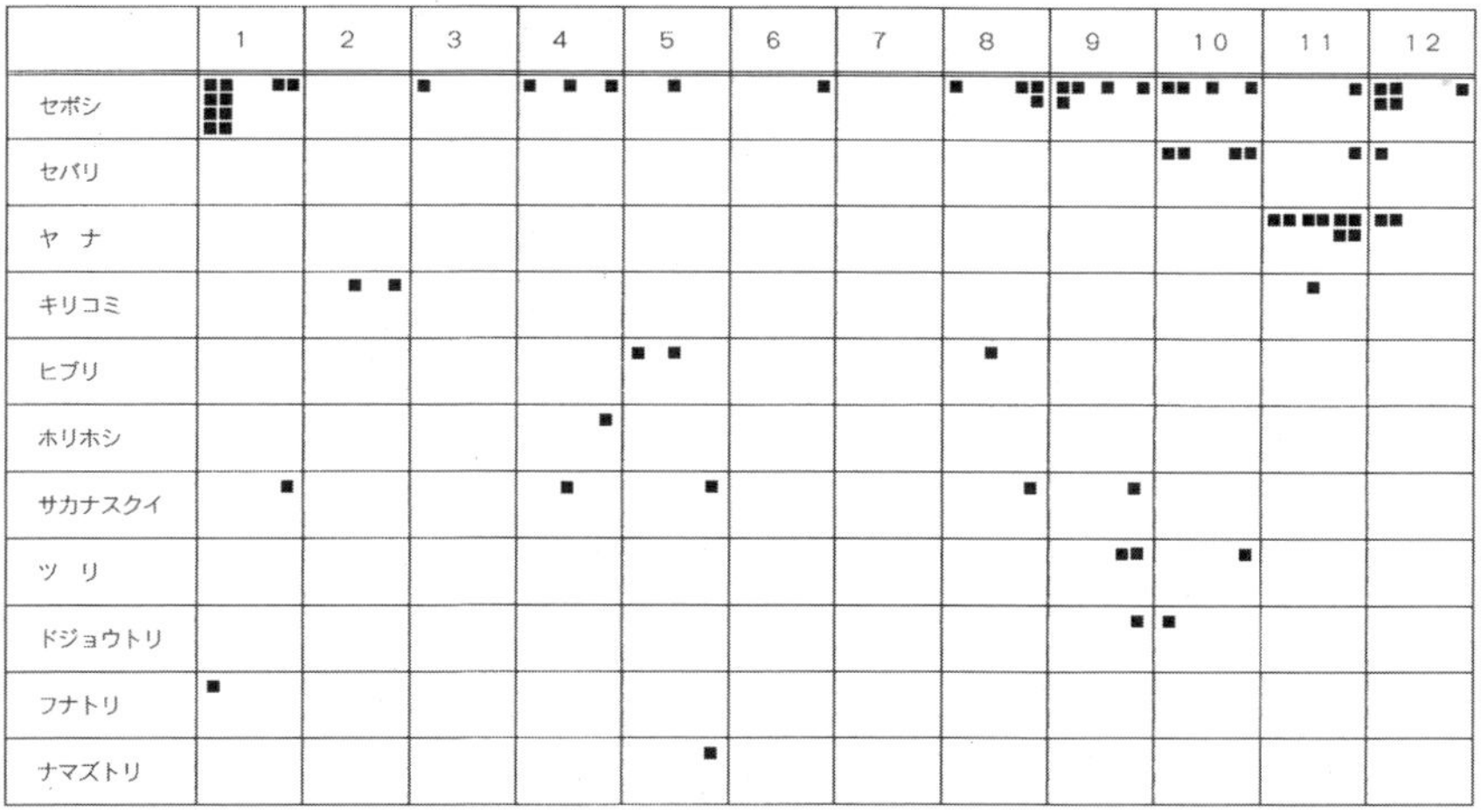

＊　■１点につき１回として日記に登場する回数を示す。回数は明治19年～41年までの集計による。

第Ⅱ−1−5図　『星野日記』にみる漁法

置は大掛かりで、漁獲量も多いと考えられる。それに対して、そのほかの漁法は小規模で個人的な漁である。この問題については次項以下で詳しく論じる。

2　漁　期

漁期について全体的な傾向としていえることは、セボシ・セバリ・ヤナといった主要な漁撈は九月から一月までの五か月間に集中するのに対して、その他多くの漁法はそれ以外の季節に分散している点である。また、個々の漁法に注目すると、セボシの漁期がほぼ一年中に及ぶのに対して、他の漁法については限られた期間にのみ漁期が設定されている。また、六～七月にはほとんど漁撈をおこなったとする記述が見られないことも注目しなくてはならない。

次に、漁期設定の経緯に注目すると、いくつかの興味深いことが見えてくる。第一にセバリやヤナまたは秋口から冬にかけてのセボシやツリが、アユの降河の季節と重なることが上げられる。アユは産卵期の九～十二月を迎えると、相模川の場合ちょうど中流域の下限あたりまで川を下る。これがいわゆる「落ち鮎」である。そして産卵をしたアユはそこで死んでしまうが、孵化した稚魚はいったんさらに川を下って海に出て越冬し、翌年の三～五月に再び川を遡ってくる。こうしたアユの川を行き来する習性に対応して漁期が設定されていると解釈することができる。

また、そうした自然の営みと漁期との関わりで言えば、キリコミは魚の冬ごもりの時期に対応しておこなわれ、またサカナスクイは前日の大雨による増水に関係しておこなわれていることが日記から読み取れる。

そうした自然の営みに対して、ヒブリは水田のシロカキ（水田への取水）に対応し、ホリホシも用水浚えとの関係が読み取れる。また、ドジョウトリも水田からの落水の時期と重なっている。そのように、漁法によっては漁期設定の上で水田稲作（とくに水田水利）との関係が深いものがあることがわかる。

以上あげた点をまとめると、落ち鮎に代表される自然の営み（魚類の生態や気象など）に対応して漁期を設定する場合と、用水浚え・シロカキ・落水といった水田稲作の営みに対応して漁期が設定される場合の二つのパターンがあることがわかる。

そのうち、前者はアユなどの商品価値の高い魚に特化した漁であるのに対して、後者は自給的な性格の強い漁であるといえる。また、前者の漁は集団でおこなうこと、比較的大掛かりな漁獲施設を伴うことに特徴があるのに対して、後者の漁は個人的な性格が強く、特別な漁獲施設を伴わないことに特徴があるといえる。

そして、日記では前者の記事がはるかに多く扱われ、それに伴う金銭収入まで明記される場合がある。それに対して、後者の漁は個人的・自給的な性格を持つため、逐一日記に記載されるようなことはなかったと考えられる。

そうした記述上の違いを生むひとつの理由として挙げられるのは、漁がもたらす金銭収入の多寡である。星野日記は金銭出入帳的な性格を強く持っており、そうした意味で金銭収入源ともなった前者の漁は岩吉にとって十分に記載価値があったと考えられる。それに対して、後者の漁は、金銭の動きとはほとんど無縁である。さらに、個人的漁であるため、記載者である岩吉以外の人がおこなった漁については、そのすべてを岩吉が把握できていたわけではない。

3 漁　場

第Ⅱ―1―6図に示したように、もっとも頻繁に日記に登場する漁場は中津川と相模川である。しかし、日記に登場する漁撈の記事全体から見ると、わざわざ漁場を特定して記述することはむしろ稀であるといってよい。

また、中津川や相模川といった漁場はセボシやセバリのような特定の漁法についてだけ登場する傾向にあり、その他の漁法はどこでおこなったものなのかわからないことが圧倒的に多い。

その中で、相模川や中津川といった自然の水界とは別に、田・ドブ（低湿田）・内堀・堀といった水田稲作に関連した人工的水界つまり水田用水系（安室　一九八九）が漁撈活動の舞台となっていたこともわずかではあるが記述の中か

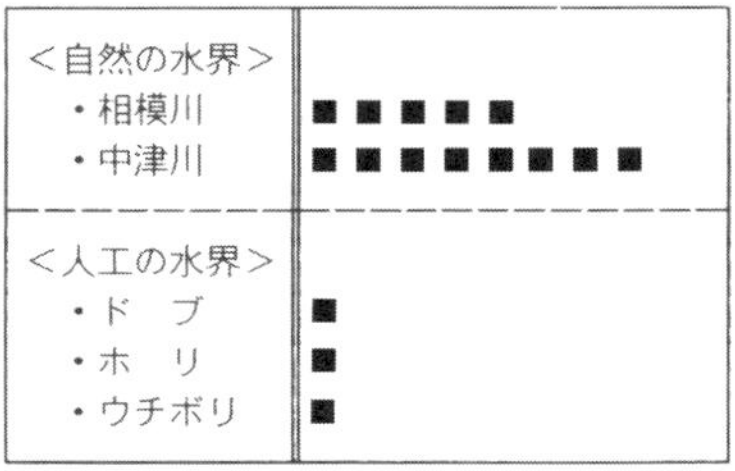

＊ ■１点につき１回として日記に登場する回数を示す。
回数は明治19年～41年までの集計による。

第Ⅱ－1－6図　『星野日記』にみる漁場

ら読み取れる。

4　漁獲対象

日記には、アユ・カジカ・ウグイ（ハヤコ）・ウナギ・ナマズ・コイ・ドジョウ・フナ・スバ(2)といった九種の魚類が登場する。

その中でもっとも重要視されているのがアユである。先に示した明治九年（一八七六）の『物産集計』でも、金田におけるアユの年間漁獲量は三四八〇〇匹を数え、現厚木市に当たる旧村一三か村の中では猿ヶ島の四五〇〇〇匹に次いで多い。このほか相模川沿岸の村々と比べてみても、金田におけるアユの漁獲量はかなり多いといえる。

また、江戸時代からアユは相模国においては名産物のひとつに挙げられていた。『新編相模国風土記稿』（芦田 一九七二）には、

年魚（阿由）　中津川に漁す、古は妻田、金田、三田の三村より年毎に塩蔵するもの二千、宇留加五升を貢せしに、貞享年より永銭を領主に収む

と記されており、金田は相模の国の中でも有名な産地のひとつに数えられていたことがわかる。

このように、アユは他の魚に比べると、金田においては格段に商品価値の高い魚であり、その漁撈は自給性の範囲を超えて商業的意味を強く持っていたことがわかる。そうした記述が日記の中にも何か所か見られる。たとえば、明治四十年十月二十一日の日記には、

岩（岩吉）、厚木へ生鮎売却に行く

と記されている。厚木の街場には料亭のほかにも「千年屋」などアユを専門に扱う魚問屋があり、そうした店に持っていけばアユを換金することができた。

また、明治三十四年十月十三日の日記には、

梅（梅吉）、魚担に行く

と記されているが、これはアユカツギに関連するものと考えられる。ただし、前後の記述から、梅吉が直接アユカツギとして東京方面へ行ったとは考えられず、仲買人が集まる地域内の集荷場所までアユを運んだものと思われる。[3]

このほか、アユと似た性格を持つ魚としてウナギが挙げられる。やはり自家消費を超える分は換金されていたことが、日記から読み取れる。また、周辺の集落の中にはウナギヤ（鰻屋）と呼ばれる仲買人の存在が報告されている（厚木市文化財協会 一九八二a）。

こうした換金性の高い魚に対して、ウグイ・フナ・ドジョウといった魚は自給的な性格を強く持っており、自家消費する以外に商品として売買されることはなかった。そのなかで、ウグイはセボシ漁の主な漁獲対象魚であり、漁獲量もアユにも増して多かったと予想される魚ではあるが、位置づけとしては、セボシも含めセバリやヤナといったアユを取ることを主目的とした漁の副産物にすぎなかったといってよい。そして、日記の記載を見ると、こうした自家消費を主とした魚についての記述はアユに比べると格段に少ない。

また、セバリ・セボシ・ヤナといった大規模な漁は秋から冬にかけてが中心となるが、その中でもとくに正月前の漁は金田の人々にとっては正月魚を得るためのものとして重要であった。そのひとつの現れとして、星野家では年賀の進物にアユやハヤが頻繁に用いられていた。たとえば、明治二十六年の日記（『農事日誌』はなく『二十六年度年始出入』のみ存在）には、

一月二日　河魚二きん、本郷　高井徳太郎へ

一月四日　ウグヒ九くし、矢後豊久へ
　　　　　ウグヒ七くし、足立原弓太郎へ

とあるが、こうしたことは星野家ではほぼ毎年おこなわれていたといってよい。進物にする魚は串に刺したものであることから、焼き干しまたは寒干しなどの方法[4]により保存処理されたものである可能性が高い。こうした加工法は淡水魚を正月魚として用いるときの特徴のひとつである。

5　漁撈の従事者

『星野日記』の場合、記事となる仕事については、必ず誰がおこなったかがわかるように記されている。漁撈について、その従事者をまとめたものが第Ⅱ―1―7図である。こうして見ると、明治二十九年以前は漁の主体は当主である岩吉であったことがわかる。ただし岩吉が単独でおこなうことはそれほど多くなく、岩吉を中心にして父（弥五右衛門）や弟（保次郎・栄次郎・嘉吉）または漁仲間が共同しておこなっている。

人名　明治	19	20	23	24	25	27	28	29	30	33	34	35	36	37	38	40	41
弥（弥五右衛門）*1			●●	●	●●	●											
岩（岩吉）*1	●●●●	●●●●●●●●●●	●●●●●	●	●●●●●		●	●	●	●●●●	●●●●●●					●	
保（保次郎）*1	●●●																
栄（栄次郎）*1		●●●●	●	●●●	●												
嘉（嘉吉）*1					●●	●	●										
弥（弥膳）*1													●	●	●●	●●●●	●
今（今吉）*2	●																
文（文司）*2									●								
藤吾*2									●			●●		●	●●●		
彦（彦太郎）*2										●							
安（岡田安）*2										●●	●						
藤吉*2											●						
梅（梅吉）*2											●●●●●●●●●●						
藤治（藤治郎）*2												●●					
金（金太）*2													●				
浜（浜吉）*2																●●●●●	
そのほか*3	●●	●			●●						●				●		

●1点につき1回として日記に登場する回数を示す。
＊1　星野家の家族
＊2　下男・雇い人
＊3　親類・知人・出入職人など

第Ⅱ−1−7図　『星野日記』にみる漁の従事者

しかし、そうした傾向は明治三十年以降になると徐々に変化していく。もちろん漁自体は岩吉もおこなうけれども、父や弟がおこなうことはほとんどなくなり、それに代わって使用人（男）が登場する率が高くなる。それは、日記にきちんと記載されていることから考えて、使用人の個人的な漁撈ではなく、岩吉に命じられておこなったものであると考えられる。

また、明治三十六年ころからは岩吉に代わって、長男の弥膳が漁の主体者として登場するようになってくる。漁撈に関するかぎり、この年を境に代替りがなされたといってよい。弥膳の場合は、漁は親兄弟よりも使用人と一緒におこなうことが多かったことに特徴がある。なお、漁はかならず男性がおこない、女性は主体者となることはもちろん、漁に参加することもない。

こうしたことから、日記に記載された漁撈活動に限っていえば、星野家の場合その中心は当主とそれを取り巻く男たち（親兄弟と使用人）であったといってよい。しかし、これはあくまでも日記に記載されている漁撈、つまり今まで論じてきたように大規模・商業的な漁撈活動に関してであるといってよく、小規模・自給的な漁撈についてはその従事者は不明である。

四　農業日記に記載される漁撈と実際の漁撈

今まで論じてきたように、日記に記載されたものだけを見ていると、星野家における漁撈活動はアユを対象とした大規模・商業的漁撈が中心であったかのように考えられる。また、その記載は星野家の当主が関与した漁撈にほぼ限られていたといえる。

しかし、これが星野家におけるすべての漁撈活動なのであろうか。結論的にいえば、筆者はそれは違うと考えている。それを解く鍵は、小規模・個人的・自給的な漁撈活動の記載が極端に少ないことにある。ここではその理由について考えてみることにする。

金田に隣接し、ほぼ同様の自然条件下にある集落の妻田や下依知における聞き取り調査の事例（平塚市博物館 一九七八・厚木市文化財協会 一九八二a）を見るかぎり、そうした地域に伝承される漁撈は大規模・商業的なものばかりではなく、水田用水系を舞台にウケなどを用いてドジョウやフナなどを取る小規模・自給的な漁撈法が多くみられる。むしろ漁撈方法の数でいえば、小規模・自給的なものの方がはるかに多く伝承されている。にもかかわらず、そうしたものがまったく日記には出てこないわけで、そのことはむしろ不自然である。

岩吉にしても、水田の中にいる魚について、まったく無関心であったわけではない。たとえば、明治三十六年八月六日の日記には、

　暑気猛烈　田住みのドジョウ、魚死す

と記しているように、水田のなかにいる魚の様子を気に掛けている。

そうしたことは、『星野日記』では水田用水系を舞台とする小規模・個人的・自給的な漁撈は初めから記述の対象外となっていたことを示しているのではなかろうか。なぜなら、そうした水田用水系におけるウケ漁に代表されるような小規模・自給的な陥穽漁法は、取り立てて漁撈にだけ時間や労力を割いておこなう行為ではないからである。つまり、陥穽漁法の場合、いったん漁具を仕掛けてしまえば、人は稲作作業をおこないながらでも、水流（水温・水量）に応じてほぼ自動的に漁獲できる仕掛けを持っている。そのため、稲作作業を中断することなく魚を取ることができるのである。筆者はそれを水田稲作に内部化された漁撈と呼んでいる（安室 一九八九）。

ということは、小規模・個人的・自給的な漁撈の場合には、漁撈活動はその多くが農作業と同時並行的におこなわれていることになる。しかもそのときの労働の主体はあくまで農作業にある。たとえば、田仕事の行きがけに水田の

水口にウケを仕掛けておき、その日は一日じゅう田の草取りをおこない、そして家に帰るときに、先に仕掛けたウケを上げて水田のドジョウを取ったにしても、それは日記の記述上は「〇〇（人名）、終日、田の草取りに行く」としか書けないのである。時間を追って記述されるタイプの日記においてはとくにそうである。まさに『星野日記』はそうした記述法をとっており、農作業に関する記述が詳細を極めれば極めるほど、農業活動と同時並行的におこなわれる漁撈は記述の表面から隠れてしまうことになる。

それについて、いくつか傍証を挙げてみよう。まず、日記にしばしば登場するヒブリ漁を考えてみるとわかりやすい。先に述べたように、ヒブリは水田において夜間おこなわれる漁法である。つまりヒブリはウケなどと同じ水田用水系での小規模・自給的な漁撈であるにもかかわらず、日記に記載されていることになる。

では、日記にドジョウウケはまったく登場してこないのに対して、ヒブリが頻繁に記載されるのはなぜか。ひとつの理由として、ヒブリは夜間おこなわれるため、ドジョウウケのように農作業と並行していないことが挙げられる。つまり、『星野日記』のように時間を追って記述するタイプの日記においては、農作業と重複しないヒブリは記載されやすいのである。たとえば、明治三十年五月四日の日記を見ると、

午前、文（文司）、干鰯伐り一俵、四斗三升出る、上等
午後、大釜所すだれをはる　岩（岩吉）、蚕事仕度
此夜、岩（岩吉）・文（文司）・当吾（藤吾）、三人にて火ブリに行、猟少々あり

というように、記述は午前、午後、夜間というように時間を追ってなされており、その夜間の部分にヒブリが記載されている。

また、そうしたことからすると、日中に農作業や蚕仕事を休んでドジョウトリに行くことは戒められるべきことと考えられていたようである。明治三十四年十月二日の日記には、

　午後、梅（梅吉）、ドジョウ取りに行、怠

と記されている。当主である岩吉からすれば、梅吉の行為は怠けと映るわけで、あくまでもドジョウトリのように日中におこなう小規模・自給的な漁はそれだけを目的にすることは許されないのである。

　もちろん、小規模・個人的・自給的な漁撈は、前節でも指摘したように、金銭収入源としての意味合いは薄く、金銭出入帳的な性格を併せ持つ『星野日記』にとっては記載価値が低かったことも、そうした漁撈がほとんど記述されることがなかったひとつの理由として上げられよう。

五　「農民」と「漁民」の交錯

　農耕と漁撈との関係に論を絞った場合、両者の複合関係はいくつかのパターンに分類される。ひとつは、農耕を主生業とし漁撈は自給的な範囲でのみおこなうもの、二つ目が、その反対に漁撈が主生業となり農耕は自給性の範囲内でのみおこなう場合、そして三つ目は両者とも自給性の範囲でのみおこなうもので、この場合は他の生業活動が主生業となっている。ここでいう主生業とは、他の生業活動にまして時間的労力的にみて全労働に占める割合のもっとも高い生業活動を指すものであり、多くの場合自給の範囲を越え余剰を生み出すものである。そうした余剰は、年貢として納めたり、また換金したり、他のものに交換することにより、食糧以外の生活物資を手に入れるなどして生計を維持するために用いられる。

　商品経済・貨幣経済の十分な成熟をみるまで、生計維持の視点に立てば、日本人には純粋な農民（農耕民）や漁民（漁撈民）などは存在しなかったことは明白である。つまり、農民とか漁民といった言い方は、主な生業は何かという時に用いるべき代名詞としての意味しかない。農民の漁撈活動や漁民の農耕活動はごく当たり前にみられることである。つまり農民や漁民といった言い方は生計活動の実態とは異なるあくまで便宜的なものにすぎない。しかるに、そうした概念に引きずられて、もはや何の疑いもなく、農民や漁民といった言い方で日本人の生計活動を割り切ってしまい、そして今度はそうした便宜的に用いたにすぎない概念が実態を見誤らせ、研究を規定してしまうようになったのである。そこには生業を複合的に捉えようとする視点が初めから欠落していたといってよい。

いってみれば、農民や漁民といった区別はあくまで為政者側の認識に過ぎない。それを生活者の視点を大切にすべき民俗学が無批判に用いてきたことはまったく理解に苦しむところである。民俗学では、農民と漁民との間にはとても越え難い溝があるかのごとく最初から位置づけられており、それは学問以前の問題であったといってよい。その後の民俗学は、両者の溝の深さばかりを強調するためになされてきたといっても過言ではない。

しかし、農民漁撈や漁民農耕という実態があることを考えれば、実は両者はそれほどかけ離れた存在ではなく、ましてや系譜的に種族が異なるなどと考えるのはまったく論理性を欠いた非科学的なことであろう。両者の違いばかり強調するのではなく、もう一度その共通点に目を向け、両者は本来それほど違うものではないという視点も持つべきである。なぜなら、生計上、両者は異なる部分よりもはるかに多く共通する部分を持っているからである。また、そういう意味では、日本人の大多数は両者の概念が重複するところに属しているといってよい。

日本人の生計活動の実態は生業技術の選択的複合の上に成り立つものであったことはもはや疑うことのできない歴史事実である。日本においてもっとも生業の単一化を強く志向した稲作においてさえも、さまざまな生業技術たとえば水田漁撈のような自給的動物性たんぱく質獲得のための生業技術を併せ持っていたからこそ単一化を強く志向することができたのである。そうした意味において、結局のところ、貨幣経済が都市以外の農山漁村部にまで浸透するまでは日本人の生計は生業の複合性を保つことで維持されてきたと考えるべきである。そして、その貨幣経済の浸透は十分な商品経済の成熟を待たなくてはならず、つい近年（昭和初期頃）まで農家においては食糧の自給性はかなり高いレベルで維持されてきたといえる。

なぜなら、十分な商品経済の裏付けなしに、労働のすべてを金銭に変えてしまうことは非常に危険なことだからである。さまざまな社会経済の変動や自然災害などにより金銭を持っていても食糧に替えることができないという状況がごく近年までたびたびあったのである。たとえば、第二次大戦における戦中戦後の食糧難時代はその典型的である。そうした状況では食糧だけでも自給性を維持しようと努めることは当然であり、時代を遡るほどそうした傾向は強かったと考えられる。さらに、農村部では総じて金銭収入は少ないため、肥料代などの必要経費以外にはほとんど回すことはできず、食糧は塩や酒など嗜好品を除くとほぼすべて自給せざるをえなかったといってよかろう。(5)

［付記］反面、複合的な視点から生業研究をおこなってきた筆者においてさえも、「漁民」や「農民」といった従来からの表現を用いざるをえないことに代表されるように、現在の民俗学における生業論のレベルは日本人の生計活動の実態を究明するには遠く及んでいない。言い換えれば為政者側の人臣掌握のための便宜的な生業分類をそのまま用いているだけで、そこから抜け出す方向さえも自ら示そうとしてこなかったのである。日本の民俗文化を論じるとき、その基層部分をなす生業分野においてさえ、そんな状態が続いてきているといってよい。

当然、これは生業分野にとどまる問題ではない。近年盛んに論じられる民俗文化類型論を見てもわかるように、民俗学全体を覆う大問題であろう。そうしたとき筆者が考えるのは、技術論に偏向した生業分野の研究を生計維持の視点から生活実態に即したものに再編し、もう一度生業分野から民俗学全体の見直しをおこなう必要性である。

註

（1）漁法については、『星野日記』の記述から判断し、相当すると考えられる民俗事例の図（平塚市博物館 一九七八）を示しておいた。

（2）スバはボラの幼魚スバシリのことと考えられる。

（3）アユカツギとは、獲ったアユを東京の魚市場や魚問屋へ運ぶことである。アユをアユカゴに入れて所定の場所に運んでおくと、それを仲介者となる漁師が荷造りしてカルコ（専門運搬人）に運ばせる。この地域ではアユの季節には毎日アユカツギがおこなわれていた。しかし、昭和（一九二〇年代後半）に入ると厚木のアユ問屋が金田などに直接アユを買いに来るようになってアユカツギは徐々に姿を消していったとされる（平塚市博物館 一九七八）。

（4）焼き干しとは魚を軽く火であぶった後に風通しの良い所で乾燥させるもの、寒干しとは焼かずにそのまま冬の乾いた冷涼な風にさらして乾燥させる保存加工法である（安室 一九九二）。

（5）内陸部においては海産物も嗜好品に含めてよいと考える。なぜなら、それは主にハレの日の御馳走として用いられるものだからである。

引用参考文献

・芦田伊人 一九七二『新篇相模風土記稿 第三巻』雄山閣出版社
・厚木市文化財協会 一九八二a『厚木の民俗二』厚木市教育委員会
・同　　　一九八二b『星野日記（明治十九〜三十年）』厚木市教育委員会
・同　　　一九八八『星野日記（明治三十一〜四十一年）』厚木市教育委員会
・平塚市博物館 一九七八『相模川の魚と漁』平塚市教育委員会
・安室　知 一九八九「稲の力」『日本民俗学』一八八号
・同　　　一九九二「稲作民の淡水魚食」『信濃』四四巻八号

第二章　農民漁撈と川漁師
――淡水漁撈の担い手をめぐって――

はじめに

淡水漁撈の担い手は、たとえば川漁師のような特定の人たちに限られたものではない。昭和三十年代（一九五〇年代）以前に時間軸を設定してみると、稲作を中心に農耕をおこなう人びとはごく日常的に漁をおこなっていたし、都市に暮らす人びとも娯楽的な意味をもって田園地帯に出かけていってはドジョウ掬いやフナ取りに興じた。

そのように淡水漁撈はさまざまな人びとに開かれた生業であったが、同時にその漁のあり方には担い手によりいくつかの特徴を見て取ることができる。とくに淡水漁が生計維持に占める割合に応じて、淡水漁撈のあり方には違いがみられる。ここでは担い手からみた場合、日本の淡水漁撈において二つの大きな類型をなす農民漁撈と川漁師の漁撈を対比しつつ、その特徴を示していくことにする。

なお、農民漁撈とは、農業を主たる生計維持の手段とする人がおこなう漁撈活動全般を指すものである。本来は農民漁撈に淡水域と海水域の区別はないが、本章においてはとくに淡水域での農民漁撈に限定して話を進めることにする。同様に、農民漁撈の場は水田用水系に限らず河川や湖沼も含まれており、そうしたことからいえば本書で注目する水田漁撈は農民漁撈を構成する一部であるといえる。(1)

第Ⅱ－２－１図　埼玉県三郷市－地形図－
（〔三郷市史編さん委員会、1992〕より）

ここで調査地に取り上げるのは、関東平野を南流する江戸川の下流域にある埼玉県三郷市である（第Ⅱ－２－１図）。稲作地としては大河川に挟まれた低湿なデルタ地域に位置づけることができるが、同時に稲作だけではない生業複合度の高い生計維持を志向する地域でもあり、そこには淡水漁撈に生計の多くを依存する人びとも存在した。そうした低湿なデルタ地域にあって、農家が持ち伝える魚や漁に関する知識と専業川漁師のそれとを比較してみることで、低湿なデルタ地域における水田漁撈の特徴を明確にすることができると考える。なお、三郷市の立地環境については本書Ⅲ－1章に詳述してあるのでそれを参照していただきたい。

一　低湿な環境に暮らす稲作農家の知恵
——デルタ地域の農民漁撈

1　水田の役割

かつて水田はイネを作るためだけのところではなかった。水田に農薬や化学肥料が大量に使われだす昭和三十年代以前には、水田や溜池そして網の目のように広がる用水路において、魚取りがさかんにおこなわれていた。そして、それは、農家の生活にとって、重要な動物性たんぱく質の供給源であり、かつまた単調な農耕労働の合間における娯楽としての意味も大きかった。三郷にも、そうした水田における魚取りについて、後述するように、さまざまな知恵や技術が伝えられている。

農家の人びとが漁した魚介類には、ドジョウ・フナ・コイ・ナマズ・タニシなどがある。どれも水田や用水路を生活場所とし、またそうしたなかで繁殖することのできる魚介類（水田魚類）である。ひと言でいえば、水田環境に適応した魚介類ということになる。そうした水田魚類は、三郷のような低湿な水田稲作地帯では、農家の生活上とくに重要な意味を持っていた。

かつて基盤整備や土地改良される以前の水田は、一枚あたりの面積は総じて小さく、また形はさまざまであった。さらに、農閑期になると水が完全に排水され乾燥するいわゆる乾田は少なく、稲刈りを終えても水が完全には排水されないドブッタやフカンボなどと呼ぶ湿田が多くあった。とくに三郷のように「カエルのションベン（小便）でも水が出る」といわれるほど低湿な地域ではなおさらである。また、それとは反対に、水の得にくいところには、ホリと呼ぶ灌漑用の池を水田の中に作る地域もあった。そうした低湿な水田環境も、前記のような魚介類の棲息には適していたといえよう。

水田や用水路においては、水は人により管理されている。農繁期つまり稲作に水が必要な時期は、川などから水が水田に入れられる時期と、それとは反対に水田の中から用水路を通り川に排水される時期とに、大きく分けられる。そうした時期をノボリとクダリといって区別することもある。そうしたとき、水田環境に適応した魚介類は、稲作の営みが生み出した水の流れに乗って、水田と川を行き来したり、また水田や用水路に産卵にやってきたりする。その機会がまた農家の人により漁撈に利用されるのである。

2　水田における漁

三郷の場合、水田においてもっともよく漁獲された魚はドジョウである。昭和三十年代以前においては、どの農家でも取っていたといってよい。季節に応じて、さまざまな方法でドジョウは取ることができた。

四月から六月までの田植え前、水田でおこなわれるドジョウ取りにヨトボシ（夜灯し）がある。ヨトボシとは、本来は夜間にカンテラなどの明かりを灯しておこなう漁全般を意味するものであるが、とくにこの時期の水田におけるドジョウ取りを指して言うことが多い。ヨトボシによるドジョウ取りの場合は、竹棒の先に数本の針を付けたものを用いて魚を叩き取る。

夏になると、ドまたはドジョウドと呼ぶウケ（筌）を水田の水口に仕掛けてドジョウを取った。六月から七月にかけての時期は、ドを水路側へ口を向けて仕掛け、用水路から水田に入ってくるドジョウを狙う。また、七月下旬以降になると、水田の中のドジョウが水とともに用水路に出ていくので、今度はドの口を水田の内側に向けて仕掛けた。とくに夕立があると、その水とともに魚が下るため、ドにとっては好機となる。同じ水田でも、夕立があるとその都度ドジョウを取ることができた。なかには、夕立を予測して昼間のうちから一〇か所以上にもドを仕掛けて回る人がいた。また、こうしたときには、ドだけでなく、ガシャアミと呼ぶ掬い網の一種を水口に置いてドジョウを取ることもできた。

また、秋、稲刈りのときにもドジョウを取ることができる。十月ころ、稲刈りのときにはすでに水田からは水が落とされている。しかし、排水の不十分なドブッタではドジョウは土の中に潜って生きている。稲刈りをしながら、そうした穴を見つけておき、帰りにそこを掘ってはドジョウを取ったという。

さらに冬から春にかけては、ドジョウホリがおこなわれた。一月から三月まで農家の仕事は田起こしが中心となるが、そうしたときの楽しみとしてドジョウホリがおこなわれた。細いオトシボリのうち、湿り気の残るところをマンノウ（鍬）で掘り起こしては、土中に潜んでいる冬眠中のドジョウを取った（鈴木　一九九一）。そうしたとき、わざわざ、竹で作った簡単なハサミを持っていき、土の中から出てきたドジョウを挟み取る人もいた。

こうして取ったドジョウは、すぐに食べてしまうほか、風呂桶や四斗樽に入れて生かしておいた。餌にダイズを入れておくと、身が痩せることなく、泥を吐いてきれいになるので、来客時に柳川鍋などにして饗したという。まめにドジョウ取りをしていると、夏から秋また春先には、家族が食べる分くらいのドジョウはたえず四斗樽の中に蓄えられていた。また、自家消費を超える分については、「どじょう屋」と呼ばれる魚屋（仲買人）に持っていけば、少ないながら現金収入にもなった。

ドジョウ取りのほか、水田ではタニシ取りもよくおこなわれた。タニシは稲刈りを終えた水田でいくらでも取ることができた。落ち穂拾いをしたときにできた足跡の中に入っているので、それを拾い取ればよかった。また、水を落としたあとの用水路にも、たくさんいたのでやはり拾い歩くことができた。タニシはおもに味噌煮にして食べた。また、吉川町（埼玉県）にあったタニシを扱う魚屋（仲買人）のところに持っていくと買い取ってくれた。

このほかにも、さまざまな漁撈が水田や用水路ではおこなわれていた。

彦成地区では、一軒に一か所ずつ水田の中にホッコミをおこなうところを持っていた。ホッコミとは、水田の一画に穴を掘って、そこに魚を追い込んで取る漁法であるが、そうして取ったドジョウは祭や年始客などの馳走に用いたという（原田　一九九〇）。

用水路においては、とくに用水の水落としのときに、ナマズなど大きな魚やザッコ（雑魚）が川への排水口のところに集まってきているので、それをオシアミ（押し網）で取ることができた。こうした場所が、用水路の通る集落には何か所かあったという。

また、アキアガリ（稲刈り）後には、川からの取水口が閉ざされるため、用水路からは水が抜けている。しかし、用水路の堰下などにはところどころに水溜まりが残っている。そこには用水路にいた魚の多くが溜まっているため、それをカイボリにして取ることができた。また、同様に、大広戸地区では、水田の中にあるホリと呼ぶ灌漑用の池においてカイボリをしていた。カイボリとは、カイホシともいい、カエオケ（掻い桶）やポンプを用いて水溜まりの水を掻き出し、中にいる魚を一網打尽にする漁法である。

3　水浸しの水田と漁

農家の知恵の中には、大水のときでさえ、そうした状況を冷静に受け止め、水浸しの水田を漁の場として利用しようとする柔軟な発想があった。

六月はコイやフナなど多くの魚にとってコハタキ（産卵）の季節である。コハタキを迎えた魚は、川や池から、岸辺の低湿地へ、さらには水田の中にまでやってくる。そのため、専門の漁師ではない農家の人びとにとっては、魚をもっとも捕まえやすい時期となる。

コハタキの時期はちょうど梅雨時でもあり、ドブッタのように元来低湿な水田の中には簡単に水に浸かってしまうところも多かった。こうして冠水した水田はいとも簡単に漁場に変わった。そうした水田にはコイやフナが川から産卵のため遡ってくるからである。

そうしたとき、水田の中で用いる代表的な漁具にオッカブセがある。これは農家の人が主におこなう漁だとされる。オッカブセは、魚伏籠の一種で、円筒型（底の抜けた籠のような形）をした網である(2)。それを上から被せ、中に入った魚を手づかみにする。

水田はオッカブセ漁には最適な空間であるといえる。水田の場合、表土は泥状で、また綺麗に均されているため、オッカブセを上から被せたとき漁具と土との間に隙間ができないからである。また、田面には大きな起伏がないため、深みにはまる心配もない。そしてなにより、オッカブセは、歩き方さえ気をつければ、水田に植えられたイネをそれほど荒らすことなく魚を取ることができる。

オッカブセで魚を取ることができるのは、本来、水田の所有者だけであるという人もいる。しかし、実際には、いったん冠水してしまうと他人の水田でも自由におこなわれていた。水田を荒らさない限り大目に見られていたという。このほか、冠水した水田では、大きなコイをヤスで突いて取ることもできた。また、なかには、投網やサデアミを使って魚を取る人もいた。しかし、これは水田ではしてはならない漁であるとされた。苗が完全に根付いていない時期などは、いくら冠水状態とはいえ、投網などを被せては苗が抜けたりして水田を荒らしてしまうからである。

4　カマエボリの役割

かつて大百姓などの旧家には、屋敷のまわりに堀をめぐらした家があった。そうした堀をカマエボリ（構え堀）またはヤシキボリ（屋敷堀）と呼んでいる。カマエボリは、三郷のように大水の頻発する低湿な地域においては、家を建てるとき少しでも地盤を高くするために土を掘り取った跡だとされる。こうした堀は、池のように独立してあるのではなく、かならず用水路に通じており、さらには川ともつながっていた。ここで注目するのは、かつてカマエボリが天然の養魚場の役割を果たしていたことである。

カマエボリは、周囲の用水路よりも一尺から二尺（三〇～六〇センチ）ほど深く掘り込まれている。そのため、農閑期になって、用水路から水が落とされた後も、カマエボリには水が残っている。いわば、この時期のカマエボリは、川や用水路と分断され、独立した水溜まりとなる。

農繁期には、水の流れとともに、用水路を通って魚がたえずカマエボリに出入りしている。また、時には大水とともに一度にたくさんの魚がやってくる。そうしてカマエボリにやってきた魚は、一段深くなっているカマエボリに居着くという。また、コハタキ（産卵）の時期を迎えた魚は、カマエボリにまで入り込んで産卵する。そうしたとき、カマエボリの中にやってきた魚や、またその中で繁殖した魚を、逃がさないようにするために、用水路への水の出口のところに柵をしてカマエボリの中に魚を閉じこめてしまうこともあった。そのため、冬までにはカマエボリに魚がいっぱいに溜まるという。

そうした自然の営みが毎年繰り返されるため、冬に数回にわたってカイボリのような一網打尽にする漁がおこなわれるにもかかわらず、翌年の秋までにはカマエボリの魚はまた元に戻っているとされる。

写真Ⅱ－2－1　カマエボリ－埼玉県三郷市－

なかには、カマエボリの中に、木の枝などを入れて、わざと魚の寄り場をこしらえる場合もあった。とくに屋敷を囲むホリの角の部分は広くされていた。岩野木地区にあるY家の場合には、そうした場所が、日がよく当たり越冬に適した南と西の角に三か所あったが、ともに幅が一〇メートルを越えるものであったという。そうしたところは、さらに深く掘り込まれ、魚の隠れ場として桶が側壁に三・四個横向きに埋められていた。また、カマエボリに沈められた枝は、人やサギなどの鳥から身を隠すための隠れ場であり、かつ自然の産卵場にもなっていた。

カマエボリには、稚魚こそ放流することは

ないけれども、魚が用水の流れとともに自然に入り込み、またとどまって越冬するように仕向け、さらには産卵までもできるようにしていたことは、カマエボリがまさに天然の養魚場として機能していたことを示すものであろう。

このほか、カマエボリは生け簀としても使われた。取ってきたコイを生かしておくために、紐などで縛ってカマエボリに入れておいた。また、カマエボリの中に、舟形の蓄養箱をこしらえては、そこに魚を入れて生かしておくこともあった。そうして蓄えられた魚は、来客のもてなしに料理して出されたという。

5　カマエボリの漁

カマエボリでは、冬になるとカイボリ漁がおこなわれる。それは、農閑期になると用水路の水が落とされ、カマエボリが一種の水溜まり状態になるからである。また、農閑期は人手が得やすいことも、カイボリのように多くの労力を必要とする漁法の場合は、漁の時期を決定する重要な要素となる。

冬の間でも、とくに正月を前にした十二月暮れの時期と、稲荷神社や稲荷講の祭である二月初午（二月最初の午の日）を前にした時期にカイボリ漁がおこなわれることが多い。取った魚がそうした行事の供物・儀礼食やご馳走とされることがあるからである（後述）。

カイボリ漁は、カマエボリの中に魚の隠れ場として沈めておいた木の枝をいったん取り除いてから、カイオケ（掻い桶）を使って二人一組で水を掻い出していく。そうしてカマエボリに残る水をすべて掻い出してから、中に残った魚を手でつかんだり、ザッコドオシ（雑魚通し）と呼ぶ笊ですくい取ったりする。そうして、漁が終わると、また来年のために枝をカマエボリに沈めておく。また、こうした機会を利用して、カマエボリの中に溜まった泥を掻きだしたり、崩れたところを修理したりしていた。なお、このようにしてカイボリ漁がおこなわれたのは、おもに第二次大戦の前までであった。

カイボリ漁には、多くの人手が必要である。家族のほか、仲間を募っておこなったり、また隣組や稲荷講の仲間でおこなうこともある。市助地区のI家では、年の暮れになると家族総出でカマエボリのカイボリをしたという。また、岩野木地区のY家は、代々名主を務めた旧家であるが、正月前にはシチケンクミアイ（七軒組合）と呼ぶ昔から田植えのユイや冠婚葬祭などで付き合いがある近所の人たちと一緒にカイボリをし、さらには、二月初午の前になると、ハツウマクミアイ（初午組合）と呼ぶ稲荷を信仰する仲間一〇数軒でカイボリをおこなっている。

カマエボリでの漁は、当然、その所有者に権利がある。所有者に無断で魚を取ることはできない。そのため、カイオケなどの道具はカマエボリのある家で所有していることが多かった。カマエボリに木の枝などの障害物を入れておくことは、魚の隠れ場所や産卵場を作ることの意味とともに、投網などでほかの人に魚が盗まれないようにするための工夫でもあったという。

6　カマエボリで取った魚

カマエボリで取った魚はなんらかの行事に用いられることが多い。そうした行事に関連してカマエボリでの漁がおこなわれる以上、それは当然のことであろう。

カマエボリを持っている家では、年末になると正月魚を取るためにカイボリをしていた。カマエボリを持たない家でも、他家のカイボリ漁を手伝うことで、魚を分けてもらうことができた。

前出の岩野木地区Y家の場合は、正月前に七軒組合の人が集まっておこなうカイボリが終わると、取った魚はナマスなどに料理され、カイボリの参加者全員で酒を飲みながら食べることになっていた。そして、残った魚は参加者みんなで分けたが、それが各家の正月魚となった。また、市助地区I家の場合も、十二月の暮れに家族全員でおこなうカマエボリのカイボリは正月魚を得るためのものであった。

さらに、岩野木地区のY家では、二月初午の前になると、初午組合の仲間が集まってカマエボリのカイボリをしたが、そのとき取った魚は料理され、氏神の稲荷神社に供えられるほか、初午祭のときのご馳走となった。

そのように、正月前や二月初午のときにおこなわれるカイボシ漁の場合、漁の後には参加者全員による共同飲食がなされるのが通例であった。そのとき、男性は漁をおこない、女性が賄い方となることが多いが、地域によっては、コイのアライだけは男性が作らなくてはならないとするところもあった。

カマエボリで取れる魚は、コイ・フナが多く、ナマズもいた。フナは甘露煮やナマスに、コイはアライや煮もの、ナマズはタタキやてんぷらに料理した。とくに、この時期に取れるフナはカンブナ（寒鮒）といい、一年でもっとも美味しいとされる。カイボリ漁で大量に取れるカンブナは、いったん焼いてから、カマドで一〇時間以上もかけてとろ火で煮る。そうすると骨まで食べられるようになる。かつて市助地区のI家では、これが正月における一番のご馳走となり、年始客には必ず振る舞うことになっていた。また、大量に取れるザッコ（雑魚）は佃煮にして保存食とし、日常の飯のおかずにすることもできた。

また、少ないながら、カマエボリで取った魚を売って金にすることもあった。かつてはどこの集落にも一・二軒ずつ「どじょう屋」や「魚屋」と呼ばれる家があり、そこに持って行けばたとえ少量でも魚を買い取ってくれた。そうした家は専業の川漁師や小売業者ではなく、半農半漁で魚の仲買のようなこともする家であったという。

7　祭礼と農民漁撈

これまで見てきたように、魚を取るのはなにも漁師に限られたことではない。とくに三郷のように低湿な土地では、農家の人びとも生活のさまざまな場面で魚取りをおこなっていた。そして、それは地域の祭礼にとって重要な意味を持つ場合があった。ときには、そうした農民漁撈が、祭礼の一環として村人総出でおこなわれることさえある。

たとえば、大広戸地区の香取神社では、正月十日のオビシャ（蛇祭）において、そうした村人共同の漁撈がおこなわれた。オビシャでは、祭の宴会に尾頭付きのフナを出すことになっており、そのため祭の三・四日前になると当番となった組の男たちが全員参加してホリのカイボリをした。大広戸地区は五〇戸弱の村全体が七組に分かれており、一年交代の回り順でオビシャの当番を務めることになっていた。ホリは本来は水田灌漑用の人工池で個人が私有しているが、このときばかりはどこのホリをカイボリしてもよいことになっていた。宴会に出席する人数分（一家に一尾ずつの全戸数分、約五〇尾）だけ、同じ大きさのフナを揃えるのはたいへんなことで、一か所では間に合わず数か所のホリをカイボリしなくてはならないこともあったという。

また、谷中地区の稲荷神社では、二月初午の宵宮の前になると、村中総出で神社の周囲にあるカマエボリをカイボリしてフナやナマズなどの魚を取った。このカマエボリは神社の敷地内にあり村の共有物となっているが、そこでのカイボリ漁はこのときにしか許されなかった。初午の祭のために、神社のカマエボリには夏のころからソダ（木の枝）を組んで沈めておき、魚が多く集まるようにしておいた。こうして取った魚は、フナは甘露煮に、ナマズは煮つけなどにして、祭の宴会に供していた。

この祭に関しては、文政二年（一八一九）の記録が残っている。それによると、「祭式諸入用品」のひとつとして、「鮒、大凡百人前余」の記載があり、昔から二月初午の祭にはフナが欠かせないものであったことがわかる。

また、市助地区でも、二月初午の一週間ほど前になると、村内の家主が全員参加して江戸川の河川敷にある池で漁をおこなった。この池は堤防ができるまでは市助の村域にあったもので、堤防完成後も慣行的にそこでの漁は市助地区の権利とされている。そうした漁はガチャガチャと呼ぶ掬い網を用いておこなうもので、コイ・フナのほかナマズやウナギも取ることができた。このうちコイはコイコク（鯉汁）に調理されたが、それは市助地区の初午祭には欠かせないものとされた。

この他にも、こうした村の祭礼と農民漁撈との関わりは、彦音地区の香取神社（オビシャ）など三郷各地でみられる。

このように、農村部においても、地域の祭をおこなう上で、村人による農民漁撈は大きな意味を持っていた。村社会をひとつにまとめる上で、低湿地やカマエボリでおこなわれる漁撈は、大きな役割を果たしていたということができる。こうした祭礼に際しておこなわれる村人共同の漁撈は、三郷のような低湿稲作地における祭のひとつの特徴を示しているといえよう。

二 川漁師の知恵

1 川漁師の一年――水の変動と川漁師の活動

三郷は、東西を大河川の江戸川と中川に挟まれ、南に小合溜（遊水池）を持つ水郷である。そのため、そうした川や池をさまざまに利用して生計を立てる人びとが昔から暮らしていた。とくに川漁は盛んであった。その多くは半農半漁の生活をする人びとによるものであったが、中には専業で川漁をおこなう人もいた。そうした川漁師の生活は水とは切っても切れない関係にあったわけだが、そのため川漁師は水に関してさまざまな民俗知識を持ち、また水郷という環境に即した民俗技術を発達させていた。

第II－2－2図は、おもに江戸川を漁場とする、ある川漁師の漁業暦である。昭和三十年代以前に時間軸を設定して復元した。この図からは、一年を通して自然界の水の動きと川漁師のおこなう漁業とが密接に関係していることがよくわかる。

まず目に付くのは、川漁師が漁をおこなう時期と水の変動期とが一致することである。三郷の川漁師の場合、四月から十月までが主な漁期となっているが、そうした期間はまさに川の水が増え、また大きく変動するときであった。三月末から五月にかけてのユキシロミズ（雪代水）、六月中旬から七月にかけての梅雨、そして十月の長雨、またときには台風の来襲による大雨というように、河川水は水量や流速が劇的に変化する。

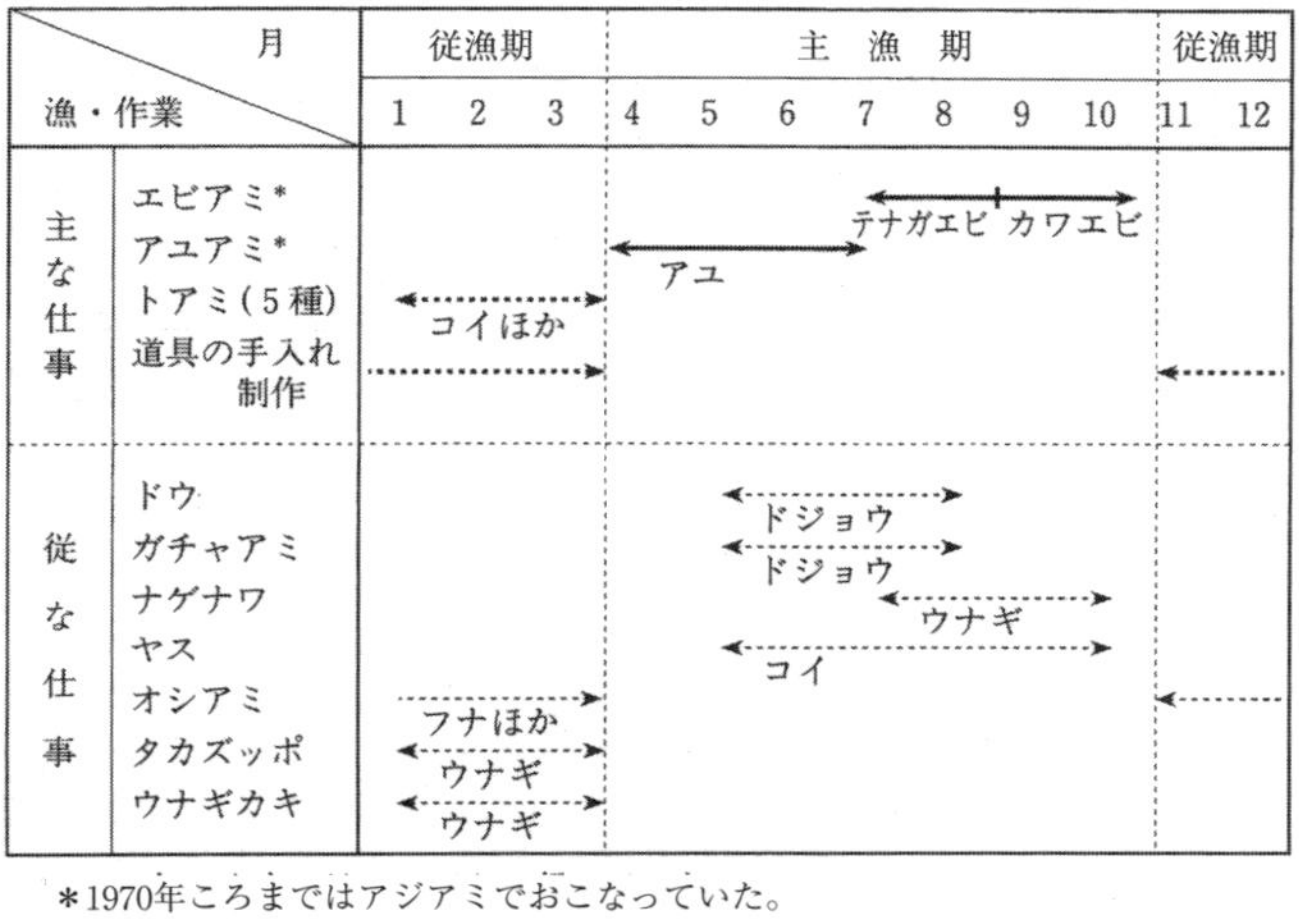

＊1970年ころまではアジアミでおこなっていた。

第Ⅱ－2－2図　川漁師の漁撈暦

そうした期間におこなわれる漁法としては、アユ網とエビ網があげられる。こうした網が使われだしたのは一九七〇年ころからで、それ以前はアジアミと呼ぶ待ち網の一種がもっぱら使われていた。その特徴は、魚が水の流れとともにやってきて網に掛かるというもので、魚の動きつまりは水の変動がないと魚の掛かりも悪いことになる。もちろん、そうした時期は、水温も上がり、またコハタキと呼ぶ産卵期を迎える時期でもあるため、いっそう魚の動きは激しくなる。それが、〝待ち〟の漁法ともいうべき、アジアミやエビ網・アユ網の漁を可能にしているといえよう。

それに対して、十一月からユキシロミズがでる三月末までの期間というのは、川漁師にとっては漁閑期ということになる。漁具の手入れや製作といった仕事もするが、おもには休養の期間となっていた。この時期は、雨も少なく、川や池といった自然界の水全体が減っており、当然水の変動も少ないときである。もちろん、そうした期間にもさまざまな漁がおこなわれたが、どれも小規模なもので、川漁師にとっては「商売」といえるほどのものではなく、あくまでも遊びであり、自家消費程度の漁にすぎなかった。こうした期間の代表的な漁法に投網があるが、これはまさに水が冷たくまた減水期にあって、じっと深みに潜んでいる魚を被せ取るものである。

写真Ⅱ－2－2　川漁師の漁具　テンポウアミ
－埼玉県三郷市－

2　デミズと漁

三郷のように、江戸川や中川といった大河川の下流部に位置するデルタ地域では、デミズ（出水）つまり大水が頻繁にあり、さまざまに漁に影響を与えた。そのため川漁師もそうしたデミズについて、さまざまな知識を持ち、それに対処していた。

川漁師の経験的な知識では、デミズは、通常の場合、漁によいとされる。とくにヨシや水草などの生えるヨシヤッカラ（河川敷に広がる低湿地）が水に浸かる程度のデミズは漁には好都合であった。それは、その程度のデミズの場合、集落や耕地にはほとんど影響はなく、それでいて水が適度に動くため魚の動きも活発になるからである。そうな

写真Ⅱ－2－3　川漁師の漁具　マチアミ　－埼玉県三郷市－

れば、魚が網を中心とした漁具に掛かる率は高くなる。

ただし、同じデミズといっても、台風に伴う洪水のように過度に水が出るものはよくない。そうした洪水の場合、三郷のような河川下流のデルタ地帯では、いったん水が出ると一週間以上も引かないし、なにより台風時には風も加わり舟を確保しておくことすらできないからである。反面、三郷のように海に近いところでは、上げ潮により域内に停滞しがちな悪水を台風は一気に押し流してくれるため、その後の漁にはよい影響をもたらすともされる。

以上のような区別のほかにも、川漁師はデミズには二種類あるという。ひとつは、その土地に雨が降って水が溜まっていくもので、ジミズ（地水）と呼んでいる。もともと地盤が低いため、周辺地域に降った雨も自然と三郷に集まってしまう。そして、もうひとつは、ヤマミズ（山水）である。ヤマミズとは、まさに山から流れてくる水で、江戸川や中川の上流に降った雨やそのまた上流に当たる利根川や渡良瀬川の山間部の雪解け水が主な水源となるものである。

そのように、同じデミズとはいっても、ジミズとヤマミズでは、水の色や流れ方、濁り具合がまったく異なっている。そして、なにより、漁への影響が異なる。漁とデミズとの関係でいうと、ジミズは漁にはあまりよくないのに対して、ヤマミズは漁に好都合であるとされる。ヤマミズがでると、さまざまな魚が川を遡ってくるため、それを狙った漁が可能となるからである。

たとえば、カワマスは、ヤマミズが出た後、少し水が澄んできたときに、ネジリアミで取ることができた。これには、カワマスだけでなく、フナなどさまざまな魚が入った。また、ウナギ漁にもヤマミズはよい影響を与える。ヤマミズのときにはド（筌）を川や池にミミズを餌にして仕掛けるとウナギがよく取れた。三郷にはこうしたウナギ漁を専門におこなう川漁師がおり、そうした人は五〇個ほどものドを仕掛けて回っていたという。

そうしたヤマミズのなかでも、とくにユキシロミズは重要視された。これは、例年三月末から五月にかけて三・四回きまって出るとされる。ユキシロミズは、茶黄の水色をしてることに特徴があり、デミズとはいっても水量はたいしたことはない。このユキシロミズは、川漁師にとっては、一年の漁の幕開けを告げるものであった。また、好漁の目安ともなり、ユキシロミズの出た後は大漁になるといわれた。何年かに一度、ユキシロミズの来ない年があり、そうした年は春だけでなくその後も漁は全般によくないとされる。

3　潮と漁

海に接しない埼玉県にあっても、川漁師は海とはけっして無縁ではない。川を通して海とつながっているからである。そうした海の影響を川漁師は巧みに利用する知恵を持っていた。

三郷を流れる江戸川や中川は、二五キロほど下流で東京湾に注いでいるため、潮の満ち引きの影響を受けて水位や水質が多様に変化した。江戸川に比べると、中川は潮の影響が大きく、満ち潮のときには流れが上流側に押し戻されるという。そうしたときには川の流れが滞り、中川やそれに通ずる用排水路の水質が悪くなるという。

そのため、中川のコイやフナは臭みが強く、あまり売り物にはならないとされた。そのかわり、中川はナマズの棲息には向いており、ナマズ漁を主体とした川漁師が中川近辺には暮らしていた。こうした潮の満ち引きの影響は、河川の上流部にダムが建設されてから、とくに大きくなったという。

そうした潮の流れに乗って、三郷あたりまで川を遡ってやってくる海の魚がいる。スズキ・ボラ・ハゼなどである。また、数こそ少ないが、かつてはサケも秋になると遡ってきた。そうした海魚のなかでも、とくにスズキは美味とされ、売るためというよりは漁師自身が食べるために取っていた。また、三郷では通常、ボラは漁の対象にはならないが、秋になり目玉の白くなったボラは脂がのって美味しいとされ、ボラ漁もそうした時期におこなわれた。

また、潮の干満を利用して川漁師はいくつかの漁を考案している。たとえば、中川は三郷の上流にある吉川町近辺まで潮の干満の影響を受けるが、それを利用して彦成地区の干潟では四月から九月にかけてケイツケ漁がおこなわれる。長さ三〇メートルほどの干潟のまわりを、高さ一・五メートルほどの細い丸太を三メートル間隔に打っていき、そこに網を張り巡らせる。網には、一か所だけ出口が設けられており、そこにウケと呼ぶ袋網の仕掛けを作っておく。そうすると、満ち潮にのってやってきた魚が干潮とともに下流へ戻ろうとするとき、自然とウケの中に入ってしまう（鈴木　一九九一）。

4　漁場としてのヨシヤッカラ

川辺や池沼のまわりにできるヨシ場などの低湿地は、水の制御が難しく、また些細な水位変動でも水に浸かってしまうため、人には利用しづらい空間とされてきた。とくにそこを乾田化することは、近代的な土木技術が発達する以前においては、きわめて困難なことであった。

しかし、反面、淡水漁撈や水鳥猟の場としてみた場合、そこは好条件を備え、そうした低湿地に暮らす人びとにとっては重要な生業の場となっていた。三郷の場合、そうした場のひとつに、現在公園や野球場となっている河川敷がある。とくに江戸川の河川敷は広大である。

川の増水に伴い、江戸川の河川敷は一転して漁場に変化する。主として四月から夏にかけての時期である。河川敷に公園や野球場が作られる以前は、江戸川の岸辺はヨシや水草が生い茂るヨシ場であった。そうしたヨシ場をヨシヤッカラまたはヤッカラと呼んでいた。

そうした川岸のヨシ場に水がつくと、そのときとばかりに魚がやってくる。とくに、コハタキ（産卵）の時期は、いっせいにコイやフナがヨシヤッカラへ産卵にやってきた。そのときが漁においては最大の好機となる。

そうなると、普段は中川で漁をする川漁師も江戸川にやって来たし、さらには農家の人たちも大勢魚取りに来た。特別な技術や専門的な道具がなくても魚が取れるからである。農家の人はオッカブセ（魚伏籠）のように、それほど専門の技術を必要としない漁具で魚取りをした。そうしたとき、川漁師は、人の多くいるヨシヤッカラの浅瀬を避け、舟に乗り、オッカブセができなくなる水深三尺（一メートル弱）以上のところへ行っては、投網を打って魚を取った。使いこなすには技術を必要とする投網は、かつては川漁師以外は持つことはなかった。

また、かつてヨシヤッカラの中には点々とイケ（池沼）が存在した。イケには、自然のもののほかに、堤防を補強するために土を採った跡に水が溜まったものも多くあった。こうしたイケは大広戸地区などの耕地の合間にみられる灌漑用の池に比べるとはるかに規模が大きい。こうしたヨシヤッカラに点在するイケでは、おもに減水期に入る秋から冬にかけて魚取りがおこなわれる。イケにはデミズの度に魚が入るため、いつでもたくさんの魚がいるとされた。

こうしたイケでは、水の減り具合に応じて、いくつかの漁法が選択的におこなわれる。秋、水の減り始めの頃は、オシアミ（押し網）を使って漁をする。ヨシを刈りとっては、そこをオシアミですくう。さらに水が少なくなると、カイボリをして魚を一網打尽にすることができる。カイボリは、イケに残る水をカイオケやバチカルポンプを用いてすべて掻き出し、なかに残る魚を一網打尽にするものである。こうしたヨシヤッカラ内での漁は、漁業権に関係なく、どこでおこなってもよいとされた。

三　農民漁撈と川漁師の漁撈との比較

1　生計上の位置づけ

昭和三十年代以前に時間軸を設定し、農民漁撈と川漁師がおこなう漁撈との違いについてまとめると第Ⅱ－2－1表のようになる。以下、この表をもとに農民漁撈と川漁師の漁撈活動とを比較対照しながら論を進めることにする。

まず、生計上の位置づけについて比較してみよう。「カエルのションベン（小便）でも水がでる」と揶揄されるほど低湿な江戸川下流デルタにあっては、農家といってもごく当たり前に漁をするし、また反対に、川漁師と自他共に認める家であっても若干の耕地を所有していることは多く、完全な専業漁師というのはむしろ少ないといってよい。

	農民漁撈	川漁師の漁撈
① 生計上の位置づけ	農耕　＞　漁撈	農耕　＜　漁撈
② 漁　期	稲作の営みにより決定 農繁期と農閑期に区分	自然の営みにより決定 主漁期と従漁期に区分
③ 漁　場	小水面 人工水界（水田用水系） 私有空間	大水面 自然水界（河川・湖沼） 総有・共有空間
④ 漁具・漁法	非専門的漁法 “待ち”の漁法 漁具の専門分化は少ない 漁具は自製が主 漁に舟の使用はない	専門的漁法（高度な操作技術） “攻め”の漁法 漁具の専門分化が進む 漁具製作の専門化 漁に舟を使用
⑤ 対象魚	水田魚類（ドジョウ・フナなど） 商品価値は低い	アユ・ウナギ・コイ・エビ 商品価値が高い

第Ⅱ－2－1表　農民漁撈と川漁師の漁撈との対比

生計活動としてみた場合には、稲作＋漁撈という生業複合は両者に共通しているわけで、その点でいえば農民と川漁師にそれほど大きな違いはない。農民と川漁師とを隔てる垣根の低さというのが、江戸川下流デルタのような低湿稲作地における生計活動の特徴であるということもできよう。そのとき農耕の方により重きを置いた生計維持のあり方を示すのが農民であり、その逆が川漁師ということになる。(3)

2　漁　期

漁をおこなう時期についていうと、川漁師の場合は、デミズや潮が漁期を決定する上で大きな意味を持ち、またそうした水に関しての民俗知識が漁をおこなう上で不可欠なものとなっている。つまり、川漁師にとって漁期は、人の力の及ばない、川や海の自然の営みに規定されているといえる。それに対して、農民漁撈の場合には、そうした自然の営み以上に、稲作とくに水田水利のあり方に漁期は規定されている。農民漁撈の漁期はあくまで稲作の都合で決定されているのである。

また、漁期についてもう少し細かくみてみると、両者の対照はより明瞭になる。川漁師の場合は、第Ⅱ－2－2図に示したように、一年の漁期は自然の営みに応じて主漁期と従漁期とに分かれている。主漁期となる四月から十月にかけては、上流域の雪解け水や流域に降る雨のため川の水量は総じて多く、また魚も産卵期を迎えるなどして川を遡ったりまた下ったりして活発に動いている。そうしたときだからこそ集中的に漁をおこない、収入の大半を稼ぐことができる。従漁期となる十一月から三月までは、川の水量は減り、また寒さのため魚の動きも鈍るため、漁はしづらくなる。そのため、従漁期には小遣い稼ぎ程度の小漁をいくつかするだけで、大半の時間は次の主漁期に備えて、網など漁具の手入れをおこなっている。

それに対して、農民漁撈の場合には、漁期は農繁期（四月から十一月）と農閑期（十二月から三月）に大きく分かれている。時期区分としては川漁師における主漁期と従漁期という分け方と似たものになっているが、漁期に関する認識のあり方は対照的である。

農繁期には農作業が労働の大半を占めるため、漁はあくまで稲作作業の合間におこなわれるにすぎない。水田用水系の中でも水田や小堀といった小水面を中心に、稲作によりもたらされる水利段階に対応しておこなわれる。具体的には、田植え前後の取水期（ノボリ）にはヨトボシをしたり、田の草取り前後の掛け流しの頃にはウケを仕掛けたり、また田から水が落とされる稲刈り後にはドジョウホリがおこなわれたりするのである。そうした農繁期の漁は、総じて小規模で、一回あたりの漁獲量は少なく、また個人でおこなう漁であることに特徴がある。

それが、農閑期になると、カマエボリやホリといった水田用水系の中では比較的大きな水面を舞台として、何人かが共同して、時には村を挙げて漁をおこなうこともある。漁法もカイボリのような人手を要する大規模なものが主となる。当然一回あたりの漁獲量も多く、それが村祭の食物や供物また正月魚に用いられることもある。

このように、農民漁撈の場合には、漁のあり方は農繁期と農閑期に明確に対照されるわけで、その漁期区分は川漁師における自然の営みに順応した主漁期と従漁期という分け方とは根本的に原理を異にしているといえる。

3　漁場・漁撈権

漁に利用する空間についていうと、川漁師は江戸川・中川の本流および河川敷の沼のように大水面が主な漁場となるのに対して、農民漁撈は水田や用水路など水田用水系を主とした小水面が中心である[4]。

当然、川漁師の場合には漁場が広域にわたるため漁には舟が不可欠であるが、水田用水系内を漁場とする農民漁撈の場合にはいわば日常の行動半径内であるため漁に舟を使うことはほとんどない。なお、江戸川下流域においては一般農家でも大水に備えて舟を所有しているところは多いが、それはあくまでも緊急避難用であり、漁のためのものではない。

漁場としては、大河川のような自然水界は雪解けや梅雨といった自然の営みに強く規定されるのに対して、水田用水系のような人工水界は稲作（水利）の営みに応じて水量や水流の方向が変化する。

そして、漁場使用の特徴としては、川漁師の用いる江戸川・中川の本流や河川敷の沼は総有的な空間であるのに対して、農民漁撈の漁場となる水田用水系は基本的に私有の空間であるといえる。ただし、農閑期の農民漁撈においては、村祭りに伴って共同でおこなわれる漁の場合には、水田用水系のなかでもカマエボリやホリのような比較的大きな水界が用いられるが、そのときには一時的に私の所有が制限されて総有化されることがある。

さらにいうと、川漁師の漁場の場合には、たとえば中川を専門とするものと江戸川を専門とするものがそれぞれ別にいたり、また同じ江戸川の川漁師でも橋などを境としてそれぞれ得意とする漁場が分かれていたりすることをみてもわかるように、たとえ漁場とする水界は総有的な空間であっても、そこにはなわばりが存在している。それに対して、水田やカマエボリのように私有の水界が漁場となる農民漁撈では、そうしたなわばりは存在しない。総有的な空間だからこそなわばりが主張されるのであって、たとえばカマエボリのような私有空間では所有者以外は勝手に漁をすることはできないのである。

ただし、水田においてウケを仕掛けて魚を取ることは、水田の所有者に許諾を得るまでもなく、イネさえ荒らさなければ黙認されることは多い。水田はあくまで稲作に関して所有権や耕作権といった権利が強く主張されるのであって、漁撈に関しては権利意識は未熟といってよい。水田の魚に関してその権利が強く主張されるようになるのは、魚についてもやはり水田養魚のようにドメスティケーション（栽培化）の段階に達したときである。

4　漁具・漁法

漁法については、川漁師のそれは待ち網や投網のように専門的な漁具が中心であるのに対して、農民漁撈の場合にはオッカブセや手づかみのように非専門的な漁具が中心となる。

また、一漁法の中でも、川漁師の場合には投網のように漁獲対象となる魚種に対応して五種類にも専門分化することがあるのに対して、農民漁撈の場合にはそうした細かな分化はみられない。つまり、川漁師の用いる漁具は、農民漁撈に比べると、魚種や漁場に応じた専門分化が進んでおり、結果として多様なものになっている。

当然、川漁師の用いる専門的な漁具の場合それを使いこなすには高度な民俗知識や技術が必要とされるが、農民漁撈の非専門的漁具の場合には基本的にそうした民俗知識や技術は必要とされず、誰でも何時からでもおこないえるものだといえる。

そうしたことは漁具の製作についてもいえることである。両者とも漁具の製作は基本的に漁者自身によりなされるが、専門性の高い川漁師の漁具の場合には、漁具を専門に作る職人（たとえば網屋）が存在する。それに対して、農民漁撈には漁具の製作を生業とする職人は存在しない。そのように、農民漁撈の場合、あくまで自製を旨とするため、漁具の出来は個人差が大きく、上手下手の差がでやすい。

5　漁の対象となる魚

漁獲対象となる魚についてみてみると、川漁師は商品価値の高いアユ・ウナギ・コイ・エビといった魚介類をおもに狙うのに対して、農民漁撈ではドジョウやフナといった商品価値のそれほど高くない魚介類が漁獲対象となっている。川漁師の場合には取った魚介類は商品として売らなくてはならないのに対し、農民漁撈は自家消費が主となるため、それは当然のことであろう。

川漁師の場合には、売れる魚介類を求め広域に渡って漁をおこなうが、農民漁撈はいわば水田用水系において産卵習性や生理的欲求に応じてやって来る魚を取っている。川漁師の漁が〝攻め〟の漁とするなら、農民漁撈は〝待ち〟の漁であるといえよう。

ドジョウやフナのように、水田用水系（人工水界）に自らすすんで遡って来たり、またそこに好んで棲息したりする魚介類を一括して水田魚類（安室 二〇〇一）と呼んでいるが、まさに農民漁撈の漁獲対象はそれである。それに対して、川漁師の漁獲対象とする魚介類はコイのような水田魚類もいるが、それ以上にアユのように自然水界の川に棲む清流魚が商品としては重要な意味を持っている。

註

（1）ただし、日本の場合、稲作を主たる生計活動とする多くの農民にとって、水田漁撈は農民漁撈とほぼ同義であるといってよい。

（2）オッカブセは魚伏籠の一種で、高さ一メートル弱、上の口径五〇センチ、下の口径一メートルほどの大きさをしており、手に持って操作できるようになっている。水田漁撈の代表的漁具である。

（3）　淡水漁撈に関連して、魚の仲買業も一部には重要な生計活動としておこなわれていたが、論を単純化するため、本章では詳しくは触れなかった。

（4）　ただし、農民漁撈の場合、農閑期と農繁期の漁とでは使用する漁場に若干の違いがある。それは、農繁期の漁場がほぼ水田用水系に限られるのに対して、農閑期のそれは水田用水系とともに、ヨシヤッカラのような自然水界でも漁がおこなわれることがある。そうしたことは、同じ稲作地でも、河川下流デルタのような低湿田地帯において顕著である。

引用参考文献

・鈴木由蔵　一九九一　「二合半領　四季の魚取り」『葦のみち』三号

・原田信男　一九九〇　「三郷地域の耕地と集落について」『葦のみち』二号

・三郷市史編さん委員会　二〇〇〇　『三郷市史一〇巻－水利水害編－』三郷市

・安室　知　二〇〇一　「『水田漁撈』の提唱」『国立歴史民俗博物館研究報告』八七集

第三章　稲作民の淡水魚食
――保存技術と漁撈技術の関係から――

はじめに

筆者は、近代以前における日本人の生計は基本的に複数の生業の選択的複合の上に成り立つものであったと考えている。従来、民俗学では、たとえば「稲作民」「畑作民」「漁撈民」というように、人びとの生業を特定の生業技術に固定して扱ってきた。しかし、そうした研究の態度は日本人の生計活動の実態を明らかにしようとする方向性とはかけ離れたものであったといわざるをえない。

従来の民俗学における生業研究はひとことで言って「生業技術」の研究であり、けっして「生計」を明らかにするものではなかった。しかも、それは当初から単一の生業イメージを日本人に当てはめて進められてきたものであった。そのため、いつまでたっても日本人の生業〈なりわい〉に迫ることができなかったのである。

こうした従来の研究姿勢に固執するかぎり、本章で論じる「稲作民の淡水魚食」という問題は研究の射程に入ってこない。農耕民（稲作民も含んで）の場合、食物自給性[1]を維持してゆくには、不足しがちな動物性たんぱく質獲得戦略を持たなくてはならない。それが、稲作民のおこなう漁撈活動や狩猟活動が有する生計上の意味のひとつであると考えられよう。

本章は、そうした研究姿勢のもと、稲作民がいかにして生計を維持してきたかを、自給的な漁撈活動によりもたらされる淡水魚に焦点を当て、彼らの食生活における動物性たんぱく質の獲得戦略という視点から探ることにする。また、調査方法としては、時間軸を昭和初期（一九二六〜一九三五頃）に設定して民俗学的聞き取り調査をおこない、昭和初期の人間生態系の復元を試みた。そのとき、できうる限り定量的な分析に努めることにした。

この場合、本章で用いる「稲作民」の用語についてまず厳密な概念規定をしておく必要がある。ここで言う「稲作民」は、従来民俗学などで単一生業イメージをもって使用されてきたものとは性格を異にする。たとえどんなに小規模でも稲作を営む人はすべて「稲作民」として扱う。そのため、従来は漁撈民や畑作民などに分類されていた人びとも自給的な稲作を営んでいれば、それは「稲作民」の概念に含まれる。

一　ホリとギロンの村——調査地の概観

滋賀県守山市木浜は、琵琶湖南湖の東岸に立地する。湖岸に沿って南北に広がる耕地には、第Ⅰ—1—2図（Ⅰ—1章）に示したように、四つのギロン（内湖）が点在し、さらにそのギロンを結ぶようにホリ（堀）が網の目状に張りめぐらされている。そのため、一枚の水田の周りをホリがぐるりと取り巻いているものもあり、全般に低湿な水田が多かった。なお、そうしたギロンやホリが住民生活にとってどのような意味を持っていたかについては、Ⅰ—1章で論じているので、それを参照していただきたい。

ギロンやホリは陸路の発達を遅らせたが、一方では「ちょっと隣にゆくにもタブネ（田舟）に乗って」というほど水上交通を発達させた。屋敷の前か後ろには必ずホリが通り、そこには簡単な船着き場が作られていた。そのため、集落内はともかくとしても、耕地内を田仕事に回るには毎日タブネを利用するしかなかったといえる。このようにして、タブネを使って、五〜一〇か所にも分散する水田を順に田仕事に回るのである。田仕事に必要な農具はもちろんのこと、牛などの農耕家畜も、タブネを少し大きくしたウシブネ（牛舟）に乗せて、そのつど屋敷から水田へ運んでいった。

そのため、木浜の人たちは、田仕事への行き来に使う時間を惜しんで、朝でかけるときには昼の弁当を持参して夕方まで家に帰ることはなかった。田の脇には休息したり昼飯を食べたりできるようなタゴヤ（田小屋）が必ず作られており、湯沸かし道具などが置かれていた。また、そうしたタブネでの田仕事への行き帰りの時間を利用して、木浜の女は、ホリの水で洗濯したり、夕飯のイモの皮剥きをしたり、男はオカズトリの漁撈をおこなったりする。

第I－1－4図（I－1章）は、木浜における稲作民の漁撈暦である。その詳しい説明は別稿（安室 一九八七）に譲るとして、木浜の稲作民による漁撈の特徴を簡単にまとめると以下のようになる。

第一点は、漁法は主として定置陥穽漁具のような受動的な漁法が中心となること。たとえば、木浜でもっとも一般的におこなわれるモンドリに代表されるウケ漁やハネコミ漁（原初的なエリ）がそれに当る。

第二点は、漁場とされる空間は耕地に広がるホリやギロンといった小水界が中心となること。また、もともと漁場と未分化に近い状態で低湿田が存在したり、ミズゴミ（大水）により水田が冠水して漁場に転換することもある。

第三点は、漁期は産卵期を迎えて魚が湖岸のヨシ場やホリ・ギロン・低湿田などに「寄り魚」化するときが中心となること。

第四点は、木浜の場合には稲作と漁撈の生業複合度は非常に高いものがあるが、基本的に稲作活動が最優先されるため、漁撈行為は稲作活動によって規定される時間・空間・労力をうまくかいくぐっておこなわれる工夫がなされること。

そうした四つの特徴をもっともよく示しているのが、モンドリなどの小型定置陥穽漁具である。これは、先にも述べたように、木浜の稲作民にとっては宿命的について回る農作業へのタブネでの行き来にかかる時間を用いておこなわれるもので、行きがけに漁具を仕掛け、帰りにそうした漁具をあげて魚を取ることができる。その最大の特徴は、いったん仕掛けてしまえば、追い込んだりする労力を使わなくても魚はほぼひとりでに漁具に溜まるという点にあり、たいへんに省力的な漁法であるといえる。そうした小型定置陥穽漁具にとって最大の好機となるのが、魚が活発に動き回り、しかも岸辺に「寄り魚」化する産卵期なのである。

なお、後節で取り上げ比較する栃木県小山市下生井については、木浜と同様な自然環境のもとにある水田稲作村であり、そこでおこなわれる生計維持活動も木浜と共通する部分が大きい。

下生井の場合には、渡良瀬遊水池に隣接して立地するが、それはいってみれば木浜の琵琶湖に匹敵するものである。また、下生井の耕地内には掘り上げ田[2]の名残であるホリが点在している。これもまた、住民にとっては木浜のホリやギロンに匹敵する存在である。

そのように、下生井の水田は低湿田が多く、水利は未発達で、雨水だよりの天水田も多い。しかし、耕地の多くは水田化され、稲作単作地の景観を示している。また、遊水池の水があふれたり、また遊水池に注ぐ川が氾濫したりして起こる水害の常襲地でもある。

そのため、稲作と漁撈との生業複合度は木浜と同様に非常に高いものがあり、下生井の稲作民にとって漁撈は生計維持の上で非常に重要な意味を持っていた。ただし、複合生業としての漁撈のあり方は、後に注目するように、木浜とは違った原理のもとにおこなわれている。このことが、淡水魚の保存加工技術にも大きく影響してくる。

二　稲作民の食生活——概　観

1　食事回数

稲作民の淡水魚食を論じる前に、守山市木浜を例にとり、典型的な大水面近接型稲作地における食生活について概観しておく。

まずは一年間における食事回数の変化についてみてみる。木浜における食事回数は、おもに水田稲作にかかる労働の多寡に対応して変化しているということができる。その様子をよく示しているのが第Ⅱ―3―1図である。

田仕事の少ない農閑期（十二月下旬～三月上旬）はアサメシ・ヒルメシ・ユウメシの三回の食事で、現在一般の食事回数と同じである。ただし、この時期は、木浜の場合、男はほとんどエリダテ仕事[3]で琵琶湖各地の集落を泊まり歩いている。そうした所ではエリダテの期間中は三食のほかに晩酌が

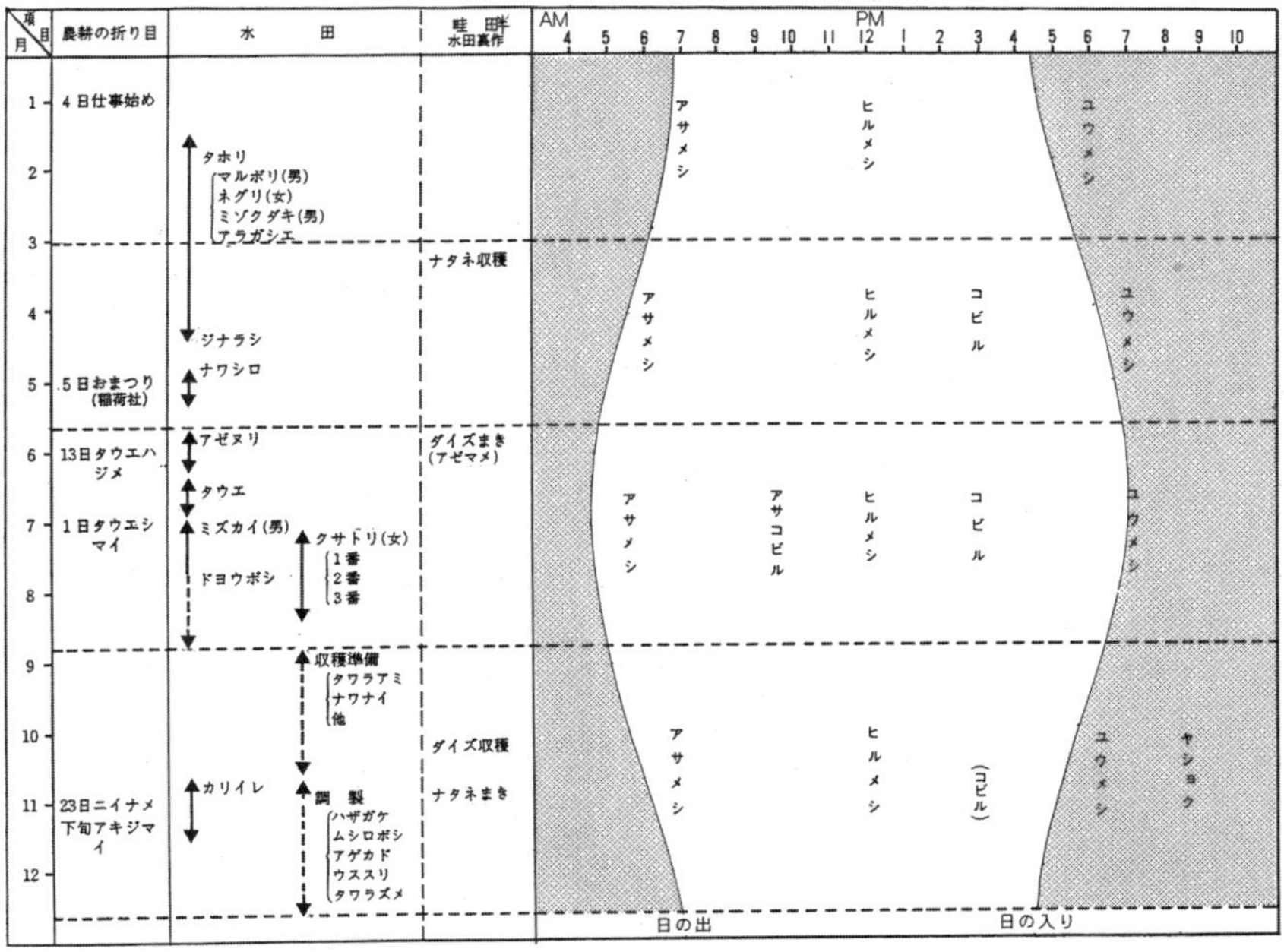

第Ⅱ－3－1図　稲作民の食事と農耕暦 －昭和初期－

つくことになっていた。そうして四月になり本格的にタウナイ（水田耕起）などの田仕事が始まると、昼食と夕食の間にコビルと呼ぶ間食を摂るようになり、食事は一日四回となる。

そして、六〜七月の、タウエ（田植）・タノクサ（除草）・ミズカエ（揚水）という木浜におけるもっとも激しい一連の稲作労働の時期を迎えると、日の長さも手伝って、一日の労働時間は大幅に増加する。そのため、朝の四時半に起床してすぐに田に行き、日暮れ前に家に帰ってくるという生活になる。そのとき、朝食と昼食との間にアサコビルを、昼食と夕食の間にコビルをそれぞれ摂るようになり、食事回数は一日五回となる。朝食と夕食以外は、家に帰る時間と労力を惜しんで、食事はすべて田仕事の合間をみて田の脇で摂る。こうして、タノクサの三番（三回目の除草）を終えると、田仕事は忙しい中にも少し余裕がでてくる。

しかし、その頃になると、秋の刈り入れの準備に取りかからなくてはならない。縄ないや俵編みといった準備作業は主にヨナベ（夜業）におこなわれる。これが八朔盆（八月一日）過ぎ頃から始まる。また、刈り入れの頃になると、そうしたヨナベ仕事に、ウススリ（籾摺り）やコメツキ（米搗き）といったコメの調製作業が加わる。そして、ヨナベ仕事は調製作業が終わる十二月末まで続くことになる。こうしたヨナベ仕事の合間に摂るのがヤショク（夜食）である。

このように、木浜の人びとは水田稲作の労働量に応じて食事の回数を増減させていたということができる。ただし、一日に一人当たりが食べる量は個人差が大きく、またコビルやヤショクなどの間食もその期間には必ず摂るという性格のものではない。

2　食事の内容——主食と副食

主食がコメであったことは今と変わりない。第二次大戦前までは、コメにムギやアワを混ぜてマゼメシ（混ぜ飯）

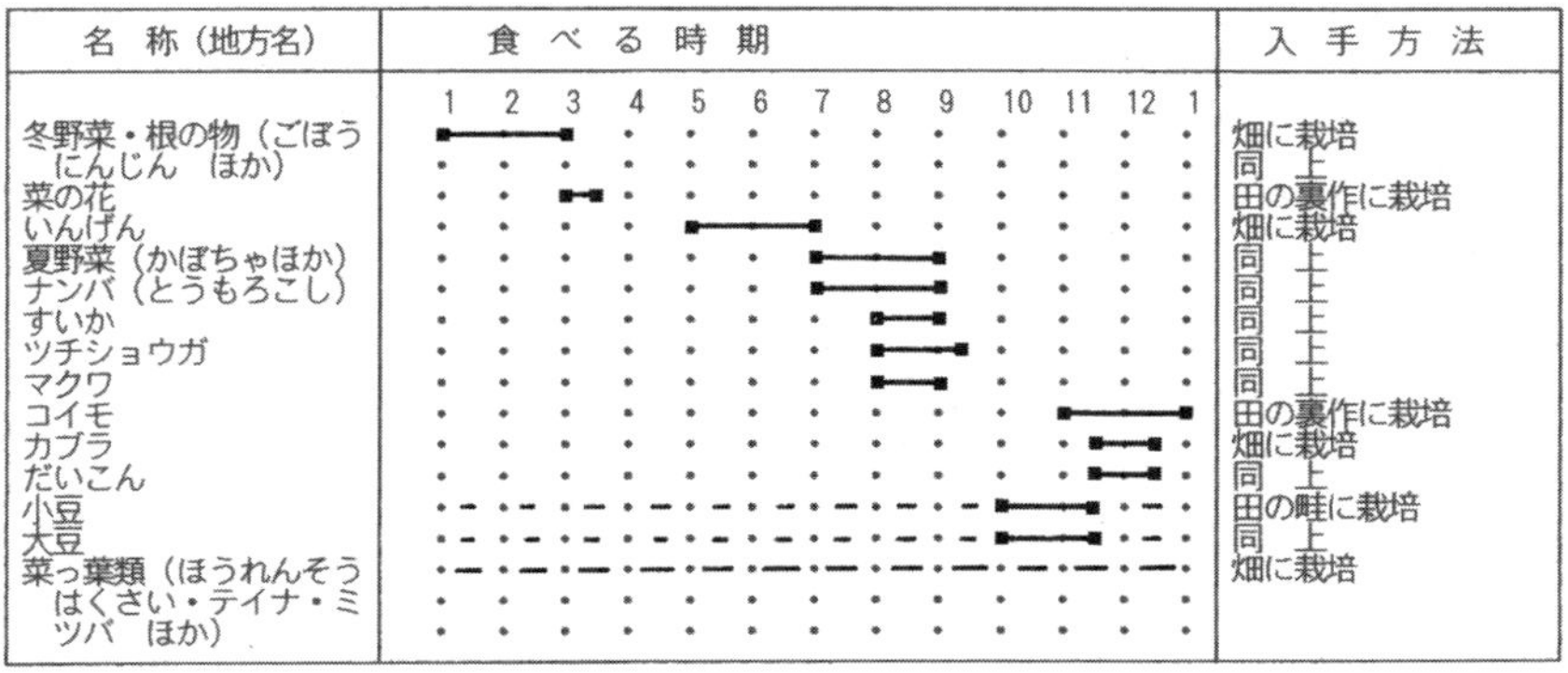

第Ⅱ−3−2図　稲作民の菜食暦

にして食べることもあったが、カテの割合は一〜二割程度で主食糧はコメであった。木浜は、全体としては主食糧の面から見れば恵まれた食生活を送っていたということができよう。また、聞き書きでは、田植えから田の草取りまでのもっとも労働のきつい時期には、「男一日一升」の飯を食べたといわれる。

こうした主食糧に対して、副食物についても木浜はたいへんに恵まれていた。屋敷の周りには小規模ながら畑があり、主に自家用の野菜物が作られていた。この畑での作業は主として老人の仕事とされていた。第Ⅱ−3−2図を見ると、昭和初期に副食物としてどのような野菜が用いられていたかがよくわかる。なお、こうした野菜はその家の自家消費を上回ると、たとえ少しでも、大津や堅田の町まで野菜売りにでかけた[4]。また、こうした屋敷周りの畑以外でも、木浜の耕地の大半を占める水田の畦畔ではダイズが栽培されていた。こうした畦畔でのダイズ栽培により、多くの家では、一年間に消費するダイズのほとんどを賄うことができたという。ダイズは稲作民にとって、そのまま煮て食べたり、黄粉にしたりするほか、味噌に加工するなど副食物の中でもとくに重要な作物である。

こうした野菜類のほかには、木浜には副食物として豊富な魚介類が存在した。木浜では稲作民が日常的に漁撈をおこなっており、それを一般に「オカズトリ」と称していた。前述のように、稲作作業にも田舟に乗っていかなくてはならず、そうした行き帰りにホリやギロンで「オカズトリ」はおこなわれた。

三　動物性たんぱく質源としての淡水魚

1　淡水魚食の実態

第Ⅱ－3－3図を見ると、昭和初期に副食物として、木浜ではどのような魚介類が用いられていたかがよくわかる。年間を通じて多種多様な魚介類に恵まれていたといえよう。木浜の場合、そのほとんどが自給的な漁撈活動によって入手することができた。それを示すように、木浜の人びとは自分たちのおこなう自給的漁撈活動を「オカズトリ」と表現していることは前述のとおりである。つまり、人びとにとって漁撈はもっとも手軽な動物性たんぱく質源の獲得手段なのである。獣肉の消費の限られていた昭和初期には、木浜にはほかに動物性たんぱく質獲得の手段はほとんどなかったといってよい。

ときには塩サバ・棒ダラなどの海産魚介類やキリコミと呼ばれる下等な肉（農耕牛馬）の入手も可能ではあったが、それはごく限られた範囲内のものであった。塩サバはタウエジマイ（田植祝）やアキジマイ（収穫祝）のときに、ジュンジュン（すき焼き風の料理法）にして食べるくらいであったし、棒ダラも正月の煮物に使うくらいであった。

昭和初期にはすでに木浜のような農村にも商品経済・貨幣経済は浸透していたが、塩や先に挙げた海産魚介類のようなハレの食物以外、日常の食糧についてはそのほとんどが自給されていたといってよい。当時は農家の現金収入源は限られており、唯一の現金収入源といってよいエリ仕事で得た少ない収入は、生活必需品（衣類・油など）や肥料の購入に振り向けられた。そのため、食糧購入に当てられる額はごく少なく、機会としては祝い事などの何か特別の日（ハレの日）に限られていた。したがって購入に頼らざるをえない海産魚介類が、そうした日常のたんぱく質源と

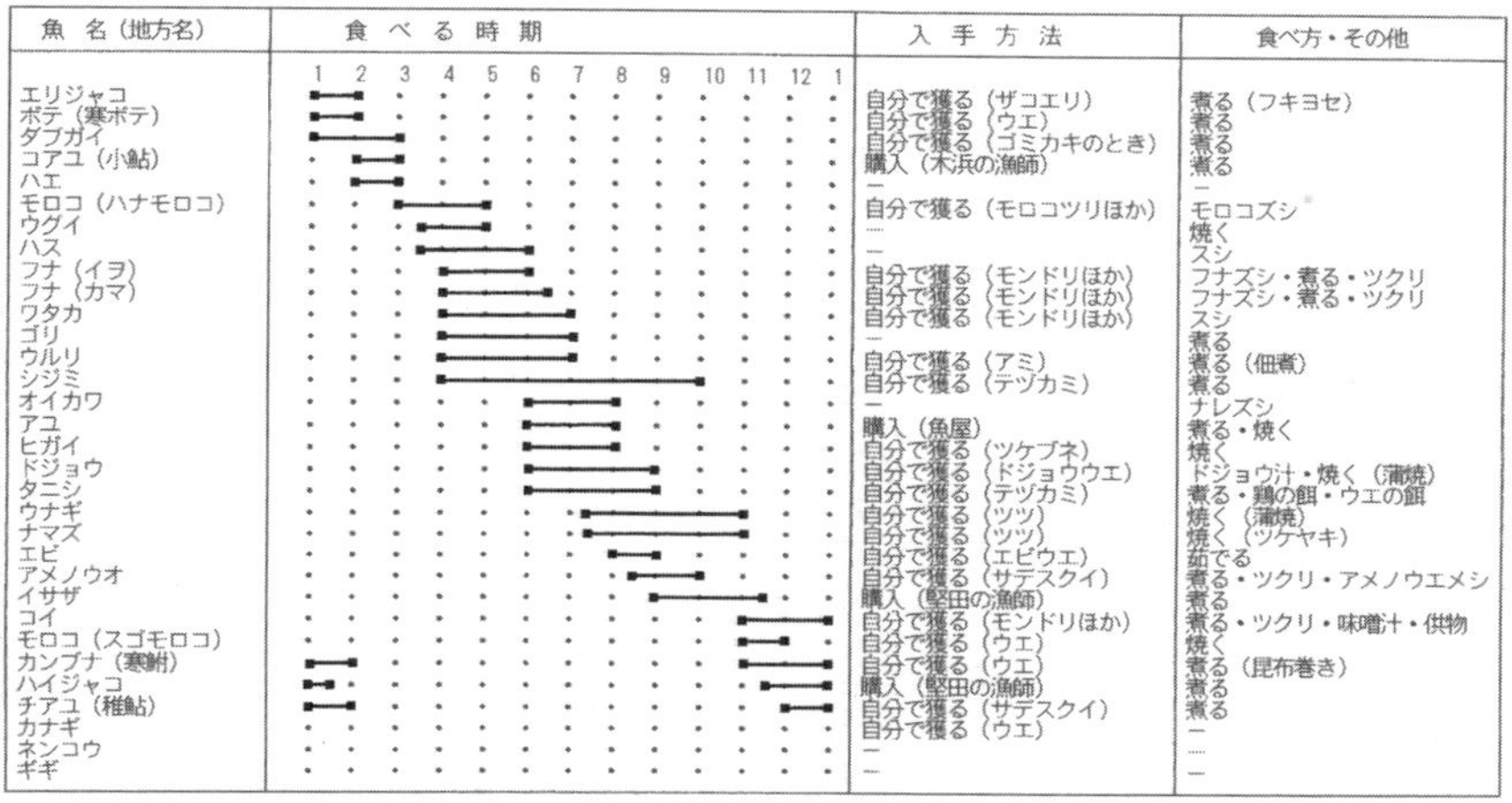

第Ⅱ－3－3図　稲作民の魚食暦

なることはなかった。それは、木浜の人びとにとってはカワリモノであり、贅沢品であるといってよい。

このように、海産魚介類の流通消費が限られたころには、琵琶湖の低湿地に隣接して農耕生活を営む木浜の人びとが、水田を取り巻く環境を積極的に利用して自給的に動物性たんぱく質を獲得しようとしたことは当然であろう。第Ⅱ－3－3図に示したごとく、木浜の稲作民は海村にも劣らないだけの、豊富で多種類の魚介類を一年を通して副食物として利用することができた。しかもそのほとんどが、自らの漁撈活動により獲得した物であることは注目すべきである。

木浜における動物性たんぱく質源としての淡水魚貝類の重要性は、従来は遊び（娯楽）としてしか認識されなかったオカズトリのような漁撈活動の重要性もよく表しているといえよう。けっして統計上に現れることはないが、その生計維持上の重要性は、低湿地にありながら稲作に高度に特化することのできた木浜のような水田稲作村にとってはたいへんに大きなものがあるといえる。

また、木浜（また琵琶湖沿岸の村々）にとって、淡水魚は日常（ケ）の食物としての重要性のほかに、非日常（ハレ）にも特別な意味を持っている。自給的に入手される淡水魚のうち木浜ではとくにフナとコイがそうしたハレの日に用いられる傾向が高い。

ハレの場面に用いられるフナは主にフナズシに加工されたものである。フナズシは木浜ではヒトヨリ（人寄り）の日には欠かせない食物となる。ヒトヨリの日とは、木浜では一般にハレの日を総称することばであるが、そのうちでもとくに人が多く集まるときを表現する場合が多い。このフナズシについては次節で詳述する。

また、コイは人生儀礼の場面に用いられることが多い。とくに婚礼と出産には欠くことのできない物とされる。嫁入りの宴席では、ハツザカナと称してコイをツクリ（刺身）にして大皿へ姿盛りにする。そして、それを祝言の謡が歌われている間に賓客の間に回して一切れずつとってもらう。また、子供が生まれると、お祝いにコイを出産のあった家に持って行く。そのコイを味噌汁に入れて食べると、よく乳が出るという。このほか五月五日の氏神（稲荷神社）の祭礼には、漁師の家から大ゴイが神社に奉納されることになっており、年中行事の場面でもご馳走として盛んに用いられる。

2　動物性たんぱく質安定供給の条件

以上のように、稲作民にとって淡水魚は主要な動物性たんぱく質源であるため、彼らにとって自給的な漁撈活動は重要な意味を持っていた。現金収入が限られ貨幣経済にあまり頼ることのできない段階ではとくにそうであろう。

しかし、稲作活動による制約を回避してなされなくてはならない彼らの漁撈活動では、一年を通してみると漁獲物の量にかなりの濃淡、偏りができてしまう。そうした濃淡ができる要因としては、稲作活動による時間的・空間的・労力的な制約のほかにも、その地域で食用にされる魚の生態（産卵習性など）やその地域の文化環境（食物嗜好の問題）、および漁撈法の相違といったことが考えられる。

先に挙げた第Ⅱ―3―3図によると、稲作民による魚介類の消費は一年を通じて、いっけん切れ間なく一様になされているように見える。しかし、消費量を目安にしてみると、前記のような要因により、その濃淡はかなり鮮明になってくる。そして、その濃淡が鮮明になるほど全体として淡いところは、食料としての魚を手に入れづらいことを意味する。

そのため、取った魚を安定した自給的動物性たんぱく質源にするには、魚を得難い時期をいかに乗り切るかということが大きな問題となる。そうした問題に対処するには、第一に現金収入の増加をはかること、第二に魚が大量に取れたときにそれを保存加工しておくことの二つの方法が考えられる。しかし、昭和初期という時期を考えれば、前述のように、商品（海産魚）の流通が限られ、また農家側でも少ない現金収入をそうした食品に振り向ける余裕などなかったことから、農村部においては第一の方法によって日常の食物として魚を手に入れることはできなかったといえる。前述のように、それは購入に頼らざるをえない海産魚が一年の内にそう何度もないハレの日にしか食べられなかったことをみても理解されよう。

そのため必然的に第二の方法を稲作民は選択してきたといえる。その条件としては稲作活動による制約条件（時間・空間・労力）を回避しながら、漁獲しやすい時期に大量の魚を取る技術が存在すること、そうして一時にもたらされた大量の魚を保存食化する技術が存在することの二つの条件が必要になる。この二つの条件があってはじめて稲作民が自ら漁獲した魚を安定した動物性たんぱく質源として利用することが可能になる。この問題については次節において木浜と下生井とを比較しながら詳しく論じることにする。

3　淡水魚食の定量的分析

木浜に例をとり、昭和初期に一軒の家でどれくらいの量のフナがスシとして保存され、それが住民の食生活の上でどのような位置を占めていたのかといったことをアンケート調査により、できうる限り定量的に復元してみた。復元

項目 家	使用材料 フナ（貫）	米（斗）	塩	できた フナズシ （kg）	家族数 （人）	計	総カロリー （cal）	1人当 カロリー （cal）	1人当 蛋白 （kg）	1人当 脂肪 （kg）
I．R	20	4	かます 1俵	58.64	（16〜 ）4 （3〜15）5 （〜3才）1	10 (-1)	113937.5	12659.7	1.655	0.863
H．M	15	3	60kg	43.98	4 3 0	7	85453.1	12207.6	1.596	0.647
N．H	2	0.2	1合	5.86	6 0 1	7 (-1)	11386.0	1896.7	0.248	0.101
O．G	5	0.5	5升	14.66	5 1 0	6	28484.4	4747.4	0.621	0.252
U．Z	10	1	7升	29.32	5 1 0	6	56968.8	9494.8	1.241	0.503
N．H	10	1.5	10升	29.32	4 2 0	6	56968.8	9494.8	1.241	0.503
S．S	32	4	40kg	93.83	5 2 2	9 (-2)	182310.0	26044.3	3.405	1.381
T．S	10	1.5	2斗1升	29.32	2 2 2	6 (-2)	56968.8	14242.2	1.362	0.755

＊生鮮魚加工後の重量比（鮮魚に対し）78.4%、フナズシ100gのカロリー149.3cal、粗蛋白含有率25.7%、粗脂肪含有率10.3%として計算した。　参考（黒田ほか、1954・1955・1956）

第Ⅱ−3−1表　フナズシに関するアンケート集計

的作業であること、被調査者の選択法[5]などいくつかの問題はあるが、一応の目安にはなると考える。アンケートの結果を集計したものが第Ⅱ―3―1表である。

その結果、ここでとくに注目したいのが、フナズシによる成人一人当たりの年間総粗たんぱく摂取量である。最小値で二四八グラム（N・H家）、最大値で三四〇五グラム（S・S家）と値には幅が大きいが、平均すると一三二四グラムとなる。この幅の大きさは何に由来するかを推測すると、まず第一にフナズシに対する嗜好の問題がある。木浜では全般にフナズシに代表される発酵保存された魚を好む人は多いが、その独特な臭みや味を嫌う人も中にはいる。ここで言えば、最小値を示した家（N・H家）の主人がそれに当る。ただし、このアンケートがフナズシに限っているため、この家で摂るたんぱく質の総量が少ないというわけではなく、たんぱく質摂取物の中に占めるフナズシの割合が少ないものと推測される。

平均値である一三二四グラムという数字の持つ意味について考えてみよう。この数値は、『日本の食糧資源の総合的利用（案）』（科学技術庁資源局　一九五八）に示された昭和初期（昭和六〜十年）における国民一人一日当たりの動物性たんぱく質摂取量である七グラムで計算すると、実に一八九日分の動物性たんぱく質を賄うものである。木浜の場合、後述するように、発酵保存される魚はフナだけではなくさまざまな淡水魚が用いられること、またもちろん鮮魚のまま煮たり焼いたりして食べる分もかなりの量に達することなどを考えると、フナズシだけで一八九日分もの動物性たんぱく質を賄うことができたことの持つ意味は大きい。おそらくフナズシは木浜の人びとにとって食生活上たんぱく質安定供給に大きな役割を果たしていたということができよう。

ちなみにもっとも多い家（S・S家）の値で計算すると四八六日分に達し、かるく一年分の総摂取量を越えてしまう。このことはもしかしたら、従来こうした稲作民の自給的な動物性たんぱく質がほとんど統計上無視されてきたために、昔の人びとの食生活における動物性たんぱく質摂取量が過小に評価されてきたことを示すものなのかもしれない。その意味でいえば、前記の統計による一日当り七グラムという数値も本来はもっと大きな値になってもよいのではなかろうか。

木浜に限らず、下生井でも、またそのほかの稲作地においても、従来は稲作民自身がおこなう水田漁撈などの自給的漁撈活動は取るに足らないものとして調査研究上無視されてきたといってよく、それによりもたらされるエネルギー量は従来の栄養学的データからほとんど欠落していたといえる。本来、我々のような現代人が固定観念で思い描いているよりも、はるかに昭和初期以前の稲作民の食生活はバラエティーに富み、かつ栄養バランス上も安定したものであったのかもしれない。もう少し水田漁撈に関する調査研究が進めば、少なくとも稲作民が栄養上極度に動物性たんぱく質が不足した状態にあったという固定観念は否定されるであろう。

四　淡水魚をめぐる保存技術

1　保存技術の比較

稲作民自らがおこなう自給的漁撈活動によって得た淡水魚を安定した動物性たんぱく質源とするための条件について、淡水魚保存技術の面から、木浜と栃木県小山市下生井とを比較検討する。下生井は渡良瀬遊水池に隣接する大水面近接型稲作村落で、木浜と同様に、低湿な自然環境のもとにある。両地域における保存技術全般を比較しつつ、淡水魚を保存食とすることの技術的背景について論じる。

第Ⅱ－3－2表・第Ⅱ－3－3表は、木浜と下生井における食糧保存技術の総体である。また、第Ⅱ－3－4表はとくに淡水魚の保存技術に注目して両地域を比較したものである。

こうした表を参照しながら、木浜のフナズシ（発酵保存法）と下生井のホシカ（乾燥保存法）に注目して、製造法ならびに利用法について比較考察をおこなうこととする。

2　木浜の保存技術――フナの発酵保存

まず、木浜の一般農家で現在まで伝承されてきているイヲ（抱卵したニゴロブナ）を用いたフナズシの製造工程を示す。なお、できるだけ話者の語り口を優先して記述することにする。

①フナズシに漬けるフナを入手する。フナズシには四月ころの腹に子（卵）を持ったニゴロブナを用いる。それを一般にイヲと呼ぶ。五月以降になるとフナは子をたれる（産卵してしまう）ので、フナズシには向かない。

②フナはまずハラ（内臓）を抜く。そのとき身を傷つけないように魚の口からハラを出す。それを桶に塩きりして水を張り、たっぷりの塩で漬け込む。このときの塩加減はその家のシキ（家風）に従う。

③土用前になると、塩漬けしたフナをきれいに洗って水をきっておく。魚は塩で身がかちかちに固くなっている。

④そのフナの口から炊いた白米を腹の中いっぱいに詰め込み、それを桶にシタゴハン（下御飯）を敷いて漬けていく。一段フナを並べるとその上に飯を敷き、魚と飯が交互になるように重ねていく。このときの飯の柔らかさや量といった米加減もやはり

	名称（地方名）	材　料	保存期間	作り方・食べ方
塩蔵	コウコ			
	（アマクチ）	だいこん	４か月以内	１１月ころだいこんを丸のまま干して、糠と塩とで漬け込む。カラヅケはアマクチの２倍ほどの塩を使って漬ける。４斗樽に何本も漬ける。
	（カラヅケ）	だいこん	１年以内	
	ミソゴウコ	だいこん	１日～２週間	味噌桶の中に漬け込む。
	キリヅケ	だいこん	１０日以内	だいこんを輪切りにしてから塩で漬ける。
	センマイヅケ	かぶ	－	かぶを薄く輪切りにしてとうがらしとみりんで漬ける。
	ドボヅケ	－	－	－
	ウメボシ	うめ	数年	初夏に梅を塩漬けし、その後天日で干しあげる
	ウメズヅケ	しょうが	－	梅干しの梅酢に漬け込む。
	シオヅケ　＊	ふな	－	フナズシを作るときの塩漬けと同じ。塩だししてから煮たり焼いたりして食べる。伝承のみ。
干蔵	（焼き干し）＊	ふな	－	１２月ころふなを紐でくくり、かまどの近くにつるしておく。主にだしに使う。
発酵	スシ　＊	ふな（イヲ）	１年以内	４～５月ころに獲れる抱卵したニゴロブナを用いる。ハレにもケにも用いる。
		ふな（カマ）	１年以内	子を持たないニゴロブナを用いる。ケの食品。
		ワタカ	１年以内	６～７月に獲れる抱卵したワタカを用いる。ケの食品。
		ハス	１年以内	ハスの雄を用いる。ケの食品。
		モロコ	１年以内	高級品で、ハレの食品。
	ナレズシ　＊	ワタカ	－	ワタカの雄を用いる。腹骨を取り手で握ってから漬ける。ケの食品。
		オイカワ	－	－
		ハイ	－	－
	コウジヅケ　＊	ワタカ	－	ワタカのあごの部分を漬ける。お茶漬けにして食べる。
他	アメダキ　＊	小あゆ・イサザ・ウルリ・しじみ	１か月以内	エリに入る雑魚を用いて作る。しょうゆと砂糖でとろとろと煮て作る。佃煮と同じ。

＊印は淡水魚の保存方法を示す。

第Ⅱ－３－２表　木浜における食糧保存技術一覧

その家のシキに従う。

⑤そうしてフナと飯を交互に詰め込んだ後、桶に水を張り、オシブタ（押し蓋）をしてから上に重石を載せる。

⑥ひと月に二回ほどの割合で、桶の水を取り替え、ついでにオシブタをきれいに洗っておく。

⑦こうしておくと、土用の間に飯が熟《な》れるという。「土用の水」を越さないといけないとはそのことをいう。

⑧早いと九月末ころから食べることができるようになるが、通常は正月前後から食べる。こうして、さらに一年以上漬けることもある。漬かりが深いほど、飯は熟れて形が無くなり、黄色みが強くなる。

	名称（地方名）	材　料	保存期間	作り方・食べ方
塩蔵	ミソヅケ	にんじん・ごぼう ゆず・だいこん	1年以内	味噌桶に入れてつける。目安としては、ヒトダル1本当り5～6本のだいこんを入れる。あまり入れすぎると味噌自体がまずくなってしまう。
	シオヅケ	らっきょう	1年以内	－
	ヌカヅケ	なす・きゅうり だいこん	1日～2週間	一家族当りヒトダルにして10本つける。塩加減をそれぞれ変えて漬ける。もっとも塩のきついものでヒトダル1本に6升の塩を入れる。
	ウメボシ	うめ	数年	初夏に梅を塩漬けし、その後天日で干しあげる。
干蔵	イモガラ	ずいき	1年以内	－
	キリボシ	だいこん	1年以内	冬に作り、夏にたにし・ふな・えびなどと煮て食べる。
	ダイコンパ	だいこんの葉	1年以内	冬屋外で生乾きにしてから風通しの良い屋内で乾燥させて作る。夏中の味噌汁のみになる。
	（名称不詳）	きく	1年以内	花をフカシにかけて、ざるに入れて風通しの良い屋内に置いておく。三杯酢で食べる。来客用。
	ホシカ　＊	ふな	3年以内	寒中に作る。コブナのはらわたを取り干す。1斗缶で2～3缶も作る。
	ホシエビ　＊	えび	1年以内	－
	（焼き干し）＊	ふな	4か月以内	串に刺して軽く焼き、その後ベンケイに刺して風通しの良い所に置いておく。必要に応じて使う。正月料理の甘露煮には不可欠。
	ニボシ　＊	ふな・やなぎば	1年以内	いったん魚を茹でてから干して作る。
発酵	コウジヅケ	きく	－	花の部分を用いる。ガクを取り除きフカシにかけてから漬ける。来客用。
他	イリゴメ	米	3年以内	白米をホウロクで煎り、塩と胡椒で味をつけておく。それを紙袋に入れ、さらに缶に入れておく。
	カンロニ　＊	ふな	1か月以内	正月前にカイホリして獲ったふなを特に「正月ぶな」と呼び、それを用いて作る。正月用。

＊印は淡水魚の保存方法を示す。

第Ⅱ－3－3表　下生井における食糧保存技術一覧

以上がフナズシの製造工程であるが、明らかに塩蔵（塩漬けによる保存処理）が基盤にあることがわかる。[6] また、木浜で作るナレズシは、なにもイヲのフナズシだけではない。フナズシは木浜ではもっとも珍重され、後述するようにハレの場にも多く用いられるが、ケの食物として各家庭では値の安いさまざまな雑魚を用いてナレズシや生ナレズシを作っている。むしろ、そうした雑魚のスシの方が日常的にはよく食されていた。

	滋賀県守山市木浜	栃木県小山市下生井
干蔵	焼き干し　（フナ）	ホシカ　（フナ） ホシエビ　（エビ） ニボシ　（ヤナギバ・フナ） 焼き干し　（フナ） 焼き干し－半薫製－（フナ）
塩蔵	シオヅケ　（フナ）	
発酵	ス　シ　（フナ－イヲ－） （フナ－カマ－） （ワタカ・ハス・モロコ） ナレズシ　（ワタカ・オイカワ・ハイ） コウジヅケ（ワタカ）	
その他	アメダキ　（アユ・ウルリ・イサザ） （シジミ）	カンロニ　（フナ）

第Ⅱ－3－4表　淡水魚保存技術の比較

写真Ⅱ－3－1　ドジョウズシ（左）とナマズズシ（右）
－滋賀県栗東市大橋－

たとえば、抱卵しない（産卵後の）フナをカマと呼ぶが、それを用いてフナズシを作ることも多かった。また、フナのほかにも、ワタカ（抱卵）、ハス、モロコ（抱卵）がナレズシに漬けられた。さらには、こうしたナレズシとは別に、ワタカ（卵無し）、オイカワ、ハイなどが生ナレズシにされたり、ワタカのあごの部分だけを用いてコウジヅケ（糀漬け）にしたりもした。

ナレズシは漬けてから一年近く経過して食されるためコメは完全に発酵している。その場合、コメは発酵のための触媒に過ぎず、主な食物となるのは魚肉および魚卵である。それに対して、生ナレズシは、漬けてから比較的短期間で食べるため、魚はまだ新鮮味を残し、またコメも完全に発酵する前である。つまり、生ナレズシでは魚肉とともに酸っぱくなったコメも食べることができる。また、コウジヅケは、コメを発酵の触媒に用いずそのまま糀に漬けるものである。

上記のように、木浜には魚類の発酵食品としてナレズシ・生ナレズシ・コウジヅケの三種類があり、それぞれにさまざまな魚が用いられている。また、卵の有無を考え合わせると、木浜には実に多くのスシのバリエーションが存在したといってよい。

傾向としては、スシに用いる魚は腹に卵を持たないものより抱卵したものの方が価値が高く、その中でもとくに抱卵したニゴロブナに大きな価値が置かれる。そして、それが木浜においてもっとも一般的なスシでもある。それは、スシに漬ける場合、抱卵したニゴロブナ以外の魚はたとえばワタカズシというように個々の魚名で呼ばれるのに対して、抱卵したニゴロブナだけは単にイヲ（魚）と呼ばれていることをみてもわかる。

こうして結果的に木浜ではイヲのフナズシがスシの中ではもっとも重要視されている。イヲのフナズシは年間を通して日常の副食物として重要な地位を占めるとともに、年中行事や人生儀礼のオマツリゴト（祭事）には欠かせないものとされ、ときには他家を訪問するときのオツカイモノ（手土産）にもされる。たとえば、同じ田中姓を持つ田中イットウ[7]では、タウエジマイ（田植祝）とカリアゲ（収穫祝）のときにイットウ会をおこない、必ず各家のフナズシを持ち寄って食べることになっている。フナズシを作るときの塩加減・米加減はその家のシキ（家風）であり、姑から嫁へ伝えられるため、同じ木浜で漬けられるフナズシでも家ごとに味が違うとされる。

木浜も含め近隣の集落では氏神の祭礼（五月が一般的）に供物や儀礼食としてイヲのフナズシが用いられることが多い。たとえば、木浜に近い幸津川の下新川神社の春祭りは別名スシキリ祭りと呼ばれ、成年男子が長刀を用いてフナズシを切りさばく所作が神前で演じられる。また、フナズシの他にも、水田魚類のナレズシが氏神祭祀に特別な意味を持つ例がある。栗東市大橋の三輪神社大祭には、宮座の人たちが自分たちで取ったドジョウを用いて作ったドジョウズシとナマズズシが奉納されることになっており、別名ドジョウ祭りとも呼ばれる。

このようにハレの日に用いられる傾向の高いスシとしては、フナズシのほかにモロコズシがあげられる。モロコズシは、フナズシよりも高級とされるが、製造量・消費量とも比べ物にならないほど少なく、フナズシほど一般的なスシとはいえない。

ハレにもケにも重要な地位を占めるイヲのフナズシとともに、カマのスシやワタカズシ、ハスズシなど、主に日常の食物としてしか利用されないスシも木浜には多くある。そのようなスシを漬けるときには、イヲのフナズシのときのようにふんだんに白米を用いたりしない。できるだけ安上がりに作ることが基本である。

写真Ⅱ－3－2　スシキリ祭
－滋賀県守山市幸津川－

以前は、スシに漬ける魚の多くは自分で取っていたとされる。とくに日常食べるために漬けるカマやワタカ、ハスといった雑魚の多くはオカズトリと同様の方法でいくらでも取ることができた。また、それもイヲジマ（産卵期）の時期であれば容易であった。

しかし、木浜でもっとも重要視されるフナズシに用いるイヲ（抱卵したニゴロブナ）は、大正時代（一九一〇年代）に普及するコイトアミ（小糸網、刺網の一種）を用いて沖取りされなくてはならない。もちろんイヲジマを迎えて「寄り魚」化したイヲを岸辺にモンドリや原初的なエリ型漁具を仕掛けて獲ることも可能だが、その段階まで来ると一部は産卵を済ませているし、ちょっとした刺激で腹の卵が弾けてしまうという。そのため、確実に抱卵したニゴロブナを手に入れるには、どうしてもコイトアミにより沖取りする必要がでてくる。しかし、そうした漁法は一般の稲作民がおこなうオカズトリにはない。そのため、その漁獲に関しては漁師が主として携わるようになってゆく。当然、昭和初期においてイヲはすでに木浜の稲作民にとっては漁師に頼んで獲ってもらうか、または魚屋から購入するものとなっていた(8)。

3　下生井の保存技術——フナの乾燥保存

下生井にみられる保存加工法には大別して三つの方法がある。ひとつが寒干し、ふたつ目が焼き干し、そして三つ目が煮干しによるものである。魚を生のまま天日に干すか、最初に軽く焼いてから干すか、または煮てから干すかの違いだけで、乾燥保存の技術としてはさほどの違いはない。寒干しと言いつつ最初に少し焼いたり茹でたりするなど、これら三つの方法が明確に区別されないことも多い。

寒干し法によるフナの保存加工法を下生井ではホシカと呼んでいる。ホシカには主に冬のカイボシ漁で漁獲される三～四寸（九～一二センチ）の小ブナが用いられる。作り方は、まず小ブナのはらわたを爪で掻き取り、それを寒天に干すだけである。そうして完全に干し上がると、桶や一斗缶などに詰めて保存する。

下生井ではどこの家にもこうしたホシカが二～三桶（缶）は保存されていた。これは日常の保存食として用いられるほか、頻繁に起こる水害時の救荒食料としてもたいへんに重要であった。下生井では、こうして保存加工される魚介類にはフナのほか淡水エビがある。寒干しした淡水エビをホシエビと呼び、フナと同様に桶や一斗缶に保存する。

一方、焼き干し法による保存加工法については下生井ではとくに呼び名はない。地域を問わず日本の各地でおこなわれているもので、量は少ないが木浜にも見られる。やはり冬のカイボシ漁で漁獲された小ブナが用いられる。

焼き干しにする場合は、まず獲ってきた小ブナを串刺しにする。一本の串に小ブナ二・三匹を刺す。その串を囲炉裏の周りに立てて軽く焼く。その後、串をベンケイ[9]に刺し替えて、風通しがよく、ネコなどにねらわれない天井や軒に釣り下げてさらに乾燥させる。また、そのまま囲炉裏の火棚などに置いて、煙にいぶされる状態にしておく場合もある。この場合は半薫製の保存ということになろう。

ベンケイには一本当りに約三〇本の魚串が刺せ、一貫目（三・七五キロ）ほどのフナを一度に干すことができる。下生井ではどの家にもこうしたベンケイが一軒に二・三本ずつはあったという。

こうした焼き干し法は長期保存のための方法とばかりはいえない。多くの場合、魚串はベンケイや囲炉裏の火棚などに刺しておいて、食べた分ずつ順に魚を補充してゆく。そうすると魚は比較的短時間のうちにローテーションしていく。そのため、ベンケイで干し上げられた後、ホシカのように桶や一斗缶に長期保存されることはない。

写真Ⅱ－3－3　マキワラ
—長野県天竜村坂部—

さらに、寒干し・焼き干しのほかに、下生井にはいったん魚を茹でてから天日で乾燥させる保存法もあった。それをニボシという（小山市史編纂委員会 一九七八）。ヤナギバ（モツゴ）や小ブナといった小魚がニボシには用いられた。ただし、昭和初期においては、ニボシは寒干しや焼き干しほど一般的な保存方法ではなかったといえる。

こうして、寒干し・焼き干し・煮干しといった方法で保存処理されたフナは、うどんやそばなど麺類のだしに、また味噌汁のだし兼具として日常的に用いられた。下生井では、やはり冬期に乾燥保存したダイコンパ（大根の葉）と保存加工されたフナが、夏の間の味噌汁の具としてとくによく用いられた。なお、保存加工されたフナは、もう一度軽く火にあぶり、手で揉み砕いてから汁などに入れる。

また、こうした日常の食物としての利用のほかに、焼き干しした小ブナは正月料理には欠かせないものであった。甘露煮や昆布巻きの芯にされ、正月のお節料理となった。そのため、十二月にカイボシ漁で取るフナのことを下生井ではショウガツザカナ（正月魚）とかショウガツブナ（正月鮒）と呼んでいる。

焼き干しにしろ寒干しにしろ、また煮干しにしろ、下生井における保存加工技術に共通することは、冬の間の低い気温と乾燥した空気を利用することにある。下生井では保存処理する魚は、秋から冬にかけての間に漁獲されたフナが主であることは前述のとおりだが、それは、夏に漁獲したフナは同じ方法で焼き干しや寒干しにしてもすぐにカビが生えてしまい保存することができないからであるという。

そのため、夏場においても、産卵期を迎えて岸辺の低湿地や湿田にやってくるフナを保存するほど大量に取ることは技術的にそれほど難しいことではない（かえって容易いともいう）が、せっかく魚を大量に取っても保存することができず、また魚屋に持って行っても引き取ってもらえないという。その結果、この地方では夏場のフナはほとんど商品価値を持たないとされるのである。

4　保存技術の共通性

木浜と下生井における魚類の保存加工技術およびその用途を対比してみると、稲作民が淡水魚を保存食化することについて、いくつかの共通する特色を指摘することができる。

ａ、保存加工する淡水魚はフナを中心にコイ科の魚類が多いこと

b、保存期間は基本的に一年前後であること
c、保存加工法はその季節の自然的特性を生かしたものであること
d、保存加工された魚類は加工時とは違う季節におもに食されること
e、保存加工された魚類は日常の動物性たんぱく質源として重要であること
f、保存加工された魚類は水害などの災害時における救荒食料としても重要な意味を持つこと
g、保存加工された魚類は日常の食物のバラエティーを豊かにし、嗜好品の役目を果すこと
h、保存加工された魚類はハレの食物・供物に用いられることが鮮魚の段階よりも多いこと

こうした特色の中でもとくにeは重要である。この点は、本論でも繰り返し論じているように、従来ほとんど調査研究されてこなかったことだが、稲作民にとって動物性たんぱく質供給源として淡水魚の占める位置はたいへんに高いものがあるといえよう。また、そうした魚類を保存加工することは一時に得られた魚類を年間に平均化し、安定した動物性たんぱく質の供給源とするのに役立っているといえる。

五　漁撈技術と保存技術の対応――低湿地に暮らす稲作民の生計維持戦略

1　大量漁獲技術の比較

ここでは、漁撈技術の面から、稲作民にとって淡水魚を安定した動物性たんぱく質源にするための工夫について、木浜と下生井を比較しながら検討することにする。

琵琶湖沿岸においては、五・六月のイヲジマ時分になると、ヨシジ・ギロン・ホリ・低湿田・冠水田（増水により

	モンドリ・エリ	カイホシ
漁　期	5～6月	12～1月
漁の特徴　①	陥穽漁法	川干漁法
②	魚の産卵期習性の利用	農閑期労働力の利用
③	省力型	労力投入型
漁法選択の背景　①	農繁期	農閑期
②	稲作活動による規制　大	稲作活動による規制　小
③	漁撈の労力確保　不可	漁撈の労力確保　可

第II－3－5表　大量漁獲技術の比較

水没した水田）といった稲作民にとっては日常の行動範囲である水界に、多くの魚が産卵のため押し寄せてくる。そうしたとき、その魚を狙うような漁撈法が木浜では発達した。その代表がハネコミ（原初的エリ）やモンドリ（網筌）である。ハネコミはエリ型漁具に、モンドリはウケ型漁具にそれぞれ分類されるが、捕魚の原理はよく似ている。その共通点とは、一言でいえば定置型の陥穽漁法ということになるが、それは岸辺に産卵に寄ってきた魚がほぼ自動的に漁具のなかに溜まっていくという仕掛けを持っている。もちろん、こうした漁具のほかにも、この時期にはテヅカミをはじめとするさまざまな方法で魚取りがおこなわれていた。

それに対して、下生井では秋から冬にかけての農閑期にカイホシ漁により魚の大量漁獲がおこなわれた。カイホシ（掻い干し）とは川干し漁法の一種で、下生井ではホリが主な漁場となる。

下生井の耕地には点々と小さなホリ（堀）が存在する。「掘り上げ田」を作ったときに土を採った跡が窪地になり、そこに水が溜まったものである。掘り上げ田は下生井のような低湿な地域にあって少しでも地を高くしようとするための工夫である。低湿な二枚の田（未利用地）があると一方の田の土を採ってもう一方に入れて嵩上げする。そのため一枚の掘り上げ田にはひとつのホリが付属することになる。また、下生井の場合には、遊水池とは堤防を隔てて対峙しているが、その堤防を築くときに採土した跡がやはり堤防沿いに点々とホリとして残っている。さらには、思川の放水路ができ、それまで蛇行して下生井の耕地を流れていた旧思川は思川本流と切り離され、やはりホリとなっている。また、何よりも、堤防を隔てた遊水池のなかに広がる広大なソトノ（外野）には大小さまざまな沼がある。

こうしたホリや沼でおこなわれるのがカイホシであるが、それは足踏みのミズグルマ（水車）を使って水をすべて掻い出して中にいる魚を一網打尽にするというものである。そのためあまり大きな沼ではおこなうことができず、むしろ耕地内に点々とあるホリぐらいが労力的には適当である。このカイホシの特徴は、木浜におけるエリ型漁具やウケ型漁具と違って、労力を多大に投入することにある。少し大きなホリになると、カイホシのために五人がかりで三日三晩をかけてやっと中の水を掻い出すこともあったという。

つまり、木浜と下生井の大量漁獲技術を比較すると、第Ⅱ―3―5表に示したように、漁期のみならず漁の特徴やその背景といった点まで明らかな対照をなしている。漁期に関しては、自然環境とのかかわりからいうと、木浜では五・六月の増水期（産卵期）に対応しているのに対して、下生井では十二月から一月の減水期に対応している。それはまた、水田稲作とのかかわりでいえば、木浜では農繁期にあたっているのに対して、下生井では農閑期にあたる。また、漁法については、木浜では省力型で受動的な定置陥穽漁法を用いているのに対して、下生井では労力投入型で能動的な川干し漁法が用いられる。

この両者の違いは、両地域における水田稲作との関係から読み解くことができる。木浜の場合、五・六月のイオジマと呼ばれる一年でもっとも魚が活発にしかも警戒心をなくして寄り魚化する時期、つまりもっとも魚を取りやすい時期に照準を合わせて漁期を設定している。農繁期にもかかわらず、そうしたことが可能となるのは、その漁法がウケやエリといった徹底して省力化を進めた定置性の陥穽漁具だからである。

それに対して、下生井では、農閑期であることを利用して、稲作労働から解放された多くの労力を投入することで、大量漁獲の可能なカイホシ漁法をおこなっていたといえよう。下生井においても、たしかに五・六月の産卵期は魚の取りやすい時期であることにかわりはないが、そうした時期に取った魚は下生井では保存もできず商品価値はほとんどないとされるのである。

こうしてみてくると、両者とも水田稲作労働に強く規定されていることにかわりはない。ただ、その規制をいかに解除するかについての工夫（戦略）が、それぞれ違っているといえよう。

2　漁撈技術と保存技術の対応関係

漁撈技術と保存技術との対応関係について両地域を対照したものが第Ⅱ―3―6表である。

それぞれの地域で工夫を凝らして水田稲作による制限条件を回避すべく選定された漁法は、それによりもたらされる大量の魚の処理、つまり保存技術にも大きな差異をもたらした。つまり、それが木浜におけるフナズシに代表される発酵法による保存加工と、下生井におけるホシカに代表される乾燥法による保存加工との違いである。

この両地域における代表的な保存加工の違いがなぜ起こるのかを考えてみると、その最大の要因はそれぞれの漁法がおこなわれる季節にあると考えられる。前述のように、木浜では五・六月に大量のフナがもたらされるのに対して、下生井では、十二・一月にやはり大量のフナがもたらされる。前者のフナは抱卵していることに特徴があるのにたいして、後者はカンブナ（寒鮒）と呼ばれ魚体はさほど大きくないが臭みがなく身が締まってい

	滋賀県守山市木浜	栃木県小山市下生井
対象魚種	フナ	フナ
代表的漁法	モンドリ・エリ	カイホシ
時　期	5～6月	12～1月
代表的保存技術	スシ（発酵）	ホシカ（乾燥）
漁法選択の背景	産卵期（魚の移動性　大） （「寄り魚」化　大）	冬ごもり期（魚の移動性小） 渇水期　（かいだす水　少）
保存技術選択の背景	温暖な気候	寒冷で乾燥した気候

第Ⅱ―3―6表　漁撈技術と魚保存技術の対応関係

ることに特徴がある。

つまり、木浜においては、夏の高温で湿度の高い気象条件を生かして、発酵作用（いわば腐らすこと）を応用した保存技術であるフナズシを生み出し、現在まで伝えてきたということができる。それに対して、下生井では冬期の保存技術として、寒冷で乾燥した気象条件を利用したホシカに代表される乾燥法が発達したといえる。

ただし、木浜には、発酵法のほかにも量は少ないが乾燥法（焼き干し）による魚の保存もおこなわれているが、下生井には乾燥法（焼き干し・寒干し・煮干し）による保存法しか存在しない。つまり、乾燥による保存法と発酵作用を利用した保存法とを比べたとき、分布上明らかなことは、乾燥法はほぼ日本全国どこでも見られるといってよいのに対して、発酵法による魚の保存は局地的にしか存在しない。さらにいえば、管見の及ぶ限り、発酵法のあるところには必ず乾燥法も存在するが、その逆に、乾燥法があるからといって発酵法があるとは限らない。

これをどう解釈するかは、ここで結論を出すことはできないが、ひとつの解釈を示してみる。もとはおそらく発酵法も乾燥法と同様に日本各地に広く分布していた可能性がある。それが、歴史的に日本全体が稲作に特化していくとき、稲作の農繁期を主な漁期とするエリ型漁具などの定置性漁法は、稲作民の民俗技術の体系から脱落していき、それとともに発酵法による保存技術も失われたと考えられる（安室 一九九二）。つまり水田稲作への特化とともに農繁期においては稲作作業に忙しくて、漁撈をおこなう時間的・労力的余裕がなくなったといえる。そのため、大量漁獲技術が農繁期に維持された地域（発酵法による保存技術が維持された地域でもある）は、木浜などのように、自然条件の上から稲作作業をおこなうにも田舟を駆ってホリやギロンを回って行かざるをえないような立地にある低湿な地域に限られていったのではなかろうか。言い換えれば、木浜のようなところはどんなに稲作に特化しても、宿命的に水界との深いかかわりを持ち続けざるをえなかったのであり、そうした水界との深いかかわりの中に定置陥穽漁法に代表される漁撈技術と発酵法による保存加工技術がともに保持される素地があったと考えることができよう。

3　稲作民の動物性たんぱく質獲得戦略

今まで比較検討してきたように、木浜においても下生井においても生計維持の上で重要な意味をもって淡水魚食がおこなわれてきたが、その技術的適応の戦略は対照的であった。淡水魚の保存加工技術および大量漁獲技術はまったく違った性質のものになっている。保存加工技術の違いが大量漁獲技術の違いを生み出したのか、それともその逆に、大量漁獲技術の違いが保存技術の違いを引き起こしたのか。それはにわかに判断はできない。

しかし、ひとつ言えることは保存加工技術と大量漁獲技術が、双方の地域でセット関係にあるということである。セット関係にあって初めて生計維持活動としての意味を持つ。淡水魚を年間を通して安定した動物性たんぱく質源とするには、〈漁撈技術＝保存技術〉の絶妙な対応関係を維持する必要があったのである。

さらに、こうした〈漁撈技術＝保存技術〉の対応関係は、それぞれ水田稲作の展開と密接に関係していることがわかる。とくに漁撈技術は水田稲作労働の多寡（農閑期と農繁期）に関連してそれぞれ選択されているといえる。

木浜における対応関係と下生井における対応関係は、そのまま日本全体の稲作地（ただしこの場合は大水面近接型稲作地）における動物性たんぱく質獲得戦略の二つの指向性として位置づけることができる。そうした二つの指向性は第Ⅱ—3—5表と第Ⅱ—3—6表に示したとおりである。簡単にまとめると、一方（木浜型）は、

［発酵保存］＝［魚類産卵期対応の省力型漁撈］＝［農繁期（温暖期）］

の指向であり、もう一方（下生井型）は、

［乾燥保存］＝［減水期対応の労力投入型漁撈］＝［農閑期（寒冷期）］

の指向である。

この二つの指向性に照らして、広く日本の稲作地全体を見渡してみると、分布上のひとつの特徴を指摘することができる。それは、一般的な稲作民の動物性たんぱく質獲得戦略は第二の指向性（下生井型）を強く持っているのに対して、第一の指向性（木浜型）は、ちょうど日本にスシ（ナレズシ）の分布が局地的であることと同様にかなり限られた地域にしか見られないことである。

おわりに

本章では取り上げなかったが、稲作民による動物性たんぱく質の獲得戦略にはもうひとつの重要な要素である稲作民による狩猟活動を考慮する必要がある。かつては稲作民にとって動物性たんぱく質を自給的に獲得する方法には、漁撈とともに、狩猟とくにその中でもガン・カモ科の水鳥猟がかなり大きな役割を担っていたと考えられる。

その意味では、先にあげた動物性たんぱく質獲得戦略には、第三の指向性として狩猟を位置づけることができるし、そうなれば漁撈と狩猟の併用という新たな複合生業の問題も考えなくてはならない。この問題は今後の課題としたい。

註

（1） 稲作地においては、多くの場合、昭和初期頃まで食料の自給性は維持されてきたといえる。ハレの食物・供物となる海産魚や酒、および塩といったものを除いては、ケの食料はほとんどが自家で調達されていた。

（2） 掘り上げ田とは、水田脇から土を採っては、その土を入れることで低湿な水田の嵩上げをする工夫（またそうして造成された水田のこと）である。

（3） エリダテ仕事とは、大型の定置陥穽漁法の一種であるエリ（魞）を湖上に建てる作業で、多くの人手を必要とした。木浜の人びとにとっては農閑期の重要な現金収入源となった。男は実際のエリダテ作業を、女はエリに使う簀を編むスアミ仕事をおこなった。

（4）木浜の人びとは、現金収入を求めて、野菜売りに大津や堅田までタブネ（田舟）を使って出かけて行った。

（5）フナズシに関するアンケートは、それまでに筆者が聞き取り調査に訪れた木浜住民のうち八軒についておこなった。なお、聞き取り調査の対象は一九九〇年当時において昭和初期のことを知る七〇歳以上の年輩者がいる家を無作為に選んでいる。

（6）フナズシの製造工程をみてゆくと、まだ推測の域を出ないが、保存加工技術の発展過程について、ひとつの仮説を提示することができる。フナズシの製造工程には二つの保存処理がなされる。第一がフナの塩漬け工程である。そして第二がコメを触媒とした発酵作用を利用した処理工程である。伝承のみであるが、かつては木浜ではフナを塩漬けするだけの保存がなされていたという。それはフナズシの起源がフナの塩漬け処理技術の上に成立したものであるという推測を可能にする。また、フナなどの淡水魚とは別に、海産のサバを滋賀県（とくに湖西地域）ではサバズシに漬ける伝統がある（篠田　一九七〇）が、そのとき用いるサバはいったん塩物に加工されたものが日本海岸から内陸へ運ばれて来る。そうしたことからみても、発酵保存の前段階に塩漬けによる保存処理が存在したことが想定される。さらにいえば、海産魚・淡水魚をとわず、発酵による保存加工法は塩による保存加工を基盤にして始まったものであるとの推測も可能であるといえよう。

（7）イットウ（一統）とは、同姓を名のる同族集団で、この場合はT・S氏ほか七軒で構成されている。ただし、同姓でもイットウが異なる場合もある。

（8）もとは、岸辺に「寄り魚」化した段階で、産卵前の魚だけでなく産卵済みのものも一緒に取り、それを用いて稲作民はスシを漬けていたと考えられる。それが抱卵したイヲに、より大きな価値が置かれるようになるとともに魚を沖取りする必要性が高まり、そうしたことがひいては、もともと専業の漁師が存在しなかった木浜において、稲作と漁撈という生業複合度の高い生計維持システムを持っていた稲作民の中から専業漁師を分化させていった理由のひとつであると考えられる。また、エリ型漁具については、沖取りの必要性はエリの更なる沖への延伸（複雑化・大型化）を促す要因のひとつになったと考えられる（安室　一九九一）。

（9）ベンケイとは、直径五寸（一五センチ）ほどの丸木を芯にして、そこにわら縄をぐるぐると巻きつけたもので、長さは一尺五寸（四五センチ）ほどある。ベンケイは上部にでた芯木が鍵型に削られていて釣り下げることができるようになっている。

引用参考文献

・小山市史編纂委員会　一九七八　『小山市史―民俗編―』　小山市
・科学技術庁資源局　一九五八　『日本の食糧資源の総合的利用（案）』　科学技術庁

・黒田栄一・毛呂恒三　一九五四「フナずしに関する研究―第一報フナの成分とすし加工中における成分変化について―」『滋賀大学紀要』三号
・黒田栄一・岡崎宏子　一九五五「フナずしに関する研究―第二報フナずしの栄養価及び筋肉蛋白質の構成成分について―」『滋賀大学紀要』四号
・黒田栄一・岡崎宏子　一九五五「フナずしに関する研究―第三報フナずしのにおい成分について―」『滋賀大学紀要』四号
・黒田栄一・林宏子　一九五六「フナずしに関する研究―第四報フナずしの揮発性物質と腐敗度について―」『滋賀大学紀要』五号
・滋賀県民俗学会　一九七四『野洲川下流域の民俗』滋賀県民俗学会
・篠田　統　一九七〇『すしの本』柴田書店
・安室　知　一九八七「水界をめぐる稲作民の生活」『信濃』三九巻一号
・同　一九八九「エリをめぐる民俗①―琵琶湖のエリ―前編」『横須賀市博物館研究報告（人文科学）』三四号
・同　一九九〇「エリをめぐる民俗①―琵琶湖のエリ―後編」『横須賀市博物館研究報告（人文科学）』三五号
・同　一九九一「エリをめぐる民俗②―潟沼のスマキ―」『横須賀市博物館研究報告（人文科学）』三六号

Ⅲ

水田漁撈と村落社会の統合

——水田漁撈の意義2——

第一章　淡水魚と儀礼
——低湿稲作地における水田漁撈の意味——

はじめに

淡水漁撈と信仰・儀礼との関わりを問う研究は多くない。あったとしても、民俗学の場合、それは、つねに信仰・儀礼の方に軸足が置かれ、たとえば漁業信仰というジャンルが示すように、漁撈にまつわる信仰・儀礼が取り上げられるに過ぎなかった。しかし、そうした一方からの視点ではどうしても見逃されてしまうことがあるのもまた事実である。

そこで、本章では、いったん軸足を淡水漁撈の方に置き替えてみることで、地域の信仰・儀礼にとって淡水漁撈はどのような意味があるのか、また淡水漁撈を通してみると地域の信仰・儀礼はそれまでとはどのように違って見えるのかを問うことにしたい。

水田が現在のようにコメだけを作る場所ではなかったとき、稲作地においても漁撈活動は一般的なことであった。稲作を主生業とする人（以下では「稲作民」と呼ぶ）による淡水漁撈はごく日常的な行動であったといえる。しかし、そうした点は民俗学における生業研究では従来ほとんど無視されてきたといってよい（安室一九九二）。

そして、稲作地における漁撈活動は、稲作民にとって生計活動としての実質的な意味つまり動物性たんぱく質の供給というだけの意味にとどまらない。そうした淡水漁撈は村人の共同作業としておこなわれたり、さらには共同でおこなう淡水漁撈が村や農家集団の信仰・儀礼と密接に結び付く場合のあることがわかってきた。本章では、まずはじめに、今まで蓄積の薄かった淡水漁撈と信仰・儀礼との関連を示す事例を資料化し、続いて、稲作社会にとって淡水漁撈はいかなる意味を持つのか、もう一度捉え直してみることを具体的な目的とする。

とくに本章では、近代末[1]に時間軸を設定し、大河川に隣接する低湿稲作地に注目してみていくことにする。それは、おのずと低湿稲作地における水田漁撈の特性を明らかにすることにもなろう。なお、調査は昭和初年から二十年（一九二六〜一九四五）までの間を想定して聞き取りしたものである。

一　水の風景

1　デミズの村

大河川の下流域に発達したデルタ、そのなかでもとくに河川の隣接地（後背湿地）は、大規模な治水技術が発達するまでは、つねに河川の氾濫の危険をはらみ、また実際にそうした大水の影響を受けてきた。そのため、そうした地域は、近代以前においては、たとえ新田開発が進められたとしても、隣接地には広大な低湿地が残されている場合が多かった。

本章で注目する江戸川下流デルタもその例に漏れない。そうした地域では、利根川の治水工事により、近世期には河川隣接地の開発が加速された。たとえば、江戸川と中川に挟まれた旧早稲田村（現埼玉県三郷市）の場合、旧村に合併した近世の一五か村のうち江戸時代以前からあったのはわずか一村のみで、あとはすべて元禄期前後に開発された新田村落であった（三郷市史編さん委員会　一九九一）。そうした旧早稲田村など江戸川下流デルタの河川隣接地域は、近代になっても、水害常襲地であることにかわりはなく、村域内には広大な低湿地やドブッタ・フカンボなどと呼ぶ低湿田が存在した。

ここで注目するのは、近世期に江戸川下流デルタの低湿地に誕生した新田村落である。具体的には、江戸川に沿うかたちで隣接してある市助・谷中・大広戸・岩野木の四集落を調査対象とした。ともに旧早稲田村・八木郷村（現埼玉県三郷市）にある戸数八戸から四五戸（昭和初期）の小集落である。

ちなみに、昭和五年（一九三〇）当時の土地利用をみてみると、旧早稲田村は水田五二八ヘクタールに対して畑が六六・六ヘクタールで水田率が八八・八パーセント、旧八木郷村は水田二五九・六ヘクタールに対して畑が四一・九ヘクタールで水田率は八六・一パーセントである（三郷市史編さん委員会　一九九一）。統計上は、ともに水田稲作に高度に特化した農業地帯であったといえる。

治水を目的とした江戸川の河川改修は、明治二十九年（一八九六）の河川法施行以降、昭和五十年代に至るまで、中川など周辺の河川改修と一体となっておこなわれてきた。その間、昭和二十二年（一九四七）のキャサリーン台風を初めとする大水害が何度となく調査地を襲ってきた。昭和に入ってからも、二十年までの間に一〇回以上の水害に見舞われている。とくに昭和十、十三、十六年の水害は、コメが半作になるなど調査地に大きな被害をもたらした。

こうした地域は、周辺の村からは、「かわいい娘は嫁にやるな、カエルのションベン（小便）でも水が出る」となかば揶揄され、水場の苦労の多さが強調されてきた。しかし、それはこうした地域に暮らす住民自らの認識でもあったといえる。

こうした地域では、大水は一般にデミズ（出水）と呼ばれている。さらに、住民生活に関連して、デミズは二つに民俗分類される。

ひとつは、その地域に降った雨水が域内に溜まっていくもので、ジミズ（地水）と呼んでいる。大河川の下流デルタにあって元来地盤が低く、かつまたいくつもの中小河川の合流点に当たっているため、雨水が域外に充分に排水されないために起こる大水である。近世期の文書に「悪水」とでてくるのは、このパターンの大水である。こうしたジミズは、台風襲来時には、ときとして堤防の決壊などを引き起こし、大災害になることもある。

そして、もうひとつのデミズは、ヤマミズ（山水）と呼ばれるものである。ヤマミズとは、まさに山間の上流域から流れてくる水で、江戸川や中川の上流域に降った雨やそのまた上流に当たる利根川・渡良瀬川の山間部の雪解け水が主な原因となって引き起こされる。ヤマミズの代表がユキシロミズ（雪代水）と呼ばれるもので、これは例年三月末から五月にかけて三・四回やってくる。

同じデミズに伴う水でも、ジミズとヤマミズでは性質がまったく違うとされる。たとえばユキシロミズは水量はたいしたことなく、茶黄の水色をしているのに対して、ジミズはまさに泥水である。デミズに対する民俗的認識を総括するなら、ヤマミズは流れがあって綺麗で災害を引き起こすことが少ないのに対して、ジミズは水が淀んで汚くときに住民生活に多大の被害をもたらす。

さらにいうと、こうした地域を流れる江戸川や中川は、二五キロほど下流で東京湾に注いでいるため、潮の満ち干の影響を受け、水位が定期的に変化した。江戸川に比べると、中川は潮の影響が大きく、満ち潮のときには流れが上流側に押し戻されることもある。そうしたときには川の流れが止まってしまい、大場川などを通しての排水ができなくなる。いわゆるジミズがたまる悪水の状態となる。

また、本論を進めるに当たり、デミズに関連して挙げておかなくてはならないのは、デミズと淡水魚との関係である。デミズは、淡水魚にとって遡上および産卵を促すものになると民俗的に認識されている。たとえば、春から夏にかけての時期は、川をさまざまな魚が遡上するときにあたるが、ヤマミズがそのきっかけになるとされる。また、なかでもコハタキと呼ぶ産卵期を迎えると、デミズに呼応してコイ・フナ・ナマズといった魚は岸辺の低湿地や低湿田にいっせいに上ってくる。こうした時期は稲作を主生業とする人々にとってまたとないかっこうの漁撈機会となる（安室 一九八七）。

2　低湿稲作地に特徴的な景観

⑴カマエボリ

かつて旧家のなかには、第Ⅲ－1－1図に示したように、屋敷のまわりに堀をめぐらしたものがあった。そうした堀をカマエボリ（構え堀）またはヤシキボリ（屋敷堀）と呼んでいる。当然、カマエボリはすべての家にあったわけではない。たとえば、岩野木（当時八戸）では、カマエボリがあったのはかつて庄屋を務めたY家とその分家の二軒だけであった。また、谷中の稲荷神社のように、カマエボリが境内にあり、氏子である村人の共有地になっている場合もある。この場合、神社の境内はもと谷中を拓いた家の屋敷跡だという伝承が残っている。こうしたカマエボリのなかには、伝兵衛堀のように固有名詞で呼ばれるものもあるが、その場合はその家の屋号に由来している。

カマエボリは水田地帯でもとくに水場とされる地域に多く見られる。そのため、カマエボリは家を建てるとき少しでも地盤を高くするために土を掘り取った跡だともされる。カマエボリは、たいていの場合、屋敷の西側をコの字状に囲んで作られている。そのため、前の門（正門）は東側に作られていることが多い。そして、カマエボリが回っている西側には、リヤカーを引いて通れる程度の幅六尺（一・八メートル）の橋が架けられ裏門が作られている。カマエボリに囲まれた屋敷地は、広いところでは三〇〇〇坪（一〇〇〇〇平方メートル）もあった。そのなかには、母屋のほかに馬屋などいくつもの建物があるが、蔵は一段高く土盛りした上に建てられたミヅカ（水塚）[2]になっている場合もある。

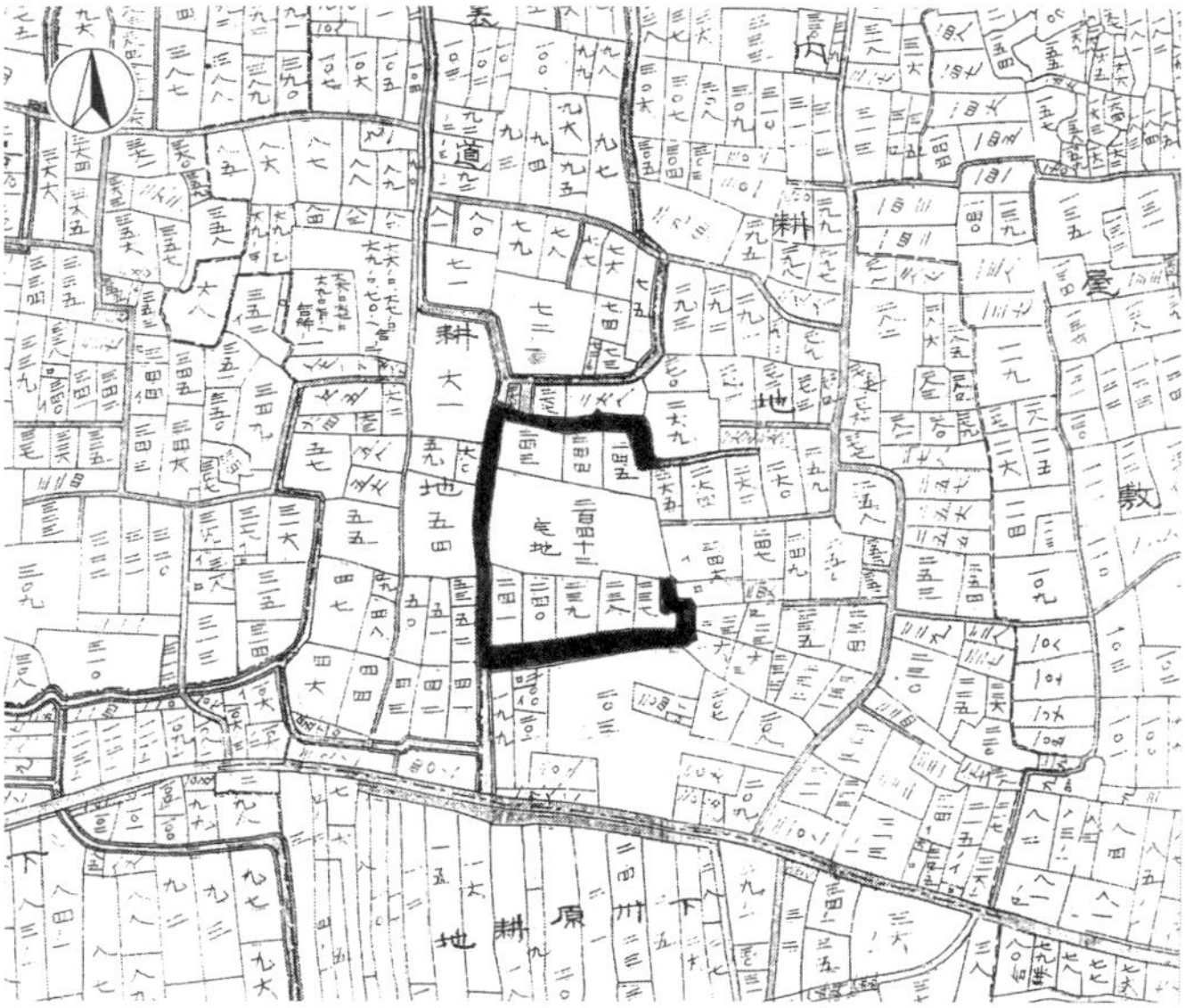

第Ⅲ－1－1図　地籍図に残るカマエボリ－埼玉県三郷市彦川戸－

カマエボリは、池のように独立してあるのではなく、かならず用水路に通じており、さらには川ともつながっていた。アキアガリ（稲刈り後）になって、用水路から水が落とされた後もカマエボリには水が残っている。いわば、この時期のカマエボリは、川や用水路と分断され、独立した水溜まりとなる。さらに冬の減水期になると、カマエボリのなかでも、一段と広くかつ深くなっている カドと呼ばれる場所にだけ水が残る。カドは、コの字状をしたカマエボリの角部にあることが多い。岩野木Y家のカマエボリの場合、通常は幅五メートル前後で、深さは一メートルほどあったが、カドのように幅の広いところは一〇メートル以上にもなっていた。

⑵ホ　リ

ホリとは低湿な水田地帯のなかにある水溜まりである。半人工の池と考えられるが、その成因は不明である。[3] ホリの水は水田用水としておもに田植え水に用いられる。

調査地とした地域は概して低湿であるが、それは裏返せば水の制御が思うにまかせないことを意味する。そのため、水害と干害とは表裏一体の関係にあった。不必要な水はたくさんあっても、必要なときに必要なだけの水が手に入らないのである。そのため、用水路から離れたところにある水田は天水田になっていることが多く、雨水やジミズを利用して生産性の低い稲作をおこなわざるをえなかった。そんな水田の田植え水確保のために水田の一角に作られた池がホリである。

ホリの用水源は雨水とジミズである。ホリがあるようなところは、耕地が全体に低いため、雨が降ると周囲から水がやってくる。そうした水がホリに溜まることになる。そのとき川の魚が水田にのぼってきては、水とともにホリに溜まるという。

耕地整理がおこなわれる以前には、ホリは地盤の低い水田地の各所に点々とあった。たとえば、大広戸には六か所にホリがあったが、大きさはどれも五～一五坪（一六～五〇平方メートル）程度のものであった。深さは一～一・二メートルほどで貯水量は少ないが、五坪ほどのホリで一反歩（一〇アール）の水田用水（田植え水）を賄うことができた。そのため、ひとつのホリは必ず一枚の水田に付属してあり、その水田の所有者のものであるとされる。こうしたホリが無くなるのは、大広戸の場合、昭和十八年（一九四三）の耕地整理以後である。

写真Ⅲ－1－1　ヨシヤッカラ－江戸川河川敷－

⑶ヨシヤッカラ

江戸川の河川改修は、水害を繰り返しながら、近代から現代にかけて何期にもわたっておこなわれてきた。それは、官民挙げての悲願とされ、河道の付け替え、排水路や排水機場の整備、堤防の増築・補強といった工事をともなう大規模なものであった。

こうした河川改修事業を通して形成されたのが、テイナイと呼ぶ民俗空間である。テイナイとは文字通り、堤内（堤防の内側）のことで、とくに江戸川堤内を意味する。そこは河川改修のために国により半強制的に接収された土地であり、洪水調整のための遊水池として、その多くはヨシやマコモの生い茂る低湿地になっていた。

そうしたテイナイの低湿地をヨシヤッカラまたはヤッカラと呼ぶ。ヨシヤッカラは、水の制御が難しく、また些細な水位変動でも水に浸かってしまうため、人には利用されづらい空間とされてきた。とくにそこを乾田化することは、近代的な土木技術が発達する以前においては、きわめて困難なことであった。

ヨシヤッカラのなかには点々とイケ（池）が存在した。ごく小規模なものから面積一反歩を越えるものまでさまざまであった。ヨシヤッカラのなかに点在するイケには、乱流する川の跡（河跡沼）のように自然に形成されたもののほかに、堤防を補強するために土を採った跡に水が溜まったものも多くあった。そうした人為的なイケは自然なイケと比べると小規模なものが多かった。なお、そうしたヨシヤッカラのほとんどは現在、河川敷として整備され、公園や野球場になっている。

江戸川堤内は、本来、国の管理する土地であるが、慣行的に地先にある村かまたは接収される以前その土地を領有していた村の権利になっていることが多い。主として権利が主張されるのは漁撈に関連してである。たとえば、市助が権利を持つテイナイにはイケが五カ所あった。こうしたイケは面積が五畝から一反（五～一〇アール）もあり、市助の総有とされた。そこでは個人が漁をおこなうとともに、村人共同の漁撈も毎年おこなわれた（後述）。

二　淡水漁撈のあり方

こうした自然環境のもと、調査対象とした地域では、一般の稲作農家においても淡水漁撈はごく日常的におこなわれていた。一部に淡水漁撈を農閑期の現金収入源とする家もみられたが、淡水漁撈の場合、そのほとんどは自家消費を旨とするものであったといってよい(4)。

そうしたなか、先に示した低湿稲作地における特徴的な景観は、地域住民がおこなう漁撈と深く関わっていた。なお、本章では祭事との関係を重視したため、以下で紹介する事例はほとんどが農閑期のものとなったが、水田や用水路といった水田用水系を舞台とする漁撈つまり水田漁撈は農繁期にも盛んにおこなわれていた。この点に関しては別稿を参照していただきたい（安室二〇〇一b）。

1　カマエボリにおける漁撈

農繁期には、水の流れとともに、用水路を通って魚がたえずカマエボリに出入りしている。また、ときにはデミズとともに一度にたくさんの魚がやってくる。そうしてカマエボリにやってきた魚は、周囲の用水路や水田より一段深くなっているカマエボリに居着くという。また、コハタキ（産卵）の時期を迎えた魚は、カマエボリにまで入り込んで産卵する。そうしたとき、カマエボリのなかにやってきたり、またそのなかで繁殖したりした魚を逃がさないようにするために、水の出口のところに簀などで柵をしてカマエボリのなかに閉じこめてしまうこともあった。そのため、カイボリ漁のおこなわれる冬までにカマエボリには魚がいっぱいに溜まるとされる。

そうした自然の営みが毎年繰り返されるため、冬に数回にわたってカイボリのような一網打尽にする漁がおこなわれるにもかかわらず、翌年の秋までにはカマエボリの魚はまた元に戻っている。

魚を引き寄せるために、カマエボリのなかにソダ（木の枝）を入れる場合もあった。ソダにはケヤキなど枝の多い木が適している。カマエボリのカドは広くかつ一段深くなっていたので、そこにソダを重ねて浸けておく。岩野木Y家のカマエボリには、そうした場所が、陽当たりが良く魚の越冬に適した南側に三か所とごく小さなものが西側に二か所あった。また、同様の目的から、竹筒や木桶がカマエボリのカドには入れられていた。竹筒はそのまま水底に沈められるが、木桶はわざわざカマエボリの側壁部に横穴状に掘り込んで入れられていた。

ソダや竹筒・木桶といったものは、魚からみれば人や鳥から身を隠すための隠れ場であり、越冬の場であり、かつまた自然の産卵場にもなっていた。また、人の側からみると、魚を寄せるための魚礁であるとともに、投網などによる盗難防止の意味もあった。

こうしたカマエボリでは、冬になるとカイボリ漁がおこなわれる。なかでも、正月を前にした十二月暮れの時期と、稲荷神社の祭である二月初午を前にした時期に集中しておこなわれる。

冬期にカイボリがおこなわれるのは、農閑期のため人手が得やすいことも理由のひとつである。カイボリは多くの労力を必要とする漁法である。通常、カイボリには水を汲み出すだけで男が二人掛かりで半日以上かかった。直径一〇メートルに近いような大きな水溜まりの水汲みには丸一日必要であった。多くの人手が必要なため、家族はもちろん、近所の人を誘ったり、また地域の相互扶助を目的とした社会集団や初午組合のような信仰集団でカイボリ漁をおこなうことも多い（後述）。

冬の減水期になるとカマエボリにはカドにだけ水が池のようになって残っているが、カイボリはそこでおこなわれる。ひとつのカマエボリにはカドが数か所あるので、家によっては、正月用・初午用というように場所を替えてカイボリすることもあった。なお、カマエボリでの漁は、その所有者に権利がある。当然、所有者に無断で魚を取ることはできない。

カイボリは、まずカマエボリのなかに沈めておいたソダを取り除いてから、カイオケ（掻い桶）を使って二人一組で水をまわりの水田に掻き出していく。そうしてカマエボリに残る水をすべて掻き出してから、なかに残った魚を手づかみにしたり、ざるですくい取ったりする。また、水をカイオケで汲んでいくと、最後は泥とともにフナなどの魚もいっしょに掻き出してしまうため、そうした魚を拾って歩くこともできた。通常、一回のカイボリで、大きなバケツに二杯以上の魚が取れる。そうして、漁が終わると、ソダをまたカマエボリに沈めておけば、魚は翌年また元に戻っているという。なかには念のため次年の種としてカマエボリに魚を少し残しておくという人もいる。

また、カイボリの機会を利用して、カマエボリの底に溜まった泥を浚渫したり、崩れたところを修理したりした。毎年、カイボリをすることで、底に溜まった泥がすくい出され、結果としてカマエボリの深さが保たれていた。現在はカイボリをしなくなったため、カマエボリは側面が崩れ、徐々に浅くなってきている。なお、このようにしてカイボリ漁がおこなわれたのは、おもに第二次大戦の前までであった。

さらに、カマエボリは漁の場となるだけでなく、コイを飼う場ともなっていた。また、生け簀として使われることもあった。川でとってきたコイを紐で縛ったり、また舟形の木箱のなかに入れたりして、カマエボリのなかで生かしておいた。そうして蓄えられた魚は、来客へのもてなし料理に用いられたという。

2　ホリにおける漁撈

夏から秋にかけてジミズがでると、川や用水路からコイ・フナ・ナマズといった魚が水没した湿田にのぼってくる。そうした魚はジミズが引くとともに、もっとも低くなっているホリに残される。こうしたことを繰り返すうちに、ホリには魚が溜まっていくのだという。そのため、ホリの魚量は、前年のデミズの回数に左右される。水田が何度も水に浸かるような年は、稲作には良くないが、そうしたときほどホリには魚が多いという。こうしたデミズは毎年繰り返されるため、たとえどんなにカイボリしても、ホリの魚は一年経てば元に戻り、魚が尽きてしまうことはない。

冬になり減水期に入ると、ホリはカイボリされる。ホリのカイボリのことをとくにホリカイ（堀掻い）ともいう。ホリカイによりホリ中の魚を一網打尽にすることができる。ホリカイは個人でおこなわれるとともに、オビシャ祭に際しては村人共同でなされることがある（後述）。

ホリカイは、まずカイオケで水を掻き出す。この作業をホリクミ（堀汲み）という。こうしたカイオケは、農家などの家にも所有されていた。水が多いときには、カイオケの代わりに足踏みのミズグルマ（水車）を使うこともあった。ホリの水をあらかた掻き出すと、一・二人の男がホリのなかに入ってザッコドオシ(5)で魚をすくう。

ホリクミのときには、必ずホリ底に溜まった泥も掻き出しておく。ひとつには、そうしないと、地形上すり鉢の底のようになっているホリはすぐに泥が溜って浅くなってしまうからである。なお、水田に上げた泥はシロカキのとき水田全体に広げられる。それは水田のよい肥料になったという。

3　ヨシヤッカラにおける漁撈

テイナイにあるヨシヤッカラでは、一年じゅう魚取りをすることができる。そこでの漁は、デミズの時期と冬期の減水期とに大きく分けられる。

デミズに伴い、ヨシヤッカラはいとも簡単に水に浸かり、そして漁場に変化する。主として四月から夏にかけての時期である。雨が降って川が増水すると、コハタキ（産卵）の時期を迎えた魚がいっせいにヨシヤッカラにやってくる。そのときが漁においては最大の好機となる。

そうなると、漁を生計の一助にしているような人だけでなく、一般の稲作農家の人たちも大勢ヨシヤッカラに魚取りにやってくる。特別な技術や専門的な道具がなくても魚が取れるからである。稲作農家の人たちはおもにオッカブセ(6)と呼ぶ単純な漁具を用いて魚取りをした。これは冠水した水田で魚を取るときにも多用された。

また、ヨシヤッカラのなかに点在するイケでは、減水期に入る秋から冬にかけて漁がおこなわれる。イケにはコイ・フナ・ナマズ・ウナギなどの魚が無尽蔵にいるとされる。周囲に太いヤナギの木のあるところほど古くからあるイケで、魚が多く棲んでるといわれる。

この時期は、おもにガチャガチャ・オシアミ・カイボリといった方法で漁がおこなわれる。水の減り始めの頃は、オシアミ(7)を使って漁をする。さらに水が少なくなると、カイボリをして魚を一網打尽にすることができた。ただし、カイボリができるのは小さなイケだけである。ヨシヤッカラには一反（一〇アール）を越えるイケがあったが、そうしたイケではどんなに水が減る時期でもカイボリをすることはできない。そうした規模の大きなイケでは、ガチャガチャがおこなわれる。ガチャガチャは、マコモや石の下などに潜んでいる魚を音で脅かしガチャアミ(8)に追い込む漁である。

こうしたヨシヤッカラでの漁は、カマエボリやホリのように特定の所有者は存在しないため、自分の暮らす村の持ち分（総有する範囲）を越えなければ、どこでおこなってもよいとされた。ただし、テイナイにはかつて神社持ちのイケがあったとされ、そこでの漁だけは神社の初午祭にともなって村人共同でおこなわれた（後述）。

三　祭礼と共同漁撈

稲作農家といえども生活のさまざまな場面で漁撈をおこなっていたことは、前述の通りであるが、調査対象とした地域では、そうした漁撈が地域の信仰・儀礼と結びつき祭礼の一環としておこなわれる場合がある。当然、そこで得られた魚は信仰・儀礼にとって重要な意味を持っていた。

以下では、信仰・儀礼と淡水漁撈および淡水魚との関わりについて、この地域において冬期の中心的な年中行事であるオビシャ祭・二月初午祭・正月のそれぞれの場合をみていくことにする。

1　オビシャ祭と漁撈

【事例1】大広戸香取神社のオビシャ祭とカイボリ漁

大広戸の鎮守である香取神社では、一月十日のオビシャ（蛇祭）に関連して、村人共同の漁撈がおこなわれた。オビシャでは、祭の宴会に頭付きのフナを出すことになっており、そのため祭の三・四日前になるとトウバン（当番）となった組の男（一家の主人）が全員参加してホリのカイボリをした。

大広戸は四五戸の村全体が七組に分かれており、一年交代の回り順でオビシャのトウバンを務めることになっていた。そして、そのトウバンの組のなかで、やはり回り順でヤド（宿）となる家が決められる。ホリは本来は水田灌漑用の池で個人が所有するものであるが、もしトウバンとなった組の家にホリが無くても、このときばかりはどこのホリをカイボリしてもよいことになっている。宴会に出席する人数分（四五人）だけ、同じ大きさのフナを揃えるのはたいへんなことで、一か所では間に合わず数か所のホリをカイボリしなくてはならないこともあった。たいていは組内のホリをカイボリして魚を取るが、それで足りないときには他の組の人が持つホリをカイボリした。

オビシャのカイボリは日中暖かくなってからおこなう。ヤドが音頭をとるが、みな楽しみにしている。カイボリが終わるとヤドに集まって宴会をおこなう。これはオビシャの宴とは別のものである。また、カイボリ当日の昼食はヤドが用意することになっている。味噌汁にお新香程度でよい。こうしたカイボリ当日の料理は組内の主婦がみな手伝って作る。カイボリ後の宴会には、そうした女性も一通り料理を終えると加わった。

ホリをカイボリして取れる魚は、フナが主であるが、コイやナマズもいた。オビシャに使うフナ以外の魚を料理してカイボリ後におこなう宴の肴にする。そのときコイはコイジル（鯉汁：コイコク）にする。たとえどんなコイでも焼いてはいけないといい、コイジルのような汁物や煮物にした。また、コイはオビシャのとき神前にコメや塩とともに供えられた。このコイは、カイボリで取ったものを用いることもあったが、昭和前期にはすでに川漁師（漁撈を冬場の生計活動の一部にする人）に頼んで大場川で取ってもらうようになっていた。なお、現在は海魚を買ってきて供物に用いている。

オビシャの宴会に出される頭付きのフナは、五寸（一五センチ）前後のほぼ均一な大きさのものを五〇尾ほど用意しなくてはならない。煮崩れして使えないものを考慮すると、戸数分の四五尾に足して五尾ほど必要であった。そうしたフナを一度焼いてから煮る。こうすると身が締まり煮たときに形が崩れない。オビシャの宴に出されるフナはけっして尾や頭が身と離れるようなことがあってはならないとされる。味付けは砂糖醤油である。こうして一人一尾ずつ大広戸四五戸分が用意される。この他、サトイモ・ニンジン・ゴボウ・焼きちくわ・コンニャクの煮物、キンピラなどが調理される。なお、昭和十八年（一九四三）の耕地整理で大広戸にホリが無くなって以降、オビシャの料理から頭付きのフナもなくなった。

こうした料理は、一月八・九日になるとヤドにトウバンの組の女性が集まって作った。なお、そのとき組の男たちは神社に奉納する藁蛇を作っている。そのため、オビシャ前の八・九日はトウバンの組では一家から男女一名ずつが出なくてはならないことになっていた。

2　初午祭と漁撈

【事例2】谷中稲荷神社の初午祭とカイボリ漁

二月初午は、谷中の鎮守である稲荷神社にとってもっとも重要な祭りであるとされる。この祭は昭和初めまでは市助と共同でおこなわれていた。

谷中の稲荷神社では、二月初午の二日ないし三日前になると、神社の周囲にあるカマエボリをカイボリして魚を取ることになっていた。十月に稲荷神社では秋祭りもおこなわれるが、そのときにはカマエボリのカイボリはしない。カイボリがおこなわれるのは、一年に一度、初午祭の前だけである。このカマエボリは神社の敷地にあり、村の総有物となっているため、たとえカイボリ以外の方法でも、個人が魚取りをすることは許されない。

このカイボリには氏子である家からは必ず一人の男が出ることになっていた。谷中は二六戸すべての家が稲荷神社の氏子になっていたので、結局は村中総出の漁であった。こうしたカイボリがおこなわれたのは、昭和七年（一九三二）の社殿の改修にともなってカマエボリが埋め立てられるまでであった。

初午祭のために、神社のカマエボリには夏のころからソダ（木の枝）を組んで沈めておき、魚が多く集まるようにしておいた。カマエボリで取れる魚はフナが多く、そこにナマズが混じった。一尺（三〇センチ）を越えるような大きなフナもいた。

フナは甘露煮、ナマズは煮つけなどして、初午祭の宴会のご馳走にした。すでに神社のカマエボリがなくなっていた昭和十九年（一九四四）の初午祭のときには、大場川でウナギカキをし、そのとき取ったライギョをアライにしてみんなで食べたこともある。なお、取った魚はすべて自分たちで食べ、神社に供えることはしない。供え物には、鏡餅に御神酒そして御膳があったが、御膳の料理は飯・豆腐・寒天・青菜・ニンジン・ゴボウ・ウド・ヤマイモと決まっている。

カイボリが終わった後は漁に参加した人はみんなで一杯飲むことになっており、それ自体が一種の祭りであったという。ちなみに、カイボリ漁の翌日（または翌々日）が、初午祭の宵宮である。この日は、トウバンとなった組の男が蛇の形をした注連を作り、女が宴会のご馳走を料理する。そして、宵宮の翌日が本祭で、注連を神社に飾ってから、神主にお払いをしてもらう。そのとき、上組と下組でトウバン・ヤドの受け渡しをするトワタシをおこなう。そうしてからヤドで宴会をおこなう。また、本祭の翌日はゴキハライといって、祭の片付けと簡単な宴会がおこなわれる。

写真Ⅲ－1－2　『鎮守祭式覚簿　文政二年』
―埼玉県三郷市谷中―

初午祭では、谷中二六戸が上組と下組の二つに分かれて、一年交替でトウバンを努めることになっていた。ヤドは谷中二六戸が順送りで務める。トウバンの年に、その中の一軒がヤドになるようにあらかじめ順番が決められている。トウバンがさまざまな初午祭の準備をすることになるが、カイボリで取った魚の調理など宴会の準備はヤドでおこなう。

なお、谷中の初午祭に関しては、文政二年（一八一九）から現在に至るまでの記録『鎮守祭式覚簿』が残っている（写真Ⅲ－1－2）。文政二年の記載をみると、「祭式諸入用品」のひとつとして、「鮒、大凡百人前余」とある。また、昭和六年（一九三一）までの記録には、フナとナマズが頻繁に登場する。

【事例3】市助稲荷神社の初午祭とガチャガチャ漁

市助の鎮守である稲荷神社では、初午祭の一週間ほど前になると、祭のための魚取りがおこなわれる。その魚取りには、市助一〇戸すべての家から男が一人ずつ出ることになっている。そうした魚取りがおこなわれるのは、江戸川のテイナイ（堤内）に五か所あった市助住民が総有するイケである。かつてテイナイのイケには神社持ちのものもあったとされる。

市助総有のイケは、カイボリするには規模が大きすぎるため、もっぱらガチャガチャという方法で魚を取った。ひとりがガチャアミを手に持ち、その他の人が追い方になる。ガチャアミを持つ人は魚取りの上手な人でなくてはならないが、この場合は市助にひとりいた川漁師（淡水漁撈を生計維持の一助とする人）がその役を務める。ガチャガチャ漁のあと、みんなで一杯飲むのは楽しみであったという。そうした初午祭のための魚取りには、ワカイシュ（若い衆：跡取りの長男）ではなく、ダンナシュウ（旦那衆：一家の主人）が出てくる。

取った魚はいったんビクザル（生け簀）に入れ生かしておく。そうして、初午祭の直前になると、ビクザルからすくって料理する。また、祭に必要な分以上の魚（とくにナマズやウナギなど高価なもの）は、祭の酒などを買うために東京千住の魚河岸まで持って行き売った。魚を運ぶための木桶があり[9]、それを大八車に乗せて魚市場まで運んだ。

市助は戸数が一〇戸と少ないため、昭和初めまでは隣集落の谷中といっしょに初午祭をおこなっていた。谷中と共同でおこなっていた当時、初午祭のトウバンは、四つある組を単位にして一年交替で受け渡していくことになっていた。また、ヤドは家単位で一年ごとに受け渡していく。トウバンの組からヤドを選ぶわけではなく、トウバンとヤドが重なることもある。なお、ヤドはその家にチブク（不幸や出産）があったときには、そこを飛ばして次に渡される。飛ばされた家は翌年もヤドを引き受ける必要はなく、そのまま順にヤドは送られていく。

本祭の前日を宵宮といい、ワカイシュウの宴がおこなわれる。なお、この宴には跡取りの長男が出るものとされ、次三男は長男が都合の悪いときだけ出る。そして、宵宮の翌日が初午祭の本祭[10]であるが、この日はダンナシュウが全員集まって宴会をする。そして、本祭の翌日は、カタヅケ（またはアトカタヅケ）といって、オクサン（主婦）のための宴が設けられる。宵宮からカタヅケまで都合三日間、オクサンはヤドの手伝いをしている。カタヅケはその慰労のための宴である。なお、宵宮と本祭は一軒から一人が出ることになっていたが、カタヅケはオクサンだけでなくダンナシュウも一緒に出た。こうした初午祭の宴は宵宮からカタヅケまですべてヤドでおこなわれる。

宴の料理は魚尽くしであったという。すべて自分たちがイケから取ってきた魚で賄う。フナは甘露煮、コイはアライ・コイコク、ウナギは蒲焼き、ナマズはタタキ・天ぷら・煮付けにした。このうち市助の初午祭には、コイコクは欠かせないものとされた。神社の供物にはダンナシュウが宴で食べるものと同じものを一人前揃えたが、当然、コイコクは供物の御膳にも無くてはならないものであった。宴の料理は、ワカイシュウの宵宮・ダンナシュウの本祭・オクサンのカタヅケの三回ともほぼ同じものが用意されたが、唯一ダンナシュウだけが本祭のときにコイコクを食べることができる。このときダンナシュウには、必ず一人にひと切れずつコイがわたるようにしたという。

なお、第二次大戦後まもない頃はイケでコイが取れなくなり、代わりにライギョを利用したことがある。また、その後一度だけだが、コイは捌くのに手間がかかるということで、コイコクの代わりに豚汁を作ったことがある。

3　正月と漁撈

【事例4】市助の正月とカイボリ漁

市助一〇戸のうちカマエボリを持っている家は、旧家とされる二戸だけである。このカマエボリで、カイボリが毎年正月前になるとおこなわれた。正月魚を手に入れるためである。カマエボリを持つ家の場合、家族全員でおこなったり、また人を頼んで共同でおこなうこともあった。人を頼む場合は、あらかじめ取れた魚の何割かを手伝ってくれた人に上げる約束をしていた。

この時期にカマエボリで取れるフナはカンブナ（寒鮒）といい、一年のうちでもっとも美味しいとされる。カイボリ漁で大量に取ったカンブナは、いったん焼いてから、カマドにかけて一〇時間以上もかけてとろ火で煮る。そうすると骨まで食べられるようになる。市助では、これが正月の一番のご馳走となり、年始客には必ず振る舞うことになっていた。とくにカマエボリを持つI家ではそれが正月の家例になっていたという。また、ザッコ（雑魚）がたくさん取れたときには佃煮にして保存し、日常のおかずにすることもできた。

なお、カマエボリを持たない家では、持っている家のカイボリ漁を手伝うことで魚を分けてもらったり、市助に一軒ある川漁師から買ったりして正月魚を手に入れていた。

四　淡水漁撈がもたらす社会統合

淡水漁撈が家と家の紐帯として重要な役割を演じる場合のあることを示してみよう。以下に示す事例は、岩野木にあるY家を例に取り、一種の信仰集団である初午組合ならびに社会集団である七軒組合とカイボリ漁との関係を示したものである。

1　家と家を結びつけるカイボリ漁

【事例5】初午組合とカイボリ漁

岩野木では、二月初午の前になると、初午組合に入っている人が集まって、カマエボリのカイボリをする。初午組合とはお稲荷さんを祀る仲間（講）である。第Ⅲ－1－2図に示したように、岩野木は昭和初期には戸数八戸の小集落であったが、すべてひとつの初午組合に加入していた。現在は、隣村の幸房（岩野木は幸房の分村）の人も加わり一〇数軒でお稲荷さんを祀っている。こうした初午組合は岩野木以外の村にもいくつもあった。もともと特定の個人が祀っていた稲荷社を中心にして初午組合が作られていることが多い。岩野木の場合は、戸数が少ないため初午組合はひとつしかないが、幸房では村のなかに複数の初午組合がある。

岩野木の稲荷社はもと庄屋のY家が祀っているものであった。そのため、毎年Y家のカマエボリをカイボリして魚を取ることになっている。Y家のカマエボリはカイボリできる場所（カド）が大小合わせると五か所あるので、二月初午前のカイボリは年末に正月魚を取ったところとは別のカドでおこなう。

カマエボリのカイボリ漁が終わると、夕方からはその魚を使って宴会がおこなわれる。カイボリ後に一杯飲むときには、すぐに調理できるように、フナはナマス、ナマズはタタキにすることになっていた。また、初午祭の当日には、尾頭付きということでフナを甘酒とともに稲荷社に供え、またその日の宴会のご馳走とした。

岩野木において、こうした初午祭に伴うカイボリ漁が大々的におこなわれたのは昭和十五年（一九四〇）頃までであるが、第二次大戦による中断の後も、昭和二十四年（一九四九）に耕地整理でカマエボリがなくなるまで続けられていた。

【事例6】七軒組合とカイボリ漁

岩野木のY家は代々庄屋を務めた旧家であるが、正月の前になると、そのY家が加わる七軒組合の人々が共同してカイボリ漁をすることになっていた。そのカイボリはY家のカマエボリでおこなわれる。カマエボリでカイボリ漁がおこなわれるのは正月前と二月初午前が主であるが、正月は七軒組合で、二月初午は初午組合でそれぞれカイボリをしていたことになる。

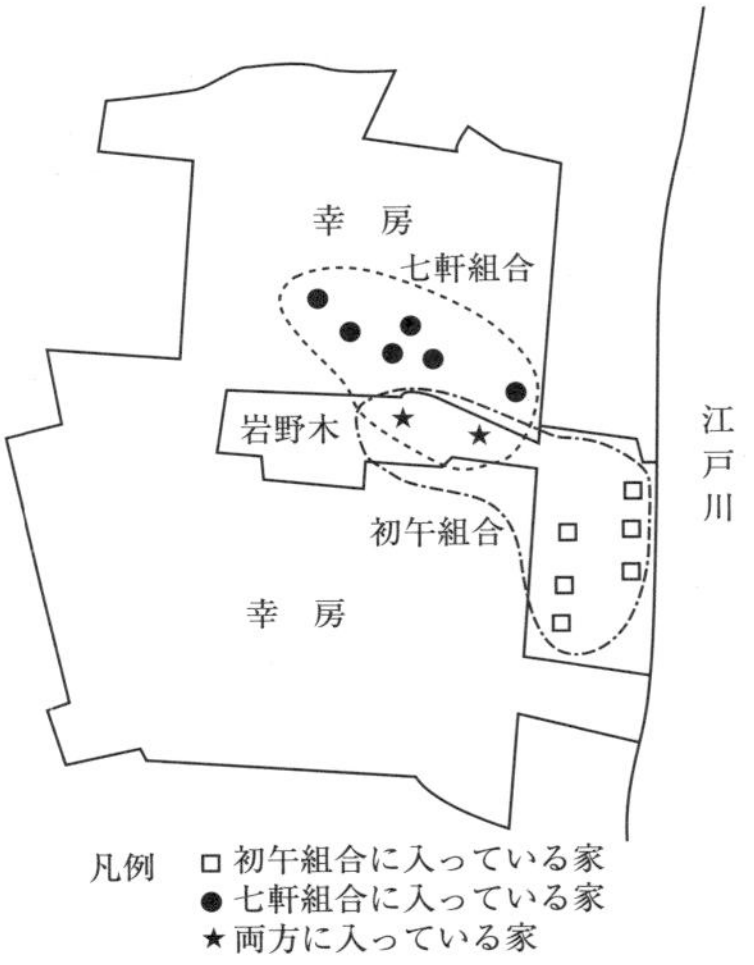

第Ⅲ－1－2図 初午組合と七軒組合

この場合、七軒組合は初午組合とは目的も成員もまったく異なる。七軒組合の成員をみると、Y家ともう一戸の計二戸が初午組合と重なるだけである。つまりそれ以外は岩野木以外の家ということになる。七軒組合とは、Y家を中心とした互助的な組織で、たとえば嫁の見送りや葬式の手伝いといった冠婚葬祭および田植えの相互扶助などをするための組織である。なお、七軒組合のなかにはとくに組合長などの役はない。

七軒組合は昭和初期には八戸で構成されていた。第Ⅲ－1－2図に示したように、岩野木はY家ほか一戸で、残りの六戸はもともと岩野木の母村として付き合いの濃い幸房にある（幸房のなかでも岩野木に隣接した家が主）。本来、七軒組合の構成は七戸であったが、後に分家により家数が一戸増えたとされる。本来は、分村する以前、幸房村内における隣組であったものが、分村後も七軒組合と名を変えて付き合いが続いているものと考えられる。

こうして七軒組合により年末におこなわれるカイボリでは、毎回、フナ・ナマズ・コイといった魚がバケツに二杯以上は取れる。一部はカイボリ後の宴会で食べ、残りはみんなで分けて持ち帰ることになっていた。それが各家の正月魚となる。カイボリ後に一杯飲むときには、フナやコイはナマスに、ナマズはタタキにして酒の肴にした。

持ち帰ったフナは、正月用に甘露煮にする。その場合、魚を竹串に刺して囲炉裏で焼いてから、囲炉裏のところに天井からさげてある藁束にその魚串を刺しておく。そうしておくと、燻されてよく乾燥する。それを甘露煮にする。こうして魚を刺しておく藁束がどこの家にも何本かあったという。

七軒組合の家々では、こうして作ったフナの甘露煮は正月の一番のご馳走であり、無くてはならないものとされる。正月の年始客が来たときには、そのもてなしに、お節料理の一品として、フナの甘露煮を出していた。

2　信仰集団・社会集団による淡水漁撈の意義

岩野木（当時八戸）では、カマエボリを持っていたのはかつて庄屋を務めたY家とその分家の二軒だけであった。そうした村の社会的紐帯の核となる家のカマエボリが村内の家々や、さらにはそれを越えた家同士をも結びつける役目を果たしていたといえる。

岩野木は近世期の比較的新しい時代に幸房村（現三郷市幸房）の分村として誕生した集落であるが、そうして家々が新たに集まって一村をなしたとき、人心を統一する機会として全戸加入の信仰集団である初午組合が機能し、そのときカマエボリにおける漁撈が重要な役割を果たしていたといえよう。

それに対して、七軒組合の場合は、分村に際して行政的には幸房村とは別の村の一員となった後にも、それまでの付き合いを続けるべく、母村である幸房との紐帯を保つ役割をカマエボリにおける漁撈は果たしたと考えられる。

五　淡水漁撈と信仰・儀礼

三・四節で検討してきたことをまとめると、淡水漁撈と信仰・儀礼との関係について、以下の一〇点が指摘できる。

①淡水漁撈が村や農家集団を主体とする信仰・儀礼と結び付いておこなわれる場合がある。その場合、祭の一環として淡水漁撈がおこなわれることがある。

②そうした漁撈は、個人の活動としてではなく、必ず村または農家集団による共同漁撈としておこなわれる。

③共同漁撈への参加は村や農家集団の成員にとっては義務とされる場合が多い。ただし、義務である反面、楽しみとされ、レクリエーションの意味も大きい。

④共同漁撈が祭の準備としての意味を持つことから一歩進んで、共同漁撈自体がひとつの祭として意識されている場合がある。

⑤共同漁撈がおこなわれた後には必ず宴が設定される。それは祭のための宴とは別のものである。

⑥共同漁撈の場は、カマエボリ・イケ・ホリといった低湿な稲作地に特徴的な水界である。そこは大量の魚を漁獲することが期待できる水界でもある。

⑦共同漁撈の方法は、カイボリに代表されるように、多くの人手を必要とする労力投入型の漁撈が主である。それは一度に多くの魚を取るのに適した漁法である。

⑧共同漁撈は農閑期に集中する。なかでも、正月・オビシャ・二月初午といった、この地域における中心的な年

中行事の直前である。そうした時期は、稲作の作業暦の中でもっとも人手を得やすく、かつ低湿な地域においては冬期の減水期に対応しており、カイボリなどの労力投入型の漁撈には好都合である。

⑨共同漁撈の場は、村や農家集団で総有する水界が主となる。ただし、ホリやカマエボリのように、通常は個人が所有する空間も用いられる。その場合、共同漁撈に際しては、いったん私の権利が制限され共有化される。

⑩共同漁撈で得た魚は、祭の供物および儀礼食に用いられる。そのとき、祭を主催する村や農家集団の全員で食することに意義が認められる。

以上のように、本章で調査地に取り上げた地域においては、淡水漁撈が地域の信仰・儀礼と深く関わっていたことは明白である。淡水漁撈は稲作農家にとって単に動物性たんぱく質の獲得法の意味にとどまらず、村社会や農家集団をひとつにまとめ、さらにそうした関係を維持する上で、大きな役割を果たしていたということができる。淡水漁撈が有する社会的機能として注目される。

その場合、淡水漁撈は村や農家集団の信仰・儀礼と結びつき、祭礼の一環としておこなわれることに特徴がある。村や農家集団の成員は、そうした集団が主体となる祭において、共同して漁をおこない、かつ宴を催すことは、成員間の紐帯を確認するひとつの機会になっているといえよう。このような信仰・儀礼に関連した共同漁撈の存在は、大河川下流域の低湿な稲作地においては祭事のひとつのあり方・特徴を示すものであるといえよう。

また、淡水漁撈のもつ社会統合の機能を語るときには、本章で取り上げた低湿地の新田開発村の場合、その地域における草分け的な旧家の存在にも言及する必要があろう。とくにカマエボリのカイボリ漁にみられるように、共同漁撈による社会統合は本来そうした旧家を中心としてなされたものであることがうかがわれる。それは、対等の関係ではなく、旧家を一段高いところにおき、その家を中心として多数の一般農家をネットワーク化するものである。そうした旧家と一般農家との序列関係を保ちながら、村なり農家集団なりを維持するのに機能していたといえる。そのとき、旧家はカマエボリに代表される漁撈の場とそこからもたらされる魚を提供し、一般農家は共同の名のもとに労力を出し合って漁がおこなわれたものであることはいうまでもない。

こうしたことが、大河川下流域の低湿地にあって、比較的開発が遅かった新田集落における社会統合のありかたの特徴を示すものと考えられる。しかし、その点については歴史学的な考察が本章では不十分であるため今後の課題とせざるをえない。

さらにいうと、ここに挙げた事例は、ホリやカマエボリといった広義の水田用水系を舞台としておこなわれる漁撈であり、かつその獲物はすべてフナ・コイ・ナマズなど水田魚類である。また、漁の主体者は稲作を主生業とする人たちである。つまり、水田漁撈の一類型と位置づけることができる。とするなら、筆者がかねてより主張してきたように、水田漁撈の意義は、農家の生活にとって、動物性たんぱく質の供給源にとどまらず、単調な農耕労働の合間における娯楽として、またそうした娯楽性を背景に稲作を維持するための住民の社会的統合に果たす役割も大きかったといえよう（安室一九九八・二〇〇一a）。

註

（1）近代末とは、農薬や化学肥料の大量使用によって水田生態系が大きく変貌する以前で、かつ民俗学的聞き取り調査が可能な時代設定である。

（2）大水への備えとして、掘り取った土で屋敷地の一部を高くして、そこに蔵を建てる場合がある。それをミヅカ（水塚）またはジギョウという。カマエボリ同様、ミヅカを持つのは旧家に多いとされる。

（3）ホリは、低湿な水田を少しでも嵩上げするために土を掘り取った跡、つまり掘り上げ田に伴う池である可能性もある。

（4）なかには淡水漁撈を生計維持の一助にする家もあった。そうした家がどの村にも一・二軒ずつ存在した。そうした家の多くは耕地を所有していたが、平均的農家に比べるとその量はごく少ない。そのため、農繁期は水田を中心とした農業をおこない、農閑期になると冬場の現金収入源のひとつとして淡水漁撈や淡水魚の仲買・小売りをおこなうという生業パターンを持つ家であった。

（5）ザッコドオシは、直径五〇センチ、高さ一〇センチほどの竹を編んだ笊で、底が三センチほどの荒目になっている。ザッコドオシは大広戸ではどの家にもある漁具であった。流山（千葉県）の竹細工店（漁具店）で購入することが多い。

（6）オッカブセは底の抜けた籠のような形をした網である。高さ一メートル、上口径五〇センチ、下口径一メートルで、重量は軽く、手に持って操ることができる。上から被せ、なかに入った魚を手づかみにする。

（7）オシアミ（押し網）は、長い柄を付けたすくい網の一種である。水底のゴミをすくうようにして、ゴミの下に潜む魚を取る。

（8）ガチャアミは、幅二・五メートル、高さ一・五メートルの網である。網ではなく竹篭ともされる（三郷市史編さん委員会　一九九一）が詳細不明。

（9）この木桶は魚を運ぶためのもので、長軸一・三メートル、短軸九〇センチ、深さ三〇センチほどの小判型をしている。木の蓋をして紐が掛けられるようになっており、手で持ち運ぶことができる。

（10）市助稲荷神社初午祭の本祭については、『三郷市史九巻―民俗編―』（三郷市史編さん委員会　一九九一）に詳しいので、それを参照のこと。

引用参考文献

・三郷市史編さん委員会　一九九一　『三郷市史九巻―民俗編―』三郷市
・安室　知　一九八七　「水界をめぐる稲作民の生活」『信濃』三九巻一号
・同　一九九二　「存在感なき生業研究のこれから」『日本民俗学』一九〇号
・同　一九九八　『水田をめぐる民俗学的研究』慶友社
・同　二〇〇一ａ　「『水田漁撈』の提唱」『国立歴史民俗博物館研究報告』八七号
・同　二〇〇一ｂ　「漁をめぐる民俗」『三郷市史一〇巻―水利水害編―』三郷市

第二章　水田漁撈の儀礼化
——条里稲作地における水田漁撈の意味——

はじめに

本章では、水利上もっとも進んだ稲作地であるといってよい条里水田地域を舞台に、水田漁撈がいかに営まれ、またそれが村落社会とどのように関わっているかを明らかにすることを主題とする。

日本の場合、歴史的に見ると、水田稲作の拡大展開の過程で、自然の水界に人為を加えて改変したり、また新たな人工の水界を造り出してきた。こうして水田の造成とともに拡大した人工水界を、自然水界と区別して、水田用水系と呼んでいる（安室 一九八八・一九九八）。水田用水系は、水田・溜池・用水路といった稲作のために作られ、かつ管理維持される人工的な水界を指すが、その特徴は、湖沼や河川といった自然の水界とは違って、稲作活動により、水流・水量・水温などの水環境が多様に変化することにある。しかも、そうした水環境の変化は稲作とともに一年をサイクルとして毎年繰り返される。

また、漁撈の場としてみた場合、内水面は自然水界と人工水界に二分することができるが、自然水界は湖沼と河川に対応し、人工水界は水田用水系に当たることは言うまでもない。こうした水田用水系を舞台としておこなわれる漁撈を、筆者は水田漁撈と呼んでおり、河川漁撈・湖沼漁撈と並んで、日本における内水面漁撈の一類型に位置づけている（安室 二〇〇〇・二〇〇一 a）。

水田漁撈とは、水田用水系を舞台にして、稲作の諸活動によって引き起こされる水流・水温・水量などの水環境の変化を巧みに利用して、ウケや魚伏籠といった比較的小型で単純な漁具を用いておこなう漁である。水田漁撈の特徴としてとくに注目される点は、水田用水系が稲作の営みとともに一年ごとに更新されるとともに、水田漁撈も一年をサイクルとして繰り返しおこなうことが可能なことにある。こうしたとき、一年をサイクルとした水田漁撈の営みが、年中行事と同調し儀礼化することがある。まさにこれから論じようとしているのはそうした例である。

従来、歴史学などの人文諸科学では、こうした水田漁撈は、「雑漁」や「原始漁法」とされ、取るに足らないものとして扱われてきた。しかし、その裾野は、日本の場合、漁業専業者による漁撈よりもはるかに広いものがあるといってよく、その文化的・経済的意義は無視することはできない。この点に関しては、別稿（安室 二〇〇一 a）において詳述しているが、それを基にごく簡単に水田漁撈の文化的・経済的意義をまとめると以下の四点になる。

①自給的生業（動物性たんぱく質獲得技術）としての重要性
②金銭収入源としての重要性
③水田漁撈の娯楽性
④水田漁撈が生み出す稲作社会の統合

このうち四点目に関しては、水田漁撈が村落社会や水利組織を維持するため、その精神的な統合に利用される場合があることがわかってきた。その場合、水田漁撈の儀礼化が重要な意味を持つと考えられる。しかし、その実態はまだ資料化の段階である。

そこで、以下では、四点目の問題に焦点を絞って検討していくことにする。調査地として取り上げるのは、滋賀県湖東平野の一角にある条里制の稲作集落である。具体的には、栗東市大橋に伝承される通称「ドジョウ祭」（ドジョウトリ神事）に注目して、水田漁撈の儀礼化についてみていくことにする。

一　ドジョウ祭を伝える村

1　村の概観

大橋（栗東市）は、湖東平野を西流し琵琶湖にそそぐ野洲川の扇状地上にある（第Ⅲ―２―１図）。標高は一〇〇メートルほどでほぼ平らな地勢をなす。その開発は古く、大橋の耕地およびそれを灌漑する用水の流れは、すべて条里地割にしたがっているとされる（大橋区誌編纂委員会 一九九七）。

里の内という小字名がついた集落部には、神ノ川・神上川・御倉川・松本川・馬道川・美田後川という六本のカワ（川）が縦横に走り、昔からある家（祭の当番になる権利を持つ四四戸）にはすべてカワが接していた。そのため、どの家に入るにも橋を渡らなくてはならなかったといい、一説には集落名であるオオハシ（大橋＝多橋）はそうしたことに由来するとされる。なお、カワとはいうものの、大橋の場合それはすべて人工の水路である。

大橋にとってカワは本来農業用水として造られたものであるが、実際には生活のすべてに関わっていた。飲料水こ

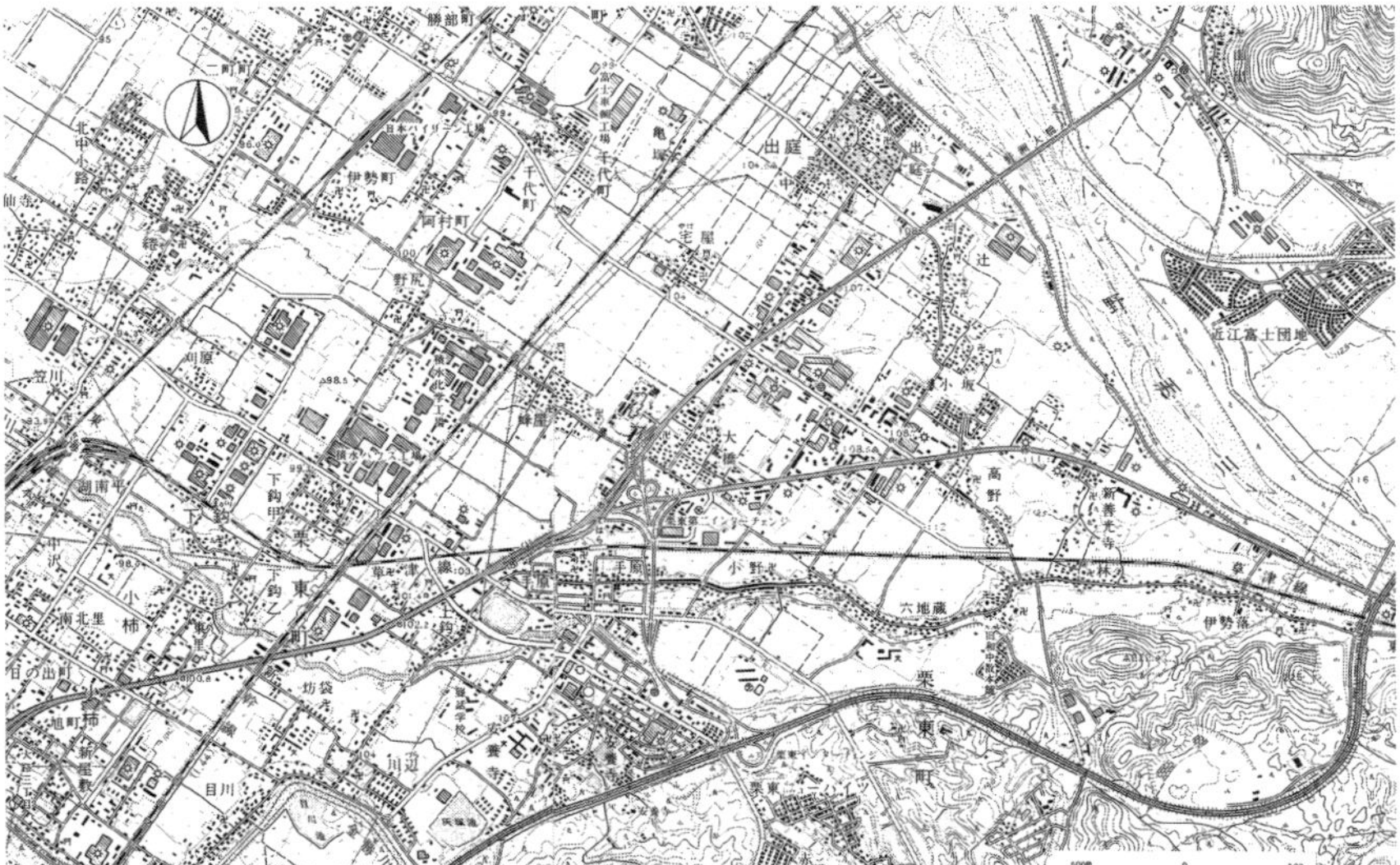

第Ⅲ－２－１図　滋賀県栗東市大橋（国土地理院、２万5000分の１地形図）

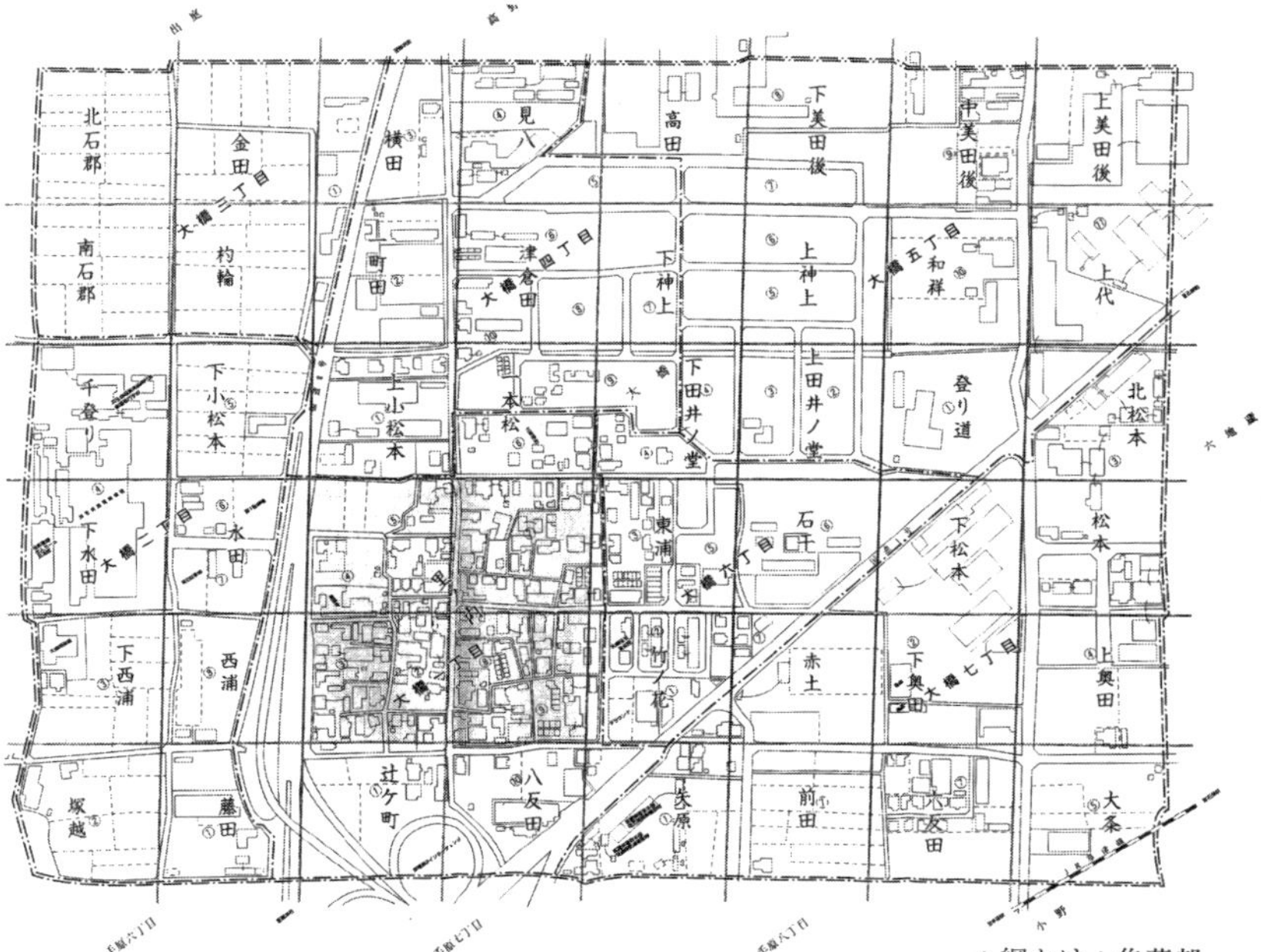

＊網かけ：集落部

第Ⅲ－2－2図　条里地割の残る大橋　（〔大橋区、1997〕より）

そ井戸水を利用したが、風呂や炊事の水はすべてカワを利用している。そのため、意識の上で風呂などの排水をまたカワに流すことは非難の対象となり避けられていた。

景観上は、里の内に宅地が集中し、その周囲に耕地が広がっている。第Ⅲ－２－２図に示したように、大橋には里の内のほかに四四の小字があり、それらはほぼ同一規格（面積一〇反の正方形）であるとされる（大橋区誌編纂委員会　一九九七）。したがって、大橋の面積（宅地と耕地）は四八町歩（四八ヘクタール）ということになる。かつて四〇町歩あった耕地のほとんどは水田であるといってよい。

また、家屋が集まる里の内は社会組織の上で大きく東と西に分かれ、さらにそれがそれぞれ南と北に分けられる。通常、西の北番・南番、東の北番・南番というように呼ばれる（後述）。ちょうどそれは里の内が田の字状に四等分された形になり、その一区画（面積一〇反の正方形）は先の小字とほぼ同じ規格である。昔からある四〇戸ほどの家は一区画にそれぞれ一〇戸程度ずつ分かれている。なお、この東と西およびそれぞれの北番・南番という区分がいろいろな面で祭りをおこなうときの基本単位となっている。

昭和三十年以前の生業は水田稲作を基盤とした農業にあったが、それ以降は第二次・三次産業の人口が家数の増加とともに急増している。戸数の変遷（大橋区誌編纂委員会　一九九七）をみてみると、明治十一年（一八七八）四九戸、同四十二年（一九〇九）四七戸、昭和六年（一九三一）四八戸と、昭和初期までは五〇戸弱の戸数を保っていた。しかし、その後は、昭和三十五年（一九六〇）六四戸、同五十年（一九七五）二九九戸、平成七年（一九九五）五二九戸と加速度的に戸数が増えている。これは、道路交通網の発達および工場進出による市街地化と京阪神のベットタウン化にともなうものである。

そして、戸数六五〇を超える現在（二〇〇〇年）、域内を国道一号と八号が通過し、工場や倉庫そして新興住宅が旧村部の里の内周辺を覆い尽くしており、かつての条里制を残す稲作農村としての面影はないといってよい。

2　村の農と水利

大橋は古代の条里制が残るすぐれた乾田地帯をなしている。灌排水はほぼ完備され、すべての水田で米麦の二毛作が可能であった。そうしたすぐれた乾田を潤す水は、野洲川から引かれる一本の用水路に頼っていた。その用水路が一ノ井川であり、大橋の耕地の九三パーセントに当たる四五一反を灌漑している（栗東町史編さん委員会　一九九〇）。そして、残り三二反は中ノ井川により灌漑されている。なお、先に示した集落を流れる六本のカワはほとんどが一ノ井川からの分水である。

大橋の生命線ともいえる一ノ井川の用水は、大橋だけのものではない。近世期より大橋を含む七か村（伊勢落・林・六地蔵・高野・小野・手原）で一ノ井水利組合（一ノ井組）を結成し共同で利用してきた。その七か村の中で大

月　日	行　事
・1月1日	三輪神社初詣
・1月15日	サギチョウ（左義長）
・1月17日（旧暦）	オユミシキ（お弓式）
＊・2月第3日曜	ハツヨリ（初寄り）
・3月10日	三輪神社祈願祭
＊・5月1日	ドジョウズシの口開け
＊・5月3日	三輪神社大祭（春季大祭）
＊・5月4日	ノコリヨビ（残り呼び）
＊・5月10日	三輪神社小祭（コマツリ）
・5月（麦収穫終了後）	五月休みの湯
＊・6月1日（旧暦）	オンダのツイタチ（御田の一日）
・6月（田植終了後）	涼みの湯
・8月20日（前後）	大橋ふれあい夏祭り
・8月23日	地蔵盆
・9月上旬	区民運動会
＊・9月20日以降の休日	ドジョウトリ神事
・10月10日	三輪神社早穀祭（秋季大祭）

注1　＊印：ドジョウトリ神事に関連する行事
　2　個人の家でおこなう行事および仏教行事は除く、村・自治会が主体となる行事

第Ⅲ－2－1表　大橋の年中行事

橋は水の流れにおいては最末端に位置する。そのため、一ノ井川の水は厳格な管理規制のもと、水田用水として使われてきた。

しかし、天井川である野洲川は雨不足などにより水位が低下すると、一ノ井川に充分な取水ができず用水不足に陥ることも多かった。そのため大橋にはかつて村独自の溜池が二か所用意されていた。昭和十九年（一九四四）をはじめ、干魃のときには、時間により水の配水場所を替えていく刻水がなされた。そうしたときは、水が盗まれないように、三人ひと組になって交代で夜も見張りをしたという。

さらに、時代を遡ると、近世期には同じ野洲川から水を引く一ノ井組と今井組また中ノ井組との水争いがたびたびあったことが史料から明らかである。それによると、ときには死者が出るほどの大規模で熾烈な水争いであったとされる（栗東町史編さん委員会　一九九〇）。こうした数か村連合の水利組合同士による大規模な争いのほかにも、隣村の蜂屋と争論になったり、また大橋集落の中でも刻水の順番をめぐって小さな争いはたえずあった。そうした水争いが解消されるのは、昭和二十九年（一九五四）に野洲川ダムが完成して以降である。

また、反対に、稀にではあるが集落が大水の被害にあうこともあった。昭和初期には大橋の一部の家には床上まで水が来たことがある。中ノ井川が溢れ、村内の水が排水できなくなったためである。

3　村の年中行事

第Ⅲ－2－1表に示したのは、個人の家でおこなう行事および寺の行事は除く、大橋における村・自治会が主体となる行事である。ただし、旧住民[1]主体の自治会と氏神社である三輪神社の氏子とはほぼ一体となっているため神社行事は村の行事と見なした。また、取り上げた行事は平成十二年現在おこなわれているものだけである。期日も現在のそれであるため、かつての挙行日とはかなり違っている。

この表を見てまずわかることは、村の行事としてドジョウトリ神事（ウオトリ神事ともいう）に関連したものがいかに多いかということである。大橋の年中行事はドジョウトリ神事を中心に組み立てられているといっても過言ではない。

二　ドジョウトリ神事を支える社会組織

1　当番となる権利

ドジョウトリ神事を執りおこなうことのできる家は現在四四戸に決められている。この四四戸は、いわば祭の主催者たる当番になる権利を持つ家である。平成十二年現在、行政区としての大橋には六五〇戸の家があり、そのうち三輪神社の氏子になっている家が百数十戸、さらにその中で当番になる権利を有する家は四四戸にすぎない。

三輪神社の氏子以外の家はほとんどが昭和三十年代以降に大橋にやってきた新住民である。大橋に昭和三十年以前からおり三輪神社の氏子になっているにもかかわらず、当番になることのできない家というのは、だいたい分家筋が多い。その場合、本家は当番の権利を持つ家である。新住民でも、申し出れば氏子に入ることはできるが、当番には決してなれないとされる。昭和初期には当番になる権利を持つ家が五二戸あったが、転居などで大橋からいなくなると、その家の分は補充されることはない。たとえ大橋にその家の分家があっても入ることはできないとされる。[2]

なお、当番は中心行事の名称をとりドジョウトリ当番（ウオトリ当番）と言われるが、神社の所有する記録には「当屋」とも記されている。また、当番になる権利を持つ家の集まりを「ドジョウ講」と称する報告（小菅・中山 一九八七）もあるが、そうした言い方は平成十二～十四年の調査では確認できなかった。

当番になる権利を持つ家は、里の内に集まっており、その中心を南北に通る道（水路）を境に東と西に分かれている。そして、当番は東と西にひとりずついる。それぞれ東の当番、西の当番という。したがってドジョウトリ関係の行事も東と西で別々に進行する場面が多く見られる（後述）。そうした東と西の区別はいわば地縁的なもので、境界となる道をまたいで家移りした場合は、当番となる東と西も変わってしまう。

またさらに、東・西とも、東西方向にほぼ中央を通るカワを境界にして、やはりそれぞれ北番と南番に家が分かれている。現在、東・西とも家数はちょうど北番と南番は一一軒ずつになっている。この南番と北番は、三輪神社への渡御をおこなう役割を担っている。これをワタシバン（渡し番）といい、南と北が一年交替で務める。

当番はくじ引きで決められることになっている。二月第三日曜（かつては一月）に開かれるハツヨリ（初寄り）のときに、くじ引きをおこない、翌年のドジョウトリ神事から大祭までの間の当番が東西ひとりずつ決まる。[3]当たった人は次の年から抜けていく。そうすると順に二二戸全員に回ることになる。ただし、最後にくじを引いた人が、もとに戻ってまた一番に引いてしまうこともあり、そうなると二年続けて当番になることもある。なお、このときには、当番のほかに、釣台役ならびに伊勢参りなどの代参人もくじ引きで決められる。

2　当番の役目

当番家が担う役目は以下の通りである。

①引継——前年の当番家よりドジョウズシの漬け桶一本と重石二個、むしろ、俵などを引き継ぐ。なお、かつてはドジョウズシの漬け桶は二本あった。

②タデの栽培と調製——前年度の当番からタデの苗木をもらって、三月下旬に植える。四月下旬にそれを移植する。そして、七月の土用前、タデを刈り取って陰干しにする。次に土用の暑い日に陽に干してから粉に挽く。約三升のタデ粉を作って、ドジョウトリ神事当日に備える。

③「神さんの田」の耕作——三畝ほどの田を「神さんの田」とし、耕起から始め、苗代・田植え、そして田の草取り・稲刈りまですべて当番家がおこなう。ドジョウトリの日までに収穫を終え、脱穀・調製をして白米にしておく。かつては、神田の稲刈りが目安となり、それが済まないうちはドジョウトリ神事もおこなえなかったとされる。

④オンダのツイタチ（御田の一日）——旧暦六月一日におこなう。東西の当番がふたりして、中ノ井川・神ノ川・神上川・松本川・馬道川の各所に〆縄を張っていく。それ以降、ドジョウトリ神事の日まで、結界の中では魚取りが禁止される。

⑤ドジョウトリ（スシヅケ）
⑥三輪神社大祭
⑦ノコリヨビ
⑧コマツリ

＊⑤～⑧までは後に詳述

当番の仕事は、ドジョウトリ関連の諸行事が主となる。そのため、ドジョウトリ当番ともいわれる。それ以外に当番が取りおこなう行事は、旧暦一月十七日のオユミシキ（お弓式）と愛宕神社への参拝しかない。

当番家の代表はセシュ（施主）と呼ばれ、各種の祭事の主催者となる。セシュはその家の跡取り（長男）が務めなくてはならない。サンミ（産の忌み＝三十日間）[4]が開けていれば、たとえ生後数か月の子どもでもセシュになった。セシュが子どもの場合、宴会などではその親がセシュの役目を担うことになる。ただし、神社渡御のときだけは、セシュは御幣持ちを務めなくてはならず、そのときは親がセシュの子供を抱っこして御幣を担いでいった。また、反対に、跡取りがないと、杖をついた年寄りでもセシュを務めなくてはならなかった。

当番家において、長男が大橋の外に出てしまっている場合には、その弟が跡取りとしてセシュになることはできた。また、第二次大戦中には長男が兵役に取られると、その親が代わってセシュとなることもあった。最近の例としては、跡取りがアメリカへ行っていて老女親がひとり暮らしのため、跡取りが戻り次第、当番を引き受ける約束で、それまでのあいだ当番から除外されている家がある。

当番家に出産や不幸があると、ヒ（忌）が開けるまでは、次の当番や濃い親戚にその役を代わってもらわなくてはならない。忌明けが五月の大祭に間に合わない場合には、次の当番にその任を譲ることもある。

当番になると労力・出費とも大きな負担となる。儀礼の諸経費はすべてその年の当番家が出さなくてはならない。また、かつては、当番のくじに当たると、その務めに入るまでに、家の畳を入れ替えたり、壁を塗り替えたりしたという。当番家には神が宿るとされ、またドジョウトリに関連した宴会はすべて当番家でおこなわれるからである。そのため、かつては、当番の経費として当番家以外の家がコメを二・三升ずつ持ち寄ったという。

また、当番家では親戚がいろいろと手伝うことになっている。そうした親戚はどの家も五軒くらいある。親戚の中でもとくに濃い親戚[5]はヤウチカナイ（屋内家内＝一家全員のこと）が手伝いに行く。また、家の跡取り（長男）は、親類が当番に当たったときには自ら積極的に手伝いに行き、当番家が何をしなくてはならないかを学ぶようにしたという。なお、お互いのことなので、親戚が手伝いに行くときにはご祝儀などは持っていかないことになっている。

大祭やドジョウトリのときには、当番家では客を大勢招待する。セシュとの関係の深さにより、フタリヨビ（二人呼び）とヒトリヨビ（一人呼び）との区別があった。付き合いの濃い家はフタリヨビになり、隣組などの関係はヒトリヨビであった。なお、現在では簡素化が進み隣組は呼ばなくなっている。

当番家では、スシヅケに使うコメを栽培するために、所有する水田の一画を「神さんの田」（神田）にした。「神さんの田」には三畝ほど必要である。耕作の仕方は通常の水田と同じであるが、収穫後、モミスリ以降は男性しかコメに手を触れることはできないとされる。ちなみにドジョウトリに関連する神事にも基本的に女性は参加できない。

三　儀礼化された水田漁撈――ドジョウトリ神事

1　ドジョウトリ

現在、三輪神社のドジョウトリ神事はスシヅケが主要行事となっている。しかし、昭和三十五年（一九六〇）以前においては、スシヅケに先だって村内を流れるカワ（用水路）で氏子総出の魚取りがおこなわれ、その漁撈行為自体が神事の主要部をなしていた[6]。このドジョウトリ神事は、翌年五月三日におこなわれる三輪神社大祭にドジョウズシが奉納されて終わりとなる。当然、大祭ではドジョウズシの奉納が主要行事となる。なお、ドジョウトリ神事は神社に残る文書などではウオトリ神事ともされるが、住民の認識ではドジョウトリが本来であるとされる。

スシヅケだけがおこなわれるようになる前つまり実際に漁がおこなわれていたときには、ドジョウトリは秋彼岸明けの九月二十六日と決まっていた[7]。彼岸明けの二十六日は結願の日であり、それ以降は魚取りなどの殺生をしてもよ

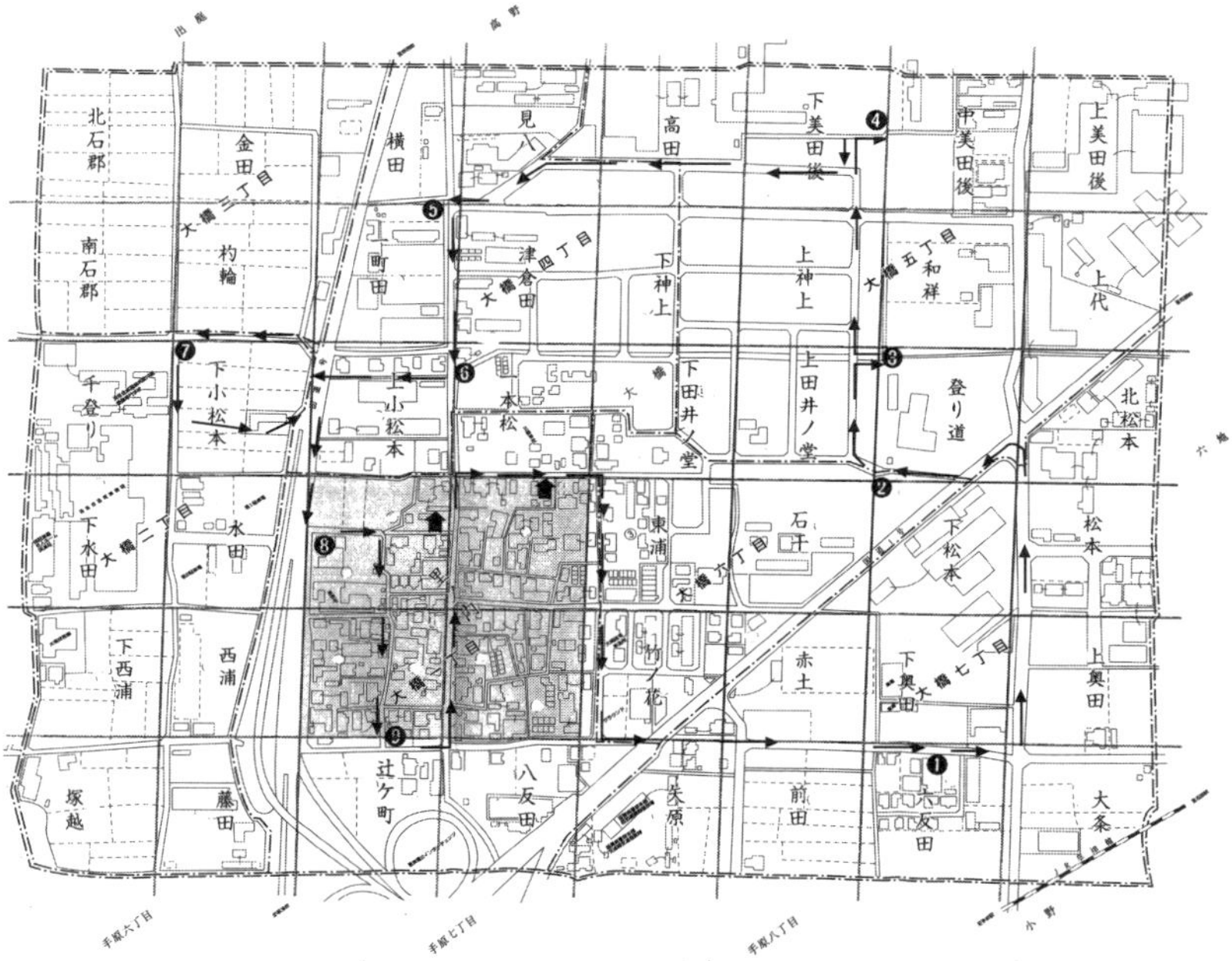

第Ⅲ－2－3図　オンダのツイタチによる結界 −2000年〆張りの順番−

くなるからであるという。また、「彼岸の鐘が鳴ったらドジョウは田を下る」といい、実際当時は水田の落水もそのころであったため、ドジョウは彼岸の頃がもっとも取りやすい。さらに、そのまた昔は、「新米ができなかったらドジョウトリはできない」とされ、あらかじめ日を決めておくのではなく、あくまで「神さんの田」の収穫にあわせてドジョウトリ神事がおこなわれていたと伝承される。

このドジョウトリに先立って、それに関連して旧暦六月一日にオンダのツイタチ（御田の一日）がおこなわれる。この行事は、前述のように、東西の当番家のセシュがふたりして村内のカワの各所に〆を張って回るものである。この日以降ドジョウトリがおこなわれるまで、〆を張った中では魚取りはいっさいできなくなる。魚取りをしていると誤解されないように、カワに降りることさえ憚られたという。

東西の当番はそれぞれ、ドジョウトリ前日の日暮になると、当番になる権利を持つ家全戸（東二二戸、西二二戸）に、「明日ドジョウトリをおこないますのでよろしくお願いいたします」と挨拶して回る。親戚（ヒトリヨビの家、フタリヨビの家）やスシヅケしてもらう人にも同じようにお願いする。

また、ドジョウトリ前日には、中ノ井川の分岐点に当たる高野（今土）の区長に、明日はドジョウトリのため大橋側への水の流れを止めさせてもらう旨を言いに行き、了解を得ておく。また、同様に、中ノ井川の一番上つまり野洲川から中ノ井川への取水口がある伊勢落の区長にも連絡にしておいた。

写真Ⅲ－2－1　オンダのツイタチ（旧暦6月1日）
－東西のトウバンが〆張りに出発－

写真Ⅲ－2－2　同上
－用水に〆縄を張る－

ドジョウトリ当日は、セシュは午前一時に起きて、一番濃い親戚の人（一～三人）と中ノ井川の上流にある分岐点のところ（今土）に行って、筵などを使って大橋側への流れを止め、もう一方（大橋には来ない方）の流れに水をすべて迂回させてしまう。さらに、もう少し下流で二回目の閉め切りをする。そうすると、それ以下では流れは完全になくなり、自然と中ノ井川の水は落ちていく。そうした状態になるのが、朝六時頃である。それからドジョウトリがおこなわれるまでの間、各所に人が張り付いて見張り番をする。そうしないと、蜂屋など中ノ井川の水を使う他集落の人に魚を取られてしまう(8)。

朝七時半頃になると、三輪神社でドジョウトリを知らせる太鼓が鳴らされるので、そうすると当番の権利を持つ家の人は全員集まる。スシヅケやナマズ料理を担当する一部の人は除いて、すべて漁に参加する。ただし、女性は参加できない。そして、八時頃からいっせいに東西に分かれてドジョウトリをはじめる。まずドジョウトリは中ノ井川から始められる。ただし、ドジョウトリとは言っても、中ノ井川で取れる魚はナマズやフナ・コイが主である。

東は中ノ井川の上流から村の中心に向かって、反対に西は下流から村の中心に向かって（つまり東は中ノ井川を高野方面から下流に向かって、西は反対に蜂屋との境界あたりから上流に向かって）、それぞれカイドリしていく。カイドリとは、一定区域を仕切り、その水をすべて掻き出して、中にいる魚を一網打尽にする漁法である。中ノ井川の場合、二・三〇メートルずつ仕切っては順にカイドリしていく。おもに若者が川を堰き止めたりバケツで水を掻い出したりという力仕事を担い、年輩者が魚を捕まえる役になる。

そして、一〇時くらいになるといったん漁を中止し、間食をとる。それをアサコビル（朝小昼）という。東西の当番は新米の握り飯と煮染め（ゴボテン・コンニャク・チクワ・イモなど）、たくあんなどを重箱に詰めて、御神酒とともにそれぞれの漁場に持っていく。そうしてアサコビルをとった後、また漁を再開する。

そうして、下流側から大橋に遡ってくる西と、その反対に上流から大橋に下ってきた東とが出会うと、その時点で昼休みとなる。たいてい合流地点は出庭と大橋の境界あたりになる。昼食は東西それぞれが当番家に戻って摂ることになっている。

昼食後は、神ノ川に漁場を移し、東と西が合同して魚取りをする。川上に向かって東と西が交互に川に入りカイドリしていく。そうして神ノ川を隣村（六地蔵）との境あたりまで遡る。神ノ川はドジョウ専門のカワであるという。つまりドジョウトリ神事の本来の場であるとされ、そのため「神さんの川」という意味からその名が付けられたと伝承される。

こうしてドジョウはスシヅケに必要なだけ取られるが、その他にも宴の料理（ドジョウ汁）用に相当量が必要である。そのため、当番家では万が一不足することを想定して、オンダのツイタチ以降、折を見て水田のミゾ（小水路）でドジョウを取っては桶に生きたまま保存しておいた。だいぶ前に取ったものでも餌として生ダイズを入れておくと桶の中でドジョウは生きたままとっておけるとされる。

また、ドジョウズシにはナマズも必要である。それはもっぱら午前中の中ノ井川のカイボシで取ることができた。これまでナマズが取れずに困ったことはなく、多いときには樽桶に五杯も取れた。

なお、このドジョウトリの日を境に、オンダのツイタチに張られた〆は解かれ、村内はどこでも魚を取ってよいことになる。(9)

2　ドジョウトリの宴

午後四時頃にはカイドリは終了する。東西それぞれの当番家では親戚や隣近所の家にも手伝ってもらい風呂を沸かしておく。そうしてカイドリに参加した人全員に風呂に入ってもらう。その後、着物に着替えてから宴となる。当番家の座敷には、当番となる権利を持つ二二人分の膳がしつらえられる。宴の料理は先ほどカイドリしたばかりの魚が中心である。中ノ井川や神ノ川で取った魚のうちドジョウとナマズは当番家でスシに漬けられるが、その余りとドジョウ・ナマズ以外の魚は、すべて昼およびドジョウトリ終了後の宴の料理となる。

昼になるまでの間、東西それぞれから選ばれた「正直者」二名がカイドリしているところに出向いて魚を集めてくる。東と西でそれまでに取れた魚をいったん合わせてから、それを東分と西分とに二等分する。それは、取れた量で差がつかないようにするための工夫で、そのためにできるだけ公平な人が選ばれる。

かつて昼食およびドジョウトリ終了後の宴の料理はすべて自分たちで調理していた。そうした賄いには女手も含め多くの手伝いが必要である。そのため、当番家では濃い親戚は二人（夫婦）、薄い親戚は一人を手伝いに呼んだ。なお、魚料理は男性がおもに担当し、女性はその他の料理を作る。とくに一番の御馳走となるナマズの蒲焼きは軒下にわざわざカマドを据えて焼いたが、それを担当する男性はいつも決まっており、事前に当番から頼まれている。そのため、その人はドジョウトリには行かずにカマド造りなど蒲焼きの準備をしている。

午前中漁がおこなわれる中ノ井川ではドジョウは取れない。そのかわり、ナマズ・フナ・コイが多く取れる。なかには五年物の大ゴイがいたりする。そのほかは、ボテジャコ・アユ・ムツが取れる。

昼食はボテジャコやエビ、夜はナマズの蒲焼きやフナ・コイのツクリが御馳走となった。また、スシヅケに余った分のドジョウは、カボチャ・イモや寒餅などを入れた味噌仕立てのドジョウ汁にするが、それはドジョウトリの日の宴には欠かせないものであったという。

四　儀礼のなかの水田魚類——儀礼食としてのスシ

1　スシ作りの儀礼

昭和三十五年以降、ドジョウトリ神事の主要な儀礼はスシヅケになっていることは前述の通りである。スシヅケ作業も、当番になる権利を持つ四四戸が東と西に二二戸ずつ分かれて全員集まっておこなうことに意味がある。スシヅケが始まる前、当番家の座敷には座順に従って全員が座り、セシュの挨拶を受ける。また、漬け終わった後にも、必ず座敷に全員が着座し宴が催される。そうしたことを見ても、ドジョウトリと同様、スシを漬けること自体が儀礼化していることがわかる。

以下、もう少し詳しくスシヅケについてみていくことにする。

⑴スシの由来

大橋の氏神である三輪神社の大祭にドジョウとナマズのスシが奉納されるようになった理由を説明する伝承がある。三輪神社の祭神大国主尊（大己貴命）は作神・産神として信仰されるとともに、変事になると白蛇をつかわし、人身御供を要求する恐ろしい神でもあるとされる（大橋区誌編纂委員会 一九九七）。その人身御供の代わりとなったのが人の味に似ているとされるドジョウズシであるという。

大橋では、ドジョウズシを個人的に自家で漬けることはなかった。ドジョウズシはいわば神事のためだけに漬けるものとされた。明確に禁忌されているわけではないが、神に供えるものなので、自家で作って食べるのはおのずと気が引けたという[10]。

⑵スシの材料・準備

ドジョウトリ神事に際して、実際に中ノ井川と神ノ川でカイドリがおこなわれていたときには、そのとき取ったドジョウとナマズを用いてスシを漬けていた。そのため、カワで取った魚は、ドジョウは生きたまま、ナマズはその場で開いて内臓を出し、スシヅケまでとっておいた。なお、実際の漁がおこなわれなくなった現在はドジョウ・ナマズとも購入に頼っている。

写真Ⅲ－2－3　タデの栽培

現在は、スシの材料として、新米三升三合、ドジョウ三キロ（生きたもの）、ナマズ一〇匹（大二・小八）、塩七合、飯の焦げ三合、タデ粉三升、タデ茎（乾燥させたもの）若干を用意する。また、当番家では用具として、藁（新稲）、新俵一枚、新莚一枚、バケツ、柄杓を準備し、ハンボ（飯台）、まな板、大しゃもじは神社総代に承諾を得て神社のものを借りておく。

タデはスシヅケに必要な分だけ、東西の当番がそれぞれの畑で栽培しておく。これは魚を購入するようになった現在でも変わらない。当番は種まきからタデの収穫まで自分でおこなう。収穫したタデは、天日で乾燥させる。それを葉と茎の部分に分け、葉はよく叩き揉んで粉にする。そうしてタデ粉と茎の部分をドジョウトリ神事の日までに用意しておいた。

藁で細縄三本をない、俵を編むようにサンダワラを一枚作る。スシを漬ける桶の外周にあわせてハサミで丸く切る。また藁で太い三ツ綯いを二本作る。長さは桶の外周と同じにする。一本はスシを仕込んだ桶のまわりに巻き、御幣を付けて〆縄にする。残りの一本も御幣を付けて〆縄にして戸口に飾る。

⑶スシヅケ

朝早くに新米三升三合を炊き、ハンボに移して冷ましておく。タデ粉は水で洗い、砂などのごみを取ってから、団子状に丸めておく。タデ茎は水洗いの後、水気をきっておく。そうして、ハンボの飯にタデの団子を入れてよくかき混ぜ、飯をまんべんなくタデ色（緑）にする。そうした飯をハンボの中で五つに分けておく。

写真Ⅲ－2－4
ドジョウズシを漬ける（9月13日）
—タデ粉をスシ飯に混ぜる—

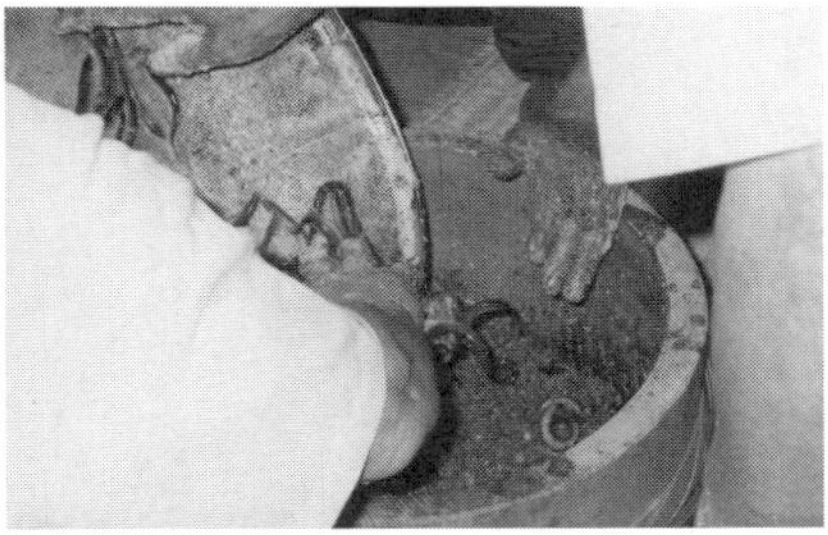

写真Ⅲ－2－5　同上
—生きたままのドジョウを入れる—

写真Ⅲ－2－6　同上
—ナマズを入れ塩をする—

写真Ⅲ－2－7
ドジョウズシを漬ける（9月13日）
—タデの茎で蓋をする—

写真Ⅲ－2－8　同上
—スシ桶に巻く俵を編む—

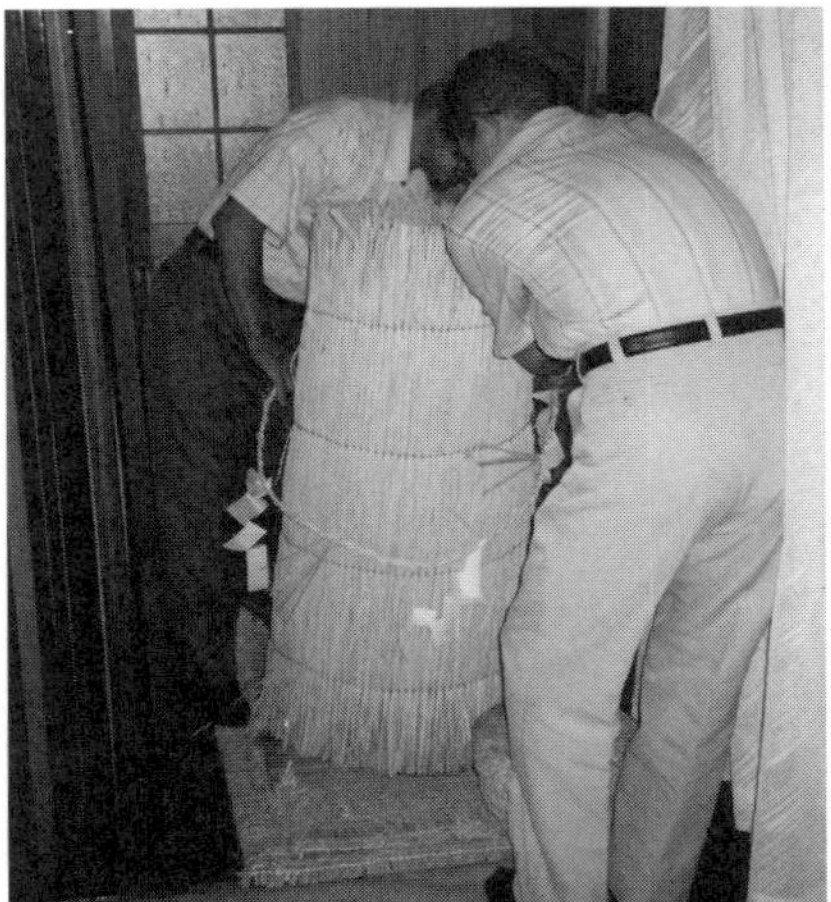

写真Ⅲ－2－9　同上
—スシ桶に〆縄を張る—

当番家では、当日は朝四時過ぎに女性の中の一番の年長者（閉経後）が飯を炊く。このとき、ドジョウの漬け込みに使う焦げを三合ほど作るようにする（できなかったときには別に焦げを作る）。そのほかの女性は、八時頃になると手伝いにやってくる。セシュ（施主）は、六時頃に炊けた飯をハンボに移し扇風機の風を当てて冷たくする。そして、スシヅケの人が来たら清酒を振る舞い、ひと休みしたのち漬け込みの作業にかかる。

まず、桶の底にタデ飯（ハンボの中の五つに分けたうちのひとつ）を敷き、その上にドジョウ（三キロを五等分した量）を均等に載せる。さらにナマズの小を二・三匹並べる。そして上から塩を適当に振りかける。塩はコメ一升に対して一合六勺の割合で使う。ただし、ナマズが生の場合はもう少し塩を増やす。こうして二段目から五段目までを同じ要領で押しながら漬けていく。最後に、五月一日の口開け用に大きなナマズを置き、その上に飯を載せてから、さらに焦げを隙間なく被せる。そこまで漬けたあとは、上にサンダワラを載せ、その周囲にタデの茎を詰め、残りのタデ茎を一面に覆う。そして、その上に三つ編みの藁縄を高低がないように置いた後、上蓋で押さえる。そうして、それを縁側隅の陽が射さないところに持っていき、筵の上に置いてから、上蓋に重石を二つ載せる。そして、俵で桶を囲み、〆縄を巻く。バケツ、杓、残った塩は桶の上に載せておく。バケツと杓は湧いてくるあくを掬うのに用い、残った塩は順に足していき三月頃までに使い切る。

スシは東西とも現在は桶に一本しか漬けないが、実際に漁をおこなっていた頃には一斗桶に二本漬けていた。そのため、魚はもちろんコメなどの材料は今よりもはるかに多く必要であった。それは、かつては三輪神社の氏子には一軒残らず椀に一杯ずつスシを配っていたからである（今は配らない）。

⑷スシヅケの技術・伝承

スシヅケをおこなう人は例年ほぼ決まっている。当番家のセシュは場所と材料を提供するだけで、実際のスシヅケはおこなわない。スシヅケには経験が必要なため、その役をいったん引き受けると何年も続けることになる。通常二〇年ほどは続けたが、なかには九一歳まで四〇年近くもスシヅケ役を務めた人がいる。

力を使うスシヅケ作業が身体にこたえるようになると自主的に交替する。この人ならと見込んだ人に個人的に受け渡していく。スシヅケ役を受け渡すには、三・四年かけて漬け方を指導しなくてはならない。そうして後継者を作ってから引退する。スシヅケ役は東西にひとりずついるが、スシヅケに失敗は許されないことから、その危険を少なくするため、役を交替するときはふたりが一度に代わることがないようにしたという。

なお、漬け方は東には東の、西には西のやり方がある。当然できあがったスシの味は微妙に違うものになる。漬け方は東西別々に伝承されていくため、お互いにどうやって漬けているか知ることはないという。たとえ、手伝いに行くことがあっても、東の人は西の桶に、西の人は東の桶に手を触れることはできない（憚れる）。

スシの漬け込みには女性は関与しない。スシ桶に手を触れることもできない。ただし、その下準備までは女性がおこなう場合もある。たとえば、スシヅケに用いる飯を炊くのは女性である。ただし、それも閉経後の女性でなくてはならないとされる。

また、スシヅケ役の人はもちろん、セシュをはじめとするスシヅケを手伝う男性はみな、ドジョウトリ神事の前日には風呂に入って身を清め、また女性と交わることも控えたという。

⑸スシの管理

当番家はスシを漬け込んだあと、翌年五月の大祭までそれを大切に保管しなくてはならない。けっして腐らせたり、忌み穢したりしてはいけないとされる。そのため、翌年の五月までスシ桶はさまざまな意味で清浄が保たれた。

具体的な管理としては、水や塩の加減をたえず気にかけていなくてはならない。スシ桶に重石をしておくと水分がみな上にあがってきてしまうため、あくを取り去った後、水と塩を足して適度にかき混ぜておく必要がある。

また、スシの保管には、サンミ（産忌）や死忌みといったヒ（忌）は強く避けられた。九月二十二日（平成十二年の場合）のスシヅケの後、当番家に不幸や出産があると、一時的に忌みが明けるまで他家やお宮にスシ桶が預けられる。サンミは、産まれた子供が男なら三十日間、女なら三十一日間とされる。また、人の死に伴う忌みは五〇日間である。

また、スシヅケ前に当番家に不幸があると、忌みが明けないうちはスシを漬けられないため、濃い親戚に当番家を代わってもらうこともあった。そうした場合は、次にその親戚が当番に当たったときに代わってやることになる。

2　スシを奉納する儀礼

三輪神社大祭においてもっとも重要な神事は、五月三日のドジョウズシの奉納である。それを中心に、五月一日から一〇日間に渡る儀礼事が組み立てられているといってよい。

以下では、それを順を追ってみていくことにする。

⑴五月一日　ドジョウズシの口開け

五月一日はドジョウズシのクチアケ（口開け）といい、大祭のために漬け置かれたスシ桶を開けて、ドジョウズシの試食をおこなう。宮世話人は五月一日のクチアケの次第を事前に宮司に連絡しておく。

当番家では午前八時にスシヅケ役やそれを手伝ってくれた人に来てもらい、御幣や膳（三宝）の準備をする。ひとつの膳には、中央にドジョウズシを盛り、柳箸一膳ならびに三宝の端に掛かるようにしてタツクリ（干鰯）を添えておく。そして、もうひとつの膳には御神酒を五合入れた錫の徳利をおき、神酒の口に御幣を乗せ、カワラケ（素焼き

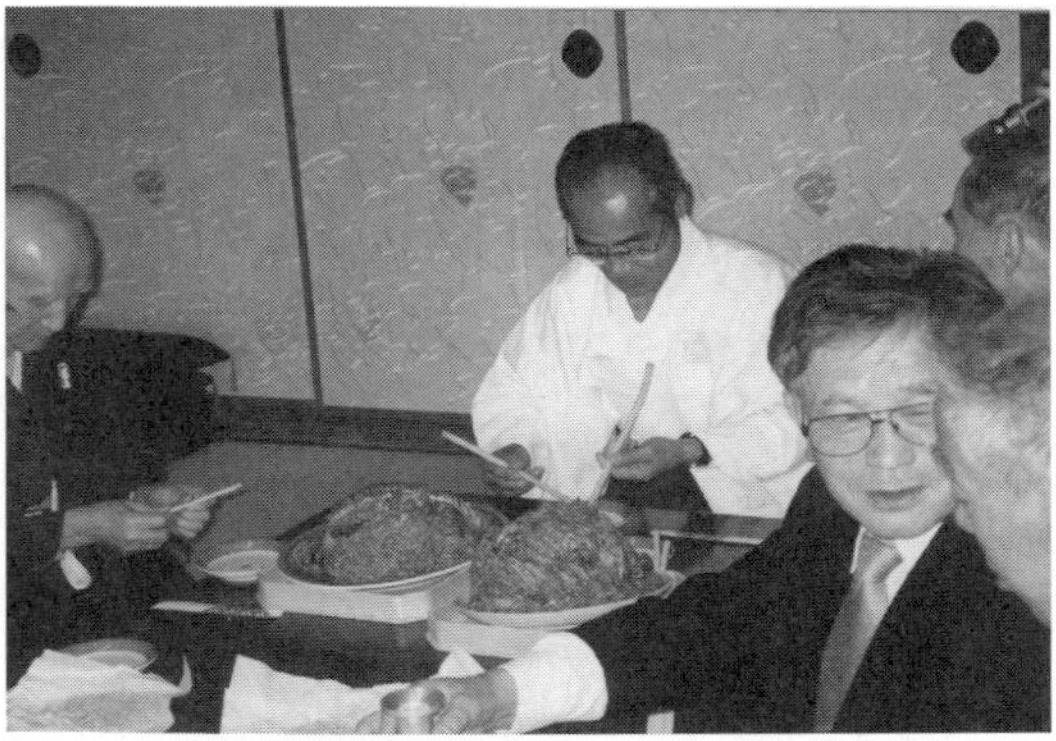

写真Ⅲ－2－10　ドジョウズシの口開け（5月1日）
－ドジョウズシの漬かり具合を確かめる－

写真Ⅲ－2－11　同上
—スシを神社に奉納する—

の小皿）をひとつ添えておく。

そうして午後二時頃に、東西のセシュがスシの膳と御神酒の膳をそれぞれ手に持って神社に渡り、拝殿に奉納する。その後、社務所にて東西それぞれのドジョウズシを宮司とともに試食し、その年の漬かり具合を確かめる。

⑵五月三日　三輪神社大祭

五月三日が三輪神社の大祭であり、その主要行事がドジョウズシの奉納ということになる。三輪神社大祭は第二次大戦中も途絶えることなく続けられており、当然、ドジョウズシも毎年作られ奉納されてきた。ただし、大祭のおこなわれる日取りはさまざまに変遷している。平成五年頃に現在のように五月三日になったが、それまでは五月十日（新暦）におこなわれていた。また、それ以前は、旧暦五月十日であったという[11]。

午後一時よりおこなわれる大祭の準備のため、朝八時に当番家に手伝いの人びとが集まる。なお、以下のことは、

写真Ⅲ－2－12　三輪神社大祭（5月3日）
－ドジョウズシを供える－

写真Ⅲ－2－13　同上
－膳をこしらえる－

東と西で同時並行でおこなわれている（ここでは二〇〇〇年における東での観察をもとに記述する）。

事前に、当番家では、藁（若干）、大豆（重箱に八分目）、白米（一升六合）、玄米（四合）、布袋（四合入り）、御供米（一升二合）、重箱（三段重）を用意する。この他、豆腐（五丁）、タツクリ（一袋）、スケソーダラ（二枚）、美濃紙（大判一〇枚）、白洋紙（二折り）、青粉（一袋）、竹串（五〇本入り一束）、カワラケ（五〇枚）を買っておく。大豆・白米・豆腐・青粉・タツクリ・スケソーダラ（なお神社資料にはフカとある）といった品は、膳に盛る料理の食材となる。藁・美濃紙は〆縄の材料となり、布袋は玄米を入れるのに用いる。なお、白米一升は台所に供え、荒神払いをするのに用いる。

当番家に集まった人は手分けして、三輪神社に奉納するための折敷の膳を八つ作る。うち二膳は、宮司とオカーサン（御市様）と呼ばれる巫女のためのものである。

折敷に盛るものは以下の通りである。賽の目に切ったダイコンを三～五個、賽の目のダイコンまたはカブラに味噌を塗ったものを三～五個、賽の目の豆腐にアオコを塗ったもの三～五個、蒸した大豆一五粒ほど、ドジョウズシをひと玉、以上のものをそれぞれカワラケに盛る。スシはカワラケに盛るとき上と下にひとつずつ輪〆を置く。この他、折敷に載せるものとしては、タツクリ二匹、サトイモ三個を竹串で刺したもの、角切りにしたスケソーダラ三個を串に刺したものがある。なお、こうした折敷の膳とは別に、精進膳として、ドジョウズシ・タツクリ・スケソーダラを抜いた折敷を一膳作る。

こうして計八膳が用意できるとそれを釣台（長持）に納める。床の間にかけられた「大三輪大神」の掛け軸の前に、重箱（三段それぞれに大豆・賽の目のダイコン・味噌をかけた賽の目のダイコンを入れる）、御神酒の入った徳利、大皿に盛ったドジョウズシを供える。この大皿のドジョウズシには、表面に短冊に切ったナマズズシが貼り付けてある。

そうした準備が整うと、当番家の座敷に当番になる権利を持つ二二人が集まる。セシュは紋付き羽織袴の姿で玄関において白扇を手に正座をして客を出迎える。そうして座敷に渡御を務める人が勢揃いすると茶を一杯飲んでから、三輪神社へ渡御に出掛ける。

そのとき、釣台ほか供物はすべて、渡御人が行列をなして当番家から三輪神社へ持ってい

写真Ⅲ－2－14
三輪神社大祭（5月3日）
―膳を釣台に納める―

写真Ⅲ－2－15　同上 ―渡御前の当番家―

写真Ⅲ－2－16　同上 ―渡御の出発―

写真Ⅲ－2－17　三輪神社大祭
―渡御の行列―

写真Ⅲ－2－18　同右 ―釣台の渡御―

写真Ⅲ－2－19　同上　―子供御輿―

く。この渡御行列は東西でおのおの一列ずつできる。渡御人は東西とも南番と北番が一年交替で受け持つことになっている。渡御人はみな紋付き羽織袴で正装しなくてはならない。

東西それぞれの渡御行列は、当番家を出発し、旧大橋公民館近くで合流していっしょに神社へ向かう。御幣持ちは必ず当番のセシュが務める。合流後、東と西どちらの行列が渡御の先に立つかは、当番家のセシュの生年月日によって決まった。たとえ一日でも先に生まれた方が先に立つことになっている。このとき、先に立って歩く方に宮司が入り、後の方にオカーサン（御市様）が入る。行列の順序は、一方が、宮年寄・区長・宮司・御幣・稚児・御神酒・釣台・舞姫の順、そしてもう一方が、宮年寄・御市様・御幣・稚児・御神酒・釣台の順である（ただし二〇〇〇年の大祭のときにはこの順序が多少違っていた）。このとき、宮年寄は当番家に参上し、渡御の先導をする。そして、宮総代は一足先に三輪神社に行き、

写真Ⅲ－2－20　三輪神社大祭
―東西そろっての直会―

写真Ⅲ－2－21　同右
―参詣者へのドジョウズシの振舞―

神社入り口の石橋で渡御行列を出迎える。

渡御人が持ってきた膳は釣台ごと拝殿に入れられる。また、鏡餅などそのほかの供物も同様に供えられる。そうして、そこで当番になる権利を持つ家の主人が勢揃いして、宮司が祝詞をあげ神事がおこなわれる。その後、神楽殿で稚児舞がおこなわれ、またそのまわりには子ども御輿がでる。

そうした一連の儀礼が終わると、宴になるが、まず簡単に神楽殿で一献を上げ、続いて社務所で本格的に二献となる。社務所の座敷では、東西の当番家になる権利を持つ人々が対面するかたちで座す。そのとき、上座には東西の宮年寄がつく。この宴会の席で、東は自分の方のスシとともに西のスシ食べ、西も東のスシを食べる。

また、三輪神社の境内には御神酒とともに東西のドジョウズシ・ナマズズシが大皿に盛って置かれている。大祭を見に来た人は、スシをその場で食べたり、また家に持って帰ることができるようになっている。かつては、大祭の明けの日に、お稚児さんに出た子どもが、三輪神社の氏子宅に椀に山盛り一杯ずつのドジョウズシを配って回った。

そうしてドジョウズシをもらうと、嫌いな人はみんなが寝ている間にカワに捨てに行ったという。冷蔵庫のない時代は、戸棚に入れておくと臭くてたまらなかったという。ドジョウズシの好きな人は嫌いな人から貰い、それを壺に入れ上から重石をしてハシリモト（流し台の下）に保存しておいた。そうすると秋まで保存することができ、稲刈りで忙しくなると、弁当のおかずとして、飯の上に載せて田仕事に持っていったりした。

(3)五月四日　ノコリヨビ（残り呼び）

大祭の翌日は、ノコリヨビ（残り呼び）である。大祭が五月十日のときには、翌十一日におこなわれていた。これはゴエンヨビ（ご縁呼び）ともいい、当番家が大祭の手伝いをしてくれた人を呼んでもてなすものである。呼ばれた客は羽織袴で当番家に行った。このときには、「一樽飲まなくてはならない」といい、かつては夜明けまで飲んで騒いだという。

なお、現在は、行事を簡素化しようということで、大祭の折、神楽殿で一献上げた後、社務所で二献を上げるが、この二献がゴエンヨビということになっている。

(4)五月十日　コマツリ（小祭）

コマツリはいわば当番と宮司だけの祭である。

三輪神社への供物として、大祭のときのドジョウズシを柳箸とタックリを添え折敷に載せる。また、御神酒徳利に酒五合を入れ、神酒の口に御幣をつけ、カワラケを添えて折敷に載せる。

当番は、この二つの折敷を持って、紋付き羽織袴姿で三輪神社に参る。このとき、東西の当番は、事前に時間等を打ち合わせておき、同時に神社に参るようにする。そして、当番が拝殿にドジョウズシと御神酒の折敷を供え、宮司が祝詞をあげる。その後、社務所で御神酒をいただく。宮司には二日前に頼みに行っておくが、そのときには白米一升を重箱に入れ、車代（金）とともに渡しておく。

五　水田漁撈のもたらす社会統合

筆者は低湿稲作地における淡水漁撈と信仰・儀礼とのかかわりについて論じたことがある（安室 二〇〇一b）。そのとき結論として挙げた一〇点について、とくに水田漁撈に引きつけて、もう一度まとめると以下のようになる。なお、以下に挙げる点は、滋賀県湖東平野の条里制が発達するすぐれた用水灌漑稲作地における事例から導き出されたものであるという限定が付けられる。

①水田漁撈が村や農家集団を主体とする信仰・儀礼と結びついておこなわれる場合がある。
②その場合の水田漁撈は、村・水利組織・宮座といった農家集団による共同漁撈の形態をとる。
③そうした共同漁撈への参加は村や農家集団の成員にとっては義務とされる。
④共同漁撈は、祭の準備としての意味から一歩進んで、共同漁撈自体が祭・神事として儀礼化されることがある。
⑤共同漁撈がおこなわれた後には必ず宴が設定され、共同飲食がなされる。
⑥共同漁撈の場は水田用水系にあり、とくに用水路や溜池といった総有空間が用いられる傾向が高い。
⑦共同漁撈のため、一定期間、個人の漁撈活動が制限される。
⑧共同漁撈の方法は、多くの人手を必要とする労力投入型の漁撈が主である。
⑨共同漁撈は農閑期、とくに水利の最終段階以降におこなわれる。
⑩共同漁撈で得た水田魚類は、ナレズシに加工され、祭の供物・儀礼食に用いられる。
⑪共同漁撈で得た水田魚類のナレズシが儀礼食に用いられるだけでなく、その調製過程も祭・神事として儀礼化されることがある。

以上のように、水田漁撈は共同漁撈として営まれるとき信仰・儀礼と密接な関係を持つことがあるといえる。大橋の場合には、水田漁撈の儀礼化を象徴するドジョウトリ神事を取り仕切るのは宮座であるといえるが、それと水利組織との関わりは密接である。昭和三十年代に急激に戸数が増加する以前は農家戸数と宮座の戸数とがほぼ同じであったことをみると、大橋の宮座は村座に近いものであったと考えられ、村内における特権的祭祀組織という面よりも、水利を介して結びつく（水に関する利害を共有する）稲作農家の集団としての性格の方が強いといえる。

しかも、大橋のドジョウトリ神事が、数か村にわたって共同利用される用水路での共同漁撈を主要行事としており、周辺の集落との関わりの中で営まれていることは明らかである。ドジョウトリ神事は、同じように野洲川から用水を引く周辺集落の中にあって、用水のもっとも末流に当たる大橋がその存在を明示し、それにより用水の権利者としての存在を認めさせる役目を果たしていたと解釈することもできよう。

そう考えると、水田漁撈は、稲作社会（水利社会）において水の利害を共有する人々がその連帯を確認する機会として機能することがあるといってよい。共同の水利作業と共同漁撈および共同飲食が一連のものとしておこなわれることの社会的意義がそこにある。その背景には、水に対する強い権利意識と、それを守るための厳格な規制の両面が存在するといえよう。

こうしたことを考えれば、水田漁撈が稲作社会における社会統合を生み出し、またそれを維持するひとつの契機になっていたといってよかろう。とくに、水田漁撈が社会統合と結び付く傾向は、本章で注目した大橋のように、水利が高度に発達した稲作地つまり水利において高度な共同性が要求される稲作地ほど高い点は注目しなくてはならない。言い換えるなら、すぐれた用水灌漑地にある反面、非常に強い用水規制を受ける大橋の場合は、さらなる共同体としての緊密性を高めるための機能を水田漁撈は担わざるをえなかったのである。

その点は、たとえば、前章で注目したような用水灌漑の未発達な低湿稲作地においては水田漁撈が祭の準備（供物となる魚の調達）としておこなわれるにすぎないのに対して、大橋の場合は水田漁撈がまさに祭そのものであったことをみてもわかる。しかもそれは、共同漁場の設定（六月一日オンダのツイタチ）、共同漁撈の実行（九月二十三日ドジョウトリ神事）、共同のスシヅケ（九月二十三日ドジョウトリ神事）、スシの奉納（五月一日ドジョウズシのクチアケ、五月三日三輪神社大祭、五月十日コマツリ）というように、一年を通してそれぞれが儀礼化している。つまり、大橋の場合は、水田漁撈が一年を通して村の中心的行事として、村人の生活をハレの場面で強く規定しているといってよい。

また、低湿稲作地では共同漁撈がレクリエーションの意味を強く帯びていたのに対して、条里制の発達した用水灌漑稲作地の大橋ではそうした意味は薄れ、共同漁撈は一種の義務であるとともに完全に様式化され儀礼として洗練されたものになっている。東西の対抗と協調を織り交ぜたカイドリ漁の進められ方や、その後の宴の設定のされ方など、まさにそうしたことをよく示している。

水田漁撈が結果として村人の生活をハレの場面で強く規定しているということは、すぐれた用水灌漑稲作地にあって、水をめぐってより強い共同体規制を受け、また同時にそうした強い社会的紐帯を必要とする社会だからこそであるといえる。もちろん、そうしたことは、宮座の発達した近畿地方に大橋が位置することとも無関係ではなかろう。[12]そう考えると、大橋の事例は、水田漁撈による社会統合の機能において、儀礼度の高さ、および社会統合の緊密さの点で、日本の稲作社会ではいわば極致の状態を示すものであるということができるかもしれない。

註

（1）大橋の場合、「旧住民」とは、市街地化に伴い昭和三十年代以降に流入した団地アパートに住む「新住民」に対して使われる言葉である。

（2）昭和初期に五二戸あった当番家が現在では四四戸になった背景には、本家筋という家柄にこだわって減った分を補充しなかったというだけでなく、とくに第二次大戦後においては当番になることの過重な負担が敬遠されたという面もある。

（3）次の当番はすでに決まっているため、くじ引きで当たった人が実際に当番を務めるのは翌々年ということになる。

（4）サンミは生まれた子供が男の場合は三十日間である。女児の場合は三十一日間となるが、女はセシュになれないため、実質的にドジョウトリ当番のセシュにかかるサンミは三十日間だけとなる。

（5）親戚については、「濃い親戚」と「薄い親戚」という区分をしている。具体的な違いとしては、当番家から要請する手伝いの人数がある。濃い親戚ほど多くの手伝いを要請できるとされる。濃い親戚とは、たとえばその家からの直接の分家などである。

（6）実際の漁がおこなわれたのは昭和三十五年頃までである。昭和三十年代に入り、大橋地区の急激な市街地化や工場進出により、中ノ井川に工場廃水が流入するようになった結果、水は白く濁り、取れる魚は臭気を帯びるようになってしまったという。そして、昭和三十五年一月四日の区総会のときに、次年のドジョウトリ当番から実際の漁を止めようという提案がなされた。と同時に、川に廃水を流した企業に補償を求めることとなった。実際に、神事に必要なドジョウとナマズを買うだけの金銭補償を要求した。そうした補償がなされたのは最初の二年ほどで、それ以降は魚の購入は当番の負担となった。その後は、工場廃水も処理されたものになり、カワの水は徐々に綺麗になっていったが、まだ実際の漁が復活するまでには至っていない。

（7）平成十二年現在、ドジョウトリ神事は、九月二十日以降の最初の休日におこなわれている。具体的な日取りは当番が決めてから区長に了解を求めるようになっている。神事の内容も大きく変化した。神事として実際の漁がおこなわれることはなくなり、その代わりに、当番家になる権利を持つ四四戸からそれぞれ一人ずつが出て、朝から昼まで三輪神社境内の掃除をしている。九時三〇分になると、当番家が朝コビルを用意するのは、実際の漁がおこなわれたときと同じである。その後、昼までそうした作業をし、それから当番家で宴会となる。なお、平成十二年（二〇〇〇）からはさらに簡略化され、当番家での宴会はなくなり、公民館に集まって御神酒だけ飲んで解散となる。

（8）ドジョウトリをする中ノ井川は本来は用水路で、大橋よりも下流にある旧大宝村（蜂屋・野尻・野尻・綣・苅原）にその水利権がある。大橋は流れが村域内を通っていてもその水を使う量はそれほど多くない。そのため、ドジョウトリのため中ノ井川の上流で水を止めると、権利を主張する旧大宝村の人が先に魚を取ってしまうことがあった。とくに蜂屋村とは隣村の関係にありながら、属する旧村や水利組合が異なるため、昔から意見が合わず対立関係にあったとされる。興味深いことに、そうした蜂屋でも大橋のドジョウトリ神事と類似した行事がかつておこなわれていたという。

（9）昭和三十五年以降、実際のドジョウトリがおこなわれなくなったため、ドジョウトリ神事に先立って禁漁区を明示するオンダのツイタチは事実上その意義は失われているが、現在も旧暦のまま六月一日におこなわれている。

（10）大橋ではタデを栽培する習慣もなかったため、タデが不可欠とされるドジョウズシを作ることができなかったともされる。さらにいえば、大橋ではフナズシを自家で漬ける習慣もそれほど一般的とはいえない。フナズシを好む家でも業者に頼んで漬けてもらう程度であった。その場合は、漬け込みに必要な飯だけ炊いて用意し、業者がフナを持ってきて漬けてくれる。

（11）現在は、子ども御輿を大祭に出すようになったため、大祭の日取りを学校の休みに合わせざるをえなくなったという。なお、子ども御輿を担ぐのは、大橋区の子どもなら誰でもよく、とくに当番になる権利を持つ四四戸には限られない。つまり、子ども御輿の登場は三輪神社大祭が宮座の行事から区の行事へと変わりつつあることを示している。

（12）⑩⑪で挙げた点、つまりスシが儀礼食化し、かつまたスシの調製自体が儀礼化している点も、琵琶湖沿岸に特徴的なことであるといえる。また、三輪神社の春季大祭はスシの奉納が主要行事となっているのに対して、三輪神社の秋季大祭（十月十日）の場合には何らドジョウトリ神事とは関係がなくスシヅケは別の日時におこなわれる点にも注目する必要がある。神社祭祀と宮座儀礼との重層関係を考察する上で興味深いが今後の課題とせざるをえない。

引用参考文献

・大橋区誌編纂委員会　一九九七『大橋区誌』大橋区
・小菅富美子・中山伊紗子　一九八七「滋賀県栗東町三輪神社の神饌について」『伝統食品の研究』四号
・安室　知　一九八八「稲・水・魚」『信濃』四〇巻一号
・同　　　　一九九八『水田をめぐる民俗学的研究』慶友社
・同　　　　二〇〇〇「農山漁村の民俗と生物多様性」宇田川武俊編『農山漁村と生物多様性』家の光協会
・同　　　　二〇〇一ａ「『水田漁撈』の提唱」『国立歴史民俗博物館研究報告』八七集
・同　　　　二〇〇一ｂ「淡水漁撈と儀礼」筑波大学民俗学研究室編『都市と境界の民俗』吉川弘文館
・栗東町史編さん委員会　一九九〇『栗東の歴史二巻』栗東町

Ⅳ　水田の漁具

第一章　魚伏籠と水田環境

はじめに

水田漁撈に用いられる漁具のひとつに魚伏籠がある（安室 二〇〇一a）。日本のみならず、広くアジア・アフリカ・ヨーロッパそして南アメリカにも分布することがわかっている（大島 一九七七）。J・J・ホーネルはそうした魚伏籠について、「低湿なデルタ」のもので、「熱帯の漁撈」に属するとした（ホーネル 一九七八）。しかし、魚伏籠が大きな意味を持つのは「東アジアから日本につながる一連の水田農耕地帯」であることが指摘されている（石毛 一九七七）。

そうした見解の先駆けとして、八幡一郎の研究は注目されるべきである。八幡は「稲作と淡水魚捕獲とは結びついているものか」という明確な問題設定のもとに、魚伏籠について日本および東南・東アジアの国々の事例を挙げている。また、歴史的にも、たとえば中国漢代の画像石に残される魚伏籠に注目し、「華中、華南では少なくとも漢代の当時、水田と捕魚とが結合しておったらしい」というなど、かなり時間を遡って水田稲作と淡水漁撈との関係について考察する必要があることも指摘している（八幡 一九五九）。

さらに、八幡は魚伏籠の分析視点として、名称（方名）・形態・分布・歴史の四点を提示している。個々の視点についてはは必ずしも明確な論の展開はなかったものの、そのなかで分布については、いち早く稲作文化圏との一致を示唆している（八幡 一九六〇）。

しかし、その後の魚伏籠に関する研究は、民俗学・人類学・考古学・地理学などにおいても、事例報告的なものがほとんどで、八幡を越えるものはなかったといってよい。そのため、八幡の提示した問題はそのまま深化されることなく残されているといわざるをえない。

そこで、ここでは、魚伏籠と水田稲作との関係に論を絞って、主として民俗学的アプローチにより、八幡の研究の深化をはかることにする。そのため、地域的・歴史的にかなり限定して考察することとした。具体的には、論の厳密化をはかるため、分布に関しては日本列島内に、そして時代については昭和初期（一九二六〜一九四五）に時間軸を設定して復元的作業をおこなうこととした。このとき、昭和初期に注目するのは、民俗学的聞き取り調査により直接遡ることができる時代で、かつ盛んに魚伏籠が使用されていた最後の時代だからである。その時点における魚伏籠の使用状況について、できるだけ詳しく自然環境や社会経済的背景にも配慮しながら資料化を試みた。

一　魚伏籠の諸相

日本における魚伏籠の使用例を、それを伝える地域の自然的および社会経済的な背景も併せて、少し詳しく紹介してみることにしよう。それぞれタイプの異なる四地域を取り上げたが、それらは日本における魚伏籠の使用地としては典型的なものであるといってよい。

なお、事例はすべて昭和初期を時間軸として筆者が聞き取りしたものである。とくにことわりのない限りは、その当時のことを記しているものとする。

1　湖岸の三角州における魚伏籠——長野県大町市海ノ口の事例

海ノ口は長野県の北部、安曇平（松本盆地）の北端に位置する。仁科三湖のひとつ木崎湖に流れ込む農具川が作る扇状地状三角州の村である。家数一〇〇戸弱、主生業は水田稲作であるが、夏は養蚕、冬は紙漉きといった商品生産もおこなわれた。また、漁撈により生計を立てる家が昭和初期には三戸ほどあったという。耕地は平均すると一戸当たり、水田を四反、畑を三反所有するというのが一般的なところである。

海ノ口は北アルプス（爺ケ岳）の西麓、標高七七〇メートルにあるため、長野県の中でも冬の寒さは厳しく、また積雪の多い地域となっている。当然、海ノ口の水田は十二月から四月頃までまったく利用できず、すべて一毛作田である。

村の中心を南北に農具川が流れていて、それが木崎湖に流れ込むところに三角州を形成している。そこが海ノ口の主な水田耕地である。そして三角州の湖岸にはアワラ（芦原）と呼ばれる低湿地が広がる。アワラは水田と湖の間にあって、その名の通りヨシが繁茂する地である。

三角州の水田は明治三十九～四十二年（一九〇六～一九〇九）にかけて耕地整理がおこなわれ、三角州のうち下側（湖岸寄り）は一区画一反歩に、上は五畝にそれぞれ区画された。このように水田の区画整理は長野県のなかでもいち早くおこなわれたところではあったが、基盤整備はかえって遅れ、ヒドロッタと呼ばれる湿田が昭和三十年代（一九六〇頃）まで多く残っていた。そうした湿田は水田全体の三割を占めていたといわれる。

第二次大戦以前の海ノ口においては、漁業者と農業者との垣根は明確ではなく、両者とも農耕と漁撈を組み合わせることにより生計を成り立たせる存在であった。数の上では、農耕を主としながら漁撈も併せおこなうという生計維持のあり方が一般的であったといえる（以下そうした人を農民と呼ぶことにする）。生計維持の上でそうした特徴を持つ海ノ口の人びとが、主な漁場として利用したのが、アワラと低湿田である。こうした漁場として多用される水界は、木崎湖の水位変動により冠水したりまたは陸化したりすることを一年のうちに何度も繰り返すことに特徴がある。

木崎湖（とくに沖合）は、主に漁業に特化した生計を営む人（少数）が用いる漁場であり、農業を主とする人（大多数）はそこで漁をすることはほとんどない。そうしたとき、農民が主として漁に利用する空間が、湖岸に広がるアワラより上（陸側）の空間である。そのうち、農民にとってもっとも一般的な漁場は低湿田である。雪解けや梅雨で木崎湖の水位が上がると、水が三角州の中ほどまでやって来て、それより下の水田はことごとく冠水してしまう。そうしたときに稲作農民により冠水した水田で漁がおこなわれる。ただし、必ずしも水田の所有者が自分の水田でだけ漁をしたかといえばそうではない。そういう意味で言えば、低湿田での漁撈は、たとえ水田が個人の所有であってもかなり自由におこなうことができた。

冠水した低湿田では、ウゲ（写真Ⅳ—1—1）と呼ぶ魚伏籠を用いてアカシ漁がおこなわれる。ウゲは薄く割った幅一寸（三センチ）弱のスギ板を棕櫚縄や針金で丸く組み合わせたもので、誰でも簡単に作ることができる。アカシ漁は、桑の木などで作った松明（後にカンテラに代わる）を灯しておこなう夜間の漁で、おもに四月の雪解け期、六・七月の梅雨期、そして八月の夕立時におこなわれる。漁としては特別な技術も必要なく、道具もウゲにこだわらず一斗缶の底を抜いたものでもできた。

多雪地にある木崎湖は四月になるとその雪解け水により大きく水嵩を増し、アワラや低湿田はことごとく水没してしまう。そこにユキシロブナが上ってくる。ユキシロブナとは雪解けとともにやってくるフナのことで、その頃のフナをとくにそう呼ぶ。そうしたユキシロブナを、夜になると松明の明かりを頼りにウゲで伏せ取った。他の時期の魚に比べると、ユキシロブナはおとなしく取りやすいとされる。

また、六月一日から一〇日までの間はちょうど水田のシロカキにあたっているが、そのとき梅雨のため木崎湖が増水して、低湿田はしばしば冠水する。そこにフナが産卵に上ってくる。それをアカシにより、ウゲで伏せ取った。シロカキした水田は障害物や深みもなく、夜でも松明程度の明かりでまったく危なくない。また、田植え前のためイネに気をつける必要もない。そのため、この時期のアカシは大人から子供まで誰にもできる簡単で安全な漁とされた。この期間のアカシが海ノ口ではもっともなじみ深い一般的な漁であるとされる。

そして、七・八月の田植え後も、梅雨や夕立により水田に水がつくと、アカシをすることができる。このときにはすでに水田にはイネが植えられているので注意してやらなくてはならないが、イネが多少倒れたりしてもお互いのことなのでかまわないとされる。

2　湖岸のクリーク地帯における魚伏籠――滋賀県守山市木浜の事例

木浜は滋賀県南部の湖東平野にあり、琵琶湖南湖に隣接している。家数三〇〇戸ほどの稲作集落である。総じて耕地の地盤は低く、近代的埋立や農業基盤整備が進められた昭和三十年代後半（一九六〇頃）以前は、湖岸に沿って低湿な水田が広がっていた。

木浜のような琵琶湖岸の低平な村に特徴的な景観として、ギロンとホリ、そしてヨシ場を挙げることができる。ギロンとは内湖（大湖に付属する小面積の湖沼）のことで、木浜の耕地内だけでも四か所に存在した。そして、それを結ぶようにして大小無数のホリ（水路）が縦横に走っていた。

こうしたホリやギロンは陸路の発達を遅らせたが、田舟を使う水上交通にはむしろ好都合である。木浜の人びとも農作業の行き来など、ごく日常的にホリやギロンを交通路として利用してきた。また、ギロンの周囲や琵琶湖岸に広がるヨシ場は魚取りやヨシの採集の場として利用されてきた。そのほか、ヨシ場は地先の水田の所有者により少しずつ埋め立てられ水田に造り変えられていった。人びとは夏のミズカイ（水田への揚水作業）がひと段落すると、ジョレン（鋤簾）でギロンの底土を掻き取ってはヨシ場に入れ埋めていった。こうして拓かれた水田は地味が豊かで、湿田のため農作業には手間がかかるが、コメの収穫量は良かった。

こうした環境に暮らす木浜の人びと、その大半が稲作農民であったが、彼らにとって漁撈はごく日常的な行為であり、そのため漁は一般にオカズトリと称された。そうした稲作農民による漁法のひとつにオオギ（写真Ⅳ－1－6）がある。オオギは魚伏篭の一種で、割竹を簀に編みそれを円く筒状にしたものだが、農家の人でも簡単に作ることができる。おもに低湿田やミズゴミ（大水）により水没した水田で用いる。

こうした木浜の稲作農民にとってもっとも重要な漁期は、五月から六月にかけてである。この時期はイヲジマと呼ばれ、魚の産卵期に当たる。イヲとは、木浜ではフナのことをいうが、とくにフナズシに漬けられる抱卵したニゴロブナを指す。イヲジマとは、そうしたイヲが島（陸）ができるほど多く産卵のために岸辺に押し寄せて来ることを形容している。

産卵期を迎えた魚は、「濁り水を飲んで子をへる（生む）」といわれるように、ヨシや藻の生えた湖岸・ホリ・ギロンそして水田の中にまでやって来る。このときの魚は、産卵のために人間に対する警戒心が極端に少なくなっており、専門の漁業者ではない稲作農民にも簡単に捕まえることができるとされる。

また、この時期は梅雨期にも当たっており、水の変動が激しい。梅雨により琵琶湖が増水し、木浜の水田は毎年といっていいほど水に浸かる。そうした状態をミズゴミというが、それは住民にとってはある程度予測されていることである。

稲作農民にとって主な漁場はギロン・ホリ・低湿田といった耕地の延長上にある内水面（小水界）が中心となる。湖岸のヨシ場を除いては、琵琶湖のような大水界が漁場となることはない。

たとえば通称ウキシマ（浮島）と呼ばれる地域は木浜の人びとに魚の宝庫と認識されているが、それはまさにその名称が示すとおり、木浜耕地の中でももっとも低湿な水田が広がる地域である。ほんの少し琵琶湖の水位が上がってもすぐに水田は水没してしまう。また、雨が続きギロンの水が溢れると、その水はウキシマを通ってウミ（琵琶湖）へと流れ出た。そのため、ウキシマにはヨシや水草が繁茂する荒れ地が多く、その間に点在する水田もすべて強湿田であった。そのため、ウキシマでは水田と低湿地とが明確に分けられていない場合さえあったという。そうした低湿地や強湿田にはいつでも魚が棲息していた。

こうしたウキシマにある水田はイネの収穫は期待されず、「植わってればいい」という程度の気持ちで稲作はおこなわれていた。そこでは、コメよりもむしろ魚の方がより期待できる生産物であったとされる。こうした地域で用いられる特徴的な漁具がオオギであり、それは冠水した水田においてとくによく用いられた。

また、ウキシマ以外の水田においても漁撈はおこなわれた。ただし、それはミズゴミにより水田が冠水したときに限られる。そういう意味でいえば、ミズゴミのときに限らず日常的に漁場となりえたウキシマの場合とは性格を異にする。ウキシマの低湿田が漁場と稲作の場とが未分化の状態にあったのに対して、それ以外の水田はミズゴミという非常時にのみ漁場に姿を変えたといえよう。

3　大河川下流域の低湿地における魚伏籠――埼玉県三郷市早稲田地区の事例

三郷市早稲田地区（旧早稲田村）は、関東平野を南流し東京湾に注ぐ江戸川の下流域に位置する。そこは、江戸川と中川に挟まれ、また域内を中小の河川が何本も走る低湿な地域であった。そのため、古来から水害の常襲地として知られ、近世になってから新田開発された集落が多い。治水を目的とした江戸川の河川改修は、明治二十九年（一八九六）の河川法施行以降、昭和五十年代に至るまで段階的におこなわれてきたが、その間、昭和二十二年（一九四七）のキャサリーン台風を初めとする大水害が何度となく調査地を襲ってきた。昭和に入ってからも、二十年までの間に一〇回以上の水害に見舞われている。とくに昭和十、十三、十六年の水害は、コメが半作になるなど調査地に大きな被害をもたらした。そのような状況にあるため、昭和初期においてもまだ域内には広大な低湿地やドブッタ・フカンボなどと呼ぶ低湿田が存在した。こうしたところは、まわりの地域から、「かわいい娘は嫁にやるな、カエルのションベン（小便）でも水が出る」となかば揶揄され、水場の苦労の多さが強調されてきた。

昭和五年（一九三〇）当時の土地利用を見てみると、旧早稲田村は水田五二八町歩（五二八ヘクタール）に対して畑が六六・六町歩で、水田率は八八・八パーセントに達する。統計上は水田稲作に高度に特化した農業地帯であったといえる。

早稲田地区では大水は一般にデミズ（出水）と呼ばれている。また、そのデミズには二つのパターンがあるとされる。ひとつは、その地域に降った雨水が域内に溜まっていくもので、ジミズ（地水）と呼んでいる。大河川の下流にあって元来地盤が低く、かつまたいくつもの中小河川の合流点に当たっているため、雨水が域外に充分に排水されずに起こる大水である。そして、もうひとつのデミズは、ヤマミズ（山水）と呼ばれるものである。ヤマミズとは、まさに上流の山間から流れてくる水で、江戸川や中川の上流域に降った雨やそのまた上流に当たる利根川・渡良瀬川の山間部の雪解け水が主な原因となって引き起こされる。ヤマミズの代表がユキシロミズ（雪代水）と呼ばれるもので、これは例年三月末から五月にかけて三・四回やってくる。こうしたデミズは、淡水魚にとって遡上および産卵を促すものであった。たとえば、春から夏にかけての時期は、川をさまざまな魚が遡上するときにあたるが、ヤマミズがそのきっかけとなるとされる。また、なかでもコハタキと呼ぶ産卵期を迎えると、デミズに呼応してコイ・フナ・ナマズといった魚は岸辺の低湿地や低湿田にいっせいに上ってくる。そのため、専門の漁師ではない農家の人びとにとっては、もっとも魚を捕まえやすい時期となる。

コハタキの時期はちょうど梅雨時でもあり、ドブッタのように元来低湿な水田の中には簡単に水に浸かってしまうところも多かった。こうして冠水した水田は物理的にもまた住民の意識の上でも漁場に変わってしまう。

そうしたとき、水田の中で用いる代表的な漁具がオッカブセと呼ぶ魚伏籠である。これは農家の人が主に使う漁具だとされる。オッカブセは、高さ一メートル弱、上口径五〇センチ、下口径一メートルほどの、底の抜けた籠のような形をした網製の漁具である。それを上から被せ、なかに入った魚を手づかみにする。

冠水した水田はオッカブセ漁には最適である。水田の場合、表面は泥状になり、また平らに均されているため、オッカブセを上から被せたとき漁具と土との間に隙間ができないからである。また、オッカブセは、歩き方さえ気をつければ、水田に植えられたイネをそれほど荒らすことなく魚を取ることができる。本来、オッカブセで魚を取ることができるのは、水田の所有者だけであると言う人もいる。しかし、実際には、いったん冠水してしまうと他人の水田でも自由におこなわれており、水田を荒らさない限り大目に見られていたという。

このほか、冠水した水田では、大きなコイをヤスで突き取ることもできた。また、なかには、投網やサデアミを使って魚を取る人もいた。しかし、これは水田ではしてはならない漁であるとされた。とくに苗がまだ完全に根付いていない時期は、いくら冠水状態とはいえ、投網などをかぶせては苗が抜けたりして水田を荒らしてしまうからである。

また、オッカブセが用いられる場所としては江戸川の河川敷がある。そこはテイナイ（堤内）と呼ばれ、国の管理する土地ではあるが、隣接する村々にとっては入会地的な意味を持っていた。そのテイナイはヨシや水草の繁茂する荒蕪地となっており、そうした土地はヨシヤッカラと呼ばれた。そのヨシヤッカラでオッカブセが用いられる。テイナイにあるヨシヤッカラでは、年中魚取りをすることができる。そこでの漁は、デミズの時期と冬期の減水期に大きく分けられる。四月から夏にかけての時期、湿田の場合と同じように、デミズに伴いヨシヤッカラは水に浸かり漁場に変化する。そうなると、漁を生計の一助にする人だけでなく、一般の稲作農家の人たちもオッカブセを持ってヨシヤッカラにやってくる。特別な技術や専門的な道具がなくても魚が取れるからである。

4　溜池地帯における魚伏籠——香川県観音寺市池之尻の事例

池之尻は讃岐平野の西端に位置する。瀬戸内式気候の讃岐平野は年降水量が一〇〇〇ミリほどしかなく、しかも池之尻は柞田川水系と財田川水系のちょうど中間にあるため、水田用水として自然の河川水はほとんど期待できない立地にあった。そのため、古来から池之尻には村を囲むように、仁池・亀尾池・三谷池・鎮守池・荒神池など大小いくつもの溜池が作られ、水田用水として利用されてきた。

池之尻は六つの集落からなるが、それを重層的に結びつけるのが溜池である。六集落を横断するかたちで、溜池ごとに四つの配水地域に分かれている。それをカカリといい、それぞれ主たる用水源となる溜池の名前をつけて仁池カカリなどと呼ぶ。カカリはいわば独立した水利組合の単位で、それぞれの溜池を中心に高度な用水管理がおこなわれている。そのカカリのなかでも、六集落すべてに関係し、格段に灌漑面積が大きなものが仁池カカリである。そのため、それぞれのカカリは独立したものになっているとはいえ、仁池カカリの重要性は格段に高く、その総代は村長と同等かそれ以上の影響力を持っていたとされる。

池之尻における漁の場はほとんどすべて、溜池やそれに続く用水路・水田といった水田用水系のなかに存在する。池之尻には自然の水界はほとんど存在しないからである。水田用水のほとんどすべてを溜池に依存するのと同様に、漁の場もやはり溜池を中心とした水田用水系に求めるしかない。また、柞田川や財田川など讃岐平野を流れる中小河川の中流域では、水の多くは伏流していて、地表水として流れるのは雨が降ったときぐらいである。そのため池之尻に限らず、讃岐平野では河川は漁の場としてそれほど大きな意味を持たない。

こうした水田用水系の中でも、溜池は漁場としてとくに重要である。溜池は夏にはほぼすべての水が稲作用水に使われてしまい、また秋にはゴミタテといって池の水をすべて排水して底に溜まったゴミ（泥）を掃除する作業がおこなわれる。これがほとんど毎年のように繰り返される。つまり、毎年、溜池は水がすっかり抜けた状態にされる。しかし、次の年になると必ず元通りに魚が増えていて、毎年ゴミタテのおりには多くの魚を取ることができた。とくに仁池のように大きな溜池では、ゴミタテのおりに入漁料を取って魚取りをさせる習わしがあった。

溜池で漁撈がおこなわれる機会は大きく二つに分けられる。ひとつは溜池に水があるときで、もうひとつはその逆に溜池の水が排水されるときである。それは漁の主体者に際立った違いがある。前者は非農業者の淡水漁師が主体となるのに対して、後者は農業者によるものが主となる。溜池において淡水漁師に漁撈（養魚を含む）の権利があるのは、あくまで溜池に一定量以上の水があるときだけだとされてきた。溜池のいっさいの権利を有するカカリ（水利組合）ではそう認識しており、淡水漁師もそうした不文律に従っている。

そして、それは漁法の違いとしても現れる。当然、淡水漁師は溜池に水があるときにしか用いることのできない引き網や投網といった網類が漁法の中心となる。それに対して、稲作農民の場合は、溜池の水が排水されたとき、そうした状況に対応した漁法であるイタギ（魚伏籠の一種、写真Ⅳ－1－7）やウナギカキを用いて漁をおこなうことになる。

溜池の水がすべて排水される契機には二つのパターンがある。ひとつは、順調に稲作作業の工程がすべて終わり水田に水が必要なくなったとき、溜池に残った水を排水するものである。これがゴミタテであり、池の掃除を兼ねている。つまり池の管理維持を目的としたものである。それに対して、もうひとつのパターンは、水不足のため水田用水期の途中で池の水を使いきってしまう場合である。この場合は、ゴミタテはおこなわれない。ゴミタテは通常、稲刈りが終わってから秋の氏神祭までにおこなわれる。その日時はカカリの水利委員が池ごとに決めている。

ゴミタテに際して、水利組合（カカリ）が存在する規模の池ではフダウチがおこなわれる。フダウチは、本来、入札のことであったと考えられるが、昭和初期においては、入漁料を取っておこなわれる漁を意味していた。こうしたフダウチによる収入はすべて水利組合のものとなり、高額にのぼる池の管理維持費の一部に充てられた。

讃岐平野の溜池地帯では昔から溜池におけるフダウチの漁は秋の風物詩として、農家の人により親しまれてきた。他所から池之尻へフダウチにやってくることも、仁池のような大きな池ではよくあることである。好きな人は何時何処でフダウチがあるかといった情報は自然と耳に入ってくるといい、自分の地域だけでなく各地のフダウチに参加した。管轄する水利組合の都合により溜池のゴミタテの日が違ってくるため、フダウチの日時も適当に分散することになり、好きな人は各地のフダウチを回ることができる。

フダウチされる漁法は、仁池の場合、投網・イタギ・ウナギカキ・サデアミの四種がある。漁法ごとにフダの値段が異なっている。もっとも高いのが投網で、三〇〇〜五〇〇円（一九九〇年の場合）。それに対して、イタギ以下はどれも一〇〇円程度である。池によっては投網の場合だけフダが必要とされ、それ以外は金を払う必要のない場合も多い。そして、漁は段階的におこなわれる。四種の漁法のうち、投網が一番最初に用いられる。その後、イタギがおこなわれ、次にサデアミやウナギカキとなる。

フダウチにおける漁法の順番は池の水位に対応している。まず、池の水が十分にあるうちに投網をやらせる。そして、排水が進み、水が腰の高さ以下になるとイタギがおこなわれる。そうして、イタギをやるうちに水が掻き回されて濁り、魚が弱って水面に口を出すとサデアミで掬いとることができるようになる。また、イタギで十分に掻き回すと、その日の夕方にはイタギやサデアミでは取ることのできなかったウナギが泥面にやはり顔を出しすので、それをウナギカキで掻き取った。

また、フダウチにみる漁法の違いはそれをおこなう主体者の違いも表している。投網は一般の農家にとっては専門的な漁法であり、誰でもできるというものではない。そのため、漁業者や各地のフダウチを回るような漁好きな人が主として用いる。それに対して、イタギ以下の漁法は溜池地帯ではもっとも一般的なもので、参加者の大多数をしめる農家の人びとがおこなう。そのため、イタギ漁はまさに村人総出の漁の様相を呈することになる。技術的には単純なため誰にでもでき、しかも勇壮でおもしろい漁だとされる。

イタギとは魚伏籠の一種である。それを用いた漁のことをドウヅキともいう。イタギは底の抜けた籠のような形をしており、その上口部を両手で持っては水中に伏せ、中に入った魚を上口から手を入れてつかみ取る。イタギはおもにその丈よりも浅く、かつ底土が泥質の水界に向いている。まさに夏から秋にかけて、水の少なくなった溜池はイタギには格好の漁場となる。イタギはこの地方の農家ではどこでも一つや二つは所有していたといわれ、わざわざ籠屋に作ってもらうまでもなく自製されることが多い。イタギではおもにコイを狙う。そのほかフナも取れるが、魚体の小さな魚やウナギなどには向かない。

フダウチの投網が終わると、水利委員の合図を待って、男たちは褌ひとつになって池の中に入ってゆく。ユル（排水栓）は池の底から三〇～四〇センチのところにあるため、ユルを抜いてもすべての水が抜けるわけではない。そんなときおこなわれるのがイタギである。水深が三〇～四〇センチしかないため、大きな魚だとどこにいるかおおよそ見当がつく。それを目がけてイタギを被せる。イタギの中に魚が入ると、魚が当たる感触が手に伝わってくる。

こうしたゴミタテに伴う漁がおこなわれた日には、池之尻じゅうフナやコイを焼く匂いでいっぱいになるという。このとき取れた魚はその日のうちにすべてを食べることはできないため、いったん焼いてから天日に干して乾燥させ保存食とした。

このイタギ漁はゴミタテにとって重要な意味を持つ。多くの人が夢中になって池の中をイタギを突いて回っていると、池の底に溜ったゴミが沸き立って水が泥どろに濁る。そうしておいてから、水利委員が池の底にあるセッケツと呼ぶ栓を抜く。そうすると、ゴミは泥水とともにセッケツから押し流される。これがゴミタテの仕組みである。

このほか、水田用水期の途中に池の水を使い切ってしまうような時にも溜池では漁撈がおこなわれた。これは明らかにゴミタテに伴う漁撈とは性格を異にする。ひとつには、不定期であること、つまりゴミタテのように前もって日取りが決まってはいないこと。二つ目に、このときは多くの場合、稲作にとっては水不足という危機的な状況にあること。そして三つ目に、このときはフダウチはなく、漁は池のカカリの人たちだけでおこなわれること。

少々の渇水は讃岐平野では当たり前のことで、例年それをうまく調整しながらどうにか水田用水期をしのいでいるのである。そんななか干魃で池が干上がったときにもカカリの人たちはみんなして魚取りに行く。仁池の水が七月中旬に底をついてしまった昭和十四年の大旱魃のときでさえ、池之尻では何人もの人が仁池にイタギをもって集まったという。こうしたときも、たとえフダウチはなくても勝手に池に入ることは許されず、あくまで水利委員の指図に従わなくてはならない。ユルを抜いたあとも、底に残る水を無駄なくポンプで吸い出さなくてはならないため、そうしたときにイタギで池の中を掻き回されてはポンプに泥が詰まってしまうからである。

二　魚伏籠の分類

1　魚伏籠とはどんな漁具か

民俗学や歴史学に限らず人文諸科学では、これまで魚伏籠について明確な定義はなされていない。内水面漁撈の多くが、素朴な「原始漁法」（最上　一九六七）とみなされてきたことがその一因である。『日本水産捕採誌』（農商務省水産局　一九一二）では、網類などの主要な漁法とは区別され、ウケやヤナなどとともに「特殊漁業」に分類されているのも、そうしたことの延長上にある。経済的にはほとんど意味のない、技術程度の低い漁法ということになり、漁法としてはいわば分類の外に置かれ明確な定義もされないできた。同様に、漁業としての経済性に重きを置けば、たとえば『日本漁具・漁法図説』（金田　一九七七）のように、もはや漁具として取り上げられることさえなくなってしまう。(1)

こうしたなか、注目されるものに、田中熊雄の分類がある（田中 一九五六）。田中は、漁具の機能から漁法を分類する立場をとり、魚伏籠をチョウチン網や投網とともに被掩漁具とした。同様に、『明治前日本漁業技術史』（日本学士院 一九五九）や西村朝日太郎（西村 一九七四）は、魚伏籠を被せ網に分類している。これらは魚を採補するときの漁具操作のあり方に注目した分類である。

しかし、筆者は魚伏籠は被掩漁具（被せ網）とは区別してとらえるべきだと考えている。ひとつには基本的に、網で絡め取るという機能を魚伏籠は有していないからである。たしかに一見するとチョウチン網などの被せ網は形態として魚伏籠（とくに網製のもの）とよく似ているが、捕魚原理はまったく異なっている。チョウチン網の場合には、上から被せた後、網部をゆるめて袋状に弛みを作ることでそこに魚を絡め取ることができるようになっているのに対して、網製の魚伏籠の場合、その網は通常用いるタケの簀と同様、単に魚の動きを遮蔽する機能しか持っておらず、あくまで最終的には魚は人の手でつかみ取られなくてはならない。

そこで、本稿における魚伏籠の定義を示すと以下のようになる。おもにタケなどの樹枝を編んで作る、手に持って操作できる程度の円筒形または円錐形をした漁具で、冠水した水田や低湿地のように浅く平らな水界において、魚に被せることで狭い空間に隔離した後、人が手づかみにより捕魚するもの。

ここで重要なことは、日本においては、魚伏籠はほぼ水田漁撈具としての使用に限定される点である（後述）。ウケやサデアミといった漁具は水田漁撈に用いられると同時に、水田用水系以外の自然水界でも多用される。それに対して、魚伏籠は日本においては水田用水系および低湿地のように水田に準ずる（水田の延長線上にある）水界に特化した漁具であるといってよい。

なお、魚伏籠という名称についていうと、タケなどの樹枝を編んだものだけでなく網やその他のものが素材に使われることもあるため、必ずしも一般名として魚伏籠は適当でない。本来は単に魚伏（ウオブセ）といった方がいいかもしれない。しかし、八幡一郎はじめ先行研究のほとんどすべては、魚伏籠の名称を用いていること、また実際にタケを籠状に編んで作られたものが多くを占めることを考慮し、本稿でも一般名称として魚伏籠を使用することとする。

次に、漁具としての魚伏籠についてまとめてみる。魚伏籠は漁具としてみた場合、以下に示す五つの特徴がある。

①形態的に単純な構造の漁具であること

形態としては単なる円筒にすぎない魚伏籠はもっとも単純な構造の漁具であるといってよい。その製作にも特殊な技術を要しない。事実、筆者が調査したところでは、魚伏籠はほとんどすべてがその使用者である稲作農民により自製されている。また、魚伏籠はいわば魚を隔離する機能さえ有していればいいわけで、一斗缶や底の抜けた桶などが転用・廃物利用されることもよくある。

②独りで扱える漁具であること

大きさ・重さは基本的に独りで扱えるものである（第Ⅳ－1－2表の計測値を参照）。そうした意味でも使用者である稲作農民にとっては手軽な漁具である。そのため、魚伏籠は個人的な漁に向いている。実際、魚伏籠漁はたいていの場合、独りでおこなわれる。ただし、『河北郡蓮潟猟業之絵図』（金沢市史編さん委員会 二〇〇三）に描かれているように、数人が魚伏籠を手に横に並んで魚（群）を追い込むようにする場合もある。[2]

③操作に専門的技術を要しない漁具であること

捕魚の基本は、浅いところに潜む魚に魚伏籠を被せて、なかに入った魚を手でつかみ取るものである。目に見える（また気配を察知して）魚に被せる場合もあれば、やみくもに被せてはたまたま中に入った魚を取る場合もある。どちらにせよ、「被せ」「つかむ」というように、人間の動作としてみた場合、漁具の操作はごく単純である。網などに比べると、漁具や身体の操作に特殊な技法は必要ない。

④最終的な捕魚は人の手によること

漁具の機能としては、魚伏籠は単に魚の動きを遮蔽し円筒状の狭い空間内に閉じこめるものでしかない。そのため、最終的には魚は遮蔽された空間内から人の手でつかみ取られなくてはならない。

⑤能動的な〝攻め〟の漁具であること

魚伏籠はもうひとつの代表的な水田漁撈具であるウケとは対照的である。ウケは水田の水口や用水路に仕掛けられ、水の流れに応じて魚がひとりでに入る仕掛けになっている。つまり、〝待ち〟（定置的かつ陥穽的）の漁具であり、その基本は受動的な漁法ということになる。それに対して、魚伏籠による漁は、②③に示したように、人が漁具を手に持ち、魚を追わなくてはならない。つまり、魚伏籠は〝攻め〟の漁具であり、それによる漁は能動的である。

2　魚伏籠の類型と分布

⑴名称と分布

日本列島内における魚伏籠の分布は第Ⅳ－1－1表に示したとおりである。それによると、現在のところ太平洋岸では宮城県、日本海岸では石川県が、それぞれ魚伏籠の北限となっている。また、日本列島以南については、八幡一郎の研究（八幡　一九五九・一九六〇）を見る限り、広くアジアの稲作圏とつながっていくようである。

日本列島における魚伏籠の名称についてみてみると、イゲ・イタギ・ウガイ・ウグイ・ウギ・ウゲ・ウゲオシ・ウサ・ウザ・ウサツキ・ウザツキ・ツキウゲ・オゲ・オオギ・ツカゴ・ツキカゴ・ツッカケ・フセカゴ・フセゴ・オサエカゴ・カブセ・オッカブセ・ザブなどじつに多様な名称で呼ばれていることがわかる。大きく分けると、ウグイ・ウギ・ウゲ・ウザ・オゲ・イゲ・イタギなどといったその由来は不明だが一連の転訛を思わせる名称と、オサエカゴ・ツカゴ・フセカゴ・フセゴといった籠に由来する名称、およびカブセ・オッカブセ・ザブといった魚を捕まえるときの人の動きを表す名称の三つの系統に分けることができる。

第Ⅳ―1―1表　魚伏籠の分布と名称

No.	名称	使用地(採集地)	使用状況(漁場・漁期)	所蔵(出典)
1	ツカゴ	宮城県登米郡迫町(伊豆沼・内沼・長沼)	湖岸の低湿地、増水期・産卵期(春〜秋)	(車田一九九四)
2	オッカブセ	福島県(猪苗代湖の湖西部)	湖岸の冠水水田、増水期(春)	(福島県教育委員会一九八四)
3	ツッカケ	福島県(猪苗代湖の湖西部)	湖岸の冠水水田、増水期(春)	(福島県教育委員会一九八四)
4	ウゲ	長野県大町市(木崎湖)	湖岸の低湿地・水田、増水期・産卵期(春)	長野市立博物館蔵(同館一九八六)
5	ウガイ	石川県小松市	湖岸の低湿地	石川県立歴史博物館蔵(筆者調査)
6	ウガイ	石川県河北郡津幡町	湖岸の低湿地	石川県立歴史博物館蔵(筆者調査)
7	ザッコトリ	石川県加賀市	湖岸の低湿地	石川県立歴史博物館蔵(筆者調査)
8	オッカブセ	茨城県稲敷郡	低湿地・低湿田、産卵期(春)	(坂本一九八〇)
9	ヤタ	茨城県稲敷郡	低湿地・低湿田、産卵期(春)	(坂本一九八〇)
10	ザブ	茨城県稲敷郡	低湿地・低湿田、産卵期(春)	(坂本一九八〇)
11	オゲ	茨城県行方郡麻生町	―	麻生町教育委員会会蔵(土浦市博一九九五)
12	カブセ	茨城県(不詳)	冠水した河川敷・水田、産卵期(春〜初夏)	茨城県歴史館蔵(同館一九九八)
13	カブセ	千葉県佐原市	水田・用水路、産卵期(春)	大利根博物館蔵(同館一九八八)
14	ウゲオシ	千葉県(手賀沼)	沼辺、産卵期(春)	(芦原一九八四)
15	オッカブセ	埼玉県三郷市	川辺の低湿地・水田、雪解期(春)・産卵期(初夏)	筆者調査
16	ツキウゲ	静岡県小笠郡大東町	溜池、減水時(秋)	沼津市歴史民俗資料館蔵(同館一九八一)
17	フセカゴ	静岡県浜松市(佐鳴湖)	湖岸の水田、遡上期(春先)	浜松市博物館蔵(同館一九九四)
18	オサエカゴ	静岡県浜松市(佐鳴湖)	湖岸の水田、遡上期(春先)	浜松市博物館蔵(同館一九九四)
19	ウゲ	愛知県渥美郡(渥美半島)	入江、建切網漁に付随	(安城市歴史博物館一九九一)
20	ツキウゲ	愛知県名古屋市(尾張地方東部)	溜池、排水時(春、秋)	名古屋市立博物館蔵(筆者調査)
21	ツキウゲ	愛知県愛知郡東郷町	溜池、排水時(秋)	東郷町郷土資料館蔵(名古屋市博一九八三)
22	ツキウゲ	愛知県加茂郡三好町	溜池、排水時(秋)	三好町歴民資料館蔵(筆者調査)
23	イゲ	三重県(不詳)	河口部、建網漁に付随	海の博物館蔵(名古屋市博一九八三)
24	オオギ	滋賀県近江八幡市	湖岸の低湿地・低湿田、産卵期(春)	近江八幡市立資料館蔵(筆者調査)
25	オオギ	滋賀県守山市	湖岸の低湿地・低湿田、産卵期(春)	筆者調査
26	オオギ	滋賀県草津市	湖岸の低湿田、産卵期(春)	(滋賀県教育委員会一九八三)
27	オオギ	滋賀県高島郡高島町	湖岸の低湿田、産卵期(春)	(滋賀県教育委員会一九八一)
28	フセアミ	滋賀県滋賀郡志賀町	湖岸のヨシ場、産卵期(春)	(滋賀県教育委員会一九八一)
29	フセゴ	京都府(南山城地方)	―	(八幡一九五九)
30	タツ	京都府加佐郡(由良川下流域)	―	(磯貝一九五九)

31	ウグイ	奈良県(大和中央)	溜池、排水時(秋)	(八幡一九六〇)
32	ウグイ	奈良県広陵町(南郷池)	溜池、排水時(秋)	(浦西一九八一)
33	ウグイ	大阪府(不詳)	溜池、排水時(秋)・干魃時(夏)	(小谷一九八二)
34	名称不詳	大阪府(更池)	溜池、カイボリ漁	(八幡一九六〇)
35	名称不詳	大阪府泉北郡福泉町	溜池、カイボリ漁	(八幡一九六〇)
36	名称不詳	岡山県赤磐郡高陽町	溜池	(八幡一九五九)
37	ウザ	岡山県小田郡美星町	溜池、排水時(秋)	(湯浅一九七六)
38	ウダ	岡山県小田郡美星町	溜池、排水時(秋)	(湯浅一九七六)
39	名称不詳	広島県(備後地方)	――	(八幡一九六〇)
40	ウグイ・ウグイツキ	島根県出雲地方(宍道湖)	水田・川の浅瀬、増水期・遡上期(春～初夏)	(石塚一九七一)
41	ウザ	山口県豊浦郡	池沼	(柳田ほか一九三八)
42	イタギ	香川県木田郡三木町	溜池、排水時(秋)・干魃時(夏)	瀬戸内海歴史民俗資料館蔵(筆者調査)
43	イタギ	香川県さぬき市	溜池、排水時(秋)・干魃時(夏)	瀬戸内海歴史民俗資料館蔵(筆者調査)
44	イタギ	香川県観音寺市	溜池、排水時(秋)・干魃時(夏)	筆者調査
45	イタギ	愛媛県(伊予地方)	――	(農商務省水産局編一九一二)
46	ウザ	佐賀県神埼郡神埼町	低湿田、産卵期(春)	横武クリーク公園蔵(筆者調査)
47	ウザ	佐賀県杵島郡白石町	遠浅の海、建干網漁に付随	佐賀県立博物館蔵(筆者調査)
48	ウザ	佐賀県藤津郡太良町	遠浅の海、建干網漁に付随	佐賀県立博物館蔵(筆者調査)
49	ウザ	長崎県北高来郡小長井町	干拓地の潮遊池、排水時	(中山一九三三)
50	ウサ・ウサツキ	熊本県(肥後地方)	河口・岸辺	(農商務省水産局編一九一二)
51	ウザ・ウサツキ	熊本県(八代・天草地方)	潮遊池・溜池	(牛島一九八一)
52	ツキカゴ	宮崎県児湯郡木城町	池沼・水田・用水路、産卵期(春)・寒中(冬)	(泉一九七七)
53	ツキカゴ	宮崎県児湯郡木城町	溜池、排水時(秋)	筆者調査
54	ウグイ	宮崎県西都市	――	西都原資料館(筆者調査)
55	ウグイ	宮崎県(日向地方)	溜池・用水路(秋の排水時)、池・入江(五・六人一組)	(磯貝一九五九)
56	ウギ・ウギー・ウグイ	宮崎県(宮崎平野)	溜池(秋の排水時)、川	(小野一九六九)
57	ウギ・ウギー・ウグイ	宮崎県(宮崎平野の海辺)	溜池(秋の排水時)、川	(小野一九六九)
58	ウギ・ウグイ	宮崎県宮崎市・宮崎郡清武村	溜池(秋の排水時)、川辺、入江	(田中一九五九)

個々の名称については、分布上の特徴はとくには読みとれない。強いていえば、ある程度の地域的な広がりを持つ名称がいくつか存在することがわかる。なかでも、ウグイの名称はもっとも広く、関西（奈良県・大阪府）、山陰（島根県）、南九州（宮崎県）に広がっている。北陸（石川県）のウガイを同系統と考えれば、さらにその名称の分布域は広がる。そのほか、四国（香川県・愛媛県）はイタギ、中国（岡山県・山口県）から北部九州（佐賀県・長崎県・熊本県）にかけてはウザ、中部（長野県）から東海（静岡県・愛知県）にかけてウゲ、関東（千葉県・埼玉県・茨城県）から南東北（福島県）にかけてはオッカブセの名称が分布している。

⑵形態による分類

①円　筒　型（写真Ⅳ－1－1〜4・6〜9・11、13〜15）

【外　形】　底の抜けた籠笊のように円筒形をしている。通常、上口部に比べ下口部が大きい。下口部は魚を捕らえなくてはならないのに対して、上口部は手を入れて魚をつかみ出せればいいためである。

【捕魚法】　魚伏籠を被せた後、上口部から手を入れて魚をつかみ取る。そのため、魚伏籠が使用できる漁場は上口部の高さよりも水深が浅いところとなる。捕魚の原理および漁具の形態は単純なため、このタイプは同様な形態的機能さえ備えていればよく、底の抜けた桶や底をくり抜いた一斗缶、俵へ籾を入れるためのタケ製の漏斗（写真Ⅳ－1－9）といったものが転用ないし廃物利用されることがある。

【操作法】　上口部の縁を両手で握って操作する。そのため、藁や布を上口部の縁に巻いて、より握りやすくすることも多い（写真Ⅳ－1－2・3・6・7・11）。また、上口部の所定の二か所に持ち手をこしらえてあるタイプ（写真Ⅳ－1－4）や上口部に渡した柄の部分を握って操作するタイプ（写真Ⅳ－1－1）もある。この場合、柄を持って操作するタイプは、比較的小型なものが多く、片手で操作できるようになっている。

②円　錐　型（写真Ⅳ－１－５・10・12）

【外　形】　上方が筌尻のように絞ってあり、円錐形（砲弾形）をなす。側面の上部に窓状の穴があけられている。窓の部分は水面よりも上になくてはならない。

【捕魚法】　円筒型と同様、魚を上から被せ取ることにかわりはないが、中の魚をつかみ出す場所が円筒型のものとは異なる。円錐型の場合、魚伏籠の側面に開けられた窓状の穴から手を入れて魚をつかみ出す。総じて上口部が小さく側面にしか開けられていないため、上部がすべて開いている円筒型に比べると、一度なかに入った魚が飛び出て逃げる率は低い。反面、窓口に比して魚が大きい場合には、手で魚をつかんだまま魚伏籠の下口部を上に向けるようにして陸まで持って行き、下口部から魚を出さなくてはならないこともある。

【操作法】　円錐の先端部つまり筌尻のように絞られた部分（結節部）を片手または両手で握って操作する。片手で結束部を持つ場合には、もう片方の手で窓の部分をつかむ場合もある。そのため窓の部分に布などが巻かれているものも多い（これは窓から手を入れたときに腕を保護する意味もある）（写真Ⅳ－１－５）。総じて、円筒型に比べ、高い位置で操作することができる。そのため、円錐型の方が、円筒型に比べると、より水深のあるところに適しているといえる。

③形態と分布

円筒型と円錐型とでは、全国的にみると円筒型の方がより広い分布を示す[3]。円筒型は北は東北地方南部から南は九州まで、魚伏籠の分布しない北海道・東北地方北部を除くほぼ日本全域に存在するといってよい。一般に魚伏籠といった場合、円筒型をイメージするところは多い。

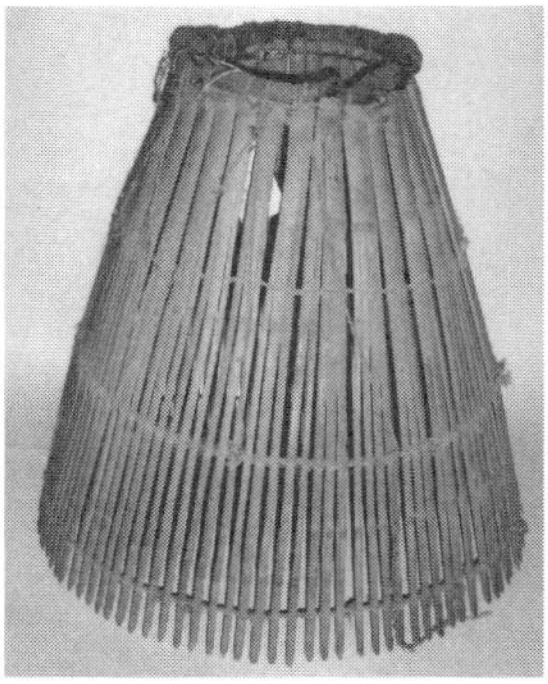

写真Ⅳ－1－3　ウガイ
-石川県小松町-石川県立歴史博物館蔵

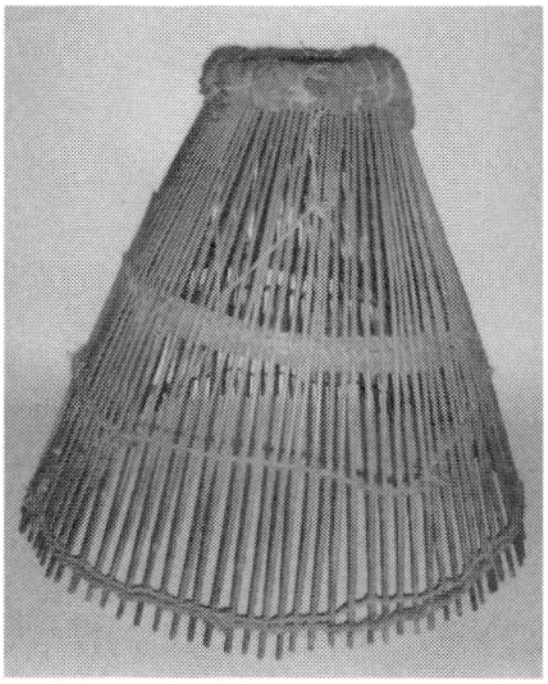

写真Ⅳ－1－2　ウガイ
-石川県津幡町-石川県立歴史博物館蔵

写真Ⅳ－1－1　ウゲ
-長野県大町市-長野市立博物館蔵

写真Ⅳ－1－6　オオギ
-滋賀県近江八幡市-近江八幡市立資料館蔵

写真Ⅳ－1－5　ツキウゲ
-愛知県三好町-三好町立歴史民資料館蔵

写真Ⅳ－1－4　ツキウゲ
-名古屋市名東区-名古屋市博物館蔵

写真Ⅳ－1－9　ウザ
-佐賀県太良町-佐賀県立博物館蔵

写真Ⅳ－1－8　ウザ
-佐賀県白石町-佐賀県立博物館蔵

写真Ⅳ－1－7　イタギ
-香川県三木町-瀬戸内海歴史民俗資料館蔵

写真Ⅳ－1－10　ウザ
-佐賀県神埼町-横武クリーク公園蔵

写真Ⅳ－1－11　ウグイ
-宮崎県西都市-西都原資料館蔵

写真Ⅳ－1－12　ツキカゴ
-宮崎県木城町-

写真Ⅳ－1－13　ツキカゴ
-宮崎県木城町-

写真Ⅳ－1－14　ツキカゴ
-宮崎県木城町-

写真Ⅳ－1－15　ツキカゴ
-宮崎県木城町-

それに対して、円錐型は、静岡以西とくに東海地方と九州にしか分布していない。なかでも九州に色濃く分布し、熊本県八代地方のように、形態としては円錐型の方が一般的なところもある。名称との関係でいえば、ウギ・ウゲ・ウザという名称のところと円錐型の魚伏籠の分布とはほぼ一致する。しかし、そのことがどのような意味を持つかは今後の課題である。[4]

分布地ごとにみると、円錐型は円筒型と並存することが多い。つまり、円錐型のあるところには円筒型もたいてい存在する。しかし、その逆はない。そう考えると、円錐型の存在するところでは、円筒型と使い分けられている可能性がある。使い分けの要因としては、水深や身長差およ

円筒型No.	高（cm）	上口径	下口径	重量（g）
1	50.0	—	40.0	—
4	62.5	35.0	40.0	—
5	54.5	26.5	51.0	1840
6	55.0	20.3	61.5	1360
7	56.5	20.5	49.5	1550
12	59.0	—	45.0	—
13	43.0	—	48.0	—
15	約100	約50	約100	—
16	54.0	43.0	55.0	—
17	41.0	18.0	22.0	—
20	68.0	40.5	56.5	2200
23	42.0	—	45.0	—
24	45.0	22.0	37.0	980
26	59.0	22.0	50.0	1650
27	55.0	29.0	47.0	—
28	37.0	21.5	41.0	—
33	約70	約30	約90	—
37	70.0	35.0	70.0	—
38	—	30.0	95.0	—
40	45.0	25.0	50.0	—
41	約60	—	約60	—
42	64.0	29.0	60.6	—
45	約54	約24	約60	—
47	31.5	12.5	37.0	—
48	30.0	18.0	40.0	—
52	54.0	—	63.0	—
55	—	30	70～80	—
56	67.0	26.0	49.0	—

円錐型No.	全高（cm）	高（上口まで）	下口径	重量（g）
19	60～90	—	60	—
21	90.5	—	57.0	—
22	88.0	50.0	58.5	1320
47	76.0	46.0	42.0	—
50	約120	—	—	—
51	85.0	—	43.0	—
57	92.0	—	64.0	—

＊資料No.は第Ⅳ－１－１表に対応している。

第Ⅳ－1－2表　魚伏籠の計測値

び対象魚が考えられる。たとえば、魚伏籠を被せられたとき驚いて水面に跳ね出す習性のある魚を漁獲対象としたときには円錐型の方が有効であると考えられる。ただし、実際に両者が並存する地域では、どちらを使うかは使用者の好みの問題とされる場合も多く、現時点では使い分けの有無並びにその理由についてはっきりしたことは言えない。

⑶材質による分類

①タケなどの樹枝を利用するもの（写真Ⅳ－1－1～15）

魚伏籠の材質として、もっとも多く用いられるものはタケである。タケを適当な太さに割り、それを用いて均一な目（簀目ないし籠笊目）に編んだものである。同様な意味から、太さがほぼ均一なシノダケやヨシを用いる場合もある（写真Ⅳ－1－2）。また、スギなどの木を適当な幅の細長い板にして使うこともある（写真Ⅳ－1－1）。

②網を利用するもの（第Ⅳ－1－1図）

円筒の側面にネット状のものを張って魚伏籠を作ることもある（第Ⅳ－1－1図）。この場合、網部は、被せ網のように弛みを作ってそこで魚を絡め取るような仕掛けを持つものではなく、あくまで竹簀と同じように魚を遮蔽して円筒の外に出さないようにする機能しかもっていない。ただし、日本においては、網を利用した魚伏籠の事例はごく限られたところにしかみられず、一般的なものではないといってよい。また、さらに例外的なものとして、円筒状の側面はタケなどの樹枝で作り、被せた後に魚が跳ね出ないよう上口部に網を張ったものもある（写真Ⅳ－1－4）。

③その他（ブリキ缶など）

①②のほか、被せて取るという基本的な機能を満たし、形態的には上下とも開いた筒状をしていればよいため、ブリキ製の一斗缶を廃物利用することもある。この場合、わざわざ円筒状の形を作る手間を省くことができる。なお、ブリキ缶の利用は、それが油類の容器として一般に流通するようになってから以降のことで、歴史的には新しいことである。

第Ⅳ－1－3表　魚伏籠の分類―形態・素材・製法―

№.	形態	素材	作製法	作製上の特徴
1	■円筒型	―	―	底抜けのバケツ・桶・一斗缶・籠を使うこともある
2	■円筒型	タケ・ヨシ	―	底抜けのバケツ・桶・一斗缶・籠を使うこともある
3	■円筒型	タケ・ヨシ	―	上口部に持ち手として横木が付けられている
4	■円筒型	スギ（細長い板）	●簀編	麻糸で胴部が補強されている
5	■円筒型	タケ	●簀編	
6	■円筒型	シノダケ	●簀編	
7	■円筒型	タケ	●簀編	
8	―	―	―	
9	―	―	―	
10	―	―	―	
11	■円筒型	タケ	◇籠笊編	
12	■円筒型	タケ	◇籠笊編	
13	■円筒型	タケ	●簀編	上口部に持ち手として横木が付けられている
14	■円筒型	タケ	◇籠笊編	籠屋に作ってもらうこともある
15	■円筒型	網	その他	網を張る枠にタケを利用する
16	■円筒型	タケ	◇籠笊編	
17	■円筒型	タケ	◇籠笊網	
18	■円筒型	タケ	◇籠笊網	
19	△円錐型	タケ	●簀編	
20	■円筒型	タケ	◇籠笊編	上口部に網。口縁部に持ち手が作られている
21	△円錐型	タケ	●簀編	上部が一本のタケになっている
22	△円錐型	タケ	●簀編	上部が一本のタケになっている。紀年銘あり
23	■円筒型	タケ	●簀編	
24	■円筒型	タケ	●簀編	
25	■円筒型	タケ	―	
26	■円筒型	タケ	●簀編	
27	■円筒型	タケ	●簀編	
28	■円筒型	網	その他	網を張る枠にタケを利用する
29	―	―	―	
30	―	―	―	

31	—	—	—	
32	—	—	—	
33	■円筒型	タケ	●簀編	
34	—	—	—	
35	—	—	—	
36	—	—	—	
37	■円筒型	タケ	●簀編	
38	■円筒型	タケ	●簀編	上口とともに側面にも窓が開けられている
39	△円錐型	—	—	
40	■円筒型	シノダケ	●簀編	
41	■円筒型	—	—	
42	■円筒型	タケ	●簀編	
43	■円筒型	タケ	●簀編	
44	■円筒型	タケ	—	
45	■円筒型	—	●簀編	
46	△円錐型	タケ	●簀編	
47	■円筒型	タケ	●簀編	
48	■円筒型	タケ	◇籠笊編	俵漏斗を転用したもの。籠屋が作ったものか
49	—	—	—	
50	△円錐型	タケ	●簀編	
51	△円錐型	シノダケ	●簀編	
52	■円筒型	タケ	◇籠笊編	
53	■円筒型	タケ	●簀編	
〃	■円筒型	タケ	◇籠笊編	
〃	△円錐型	タケ	●簀編	
54	■円筒型	タケ	●簀編	
55	■円筒型	タケ	●簀編	
56	■円筒型	タケ	●簀編	
57	△円錐型	タケ	●簀編	
58	■円筒型	タケ	●簀編	

＊資料No.は第Ⅳ－1－1表に対応している

(4)製作法による分類(5)

①簀編み（写真Ⅳ—1—1〜3・5〜8・10〜12・15）

簀編みは、編み技術の分類でいうところの捩り編みである。魚伏籠を作る場合、まず、タケ（割竹）・シノダケ・ヨシのような棒状の樹枝や細長く削った板などを使って簀を編む。作業工程としては、簀を編む段階とその簀を使って籠状に成形する段階の二つに分かれる。日本における魚伏籠の多くはこのタイプである。このうち割竹の場合は、上部が一本で下部においてそれを二から四本に割ってあるものがある。その結果として、下部に膨らみを持たせ、上口部に比して下口部を大きく広げることができる（写真Ⅳ—1—3・5・7・8・11・15）。

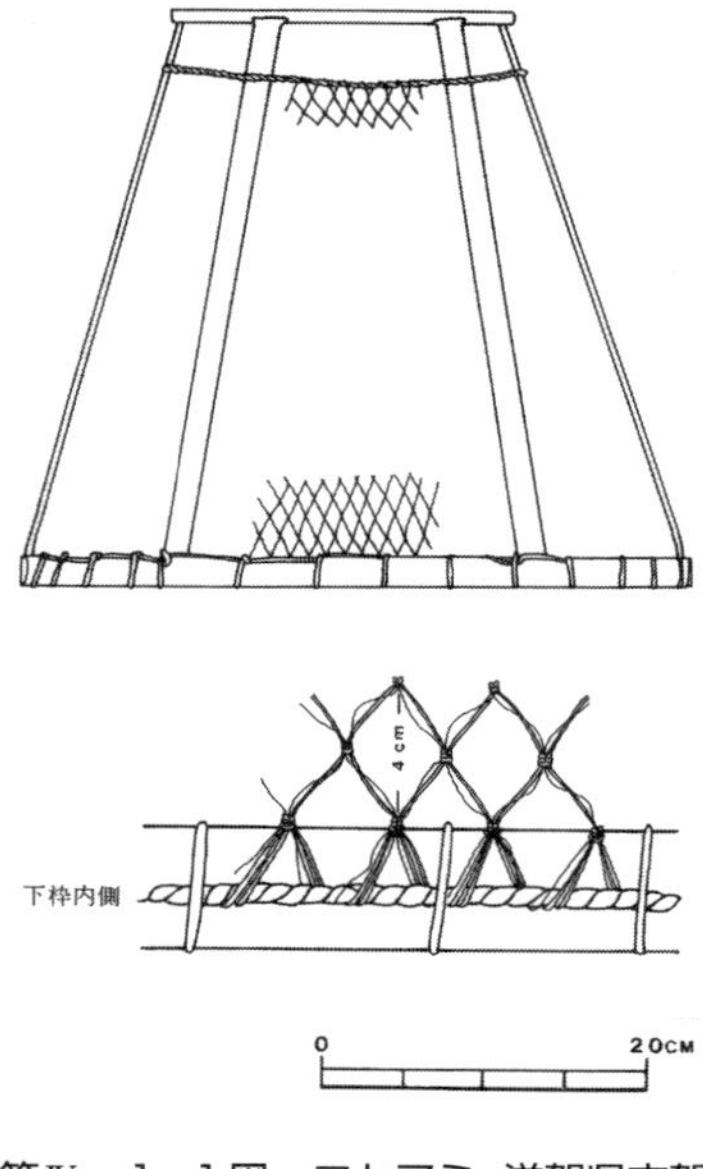

第Ⅳ—1—1図　フセアミ—滋賀県志賀町—
（滋賀県教育委員会、1982）より

②籠笊編み（写真Ⅳ—1—4・9・13・14）

籠笊編みは、編み技術の分類でいう交叉編みにあたる。タケのような比較的しなやかな材質のものを、籠や笊を作るように縦横に編んでいく。作業工程としては、簀編みタイプのように成形の前に簀を編む工程はなく、籠や笊を編んでいくのと同様、樹枝を素材に最初から魚伏籠が成形される。そのため、上口部に籠や笊にみられる縁編みの技術（写真Ⅳ—1—9・14）が使われたり、また全体にきれいな曲面を作り出すなど、比較的手の込んだ造形が可能となる。しかし、その分、製作には専門的な竹細工（交叉編み）の技術が要求されることになる。そのため、このタイプの魚伏籠は使用者が自製するというよりは、上手な人に頼んだり、また籠屋のような竹細工の専門業者に作ってもらったりすることが多い。自製を基本とする魚伏籠にあって、簀編みタイプに比べ、籠笊編みタイプが少ないのは、そうしたことが一因となっていると考えられる。

③その他（写真Ⅳ—1—5）

上方が筌尻のように絞ってあるタイプのなかには、上方（把手部）が一本の丸竹になっているものがある（写真Ⅳ—1—5）。この場合、一本のタケを上方は丸のまま残し、下方は細かく裂いて、それを簀目や籠笊目に編んでいくことになる。しかし、一本のタケからだけでは縦方向の割竹が不足するため、たいていは割竹を途中から編み足しては膨らみを作りだすようにしている。このタイプは、日本においては、今のところごく限られた地域（愛知県尾張地方東部）でしか確認されていない。

三　魚伏籠と水田環境

1　魚伏籠の使用環境

日本において魚伏籠が用いられてきた環境には大きく分けると以下の四つのパターンがある。

①大河川や湖沼に隣接する低湿地

その特徴は、自然水界の水位変動により容易に水没した陸化したりを一年の

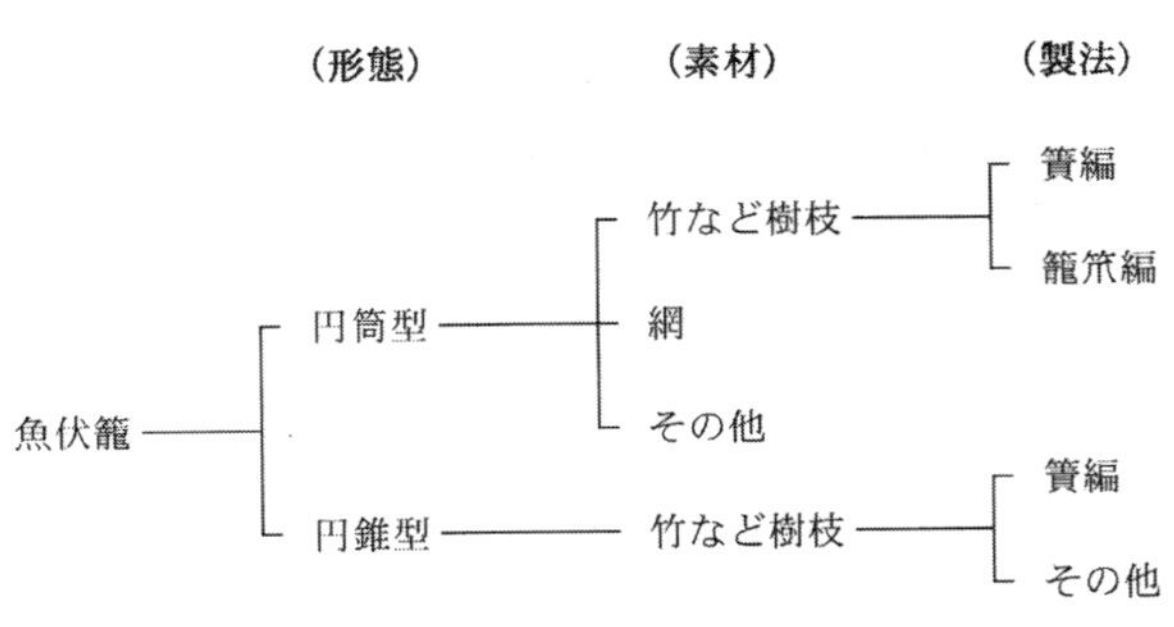

第Ⅳ－１－２図　魚伏籠の分類概念

うちに何度となく繰り返す、いわばエコトーンとして存在することにある。その多くは、水田と接してあり、植生的にはイネ科の水生植物であるヨシやマコモが繁茂する水陸漸移帯になっていることが多い。そうしたところは、住民の個人的営為として古来から細々と水田化がはかられてきた。

②増水期になると容易に冠水してしまうような低湿田

同じ稲作のための水田でも高度な水利を備えた乾田ではなく、河川下流のデルタや湖沼などの大水面に接して存在するような、自然界の水位変動の影響を受けやすい低湿田。雪解けや梅雨に伴う増水で簡単に冠水してしまう。①のような環境に隣接するか、ないしはその中に点在していることも多い。為政者側からは、水損場や水欠地、水腐地などと位置づけられ、水田の価値としては低位におかれることが多い。

漁がおこなわれる機会からすると、①と②とは同様な位置にあるといえる。春から夏にかけての増水期を迎え、水の変動する範囲はまさに水田と漁場の入れ替わり空間となる。これは湖や大河川に隣接する低湿地・低湿田における漁撈を考えるとき重要な意味を持つ。ヨシや水草が繁茂するアワラ（木崎湖）やウキシマ（琵琶湖）は、住民の民俗技術により耕地化されてきたところであることを考えれば、そこにある低湿地・低湿田は自然と人がまさに対峙するフロンティアである。少し人の力が上回ったところが水田となり、及ばないところが低湿地として残されている。また、そうして拓かれた低湿田においても、人の力と自然の力は拮抗しており、人為が勝っている時期には水田として利用できるが、自然が勝るときには耕地としての用をなさない。

そうした水田と漁場との転換現象は、毎年きまった自然のいとなみ（雪解けや梅雨）によって引き起こされる。そのため、住民にとってそれはある程度予測可能なものとなり、実際にそうした現象を予知するためのさまざまな民俗知識が伝承されている。それはいわば季節の風物詩であり、それに伴う漁は毎年の恒例行事とも認識されている。

また、そうした低湿地・低湿田はフナ・コイ・ナマズといった水田魚類にとっては棲息の場であるとともに、増水期を迎えて耕地と漁場とが入れ替わる時期においては重要な産卵の場となる。そうした水田魚類が産卵期を迎えて、岸辺近くの低湿地や低湿田の中にまで大挙して入り込んでくるときが、稲作農民にとってはもっとも身近でたやすい漁の機会となる。そして、そのとき魚伏籠がもっとも活躍することになる。

なお、いったん水田が水に浸かってしまうと、魚伏籠はたいていの場合、水田の所有関係に煩わされることなく、どこで用いてもよいとされる。そのとき、水田面にイネが植えられているか否かはそれほど大きな問題ではない。田植え前の水田ではほぼ自由に魚伏籠を使うことができるのと同様に、たとえ田植え後であってもイネを荒らさないことを前提として、魚伏籠漁は大目に見られることが多い[6]。元来、すぐに冠水してしまうような低湿田は、琵琶湖沿岸の例にもあるように、稲作の場としては「植わってればいい」という程度の期待しかされず、かえってそこで取ることのできる魚の方が確実な生産物であるという意識が住民のなかには存在していたのである。

③農閑期を迎えて排水された溜池や用水路

写真Ⅳ－１－16　ツキカゴ漁―宮崎県木城町―

写真Ⅳ－１－17　ツキカゴ漁―宮崎県木城町―

そこは稲作の営みに応じて人為的に作られた低湿地的環境といえる。水田用水系のなかに低湿地的環境が作り出されるのは、灌排水が整った高度な水利段階にある稲作地だからこそ可能なことである。農閑期を迎え、稲作活動には不用になった水を水田のみならず溜池や用水路といった水田用水系全体から排除する。そうして排水された状態の溜池や用水路はまさに低湿地であり、魚伏籠にとって格好の漁場となる。したがって、漁がおこなわれるのは、たいていの場合、秋から冬（春先）にかけての農閑期である。

そうした農閑期における排水は溜池や用水路を水利施設として管理維持することを目的としてなされる。讃岐平野の事例では、大勢の人が魚伏籠漁をおこなうことは、底に溜まった泥の除去など溜池の管理維持作業を効率よくするのに役立っているとさえ住民に認識されていたことは重要である。

なお、ときに水不足の折りには用水期半ばで溜池の水をすべて使いきってしまい、結果として農繁期にもかかわらず漁がなされることもある。そうした場合も、稲作の都合で漁の時期が決せられることにかわりはない。

④遠浅の潮間帯

干潟など遠浅の潮間帯でも魚伏籠が用いられることがある。ただし、これは日本における魚伏籠の使用例としては稀であり、また多くの場合、魚伏籠自体はいわゆる建切網などに付随して補助的に用いられるにすぎない。建切網は潮の干満を利用した干潟漁法の一種である。満潮時を見計らって建切網を張ると、引潮とともに沖に戻ろうとする魚がその網に行く手を遮られることになり、そうして浅瀬に残った魚を魚伏籠で伏せ取ることができる。

この場合は、①のような内水面の低湿地と同様な環境（水陸漸移帯）での使用例と考えることができる。内水面の低湿地は隣接する湖沼や河川の水位変動により陸化したり水没したりを繰り返すが、海の潮間帯も潮の満ち引きにより同様の環境が生みだされる。なお、南アメリカやヨーロッパなど非稲作圏における魚伏籠はそうした環境（①と④）のもとに使用されていると考えられる。

2　魚伏籠と水田環境との関わり

日本における魚伏籠の使用環境を考えるとき、とくに注目すべきは、水田環境との関わりである。先に示した①②③はともに水田環境と密接に関係している。日本では魚伏籠はほぼ①②③に使用が限られているといってよい。④は例外的で、しかもそれは漁として独立したものではなく網漁の補助でしかない。よって、以下では、使用地としての①②③に注目し、水田環境との関わりについて検討する。

①は自然空間でありながら、近代土木技術を待つまでもなく農民自らの民俗技術により水田化が可能ないわば水田予備地としての性格を併せ持つ空間である。それに対して、②③はすでに水田化されたいわば人為空間である。また、同じ人為空間といっても、②と③は稲作の場としてみた場合、水の制御段階をはじめ多くの点で対照的である。②は水の制御がままならない低湿な水田で、梅雨時などの自然の力が勝る時期においては一時的に低湿地に転換してしまう。そう考えると、魚伏籠の使用環境としては①と②は非常に近い関係にあるといえる。ともに水陸漸移帯にあり、相互に転換可能な地であるといえよう。それに対して、③の場合はほぼ完全に人為により水が制御されており、優れた乾田地帯となっている。

また、漁の時期およびその決定のあり方も、①②と③は対照的である。①②では雪解けや梅雨で増水したとき、また同時にそうした時期に対応する魚類の産卵行動に合わせて漁がなされるのに対して、③では溜池や用水路の保守管理という稲作のための水利作業に対応している。言い換えると、①②の場合は漁期は気象や魚類の生態といった自然現象により決せられる傾向にあるのに対して、③の場合はあくまで稲作の作業工程に則って、つまり人側の都合により漁期が決められている。

また、漁のおこなわれる時間帯も①②と③とでは対照的である。③の場合、溜池や用水路の排水作業に付随するため、漁も昼間のうちにおこなわれることがほとんどである。それに対して、①②の場合、冠水した水田や低湿地では、昼間だけでなく、魚がおとなしく取りやすいとされる夜間においても盛んにおこなわれる[7]。その場合、田植え前後の水田は漁場としてみたとき優れた特性を有している。その時期、水田は平らに均されており、障害物もなく、また深みにはまったりして危険な目に遭うこともないため、視界のきかない夜の漁にはうってつけである。

水利の発展段階は一般に技術程度の低い順から①→②→③となる。それに魚伏籠の歴史的展開を対応させてみると、以下のような仮説を提示することができる。

元来、魚伏籠は大水面に隣接する低湿地的な環境で使われてきたものが、稲作耕地の拡大（低湿地の水田化）とともに、低湿田においても用いられるようになる。むしろ、起伏やヨシなどの障害物がある低湿地よりも、使用環境として適している低湿田において、より積極的に用いられるようになっていったと考えられる。そして、さらに高度な水利段階に達した後は、稲作活動により人為的に生み出された低湿地的環境（たとえば排水後の溜池や用水堀）にも対応して用いられるようになっていったと想定される。

ただし、魚伏籠の歴史展開をすべて発展段階的にとらえることは間違っている。湖や大河川に隣接する低湿地と、溜池や用水路網を作って灌漑しなくてはならない寡雨な稲作地とは、稲作の歴史展開が異なっているからである。①②が③に展開し、また反対に③のところでは必ず①②の段階を経ているというわけではない。そのため、ここで挙げた①→②→③という図式は、あくまで汎日本的なレベルでみたときの成立時期の前後関係を示しているにすぎず、どの地域にも当てはまる歴史展開を示すものではない[8]。

3　魚伏籠と稲作農民

魚伏籠は稲作農民が用いる漁具の典型であるといってよい。漁具としての魚伏籠の特徴は、網具のように漁に特化した専門的な漁具とは異なることにある。たとえば、魚伏籠は漁具としてその使用には専門的な技術を要しない。また、その製作についても同様なことがいえ、たいていの場合、魚伏籠はその使用者自身が自製する。竹細工の職人や漁業専業者のような特殊な技術がなくても、製作が可能なほど構造的にも製作技法的にも単純であるといえる。

前述のように、魚伏籠の使用者は稲作農民であり、専門の淡水漁師ではない。讃岐平野の事例が示すように、淡水漁師と稲作農民の漁法は峻別されているといってよく、その場合、魚伏籠は明らかに稲作農民側のものである。ただし、内水面漁撈の場合には農業者と漁業者という区別は必ずしも明確ではなく、生計活動としては農耕と漁撈は生業複合的におこなわれてきた。とくに低湿地に暮らす人びとの生計は生業複合度が高く、元来魚伏籠漁もそうした人びとによって担われていたと考えられる。

その後、低湿地の水田化や自然水界の水田用水化といった稲作への特化が進むにしたがい、魚伏籠は稲作農民側の漁法という性格をより強めていったと考えられる。とくにほぼ完全な用水管理を成し遂げた乾田地帯においては、溜池や用水路のような水田用水系を舞台に、稲作工程のなかに位置づけられた水利作業の一環として、魚伏籠漁はおこなわれるようになっていった。それは、生計活動が稲作へ特化していったことに対応するもので、魚伏籠漁も稲作の論理体系に内部化されたことを意味している。讃岐平野の事例にみたように、溜池の管理維持作業に連動しておこなわれる魚伏籠漁が、かえって溜池の底に溜まった泥を排除するのに役立つとされることなどは、そのよいあらわれである。

また、注目すべきは、排水後の溜池や用水路を舞台とする魚伏籠漁は、村や水利組織が主体となってなされることが多い点である。稲作社会においては水の管理がそうした単位でおこなわれるからである。そのとき、漁は溜池や用水路といった水利施設の保守管理作業に付随するものとしておこなわれていたことは前述のとおりである。

そして、そうした水利施設の保守管理作業により現出する二次的環境が漁に利用されるため、漁自体も村仕事（共同作業）的な意味合いを強く持つことになる（安室 一九八八）。水利作業には一軒から一人の労力を必ず出さなくてはならないのと同様に、それに付随する漁にも参加しなくてはならないとするところがあるのはそのためである。また、そうした漁の権利が村や水利組織の収入として一時的に売買されることもある。こうした場合も、それで得た収入は水利施設の保守管理費用に充てられることが多く、水を管理する村や水利組織の構成員である稲作農民にとっては自ら漁をするのと同様に共通の利益となる。

さらにいうと、漁は村や水利組織の行事として、村人や水利組合の関係者が全員参加を建前におこなうことも珍しくない。そのように年中行事的におこなわれる漁は、秋祭りなど村の祭礼の準備作業として、またさらには祭礼そのものとしておこなわれることもある（安室 二〇〇一b・二〇〇一c）。稲作水利社会において村人の精神的な紐帯を担う行為として、こうした漁の機会は利用されていたと考えることもできよう。

註

（1）経済性という点では、琵琶湖などの大水面を除くと内水面漁撈は確かに海面漁撈に比べ低い価値しかないといえよう。しかし、そのことは必ずしも文化的な価値の低さを意味しているわけではない。

（2）『河北郡蓮潟猟業之絵図』では、魚伏籠漁を「追狩猟」と称し、「長弐尺計、廻五尺計　但、此器都而竹ニ而制申候、湖儀辺磯蒲原等数人居並狩、鯉鮒鯰等捕揚申候」と説明する（金沢市史編さん委員会 二〇〇三）。この場合、数人で魚を追うことで、結果として、より効率的な漁獲が可能となる。このとき、漁場となるのは個人漁が中心の水田用水系ではなく、湖岸に広がる芦原のような自然水界である。

（3）魚伏籠の形態による二分類は、すでに八幡一郎も注目しており、その分布を論じている（八幡 一九六〇）。それによると、九州に円錐形があり、瀬戸内地方には円筒形と円錐形の両方が並存するという。

（4）魚伏籠の形態と呼称との関係について考えるとき、円錐型の魚伏籠が分布する地点のなかには、愛知県三好町のウゲのように、いわゆる筌と同じ名称で呼ばれるところがあることには注意しなくてはならない。

（5）材質による分類のうち、とくにその大多数を占める「タケなどの樹枝を利用したもの」に注目して、魚伏籠の製作法をみてみる。
（6）水田において使用が容認されることの多い魚伏籠に対して、投網は植えてあるイネが痛むという理由から使用を戒める風が強い。
（7）夜間の魚伏籠漁は松明やカンテラの灯りを頼りにおこなわれるため、アカシやヨブリなどと呼ばれる。
（8）たとえば、地域によっては、③の段階になってはじめて、魚伏籠が漁具のレパートリーに加えられたところもある。

引用参考文献

・芦原修二　一九八四『川魚図志』崙書房
・渥美町教育委員会　一九七〇『三州奥郡漁民風俗誌』渥美町教育委員会
・安城市歴史博物館　一九九二『筌』（企画展図録）
・石毛直道　一九七七「海の文化圏（座談会）」（大島襄二編著『魚と人と海』日本放送出版協会、所収）
・石塚尊俊　一九七一『出雲・隠岐の民具』慶友社
・泉　房子　一九七七「小丸川水系の伝統漁法」『日本民俗学』一一〇号
・磯貝　勇　一九五九「日本民具図譜Ⅱ」『民間伝承』二三巻三号
・茨城県歴史館　一九九八『海と川に生きる』（特別展図録）
・牛島盛光編著　一九八一『熊本の民具』熊本日々新聞社
・浦西勉ほか編著　一九八一『近畿の生業2』明玄書房
・大島襄二編著　一九七七『魚と人と海』日本放送出版協会
・小野重朗　一九六九『南九州の民具』慶友社
・金沢市史編さん委員会　二〇〇三『金沢市史―資料編10―近世8』金沢市
・金田禎之　一九七八『日本漁具・漁法図説』成山堂書店
・車田　敦　一九九四「伊豆沼周辺の漁撈習俗」（東北学院大学卒業論文）
・小谷方明　一九八二『大阪の民具・民俗志』文化出版
・坂本　清　一九八〇『霞ヶ浦の漁撈習俗』筑波書林
・滋賀県教育委員会　一九八二『琵琶湖総合開発地域民俗文化財特別調査報告書4』

・同　一九八三『同　5』
・瀬戸内海歴史民俗資料館　一九七八『瀬戸内海及び周辺地域の漁撈用具と習俗』
・田中熊雄　一九五六「漁獲方法の研究」『宮崎大学学芸学部研究時報』一巻二号
・千葉県立大利根博物館　一九八八『十六島の農具と漁具』
・土浦市立博物館・上高津貝塚ふるさと歴史の広場　一九九五『霞ヶ浦』（特別展図録）
・長野市立博物館　一九八六『漁とくらし』（企画展図録）
・中山太郎　一九三三「有明海・干潟の漁法」『民俗学』五五号
・名古屋市博物館　一九八〇「名古屋市博物館だより」一七号
・同　一九八三『海の漁具・川の漁具』（特別展図録）
・西村朝日太郎　一九七四『海洋民族学』日本放送出版協会
・日本学士院編　一九五九『明治前日本漁業技術史』（日本学士院日本科学史刊行会編、野間科学医学研究資料館発行、一九八二、新訂版）
・沼津市歴史民俗資料館　一九八一『モジリ・ウケの世界』（特別展図録）
・農商務省水産局編　一九一二『日本水産捕採誌』水産社（アテネ書房、一九七九、復刻）
・浜松市博物館　一九九四『浜松の漁の道具』
・福島県教育委員会　一九八四『猪苗代湖の民俗―湖南編―』
・松戸市立博物館　一九九五『稲と魚』（企画展図録）
・三好町立歴史民俗資料館　一九八六『くらしとため池展』（特別展図録）
・最上孝敬　一九六七『原始漁法の民俗』岩崎美術社
・安室　知　一九八八「稲・水・魚」『信濃』四〇巻一号
・同　二〇〇一a「『水田漁撈』の提唱」『国立歴史民俗博物館研究報告』八七集
・同　二〇〇一b「淡水漁撈と儀礼」筑波大学民俗学研究室『都市と境界の民俗』吉川弘文館
・同　二〇〇一c「水田漁撈と村落社会の統合」『鯰』琵琶湖博物館
・柳田国男・倉田一郎　一九三八『分類漁村語彙』（国書刊行会、一九七五、復刻）

・八幡一郎　一九五九「魚伏籠」『民族学研究』二三巻一・二号

・同　　　　一九六〇「魚伏籠後聞」『民族学研究』二四巻一・二号

・湯浅照弘　一九七六「ウザについて」『西郊民俗』七四号（『岡山県漁業民俗断片録』一九七七、海面書房、所収）

・同　　　　一九七七「岡山県の内水面漁撈習俗」『日本民俗学』一一〇号

・I・J・ホーネル　一九七八「漁撈文化人類学」藪内芳彦編著『漁撈文化人類学の基本的文献資料とその補説的研究』風間書房

第二章　ウケの民俗文化論

はじめに——ウケとは何か

ウケ（筌）は小型の陥穽漁具である。魚の産卵習性や索餌行動など生理生態を利用して、魚がほぼひとりでに中に入り、かつ一度入ると出ることができなくなってしまう構造をもつ漁具である。そして、そのほとんどが手に持って運べるほどの大きさで、さまざまな水界へ運んでいっては仕掛けることができる。形態の上では大きく竪ウケと横ウケに分けることができるが、主として竪ウケは流れの少ない湖などの止水域で用いられるのに対して、横ウケは止水域とともに河川などの流水域においても用いることができる。

ウケは北は北海道から南は沖縄まで日本全国に分布する。また、河川や湖沼といった自然の水界とともに水田・溜池・用水路といった人工の水界（水田用水系）でも用いられ、さらにそうした淡水域だけでなく浅海を中心に日本沿岸の海水域でも用いられている。したがって、その漁獲の対象となる魚介類は非常に多種にわたり、内水面ではその地域に生息する魚類のほとんどに対応しているといってもよい（安室　一九八四）。また、カニやエビといった甲殻類やサンショウウオなどの両生類を取るためのウケもあり、必ずしもその漁獲対象は魚類だけに限定されない。

一　ウケをみる視点

ウケはアシナカ（足半）と並んで、日本の民具研究史上もっとも古くから興味を持たれてきた民具である。[1]そうした研究の流れを、ひと言で表現するなら、昭和十年代（一九三五〜一九四四）におけるアチック・ミュージアムの活動から現在に至るまで、ウケの研究は形態・機能の分析とその系統の追求という図式で一貫していたといってよい。[2]

一般にウケのような小規模で、個人的、自給的な漁撈は、海などの大水面でおこなわれる大規模、集団的、商業的な漁撈に比べると、その漁撈の持つ社会的・経済的な価値は小さく、また信仰・儀礼など民俗の諸相とも切れた関係にあるものとして研究対象化されていた。つまり、小規模・個人的・自給的な漁撈は従来その背景にある民俗文化の層はたいへんに薄いもとして扱われ、社会・経済や民俗の背景までを調査し分析するという研究姿勢は最初から欠落していた。それゆえにウケは、民俗研究の対象としては技術的な側面（またはモノとしての側面）しか関心が持たれてこなかったといってよい。

しかし、全国的な視野にたってみると、ウケのような小規模・個人的・自給的な漁撈でもその総体は非常に大きなものがあることは疑いようがない。たとえば、漁村にとどまらず農山村のどんな調査地に行っても漁撈技術のレパートリーの中にウケを持たないところはないといってよい。ひとつひとつを取り上げるとウケは確かに小さな経済価値しか持ちえないが、日本全体から見ればその裾野は広く、それによりもたらされたであろう漁獲物も統計上はないに等しいものの、実態としては膨大なものがあったと考えられる。

民具学を推進した先学のひとりに渋沢敬三がいる。研究者というよりは宮本常一ら優れた民俗学者を育てたパトロン的人物として有名であるが、同時に草創期の民具研究においてはこれから進むべき研究の方向性に大きな影響を与えた人でもあった。その渋沢敬三が昭和十六年（一九四一）の段階で、これから民具研究を進めるに当たって、なぜウケが日本の民俗文化を知る上で重要なのかということについて語ったことばがある。

小さい漁業としては百姓が筌やブッタイのようなもので、泥鰌などを獲って居る漁業もある。これは如何にも小さく、まとまって居らぬので下らない漁業でありますけれども、日本全体から見ると馬鹿に出来ない。この筌というものが日本全体に何百万何千万個あるか分らない。従ってこの筌に依って採取されて居る所の量というものも統計に出て来ないが、非常に莫大なものに上るのかも知れない（渋沢　一九五四）。

明らかにこのときの渋沢のウケ研究の主眼は〝ヒト〟それ自体にあったわけで、けっして〝モノ〟にだけ限定されてはいなかった。あえていうなら、渋沢がいわゆる狭い意味の研究者ではなかったからこそ、率直にその本質を捉えることができたのかもしれない。そして、その率直な捉え方こそ、筆者が考えるには生業研究の上でもっとも留意されなくてはならないことだと言えよう。

ウケを捉える視点が〝モノ〟にのみあるうちは、形態や機能にばかり分析の目は向けられることになろう。そうなると、ごくありふれたどこにでもあるウケと、ごく限られた地域にしか存在しない特殊なウケとは一対一の関係でしかなくなってしまう。これでは、どこにでもあるありふれたウケであるからこそ、それを用いる多くの人が存在するという事実を無視してしまうことになろう。多くの人に用いられるからこそ、それだけ生計上重要であり、社会的、経済的、文化的な背景を多く持っていると考えるのは当然ではなかろうか。

二　ドジョウウケとウナギウケの比較

前記のような視点から、日本においてもっとも広範かつ多くの人に用いられてきたウケであるといってよいドジョウウケとウナギウケに焦点を当て、その背後に見え隠れする民俗文化について論じていくことにする。

先の言い方をするなら、ごくありふれたどこにでもあるウケの代表がドジョウウケとウナギウケということになる。

この二つのウケは、日本列島では北は北海道から南は九州沖縄まで広範な地域に見られる。またデルタのような低平

第Ⅳ－2－1図　思川の流域図

	ドジョウウケ	ウナギウケ
① 分布域	川の中・下流域 水田地帯に面的な分布	川の上・中・下流域 流路に沿う線状の分布
② 漁の場所	水田用水系の内 日常の生活圏内	水田用水系の外・内 流域に広範な広がり
③ 漁の時間	稲作作業と並行	漁撈専用
④ 漁の主体者	水田稲作農民（単一生業者）	漁撈民（複合生業者）
⑤ 対象魚	ドジョウ（商品価値：小）	ウナギ（商品価値：大）
⑥ 漁獲目的	自給的（動物性たんぱく源）	商業的（販売・物々交換）
⑦ ウケ製作者	稲作農民の自製	専門職人（漁撈民の自製）
⑧ 形態・構造	単純・雑・個人差大	複雑・精巧・規格化
生活の様態	定住性	漂泊性
生計の基盤	単一生業志向	複合生業志向
文化的背景	サト（定住的）	ヤマ（漂泊的）

第Ⅳ－2－1表　ドジョウウケとウナギウケの対比

地（河川下流域）からかなりの山間地（河川上流域）まで目にすることができ、垂直分布の点でも他のウケに比べると格段に広い分布を示している。

つまり、この二つのウケを取り上げることで、日本全体を視野に入れてその背景にある民俗文化を比較することができると考える。それに対して、使用地の極端に限られた特殊なウケ（たとえばサンショウウオのウケのようなもの）では、日本全体を視野に入れようとすると比較の内容がどうしても形態・機能に限られてしまい、とてもその背後の民俗文化のあり方まで論じることができない。

ここでは、昭和前期（一九二六〜一九四五）に時間軸を設定し、栃木県内を流れる思川（渡良瀬川の一支流）の流域を主な調査地としておこなった調査結果をもとに論じていくことにする（安室 一九八四）。第Ⅳ－２－１図は、思川の上流（粟野川と粕尾川に分岐）から下流（渡良瀬川の合流地点）までを示したものであり、黒点は調査地点（計二四集落）を示している。なお、思川の上流・中流・下流は主な魚種の生息域をもとに設定している。

また、第Ⅳ－２－１表は、思川流域に見られるドジョウウケとウナギウケをさまざまな要素に分けて比較対照したものであり、いわば本章の結論を示したものである。以下では、第Ⅳ－２－１表に挙げた各項目に従って説明していくことにする。

⑴ウケの分布

ドジョウウケとウナギウケは主にどういったところに分布するのであろうか。

第Ⅳ－２－２図は思川における流域ごとのウケの分布を示したものであり、さらに第Ⅳ－２－３図は上流部から下流部まで集落単位にどのようなウケが用いられていたかを魚種別に一覧できるようにしたものである。第Ⅳ－２－３図では、白抜きの部分が魚の棲息域を示し、その中にウケの名称が記されている場合は、その集落に該当の魚を取るためのウケが存在することを示している。ウケの名称がない場合は、該当の魚はいても、それを取るためのウケがその集落には存在しないことを示している。

ドジョウウケの場合、第Ⅳ－2－3図をみると、河川の中・下流部に広く分布することがわかる。また、必ずしも第Ⅳ－2－3図から読み取れることではないが、実際にそうした地域を調査に歩いてみると、中・下流部の水田稲作地

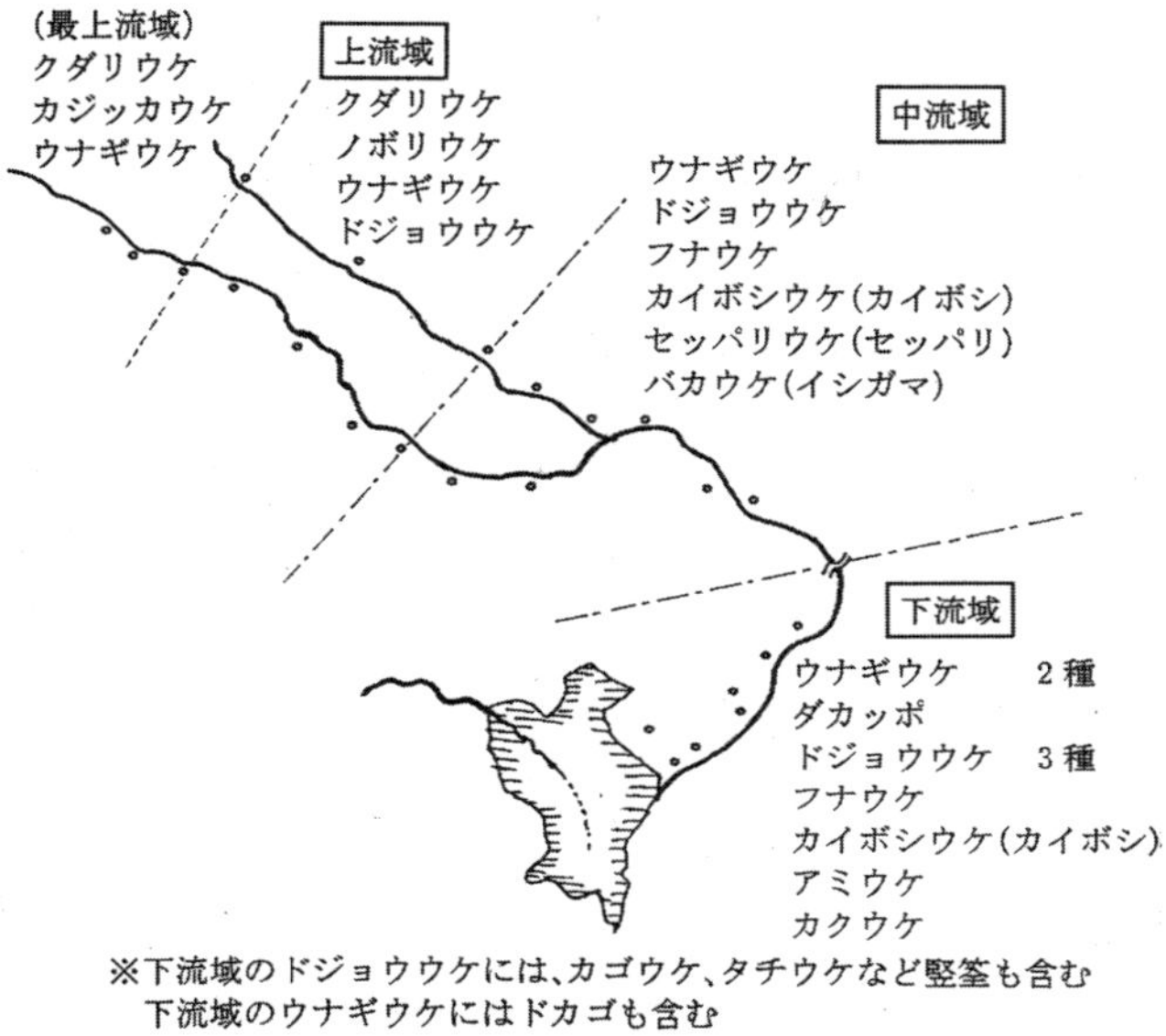

※下流域のドジョウウケには、カゴウケ、タチウケなど竪筌も含む
下流域のウナギウケにはドカゴも含む

第Ⅳ－2－2図　思川流域のウケ

においては、ほとんどすべての農家にドジョウウケが所有されていたことがわかった。

つまり、ドジョウウケの分布は川沿いに限らず、面的な広がりをもって稲作地全域に及んでいることがわかる。思川流域において、総数ではおそらく他のウケとは比べものにならないくらい多く存在したウケであるといえよう。

そして、重要なことは、ドジョウウケは水田稲作地の拡大・縮小の動きに連動して分布域を変えたことにある（安室　一九八四）。第二次大戦中からその後の食糧難時代にかけて、思川のかなり上流部にまで水稲が作られるようになった。中・下流部においておこなわれてきた水稲栽培が川に沿って、それまで水田の存在しなかった上流部へと拡大したものである。さらに、その後、昭和二十年代後半になり食糧難が解消すると、

区分	調査地点	イワナ	ヤマメ	カジカ	ハヤ	アユ	ウナギ	ドジョウ	フナ	コイ	ナマズ	その他の筌（漁法）
上流部（最上流）	山の神	—	—				—					
	発光路	クダリウケ	クダリウケ	カジッカウケ			—					
	大井	クダリウケ	クダリウケ	カジッカウケ			ウナギウケ カジッカウケ					カジカウケ（カワホシ）
	（上五月）	クダリウケ	クダリウケ	カジッカウケ			ウナギウケ					
	細尾		ノボリウケ クダリウケ	ノボリウケ クダリウケ	ノボリウケ クダリウケ		ウナギウケ	—				ウケ（カワホシ）
	遠木		クダリウケ				ウナギウケ	—				ウケ（カワホシ）
	森						ウナギウケ	ドジョウウケ				
	（滝ノ端）		ノボリウケ		ノボリウケ		ウナギウケ	ドジョウウケ				
中流部	布施谷					セッパリウケ	ウナギウケ	ドジョウウケ	ウケ			ウケ（ガマ）
	大越路					バカウケ	ウナギウケ	ドジョウウケ	ウケ			ウケ（イシガマ）
	松崎						ウナギウケ	ドジョウウケ				
	（小金沢）						ウナギウケ	ドジョウウケ	ウケ各種			フトウケ オオウケ（ホシカワ）
	（日渡路）				ウケ		ウナギウケ	ドジョウウケ	ドジョウウケ			ウケ・バカウケ（ホシカワ）
	（筌場）						ウナギウケ	ドジョウウケ	ノボリウケ			バカウケ
	深程						ウナギウケ	ドジョウウケ	ウケ			
	北半田				バカウケ		ウナギウケ	ドジョウウケ	フナウケ			アミウケ・ドサカウケ（ヤナ）
下流部	網戸藤塚						ウナギウケ	ドジョウウケ				カイボシウケ（カイボシ）
	中坪						ウナギウケ	ドジョウウケ				ウケ（カイボシ）
	楢木						ウナギウケ	ドジョウウケ				ドロウケ、バカウケ
	生良						ウナギウケ タケウケ	ドジョウウケ タチウケ・カゴウケ		アミウケ	バカウケ	
	上生井						ウナギウケ ドカゴ	ドジョウウケ			タチウケ	
	下生井						ウナギウケ ダカッボー	ドジョウウケ	フナウケ カクウケ		ダカッボー	
	白鳥						ウナギウケ ダカッボー	ドジョウウケ タチウケ	フナウケ カクウケ	アミウケ	ダカッボー	

＊1　調査地点のうちカッコ内は粟野川に沿ったところ
＊2　太線内（網かけなし）は対象魚種の生息域を示す

第Ⅳ－2－3図　思川流域におけるウケの分布

元来水温など環境条件の適さない上流部から稲作はまた姿を消すことになる。そうすると、上流部に拓かれた水田は用水路が放置されるまま、コンニャクなど商品作物の畑地に変わっていった。

そうしたとき、ドジョウも水田稲作地の動きに連動するかたちで、棲息域が上流部にまで拡大した後、また中・下流部にまで後退するという変遷を示した。現在、水田のまったくない、またドジョウも棲息しない上流部において、ドジョウウケが農家に保存されていたり、またその使用談を聞くことができるのはそのためである。このことは、ドジョウウケが水田稲作といかに深い関係にあったかを物語っているといえよう。

次に、ウナギウケの分布に注目する。第Ⅳ―2―3図を見ると、上流部から下流部までほぼまんべんなくウナギウケが分布していることがわかる。思川流域ではもっとも広い範囲で用いられていたことになる。なお、最上流部の一部には、ウナギが棲息していてもウナギウケの存在しないところがある。それは、最上流部ではウナギは時として人の腕の太さほどもある大物がいる反面、棲息数はかなり限られているため、そうしたウナギを取るにはウケよりもサゲバリの方が適しているからである。[3]

ウナギウケの分布は主として思川沿岸の集落や幹線用水路（大水路）の沿岸に限られており、その分布のあり方は河川や用水路に沿った線状の広がりをもっている。これはドジョウウケが水田稲作地域に面的な広がりを見せていることとは対照的である。

また、分布密度に関しては、ドジョウウケが水田稲作地においてはほぼすべての家に所有されているといってよいほど密度濃く分布するのに対して、ウナギウケは各集落に何人かずつウナギウケを好んで仕掛ける人がいるだけで、けっして集落の人すべてが所有するものではなかった。そういう意味で、ウナギウケはドジョウウケほどの分布密度の濃さはない。

ようにして仕掛けられるのか、両者を比較対照してみよう。

⑵漁の場所

ドジョウウケとウナギウケは、どのような場所に、またどのように...

具体的に、どのようなところにウケが仕掛けられるかというと、ドジョウウケの場合は水田やそれに続く細い用水堀など稲作を目的に造られた人工的な水界（水田用水系）が中心である。水田用水系において、水田耕作の各段階にとられる水管理に対応して多様な仕掛けられ方をすることに、ドジョウウケの大きな特徴がある。これは次に論じる漁の仕組みとも関係する点である。

具体的に水田用水系におけるドジョウウケの仕掛け方を見てみよう。水田内はイネの花の咲く頃を境にして、それより前をノボリといい、それより後をクダリという。ノボリとは水利上は主として水を田の中へ入れる時期に対応している。そのとき、ノボリウケまたは「ノボリにウケを伏せる」とは、外（自然）の水界から水の流れに乗って田の中へやってくるドジョウやフナを水口のところにウケを仕掛けて取ることをいう。その場合、筌口は田の外側に向けられる。

それに対して、クダリとは、主として田の中の水を外界に出す時期に対応している。そして、クダリウケまたは「クダリにウケを伏せる」とは田の中にいるフナやドジョウが田から用水路などに下っていくところを尻水口（田の排水口）にウケを仕掛けて取るものである。その場合、筌口は田の内側に向けられる。

そうしたドジョウウケに対して、ウナギウケは河川（幹線となる太い用水路も含む）や湖沼といった水田用水系の外側にある自然水界に仕掛けられることが多い。ウナギの主な棲息場所がそうしたところにあるためである。ウナギウケの場合、仕掛け場所は明らかにウナギの自然分布に対応しているといってよい。それは、ドジョウウケの仕掛け場所が二次的自然空間であるところの水田用水系（人工的水界）であることとは対照的である。

また、ウケの仕掛け場所について、もうひとつ注目すべきことは、ドジョウウケは水田を中心とした個人の所有空間に仕掛けられることが多いのに対して、ウナギウケは河川や幹線水路など総有空間において用いられる傾向が高いことである。

⑶漁の時間と仕組み

ドジョウウケとウナギウケは、どのようなときに、またどういった仕組みにより漁がなされたのであろうか。

第一にいえることは、ドジョウウケの場合は漁のための時間というものをとくに設ける必要がないのに対して、ウナギウケでは漁のために専用の時間を設定する必要がある。

それというのも、ドジョウウケによる漁は、そのための行動をほとんど必要としないことに大きな特徴があり、たいていは水田での稲作作業と並行しておこなわれるものだからである。具体的にいうと、朝、田仕事に行く途中にウケを水口などに仕掛けておけば、魚は自動的にウケのなかに溜まり、それを家に帰る時に上げればよい。その間はもちろん稲作労働に専念することができる。また、反対に、田仕事からの帰り道にドジョウウケを仕掛けて翌朝に上げてもよく、その場合もウケが仕掛けられているときには人は寝ていられる。

つまり、先にノボリとクダリの例を上げて示したように、ドジョウウケは稲作作業により引き起こされる水流・水温・水量の変化に伴ってほぼひとりでに魚がウケに入って溜まるような漁のメカニズムになっている。そのため、ドジョウを誘き入れるための餌をウケに入れる必要はほとんどなく、そうした労力や時間も必要ない。ドジョウウケは漁具を手に持って魚を追いかけるような積極的な魚への働きかけは不必要な漁具で、極端に省力化の進んだ漁法であるといえる。

そうしたドジョウウケに比べると、ウナギウケはそれを仕掛けるための時間を必要とする。ウケ自体は陥穽漁具でありドジョウウケ同様にウナギウケも省力化の進んだ漁法ではあるが、ウナギウケの場合には、ドジョウウケのように強く省力化を追求することは漁のあり方からして無理であった。

ひとつには、ウナギウケの場合、漁の場が稲作農民にとっては日常行動の範囲外にある河川や湖沼にまで出かけて行かなくてはならないからである。そのための時間と労力が必要となる。ドジョウウケの仕掛けられる場所が、水田を中心とした水田用水系という稲作農民にとってはいわば日常生活の場（水田と家との行き来の範囲内）そのものであったこととは対照的である。

ふたつ目の理由としては、ウナギ漁では一度に多数のウナギウケを仕掛ける場合があり、広範囲の漁場をウケを仕掛けながら点々と移動していかなくてはならないことが挙げられる。漁具一個当たりに入る確率がドジョウウケに比べると低いためである。そうした多くのウケを持ち運び、仕掛けて回るには、全体として一定の継続した時間と労力を必要とした。それに対して、ドジョウウケは多くの場合、一回に仕掛けるウケの数はせいぜい一・二個に過ぎない。

そして、三つ目の理由として、ウナギウケの場合、漁のメカニズムとして、餌で魚をウケの中に誘い入れなくてはならないことが上げられる。ミミズなどの餌を必要な量だけ集めてくるための時間と労力が必要になり、さらには、そうした餌をウケの中に入れる手間が必要となる。それに対して、ドジョウウケではそうした時間と労力はまったく必要ない。

⑷漁の主体者

ウケを用いてドジョウやウナギを取るのはどういった人たちなのだろうか。

ドジョウウケの場合、稲作農民が自分の所有する水田、つまり私有の空間に仕掛けるのが本来であるとされる。ただし、実際には、植えてある稲さえ荒らさなければ、ドジョウウケはどこの田に仕掛けてもよいとされることは多い。

自分の所有する水田の水利段階や稲作の進捗状況は所有者自身がもっともよく知っているので、いつノボリになり、いつからがクダリか、といったウケ敷設のタイミングも適切に判断することができる。

そういった意味から、ドジョウウケは稲作農民にとってはもっとも使い勝手の良い漁具であったといえる。そのため、ドジョウウケは稲作に高度に特化した地域においても、ほとんど全戸と言っていいくらいに所有されていたのである。本来は稲作への特化が進むとともに、その地域における漁具・漁法のレパートリーや漁自体の重要性は低下するものであるが、ドジョウウケは稲作と連動することで高度に特化の傾向を示したということができる。

それに対して、ウナギウケの場合、農家の中でもとくに漁の好きな人（少数）が仕掛けるものであったが、そうした農民とともに、ウナギを取ることで生計を立てるウナギウケ専門の漁業者が思川流域には存在していた。定住して農耕生活をおくる人たちから見ると、背負った籠に何十本というウナギウケを持ってどこからともなくやってきては近くの川や幹線用水にウケを仕掛けて回るそうした専門漁師の姿は、どことなくうさん臭い存在で、子供はあまり近寄ってはいけないなどと親にはいわれたという。

一般的にいって、定住生活を送る人は漂泊性の高い生業を営む人に対して忌避の念を抱きがちである（安室 一九八七）。思川流域においては、まさにウナギウケを持った専門漁師の存在はそうした漂泊生活を送る人のイメージそのものであったといえよう。

ただし、そうしたウナギウケの専門漁師も実際には居住地はほぼ定まっていた。実際、思川流域のいくつかの集落には、一・二戸の単位ではあるが、そうした専門漁師が存在しており、その集落の人から見れば同じ集落に定住する家であることにかわりはない。しかし、生業の場が思川流域というように広範囲に及んでいたこと、および農耕にたずさわらず、したがって周囲の人からみて特定できるような生業の場を持たなかったことが、そうしたイメージを作り上げ、強化する基にはあったといえよう。ここでいう漂泊的生活とは、けっして実際に漂泊生活を送っているというのではなく、あくまでも定住的な農耕生活を送る人びとが彼らに付与した生業イメージにすぎないのである。

全国的に見てもそうした存在は各地で報告されている。その中にはウナギやウナギウケとの関連で語られる事例が多くある。たとえば、熊本県の阿蘇山中にある谷底集落の住民の出自をたどると、ウナギ漁を生業として、それを売り歩く漂泊民であったという（宮本　一九六八）。また、静岡県の東富士山麓にはイノジローコジキと呼ばれる川漁の漂泊民がいて、彼らはウナギをオキバリで取っては作物などと交換して生計を立てていた（竹折　一九六八）。また、奈良県ではカワラコジキと呼ばれるウナギ取り専門の人がいて、取ったウナギを料理屋などに持ち込んでは売っていた（浦西　一九八二）。

こうしたウナギ漁を主な生計活動としながら漂泊的な生活（定住農耕民が抱くイメージ）を送る人びとは、思川流域と同様に、周囲の定住農耕民からはやはり一種独特な差別的眼差しを向けられていたといってよい。「……コジキ（乞食）」といった蔑称にそれはよく表れている。

⑸対象魚と漁獲目的

ドジョウウケとウナギウケは、それぞれどういった魚を取るのに用いられ、またそうした魚は何を目的に取られたのであろうか。

漁獲対象はその名称が示すとおり、ウナギウケはウナギ、ドジョウウケはドジョウである。ただし、ウナギウケがウナギにほぼ完全に特化したウケであるのに対して、ドジョウウケの場合にはドジョウを中心に水田で繁殖する小ブナなども一緒に取ることができる。

詳しくは後述するが、ウナギウケはウナギ取りを目的にそのための工夫を凝らした精巧な作りをしているため、ウナギ以外の魚にとっては逆に入りづらいものになっているのに対して、ドジョウウケは誰でもできるような粗雑な作りのため、かえってドジョウだけでなくさまざまな魚にも対応することができたといえる。そのことは反対からみれば、ウケの場合、それほどウナギ向けに特化した精巧な工夫を凝らさなくては、ウナギを捕まえることは難しいということでもあろう。

ドジョウとウナギとでは商品価値の点で著しい違いがある。先に述べた漂泊生業者とウナギとの関わりの深さは、魚の持つ商品価値の高さを示すものであり、ウナギは漂泊生業者の生計を成り立たせるだけの商品価値を持っていると言うことができる。そうしたウナギに比べるとドジョウははるかに商品価値は低い。

ドジョウウケで取ったドジョウやフナはもっぱら取った人が自家で消費してしまう。つまりそうした魚は稲作農民にとっては自給的な動物性たんぱく質源として位置づけられてきたといえる。冒頭に渋沢敬三の言葉を用いて示したように、ドジョウウケで取るような魚類はおそらく各種の公的な漁業統計にはほとんど計上されてこなかったであろうが、その実際の漁獲量はかなり大きなものがあったと考えて間違いない。水田を舞台にドジョウウケのような自前の漁具で取ることのできた魚だからこそ、よけいに稲作農民の自給的たんぱく質源としては時代を遡るほど重要であったと考えられるのである。

それに対して、ウナギはもちろんドジョウ同様に自家消費も多かったであろうが、同時にその商品価値の高さゆえに売り物や物々交換の品に用いられることもあったことは先の事例に示したとおりである。事実、昭和初期には思川流域においても農家を回ってウナギを売り歩いたり、商店に持ち込んで物々交換をしていた人が存在した。

なお、ウナギのほかに、漂泊生業者が農家に売りに来た魚にはイワナやヤマメなどの渓流魚もある。そうした魚類に共通する特徴は、平坦地で稲作を中心とした農耕生活を送る人びとにとっては地理的に手に入れづらく、また自分で取るには高度な技術や多大な労力を必要とする点にある。

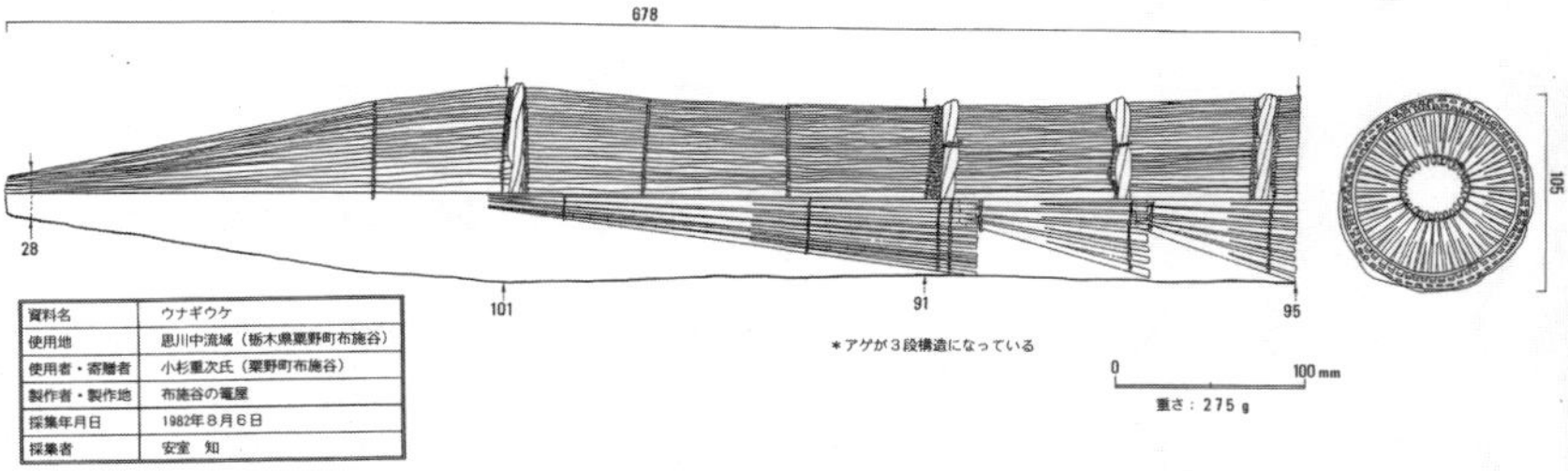

第Ⅳ－２－４図　ウナギウケの構造

⑹ウケの製作と形態・構造

モノとしてのウケに注目して、製作のあり方および形態・構造について、ウナギウケとドジョウウケを比較してみよう。

ウナギウケは、第Ⅳ－２－４図にあるように、全体にミサイルのように細長く美しい流線型をしている。その内部構造は、アゲ（ベロ、カエシ）と呼ぶ、魚がいったん中に入ったら外に出られなくする装置を二重または三重に備えていることに代表されるように、複雑で精巧な作りをしている（第Ⅳ－２－４図の場合には三重のアゲが付いている）。そうした精巧な作りにしないと、せっかくウケにウナギが入っても、魚体が細長く柔軟でかつ力の強いウナギは尾を巧みに使い逃げ出してしまうという。

そのため、ウケ製作上の大きな特徴として、ウナギウケは竹細工など専門職人の手になることが多いことが上げられる。そのとき、ウナギウケを用いて実際に漁をおこなう漁業者とそうした竹細工の職人とが同一人物であることもある。それは単に漁業者が自分で漁具を制作するということにとどまらず、その生業を考える上で非常に重要な問題を含んでいる。

たとえば、香川県讃岐平野の溜池地帯では、溜池での漁撈（養魚）と水利組合から手当をもらう樋門番とを生業とする人びとが存在したが、そうした人は同時に村人の求めに応じて竹細工をおこなう職人でもあったし、またときにはカモ猟もおこなっていた（安室　一九九一）。また、岡山県の吉井川水系を漂泊するサンカと呼ばれる人びとは、自分で取った淡水魚を串刺しにしては、やはり自分で編んだ竹籠（竹細工としても一級品であったとされる）に入れて売り歩いたという（湯浅　一九七三）。

このように竹細工と淡水漁撈との関係は思いのほか深いものがある。これについては別稿（安室　一九八七）で報告したことがあるが、ひと言でいえば、ウナギウケなどを用いて淡水漁撈をおこなう人は漁撈もすれば竹細工もおこなうというように、生業を何かひとつのものに特化させない生計維持のあり方を志向した人びとであるといえる。つまり、基本的に複合生業者という視点で彼らを捉える必要があり、そうした複合生業を維持するための方途のひとつが各地を広範囲に移動すること（漂泊性）にあったといえる。

写真Ⅳ－2－1
ドジョウウケ（左）とウナギウケ（右）

それに対して、ドジョウウケは砲弾のような単純な形をしている。構造もアゲがひとつあるだけで単純である。また、その作りはウナギウケに比べるとかなり粗雑である。アゲの作り方ひとつをみても、ウナギウケでは割竹をさらに細く削り、まるで茶筅の先のように繊細に作るが、ドジョウウケの場合は割竹のままということも多い。

それというのも、漁獲原理として、餌で誘き入れるウナギウケと違って、ドジョウウケは水田の水の流れに乗っていわば半強制的にドジョウが入るようになっているため、わざわざ魚を誘き入れるための手のこんだ仕掛けを施す必要がないからだと考えられる。また、ウナギウケの場合はウケ全体を水底に沈めて仕掛けるが、ドジョウウケは多くの場合、筌口の部分を少し水面の上に出しておく（ウケの中に入ったドジョウが呼吸できるようにという意味もある）ため、結果としてそれほど精巧に作らなくても逃げ出しづらくなっている。さらにいえば、ドジョウ自体、魚体が小さく力も弱いため、ウナギのように逃げようともがいてもウケ自体にさほどの影響はない。

ドジョウウケはほとんどが稲作農民の自製である。その製作は技術的に簡単で、子どもでも見よう見まねで作ることができるという。父親など大人が作っているところを見て、子ども時代に作り始めたという人も多い。材料となる竹は屋敷や河川敷などに生えているものを伐ってくればよく、簡単にしかも無料で手に入れることができる。そのため、わざわざドジョウウケを竹細工の職人に作ってもらったり、またそうしたところから製品を買って来るなどということはほとんどないといってよい。

さらに、思川流域全体を上流から下流まで眺めてみると、もうひとつ形態上の特徴を指摘することができる。それは、ドジョウウケは稲作農民が片手間に作るものであるため、作り手によって形がさまざまで個人差が非常に大きいのに対して、ウナギウケの場合には川の上流部から下流部まで形態に差が少ないことである。ウナギウケには流域に一定の規格があるかのような印象さえ受ける。これもやはりウナギウケの場合には、特定の竹細工職人や専門漁師がその製作に関与していたことの表れであると解釈することができる。また、ウナギを効率よくウケのなかに誘い込み逃げられないようにするには、誰が作っても第Ⅳ－2－4図に示したような形態と構造になってしまうということもできるわけで、そうした意味からすれば、ウナギウケはドジョウウケなどに比べるとウケとして技術的に完成度の高い洗練されたものであったと考えることができる。

三　ウナギウケのヤマとドジョウウケのサト――ウケからみた民俗文化論――

第Ⅳ－2－1表に基づき、八項目に分けてドジョウウケとウナギウケを比較してみたが、その検討を通して、それぞれのウケの背後にある民俗文化の違いを指摘することができる。以下では、仮説として、ウケを通してみたときに明らかとなる二つの民俗文化について論じることにする。

ウケを民具として研究する場合、機能や形態の比較といった方向性のほかに、ウケから文化的背景を探るという試みは少ないながら今までにもおこなわれたことがある。たとえば、大島建彦は論文「海漁、川漁」（大島　一九六八）の中で、ウケに関する文化的背景のひとつに漂泊民や特殊な生業者の存在を示唆している。その点では本章の趣旨と大いに関係している。

しかし、こうした論の多くは残念ながら具体的な事例やそれに基づいた論証がほとんどなされないため印象論の域を出るものではなかったといってよい。ここではそういった思いつきの段階から少しでも抜け出すことができればと考え、具体的に思川流域を取り上げて、ウナギウケとドジョウウケを対比するかたちで、それぞれのウケの背後に見え隠れする民俗文化を論じてきたわけである。

今まで検討してきたように、ウナギウケを使用する人の属性として、強い漂泊性を指摘することができると考える。ここで言う漂泊性とは、前述のように、広い活動域を必要とする生計維持のあり方を意味するもので、必ずしも定住地を持たず漂泊生活をする人を指しているわけではない。

それに対して、ドジョウウケを使用する人びとは、生計活動の基盤として水田稲作が非常に大きな位置を占めている。そのため、ドジョウウケによる漁は使用者個人の私的空間（つまり所有する水田）か、もしくはせいぜい同じ村内の人が所有する水田および用水路に限られていた。そうしたことからすると、広い活動域を必要とするウナギウケに比べ、ドジョウウケは水田稲作に対する強い固執（つまり定住への強い志向）を持っていたといえよう。

歴史的にみると生業としての水田稲作は非常に強い特化傾向を示し、結果として稲作農民によるドジョウウケを用いた漁撈は生計維持上の位置づけとして、ほぼ完全と言っていいくらいに自給的なものになった。ドジョウを取る目的はあくまで自家消費にあり、それを売って金銭収入を得ることにはないといってよい。つまり生計活動としては、水田稲作を中心とした農耕生活の中に取り込まれるかたちでのみドジョウウケは必要とされたのである。漁撈活動の稲作へのほぼ完全なる内部化である。そのことはドジョウウケが稲作暦に対応した漁撈のメカニズムを持っていることに象徴される。生業単一化（稲作への特化）を志向する民俗文化の一要素にドジョウウケは数えられるといってよい。

そうしたドジョウウケに比べると、ウナギウケを用いる人は複合生業への志向を強く持っていたといえる。つまり、ウナギウケを用いる人は、取ったウナギを商品として売ると同時に、他の漁撈活動はもちろんのこと、カモ猟などの狩猟活動や、さらに竹細工などの手工芸、若干の農耕もおこなうことで、全体として生計を維持するための活動としていたのである。漁撈＋狩猟＋諸職＋商業＋農耕の複合生業である。

そして、そうした生業の複合性を維持する上で漂泊という生活様式がたいへんに重要な意味を持っていた。また、反対に考えると、生活が定住的であることは、生業の単一化を招きやすいといえるかもしれない。

そして、最後に、ドジョウウケとウナギウケの背後にあるそれぞれの民俗文化の特徴についてまとめてみよう。まず、ウナギウケについては漂泊性と複合生業志向の二つの概念をキーワードとして、ヤマ的環境との関わりを指摘することができる。

それに対して、ドジョウウケについては、定住性と生業の単一化（稲作への特化）志向の二つの概念から、サト的環境を当てはめることができると考える。この場合のヤマとサトとは、実際の地理空間的な領域を示す山と里ではなく、民俗世界を構成する概念上の環境である。

民俗学では、これまでヤマとサトの民俗文化論について多くの研究蓄積がある[4]。ここでは、それらをいちいち挙げることはしないが、そうした研究の多くで、ヤマの属性として漂泊性、サトの属性に定住性が指摘されている。本論はそうした研究にさらに生業の単一化志向と複合生業志向という属性を付加することを提案するものである。

おわりに

本章の手順としては、本来、今まで民俗学の中で民俗世界観として議論されてきたヤマとサトについて触れながら、筆者自身の考えるヤマとサトを提示しておく必要があったと考える。しかし、ここではより実態に即した議論をおこなう目的から、そうした段階をすべて省略して、ドジョウウケとウナギウケの対比的検討を通してそれぞれの民俗文化的背景を抽出し、それに民俗世界観としてのヤマとサトを当てはめるという手順をとった。

そういう意味で、筆者は、民俗世界観としてのヤマは漂泊性と複合生業志向を、サトは定住性と生業単一化志向を、それぞれ生活上および生計上の基盤として成り立つものであると考えている。

註

（1）アチック・ミュージアムでは一九三〇年代後半にアンケート形式によるウケに関する全国調査をおこない、八〇〇件に及ぶ資料カードを作製している。その後、第二次大戦を挟み、一九七二年には日本常民文化研究所を母体にしてアチック・ミュージアムが収集した資料カードを当面の研究課題にして「筌研究会」が組織された（日本常民文化研究所 一九七三）。

（2）ウケの形態・機能に関する研究の到達点に、神野善治と小林茂の研究がある（神野 一九八二・一九八三）（小林 一九八〇）。ともに、河川流域など一定領域の中において、ウケの形態や機能の差異およびその製作技法といったことを詳細に論じている。ひとつの大きな研究成果である。ただ、本章ではそうした研究の到達点を認めながら、ウケを支える文化的背景に迫るため、あえて形態・機能に関する分析は最小限にとどめた。

（3）一メートルほどの竹の棒を岸辺に刺して固定し、その先端から糸と針を水中に垂らして置いておく。ドジョウやカエルを餌として針に付ける。夜間、ウナギが餌とともに針を飲み込み、動けなくなったところを朝つかまえる。

(4)　ヤマとサトの民俗文化を論じたものとしては、たとえば坪井洋文『稲を選んだ日本人』(坪井 一九八二) や宮田登『山と里の信仰史』(宮田 一九九三) がある。

引用参考文献

・浦西　勉　一九八一「奈良県の漁業・諸職」『近畿の生業2』明玄書房
・大島建彦　一九六八「海漁、川漁」『西郊民俗』四五号
・小林　茂　一九八〇「筌漁」河岡武春編『講座日本の民俗5—生業—』有精堂出版
・神野善治　一九八二・一九八三「筌漁の研究(上・下)」『沼津市歴史民俗資料館紀要』六・七号
・渋沢敬三　一九五四『祭魚洞襍考』岡書院
・竹折直吉　一九六八「東富士山麓における河漁の報告」『西郊民俗』四五号
・坪井洋文　一九八二『稲を選んだ日本人』未来社
・日本常民文化研究所　一九七三「筌研究会だより」『民具マンスリー』六巻五・六号
・宮田　登　一九九三『山と里の信仰史』吉川弘文館
・宮本常一　一九六八「山と人間」『民族学研究』三二巻四号
・安室　知　一九八四「稲作文化と漁撈(筌)」『日本民俗学』一五三号
・同　　一九八七「漂泊と定住の生態民俗試論」『長野県民俗の会会報』一〇号
・同　　一九九一「溜池をめぐる農と漁」篠原徹編『環境に関する民俗的認識と民俗技術的適応』(平成三年度科学研究費補助金研究成果報告書)
・湯浅照弘　一九七三「岡山県高梁川の石打ち漁」『西郊民俗』六七号

終論　水田漁撈の現在

――環境思想とフォークロリズムの交錯――

はじめに

水田漁撈とは、水田用水系（水田・溜池・用水路など稲作のための人工的水界）において、ドジョウ・フナ・コイといった水田魚類を漁獲対象とし、主としてウケや魚伏籠などの小型で単純な漁具を用いておこなうものである。その特徴は、稲作作業により引き起こされる水流・水量・水温といった水環境の変化を巧みに利用してなされることにある（安室 一九八四・一九九八・二〇〇一）。

日本および東アジアの稲作圏においては、河川漁撈・湖沼漁撈と並び、淡水域におけるひとつの漁撈類型として位置づけられる。その生活文化史的な意義をまとめると、以下の四点になる。

①自給的生業（動物性たんぱく質獲得法）としての重要性

②金銭収入源としての重要性

③水田漁撈が生み出す社会統合（稲作水利社会を支える共同性の確認と強化）

④水田漁撈の娯楽性

しかし、日本の場合、昭和三十年代[1]に入ると、農薬や化学肥料の多投下、大型農業機械の導入、そして用排水分離に象徴される土地改良・基盤整備の推進といった稲作の工業論理化が引き起こした水田生態系の変貌とともに水田漁撈は姿を消した。

水田漁撈は、遊びを目的としたものも含めれば、多くの人が経験的に知っていることであろう。昭和三十年代以前に生まれた人の場合、たとえ日常は都市に暮らしていても、子どもの頃、田んぼや用水路で魚を掬ったりザリカニを手づかみした経験を持つ人は多い。そうしたことは水田風景に〝自然〟を感じるという現代日本人の自然観とも密接に関連している（安室二〇〇四）。

現在、日本の水田では、アイガモ農法やコイ農法のように、コメの脱農薬（減農薬）・脱化学肥料（有機）栽培がさまざまに普及しつつある。そうした試みは一部ではあるが生産および消費の現場において確固たる地位を占めるに至り、高度に工業論理化の進んだ水田稲作についても大きな影響を与えつつある。たとえば、基盤整備においてそれまで基本とされてきた用排水分離が見直されたり、また農薬においても確度が向上したことにより環境に激烈な影響を与えるものは少なくなった。本来、水田にフナやオタマジャクシが泳ぎ、カモやトンボが舞う風景というのは昭和三十年代以前においてはごく当たり前のことであり、それは水田漁撈や水田狩猟といった生業技術を支える基盤であった。現在そうしたかつての当たり前の風景がさまざまなところで見直されてきている。

そして今、日本の各地で水田漁撈が復活しつつある。現在復活してきている水田漁撈は、もはや農民の自給的たんぱく質獲得のためのものではないし、またマイナーな生業技術が有するところの娯楽性を追求するものとも異なっている。水田漁撈が現代において復活してきている背景にあるものは何なのか、本章の目的はそれを探り、水田漁撈の行く末を見据えることにある。

一　環境思想の潮流——水田漁撈復活の背景1

1　水田稲作への関心——環境保全型農業から環境創造型農業へ

水田はウィルダネス（原生自然）の考え方からすれば、もっとも遠い自然のあり方だといえよう。もはや自然にあらざる不自然な空間と見なされる可能性もある。しかし、日本のように高度に稲作が発達したところでは、そうしたもっとも「遠い自然」は同時にもっとも「身近な自然」ともなっているのである。

水田は、「人と自然」、また「保全と開発」というような二元論的理解ではその本当の豊かさは見えてこないし、それが存在する意義を正しく理解することはできない。人為であるところの自然、開発されることで創造される自然、といった境界にこそ水田の本当の豊かさが形成されている。

一九九〇年代に入り、自然保護思想は二元論的な思考から、人と自然との関係性に関心が移ってきたとされる。そうしたとき、環境倫理学者の鬼頭秀一は、人間と自然といった二分法による環境問題へのアプローチを脱却する方法として「生業」や「生活」に注目している。人間が社会的・経済的リンクと文化的・宗教的リンクのネットワークの中で、総体として自然と関わりつつ、その両者が不可分な人間─自然系の中で、「生業」を営み、「生活」をおこなっているとする。そうした一種の理念系の状態を「かかわりの全体性」と呼び、その回復が環境問題の解決にとって重要なカギになるとするのである（鬼頭 一九九六）。

また、同様に、社会学者の嘉田由紀子は「生活論的でかつ日常的な営みの中から環境問題を解決する方法」として生活環境主義を掲げ、「〝汚れ〟を見つけ〝汚れ〟に付き合いながら」という環境問題へのアプローチを示すことで、人と自然を対立的にとらえがちな自然保護や技術至上主義的な環境論を批判する（嘉田 一九九五）。

そうした環境思想における「生業」や「生活」への関心の高まりとともに、農業者自身による工業論理化した稲作への反省や消費者側の安全な食への希求といったことから、近年これまでにないほど水田稲作に関心が寄せられるようになってきた。かつて水田稲作への関心は食料（コメ）の生産の場という点にのみ寄せられていたが、近年の関心は稲作を含み込むところの人の生き方や環境における水田の存在そのものに移ってきているといえる。

そうした移行の当初、水田稲作を環境保全の観点から、環境保全型農業[2]として見直そうという動きが出てくる。そうした運動にいち早く取り組み実践したのが環境稲作を提唱する宇根豊らである。田の虫に、「害虫」「益虫」という従来からの分類だけでなく、「ただの虫」を積極的に位置づけ、その重要性を再認識させたことは、農学批判にとどまらず、さまざまな意味で稲作の健全性を増し、稲作を通して環境を保全しようという考え方を普及させる上で大きな意味があった（宇根・日鷹・赤松 一九八九・宇根 二〇〇〇・環境稲作研究会 二〇〇二）。

そうした農業を通して環境を保全していこうという生産者側の意識が、消費者側の食の安全への希求と結びついたところに、たとえばコイ農法やアイガモ農法[3]のような脱農薬（減農薬）・脱化学肥料（有機肥料）の栽培が普及してきた背景にはあるといえる。

その流れをコイ農法を例にとり、もう少し詳しく見ていくことにしよう。コイ農法は一九九〇年代に入ってから注目されだす環境保全型農法の代表的存在である。一九九四年にコイ農法の実践が開始され、九七年には環境保全型農業研究会がコイ農法サミットを開催して、よりいっそうの普及を図ろうとしている。日本の場合、その技術的背景としては、すでに明治から昭和初期にかけて水田養鯉の伝統があり、かなり洗練された技術段階にあったことがあげられる（安室 一九九八）。

明治時代には、すでに水田養鯉に関する実験が公的機関でおこなわれており、その普及のための手引書なども盛んに刊行されている。水田養鯉試験や手引書刊行のねらいは、水田でコイを飼いそれを出荷することで、養蚕に並ぶ農家の現金収入源を確立することにある。それは農家収入の多角化により農家の経営を安定させることを意図したものである。しかし、その実験のなかには、コイを水田に放すことによる除草効果を調査する項目もあった。また、水田養鯉をおこなってきた人たちの民俗知識としても、コイを水田に放すことが除草に役立つものであることは認識されていたといってよい。ただし、そうした水田養鯉は水田漁撈がたどったのと同じように昭和三十年代になり水田稲作に農薬や化学肥料が多用されるとともに途絶してしまった。

そうしてみてくると、途絶える以前の水田養鯉は明らかにコイの生産つまり農家の現金収入源としての役割に主眼があったわけで、現代の無農薬栽培による安全なコメの生産といったこととは無縁であるといってよい。象徴的なこととして、コイ農法サミットでは、除草の役目を終えたコイが産業廃棄物とされ、その有効利用について真剣に論議されていた。コイ農法として復活した水田養鯉では、コイはいわゆる生物農薬に過ぎず、最初から商品や食品ではなかったのである。

そうした生産者および消費者側の動向のもと、一九九九年度施行の新農業基本法（「食料・農業・農村基本法」）においては、農業の持続的な発展を図るためには、自然循環機能の維持増進が不可欠であるとされた（農林水産省 online: newkihon.html）。具体的には、農業は食料供給機能のほか、環境保全の面において多面的機能[4]を有し、そのような機能がこれから将来にわたって維持されていくことの必要性が説かれている。

しかし、そうした環境保全型農業という言い方は、多分に畑作とくに焼畑耕作が森林を破壊し土壌浸食を進めるといった焼畑に対するマイナス・イメージとの対比で語られることが多かった。そうした焼畑に対する多分に偏向したイメージの裏返しとして、水田稲作への再評価は進むことになる。そうした頃から、水田（稲作）が畑作以上に、多面的な機能を有する場であるという考え方が強く喧伝されることになる。たとえば、雨水の涵養機能やダム効果（洪水調整機能）のように、水田のもつ国土保全機能がことさら強調されるようになるのはその頃からである。

そして、現在さらに一歩進んで、水田稲作を環境創造型農業とする動きがある。二〇〇三年には環境創造型農業シンポジウム（第三回冬期湛水水田シンポジウム）が開催されている。環境保全型農業から環境創造型農業へと水田稲作はステップ・アップしていったわけで、それは同時に水田の多面的機能を単に再認識するだけでなく、積極的に〝再生〟していこうという動きと連動している。そうした動きは、後に詳述するが、環境省による自然再生事業（新・生物多様性国家戦略、自然再生推進事業）や農林水産省の農村整備事業（田園再生事業、田園空間博物館事業など）、文部科学省の水辺に関する環境教育（「子どもの水辺再発見プロジェクト」「あぜ道とせせらぎづくり推進プロジェクト」など）といった国家事業と一体となりながら進められていくことになる。

そうした動向の中から水田漁撈の復活にとって、とくに大きな意味を持つことになる事業がさまざまに出発する。一例を挙げれば、「田んぼの学校」がその代表ということになろう。後には、それに倣って、「ナマズのがっこう」（宮城県登米郡）、「メダカの学校」（栃木県宇都宮市）、「どろんこ学校」（秋田県稲川町）、「ワンパク田んぼ塾」（香川県白鳥町）など類似の活動が全国各地でおこなわれるようになる。

もともと「田んぼの学校」は、一九九八年に、当時の国土庁・文部省・農水省の三省庁合同による「国土・環境保全に資する教育の効果を高めるためのモデル調査」において、水田や水路、溜池、里山などを遊びと学びの場として積極的に活用し、環境に対する豊かな感性と見識を持つ人を育てること、またそのことを通じて自然と人との共生、都市と農村の共生をはかることをねらいとして提唱された（加納 二〇〇一）。こうした動きを受けて、一九九九年度には、農水省の外郭団体である農村環境整備センターにより、「田んぼの学校」支援センターが開設され、水田や溜池を活用した環境教育の推進、指導者や実践者の養成とネットワークづくり、テキストや事例集の刊行など、「田んぼの学校」の普及を進めている。詳しくは後述するが、そうした「田んぼの学校」の関連行事として各地で水田漁撈がおこなわれるようになってくるのである。

こうして復活しつつある水田漁撈は、まさに水田稲作の持つ多面的機能を象徴するものであるといってよい。農水省が挙げる八つの機能のうち、自然環境や景観の保全といったハードな機能面だけでなく、文化の伝承や地域社会の活性化といったソフトな機能面とも大きく関わっており、またそうしたハードとソフトを結びつける上で水田漁撈はまさに好都合な存在であるといえよう。文化の伝承として、民俗芸能や祭礼がともすると他の機能とは遊離して取り上げられる傾向があり、その作為がさまざまに取り立たされている（岩本 二〇〇〇）ところであるが、水田漁撈のような民俗技術は思想的・政治的な思惑から離れて水田の持つ文化的機能と自然的機能を統合的に理解する上でじつに好都合であったといえる。

2　ワイズ・ユース概念と生業

水田漁撈復活の背景として、現代の環境思想のなかでも本章にとって大きな意味を持つことになるワイズ・ユース概念と、水田漁撈に代表される民俗（生業）技術とのかかわりについて整理しておく。

元来、生物学の用語であった共生（symbiosis）が環境問題を語るとき、人と自然との関係性においてキーワードとして用いられる以前から、自然の回復力の範囲内で人は自然を利用すべきであるという考え方は存在した。おそらくそれは、鬼頭秀一のいうように、一九六〇年から七〇年にかけて、環境思想が大きく人間中心主義から環境主義へと転換した時期に遡るであろう。[5]ちょうど、環境問題について、記念碑的啓発の書であるレイチェル・カールソンの『沈黙の春』（一九六二）やバックミンスター・フラーによる「宇宙船地球号」（一九六九）の考え方にそれは読みとることができるし、さらにその後ローマクラブの「成長の限界」（一九七二）やストックホルム国連人間環境会議（一九七二）にも如実に示されていく。

一方、そうした自然回復力の範囲内で人が自然を利用しようという考え方は、より明確にワイズ・ユース（wise use）という用語を用いて、一九七一年「とくに水鳥のための生息地として国際的に重要な湿地に関する条約」（通称ラムサール条約）の条文（第三条一項）の中に提起されてくる。当初は「適正な利用」と訳されていたが、後には自然保護のキーワードとして概念が整備されていくとともに、ワイズ・ユースという言葉のまま日本でも使われるようになっていった。その経緯を藪並郁子・小林聡央は三つのステップに分けて整理している（藪並・小林 二〇〇二）。本章も基本的にそれに倣って、ワイズ・ユース概念の展開と水田漁撈復活の関係についてみていくことにする。

一九七一年のラムサール条約を起点とすれば、そこで提起されたワイズ・ユースの概念は、その後ラムサール条約締約国会議とともに整備され発展していくことになる。第一ステップとして、一九八七年の第三回締約国会議（レジャナ会議）において、ワイズ・ユースとは「生態系の自然特性を変化させないような方法で人間のために自然（湿地）を持続的に利用すること」という定義がなされる。

次いで、第二ステップとして、一九九〇年の第四回締約国会議（モントルー会議）において、より具体的に「ワイズ・ユース概念を実施するための指針」が提示される。また、それとともに、各地のケース・スタディーが検討されていくことになる。

さらに、第三ステップとして、一九九三年の第五回締約国会議（釧路会議）において、「ワイズ・ユース概念の実施に関する追加的手引き」が策定された。これは釧路が開催地となったこともあり、とくに日本の環境思想におけるワイズ・ユース概念の普及に大きな意味を持った。これを機に、日本においてワイズ・ユース概念が環境思想として、一部の研究者や運動家のものから、行政を含め一般の環境問題に関心を持つ多くの人びとに共有されるようになった。その釧路会議において、ワイズ・ユース概念の実施に関する追加的手引きとして、以下の六つの基本原則が提示された。①地域の社会経済的要因への配慮、②地域住民（先住民）への配慮、③パートナーシップの推奨、④制度上の考慮、⑤集水域・沿岸域への配慮、⑥予防原則の推進。ワイズ・ユースに対するアプローチとして、こうした点が指摘されてくることの背景としては、一九九二年の生物多様性条約との関連は大きいものと思われる。

この六点のうち、①地域の社会経済的要因への配慮と②地域住民への配慮という考え方により、その後ワイズ・ユース研究は在地に伝承される民俗（生業・生活）技術を見直すという方向性を強く持つことになる。この点については、ワイズ・ユース概念の展開とほぼ時を同じくして提唱されてきた社会学における生活環境主義の問題設定とも重なるものがある。社会学者で民俗学者の鳥越皓之は、生活環境主義とは、地域社会に生活する住民の立場に立ち、住民の生活に強調点をおくことを前提にして、「その地域の歴史的深みのなかの日常的論理の体系」に学ぼうとする学問的姿勢と位置づけている（鳥越 一九八九・二〇〇一）。

なお、ワイズ・ユースはそれ単独で提出された概念ではなく、たとえばサステイナビリティ（sustainability）の概念とともに日本においては用いられてきたといってよい。沼田真の整理（沼田 一九九四）によると、サステイナビリティーは、生態系の持続性を意味し、それは具体的には持続可能な開発や利用のことであるとする。そして、それはまさに第二の環境の時代である一九七〇年代から八〇年代にかけてを象徴する概念であるという[6]。

こうして第五回ラムサール条約締約国会議（釧路会議）において、地域の社会経済および地域住民への配慮といったことをワイズ・ユース概念の実施における重要な原則としたことで、またそれが日本の釧路を舞台として提起されたことから、九〇年代になって日本においてこの考え方は広く一般化することになる。当時、それを象徴するような出来事に筆者も立ち会っている[7]。

以上のように、日本において九〇年代に急速に進んだワイズ・ユース概念の普及は、昭和三十年代以前の「生活」や「生業」に目を向けさせ、また在地の民俗技術を再評価する大きな力となったといえる。そうしたことが、昭和三十年代に途絶えてしまった水田漁撈を九〇年代になってから復活させる背景のひとつとなっていた。こうした昭和三十年代以前の民俗技術を再評価しようとする社会の動きは、何もワイズ・ユースに限らず、サステイナビリティーの概念にも共通することで、いわば当時の環境思想全体の動向であったといえる。

ただし、これから注意しなくてはならないのは、現在ではワイズ・ユース概念自体がかなり変容してさまざまに応用されるようになってきていることである。ワイズ・ユースの場合、環境思想から現在では文化や経済活動にまで、その言葉の射程は拡大してきている。たとえば、「世界遺産『琉球王国のグスクおよび関連遺産群』の観光活用を考える世界遺産シンポジウム」（沖縄県・沖縄観光コンベンションビューロー主催、二〇〇三年開催）のように、ユネスコの世界遺産をめぐる論議の中でも、ワイズ・ユース概念がしばしば登場してくる（琉球新報 online : 030315n.html）。

さらには、「歴史文化資源ワイズ・ユース」というような造語まで地域振興や開発行為に関連して用いられるようになってきている。一例を挙げると、一九九八年に国土庁の主催により奈良県明日香村で開かれた「歴史文化資源ワイズ・ユース・シンポジウム」がある。(8)

こうした用語としてのワイズ・ユースの援用は明らかに本来の意味を逸脱しており、公共事業など開発行為に大義名分を与えるものとなりかねない。そうした大義名分を国民や地域住民にとって目新しくまた共感を得やすい環境思想に求めていることには注意しておかなくてはならないであろう。

二　農業政策と環境思想――水田漁撈復活の背景2

1　現代農業政策の転換点

一言でいってしまえば、農業政策の側から見たとき水田漁撈復活の背景には、生産者・消費者そして行政や市民運動に関わる人すべてに共通する、日本農業への強い危機感と不信がある。それはワイズ・ユースなどの環境思想の普及と連動しながら、まず農薬や化学肥料の忌避といった具体的で個別的な消費者側の運動として進められていった。そして、そうした個別的な動きが大きな消費者運動になっていくとともに、それを後追いする形で行政もそうした危機感のもと農村の変革と再生および消費者（都市民）も交えた形での新たな農の創造を目指すようになっていった。

行政のそうした動きは、当初（第一期）は農水省を中心にその枠内にとどまるものであったが、後（第二期）には環境庁（環境省）や国土庁（国交省）また文部省（文科省）などとの連携により、農林業の枠を超え、より広い視野を持った動きへと展開した。その過程で、環境保護運動や消費者運動といった動きとも有形無形に連動していくことになる。

第一期がいわば土地改良や基盤整備といった農村整備の延長線上にあるものだとするなら、第二期に至り、それは環境教育、都市と農村の交流、生物多様性の保全、伝統文化の再構築といったことにまで広がりを持つものとなった。

この一期と二期の転換点は、一九九九年度に制定された「食料・農業・農村基本法」にあるといえよう。「食料・農業・農村基本法」には、食料の安定供給、多面的機能の発揮、農業の持続的発展、農村の振興といった四つの理念が明確に示されている。これにより、農業生産性の向上と農家所得の確保といったそれまでの農政の基本が見直されたといえる。そして、農村や農業の持つ多面的機能とその重要性が再評価され、そのもとに農村振興の施策が位置づけられるようになった。またその後、「食と農の再生プラン」が策定され、消費者の視点から食の安全と安心を問われることになり、農政および農業の構造改革は加速された。

「食料・農業・農村基本法」以前は、一九六一年に制定された「農業基本法」がいつも農業政策の基本にあったといってよい。そして、その転換に至る過渡的現象として、農村部の持つ多様な魅力を農村の活性化に利用しようとする二つの動きがあった。ひとつは、一九九四年に制定された農村休暇法を根拠として進められたグリーン・ツーリズム事業である。そしてもうひとつが、エコ・ミュージアムの考え方を導入し、一九九八年に開始された田園空間整備事業（田園空間博物館構想）である。ただし、この場合はまだ「農業基本法」の延長線上にあるため、事業の目的はあくまで農村側に置かれており、都市生活者を含む国民全般の利益という意識は薄い。

これらの事業に呼応して、地方自治体では各地で景観条例が制定されていくし、農業や農業政策にたずさわる人以外にも、農に関心を持つ多くの人びとがいわゆる農村に目を向け積極的にかかわりを持つようになる。農や食に関して全国的に市民グループやＮＰＯが組織されていくのもその頃である。こうした一九九四年から九八年の間におこってきたグリーン・ツーリズムや田園空間博物館構想というものを過渡期として、日本の農業政策は農村・農業だけにとどまらない、自然環境や生態系の視点を強く意識するものになっていったといえる。その結果、先に述べたように、事業の立案およびその実施において、農林水産省のみならず、環境庁や国土庁また文部省との連携を強めていくことになる。

そうした日本の農をめぐる過渡的な状況の中にあって水田漁撈は注目され、第二期に至って様々な形で復活してくることになるのである。

一九九九年の「食料・農業・農村基本法」施行以降、法の整備もそうした動向を受けてのものとなっている。二〇〇一年には、土地改良法が改正されたが、そこには環境配慮の思想が導入されている。さらに、二〇〇二年には新・生物多様性国家戦略を謳う自然再生推進法、二〇〇三年に環境教育法、そして二〇〇四年に景観法がそれぞれ制定され、また二〇〇四年には文化財保護法の改正がおこなわれている。そうした法を施策的根拠として、さまざまな事業が企画され、それが水田漁撈の復活に直接間接に結びついてくる。

そうした一期から二期への移行期、つまり農業政策の転換期に、先に述べた環境思想は大きな影響を与えており、各種の施策や事業においてその理論面での基盤をなしている。そうしたことは、農業・農村にかかわる施策・事業の目的を示す文言や政府への各種提言・答申の中に、さかんに「ワイズ・ユース」「自然との共生」「環境に調和的」「環境保全型農業」「生物多様性」といった言葉がキーワードとして取り入れられていることをみてもよくわかる。

2　水田漁撈に結びつく施策・事業

水田漁撈復活にとくに関係の深いと考えられる行政の施策・事業について、具体的に三つの事例を挙げて見ていくことにする。

⑴自然再生関連事業と農業農村整備事業

自然再生関連事業は、自然再生推進法に基づき、二〇〇二年から、環境省ならびに他の省庁、地方公共団体、NPOなどで進められている。

自然再生推進法は、一九九二年にリオ・サミットで採択（九三年に日本加盟）された生物多様性条約に基づき、「自然再生の施策を総合的に推進し、生物多様性の確保を通じて自然と共生する社会の実現を図り、あわせて地球環境の保全に寄与すること」を目的とする（環境省自然環境局 online:gaiyo. html）。これに基づき、たとえば滋賀県においては、琵琶湖自然再生推進計画が策定された。その具体的事業のひとつに、後述する「魚のゆりかご水田プロジェクト」（二〇〇一年度開始）がある。

自然再生推進法においては、注目すべきことに、取り戻すべき自然環境として、里地・里山・水田環境などの二次的自然に焦点が当てられている。また、自然の「再生」や「保全」とともに、「創出」も自然再生の行為として認められている。そうした自然再生の取り組みは、農水省における自然との共生および環境との調和に配慮した事業との連携の必要性が指摘される。そのように、自然再生事業と農業農村整備事業は密接な関係を持って進められようとしている。

そして、農水省では農村地域においてさまざまな自然再生関連施策を進めている（農林水産省農村振興局 online : index.html）。また、二〇〇二年四月に改正土地改良法が施行され、環境との調和への配慮が明確に求められるようになったため、各市町村においても、農村農業整備事業の実施に当たっては、環境創造区域や環境配慮区域を定めた田園整備マスタープランの策定を求められることとなった。現在、二四〇〇を超える市町村でそうしたプランが作られているという（農林水産省 online : itiran.htm）。

農水省における自然再生事業とは、過去に損なわれた生態系や自然環境を取り戻すことを目的として、多様な主体の参加により、自然環境の保全、維持管理、再生、創出をおこなう事業とされる（農林水産省農村振興局 online：index．html）。農水省の場合、二〇〇四年時点では具体的に、以下の四つの事業が挙げられている。子どもの水辺環境体験学習（子どもの農業・農村体験学習推進事業）、田園自然再生関連対策（田園自然環境保全・再生支援事業、田園自然環境保全整備事業）、里地棚田保全整備事業、自然再生のためのプロジェクト（田園環境整備マスタープランにもとづく環境創造型事業）。

行政による自然再生関連事業を研究面でリードする鷲谷いづみによれば、自然再生とは究極「土地と人びととの絆、人と人との絆を取り戻すことによって、その地域で人びとが末永く幸せに暮らしていくための見通しをつける」ものでなくてはならない（鷲谷 二〇〇三）。ただし、そうした理念と現実の自然再生事業との間には懸念される点もある。

「自然再生基本方針」（環境省 online：hosin.txt）によると、「保全」とは自然環境を積極的に維持する行為をいい、「再生」とは損なわれた自然環境を取り戻す行為を指している。それに対して、「創出」とはいったん失われてしまった自然環境をもう一度創り出す行為をいう。このとき、とくに「創出」については、それが自然再生を隠れ蓑にした公共事業のまさに「創出」にならないように気を付けなければならないと草刈秀紀は指摘する（草刈 二〇〇三）。そうしたことも含め、飯島博は自然再生事業を考える上で、もっとも見直しが求められているのが公共事業であるとして、「市民型公共事業」を提唱する（飯島 二〇〇三）。現実問題として、理念を実現するには公共事業は不可欠なものであるだけに、こうした指摘の持つ意味は大きい。

⑵「水田魚道」の試み

自然再生関連事業には、二〇〇一年に出された日本学術会議の答申「地球環境・人間生活に関わる農業および森林の多面的な機能の評価について」（日本学術会議 online：toshin-18-1.pdf）が大きな役割を果たしていると考えられる。

この答申では、農業における多面的機能として、食料保障の機能など五点が挙げられているが、そうした多面的機能が発現するメカニズムの源を、「日本における国土形成と農業発展の歴史的経過」に見いだせるとしたうえで、「日本では（中略）水田稲作を中心に農業が発達し、同時にそれが地域社会を形成する原動力になった」とする。また、そのことが「多くの文化・芸能を生み出すとともに、資源の循環系を形成してきた」とする。「このような経過で生み出された社会では、農業の目的を単に食料生産とは捉えず、そこに創り出される（二次的）自然と生態系、景観などの多面的機能を地域社会の形成・維持に不可欠のものとして認識し、大切に保持してきた」というのである。

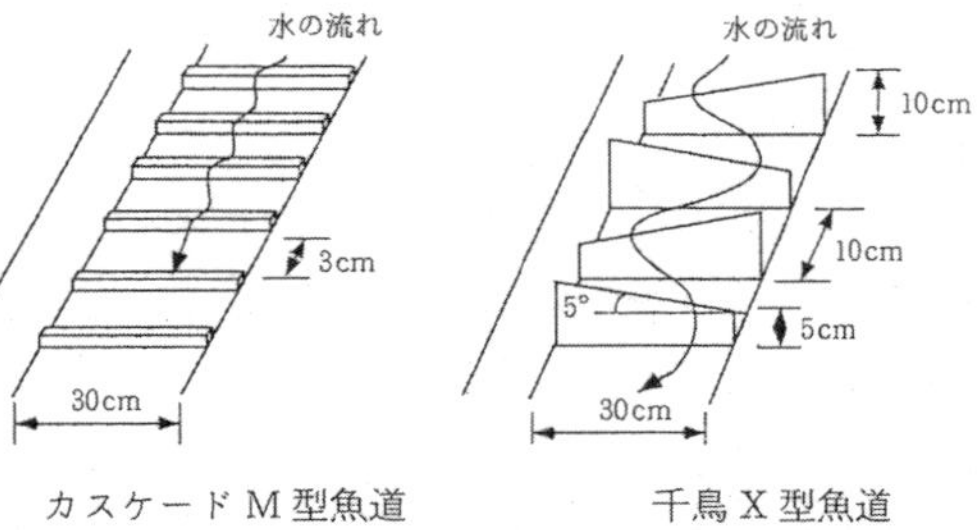

終論－1図　水田魚道（鈴木ほか、2000）より

この答申に引きつけて言うなら、水田漁撈は農業の多面的機能が創り出してきた「歴史的経過」を示すもので、それは「資源の循環系」を象徴するものだといってよい。まさに水田は「生産と生活の空間的共有」であり、水田漁撈は「自然と共生した技術」を体現するものとなったといえる。

そうした日本学術会議の答申のもと、農水省では自然再生関連事業を具体化するため、「環境との調和に配慮した事業実施のための調査計画・設計の手引き」を作製している（農林水産省 online：20040219pb-2b2.pdf）。これは、二〇〇二年から二〇〇四年月にかけて、「水路」編、「溜池」編、「圃場整備―水田・畑―」編の三編に分けて、農林水産省の食料・農業・農村政策審議会がまとめたものである。注目すべきは、これまでの圃場整備のあり方を反省し、今後の圃場整備の設計・施工においては、「生物の生息・生育環境の保全や景観の保全等の実現を目指した区画計画や施設整備計画を立てることが基本である」と明示したことである。

そうしたスタンスをとる手引書において水田漁撈復活に関連することとして興

味深い点は、これまでの圃場整備が用排水分離の基本のもと水田と用排水路や自然水界とを分断化し、魚類の行き来を阻んできたものであると認めた上で、水田への魚類の遡上を促す具体的な事業として「水田魚道」の設置を取り上げていることである。

水田魚道は、手引書では、「排水路と水田との落差により魚類等が水田へ遡上できなくなった箇所に対して、排水路から水田への魚類の遡上を可能とする施設」と解説されているが、水路から水田への遡上だけでなく、当然魚類の移動においては水田から水路へという双方向性が確保されたものでなくてはならないであろう。

この水田魚道は、水田と自然水界との魚類の行き来を促し、水田環境の生物多様性を取り戻すための切り札的事業のひとつであるといえる。手引書にもあるように、水田魚道の設置とともに、水路への魚巣ブロックの敷設やビオトープ水田の造成が進められれば、魚類に限らずいっそう水田の生物多様性は増すことになるであろう。水田魚道やビオトープ水田という発想は、自然再生事業が「美しい農村の再生」や「豊かな水田生態系の復活」というそれまでのスローガン的なものから、より具体的で実現可能な事業へと展開しつつあることを示しており興味深い。そうした動きを受けて、農水省では二〇〇四年度より、水田魚道の設置に対する補助事業を開始した。

水田魚道は基盤整備後の圃場にさらに手をかけて造成されるものであることを考慮すれば、手引書にあるように「簡易な整備・直営施工を考慮した設計、自由度の高い設計、モニタリングを考慮した設計」という環境への配慮は不可欠である。そのように、水田魚道は、その地域の自然を今以上に破壊するものであってはならず、そのためには施設としてはあくまで簡易で小規模、可塑性のあるものが望ましいし、その地域の自然的特性や対象に応じて、素材や形状にはきめ細かな配慮が必要とされるであろう。(9) 間違っても、膨大な費用を要する重厚長大な公共事業の受け皿になってはならない。

当初、こうした水田魚道については、大学や農業工学研究所などの研究機関により、実験・研究が進められ、水田魚道による魚類の遡上が定量的に明らかにされた（たとえば［鈴木ほか 二〇〇〇］）。そうした研究成果を受けて、水田魚道は自治体や民間団体・NPOなどでもさまざまに実践されるようになってきている。たとえば、兵庫県立コウノトリの郷公園では、コウノトリの野生復帰を促す活動の一環として、豊岡市、市立コウノトリ文化館、豊岡土地改良事務所、そしてコウノトリ市民研究所（NPO法人）やコウノトリ・ファンクラブなどの民間団体との協力のもと、ビオトープ水田をつくり、そこに水田魚道を敷設して、水田における魚類の生息調査や遡上実験をおこなっている（兵庫県立コウノトリの郷公園　online : http://www.stork.u-hyogo.ac.jp/）。

水田魚道は、水田の生物多様性を具現化し、それを積極的に推進しようとする事業である。それはまさに環境保全型から環境創造型への転換を象徴するものであるということができよう。そしてまた、この取り組みが本格化すれば、水田漁撈の復活はますます促進されることになるであろう。

⑶滋賀県「魚のゆりかご水田プロジェクト」

「魚のゆりかご水田プロジェクト（水田漁撈体験）」は、環境教育と農村整備を主目的として、自治体の事業に水田漁撈が取り入れられた事例である。

こうした滋賀県の動きは国の進める農村整備や自然再生事業の方針・施策を受けてのものであるといえる。たとえば、環境省自然環境局の「生物多様性国家戦略と自然再生推進法」（環境省自然環境局　online : 03.pdf）には、自然再生事業の取り組み例として「魚のゆりかご水田プロジェクト」が取り上げられている。これは滋賀県ならではの事業として、琵琶湖の自然再生を中心に、農村景観の保全、農村の振興と整備、水辺の体験学習などさまざまな分野に及ぶものである点が評価されている。

滋賀県では「魚のゆりかご水田プロジェクト」が農村整備課を中心に二〇〇一年から〇三年にかけておこなわれて

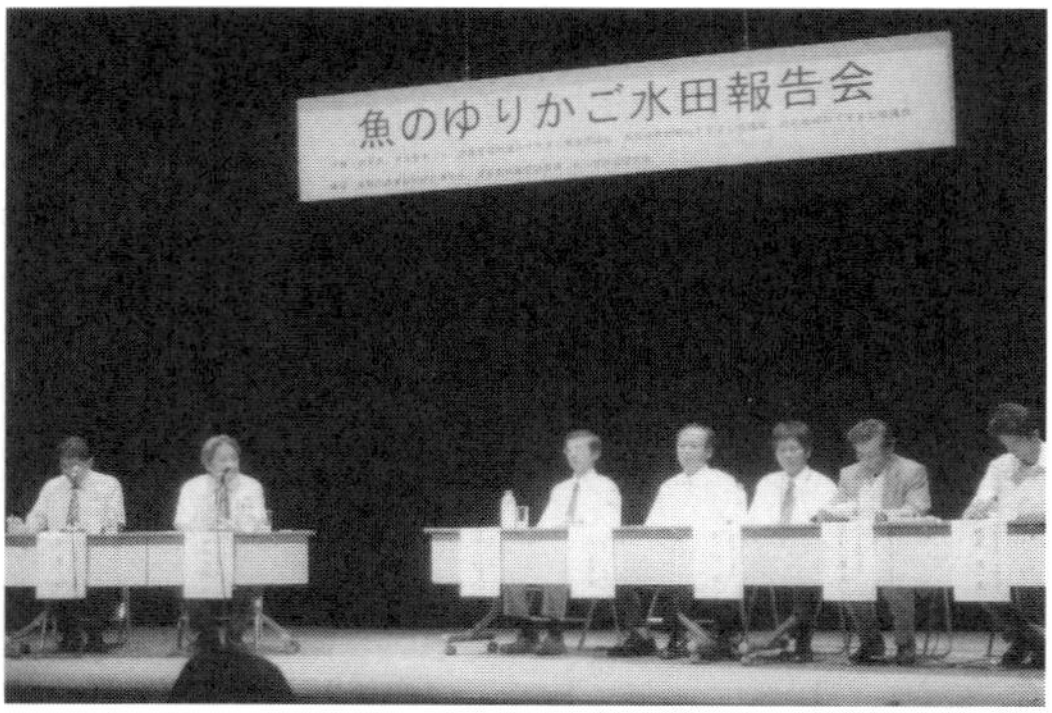

写真終論－1　「魚のゆりかご水田」報告会シンポジウム
－滋賀県米原町－

写真終論－2
「魚のゆりかご水田」報告会
ポスター発表－滋賀県米原町－

いた。独立行政法人農業工学研究所の主導のもと、水産試験場・農業試験場・県土地改良事業団体連合会（美土里ネット）などが協力をして、魚類繁殖の場としての水田機能を取り戻すための手法の開発をおこなってきた。具体的には、魚類繁殖場としての機能の検証や水田魚道の開発等をおこなった。そうした実験研究とともに、広くその成果を知らしむべく「魚のゆりかご水田シンポジウム」が二〇〇三年八月二十二日に琵琶湖博物館において開催された。

　また、そうした行政側の動きと連動して、近江八幡市・彦根市・能登川町・近江町・米原町・びわ町など地元小学校では、総合学習や理科教育の一環として、小学生によるビオトープ水田の造成、また水田で孵化したニゴロブナ稚魚の採取と琵琶湖への放流などをおこなってきた。これは行政が進める農村整備事業と小学校における環境教育という二つの側面をもった水田漁撈の復活といえよう。

　こうした「魚のゆりかご水田プロジェクト」を経た後、二〇〇四年には「魚のゆりかご水田整備事業」が正式に出発する。滋賀県では二〇〇三年三月に「環境こだわり農業推進条例」を制定しているが、『平成十六年度農政水産部予算の概要』（滋賀県 online：budgettable2.pdf）によると、二〇〇三年度に策定された滋賀県中期計画の基本目標「自然と人間がともに輝くモデル創造立県・滋賀」をキャッチフレーズに、琵琶湖の総合保全をはじめとする環境保全型社会の構築を目指して、「魚のゆりかご水田整備事業」は二〇〇四年度の農政水産部予算において重点新規事業のひとつに取り上げられている。(10)

二〇〇四年度はまず「魚のゆりかご水田整備事業」の普及を図るため、魚類の生態調査・解析および水田魚道等の魚類遡上施設の検討をおこなうとして、大規模土地改良事業計画調査費の中に事業調査費五〇〇万円が予算化されている。

そうしたハードな事業に並行して、「魚のゆりかご水田整備事業」の広報普及を兼ね、〇四年度には終論－2図にあるように「水田漁労体験」（全四回）が企画された。「水田漁労体験」は県の広報や新聞・テレビ等のマスメディアを通じ一般市民を募っておこなわれたイベントである。第一回（二〇〇四年五月十六日）が「田んぼと魚の関係を学ぼう」、第二回（六月十三日）「ニゴロブナの引っ越し」、第三回（八月二十七日）「魚のゆりかご水田報告会」、第四回（九月予定）「ゆりかご米収穫体験」である。

「水田漁労体験」の場合、その募集要項を見ると、対象は小学校の高学年（保護者・教師）と環境教育に関心のある大人となっており、より環境教育に特化したかたちのものになっていることがわかる。また、「水田漁労体験」の名称をみてもわかるように、実体験を重視した教育であることに特徴がある。たとえば、第一回目の「水田漁労体験」では、フナズシ屋の主人や地域の古老の話を聞くとともに、実際

終論－2図　「水田漁労体験」募集ポスター
－滋賀県－

に水田へニゴロブナの稚魚を放流している。

現在、滋賀県では、こうしたプロジェクトを通して、農業においては、フナも棲める水田で栽培した低農薬の安全なコメを売り言葉に、「魚のゆりかご水田米」のブランド化を進めようとしている。また、漁業においては、年々減少傾向にあるニゴロブナの漁獲量増大が期待されている。ニゴロブナはかつてフナズシの素材にごく当たり前に用いられてきたが、漁獲量が激減し入手が困難になってきたため、現在は輸入したフナがその材料に用いられるようになってきている。そのように、「魚のゆりかご水田プロジェクト」は、環境教育的な意義とともに、農業や漁業といった産業界からの期待も大きなものがあるといえる。

三　復活する水田漁撈

1　水田漁撈は何のために復活したか——目的とその変容

昭和三十年代にいったん途絶えた水田漁撈が一九九〇年代に入る頃から日本各地で復活してきている。終論－1表は、そうして復活した水田漁撈の一部を表化したものである。管見（インターネットを中心に筆者調査と広報等の文献）の及ぶ範囲で収集したにすぎず、実際にははるかに広く様々な形で水田漁撈は日本各地に復活してきているといえよう。以下では、そうした一九九〇年代以降進んでいる水田漁撈復活の様相について、終論－1表をもとに検討していくことにする。

現代において、水田漁撈はいかなる目的のもと復活してきたのか。具体的な事業のレベルで分類してみると、以下の七つの目的があることがわかる。

①水田の生き物調査の一環、②水田での遊び体験、③農業体験の一環、④グリーン・ツーリズムのイベント、⑤地域おこしのイベント、⑥休耕田の有効利用、⑦無農薬栽培（アイガモ・コイ農法）の宣伝・普及。

そうした七つの具体的な目的はまたさらに大きく二つに分類することができる。一つが、子どもの体験を通した環境教育の目的（タイプ１）である。そしてもう一つが、村おこしなど地域振興を目的（タイプ２）としたものである。環境教育を目的とするものには、主催者やイベントに、「……学校」「……体験」「……クラブ」などと、教育をイメージさせる名称を付けていることが多い。それに対して、地域振興を目的とするものは、「……まつり」「……フェスティバル」「……交流（会）」など人の集いや親睦をイメージさせる名称が付けられるのが特徴である。

ただし、どちらかに判然と分けられない場合も多く、地域おこしのイベントとして企画されつつも、子どもの環境教育を標榜するものや、またその反対のパターンもある。たとえば、グリーン・ツーリズムの一環としておこなわれるものなどは、視点により両者の側面を持つ。迎える村の側からは人寄せのための一種の観光イベントである一方、出かけていく都市生活者の側からは一種の農村体験であり教育的な側面を多分に持つことになる。グリーン・ツーリズム自体が両側面を持つものである以上、そこで企画されるイベントは水田漁撈に限らず、そうした傾向を持つのは当然であろう。

このほか、農業振興を主目的とする美土里ネット（全国土地改良事業連合会）のイベントとして企画されるものなどは、その意図として、市民による農業・農村の理解が大きな意味を持っているが、それもいわば広義の教育ということになろう。また、コイ農法やアイガモ農法に伴って水田漁撈がおこなわれる場合などは、無農薬栽培の宣伝・普及の意味合いが強いが、実際にはやはり子どもの体験学習という形で水田漁撈が企画される。さらには、伝統文化の復活を謳って水田漁撈がおこなわれることもあるが、その場合には、行事による地域住民の交流と地域振興という意図が企画する側には窺われる。

主催者	参加者	備　考（関連事業、その他）
厚岸町・室蘭開発建設部	地元小学生３・４年34人	国により全国で行われている調査
美土里ネットあせいしがわ	地元小学生親子	「21世紀土地改良区創造運動」事業
稲川土地改良区	地元小学生保護者60人	「21世紀土地改良区創造運動」事業
仙北総合農林事務所	地元小学生１・２年70人	「中山間ふるさと水と土保全対策」事業
町立鮎貝小学校	小学校１・２年生	農業・農村体験学習の一環
斎川地区子ども会育成会	斎川小学生50人	産業振興事務所・公民館との連携企画
農村環境整備センター	子ども・大人	国により全国で行われている調査
安子島小学校・公民館	小学生、父兄40人	コイによる無農薬栽培
ＪＡ郡山市青年連盟	市内小学生150人	JA企画、 99年が第1回
辰野南小学校みなみの会（親の会）	小学校児童	コイによる無農薬栽培
武石村農協、長野県	地域の保育園児	遊休農地解消総合対策事業
どろんこ祭実行委員会（美土里ネット）	一般市民親子	「21世紀土地改良区創造運動」事業
宇都宮市	地元幼稚園児35、42人	「メダカの学校」関連行事
町農業経営者連絡協議会	応募市民67人	農業教室には稲刈りもある
葛飾区立郷土と天文の博物館	応募市民	博物館事業
エルコープ・ゆめコープ	コープ組合員親子	生活協同組合の活動、ちば緑耕社の協力
葛飾区立郷土と天文の博物館	応募市民	博物館事業、茨城谷和原村との地域交流も
名古屋市	一般市民子ども数千人	用水路の美化PR事業
老人クラブ東雲会	園児・小学生１・２年75人	老人会が児童を招待して行う
滋賀県下のモデル小学校	小学生	田んぼの学校実践モデル事業
滋賀県農村整備局	応募市民	県「魚のゆりかご水田プロジェクト」事業（第３回）
不耕起稲作実践農家（個人）	地元小学生	不耕起稲作の宣伝
蒲生野考現倶楽部・蒲生町教育委員会	応募市民	京阪神の子どもの交流を目的
彦根豊里地域みずすまし推進協議会	地区小学生親子34人	県事業、モンドリ（筌）体験
滋賀県農村整備局	地元小学生20人	県「魚のゆりかご水田プロジェクト」事業（第１回）
滋賀県農村整備局	地元小学生37人	県「魚のゆりかご水田プロジェクト」事業（第２回）
京都府中山間ふるさと保全基金	一般市民	７年ぶりの溜池の清掃
京都府耕地課	一般市民100人	農業用施設への理解のため
芦田校区青少年健全育成推進協議会	校区児童79人	校区企画、 02年が第１回
五色町長谷池保全隊	地元住民100人	溜池清掃とともに
県立新見高校	高校生と小学生	コイによる無農薬栽培
関金土地改良区	一般市民親子300人	「中山間ふるさと水と土保全対策」事業
西伯小学校	西伯小学校５年	社会科の授業の一環
鳥取地方農林振興局	エコクラブ小学生親子34人	県、美土里ネットとの連携事業
横田町土地改良区・同開発土地改良区	地区小学生・園児	美土里ネット事業
美土里ネット安来	地域住民・子ども	美土里ネット事業
白鳥町実行委員会	地域の子ども	町、国営事業所、水利組合、婦人会が連携
美土里ネット板名･農地防災事務所	地元小学校１・２年生	美土里ネット事業
美土里ネット山田堰	地域住民	美土里ネット事業
吉野ヶ里公園管理センター	応募市民	古代米赤米の田植え後に行う
おあしす米生産組合	無農薬米消費者120人	無農薬米生産者と消費者の交流会

終論－1表　復活した水田漁撈の事例一覧（2-1）

開催場所	開催年	行事・イベント名	水田漁撈の内容
<タイプ1>：環境教育・子どもの体験学習			
北海道厚岸町	03.7.17	田んぼの生き物調査	用水路での魚取り
青森県田舎館村	03.8.24	赤もろの里十周年交流大会「魚つかみ大会」	用水路での魚取り
秋田県稲川町	02.9.21	土地改良区体験学習「どろんこ学校」	溜池の水抜きに伴う魚取り
秋田県西木町	01.6.23	田んぼの学校「魚のつかみ取り」	休耕田に魚を放しつかむ
山形県白鷹町	02.9.4	小学校授業「せせらぎ体験」	用水路での魚取り
宮城県大河原町	03.7.26	斎川サバイバルキャンプ	溜池での魚取り
宮城県迫町	03.8.20	田んぼの生き物調査	水田・水路での魚取り
福島県郡山市	03.8.10	鯉つかみ大会	学校田でコイつかみ
福島県郡山市	01.7.14	田んぼで魚とり大会	水田での魚取り
長野県辰野町	01.5～9	田鯉の収穫	水田で飼うコイのつかみ取り
長野県武石村	03.	コイのつかみ取り体験	遊休農地でのコイつかみ
群馬県吉井町	03.6.7	田植え祭	ウナギのつかみ取り
栃木県宇都宮市	00.8.5·19	メダカの学校「魚取り体験」	水田での魚取り
埼玉県伊奈町	01.6.14	親子ふれあい農業教室（田植え）	休耕田に金魚を放しつかむ
千葉県印西市	03.5.8	博物館講座「江戸川野遊び道場」	谷戸田での魚取り
千葉県栄町	02.5.25	田植え体験と田んぼの生き物観察会	水田・水路での魚取り
東京都葛飾区他	03.～	博物館講座「田んぼ倶楽部」	田での魚取り
名古屋市北区	82.7	庄内用水魚のつかみ取り大会	用水路での魚取り
岐阜県恵那市	98.7.9	マスのつかみ取り	農業用水路における魚取り
岐阜県各地	03～	県事業「田んぼの学校」	ビオトープ水田での魚取り
滋賀県米原町	04.8.27	「魚のゆりかご水田報告会」	水田漁撈体験の報告
滋賀県朽木村	01.8	(個人の行為)	不耕起田での魚取り
滋賀県蒲生町	02.8.3·4	ネイチャーわくわく感動体験ツアー	水田の魚つかみ·カイドリ体験
滋賀県彦根市	01.10.27	秋の自然観察会	水路での魚取り
滋賀県彦根市	04.5.16	水田漁撈体験「田んぼと魚の関係を学ぶ」	水田へのフナの稚魚放流
滋賀県彦根市	04.6.24	水田漁撈体験「魚の引っ越し」	水田から琵琶湖への魚の移動
京都府福知山市	01.9.13	三段池の水抜き	溜池の水抜きに伴う魚取り
京都府福知山市	01.8.4	ふるさと「水の路」めぐり	棚田での魚のつかみ取り
兵庫県青垣町	02.8.25	芦田友遊キャンプ	水田でのウナギつかみ
兵庫県五色町	02.10.5	クリーンアップ作戦in長谷池	溜池の水抜きに伴う魚取り
岡山県新見市	01.9.4	小学生と稲刈り交流	水田で飼うコイのつかみ取り
鳥取県関金町	00.7.16	水と土のフェスティバル「どろんこまつり」	休耕田でのウナギつかみ
鳥取県西西伯町	01.9.17	小学校の授業	学習田でコイとフナを取る
鳥取県岩美町	03.8.6	イオン子どもエコクラブ「田んぼの生き物調査」	圃場整備後の水路で魚取り
島根県横田町	02.9.7	溜池に棲息する水生生物の引っ越し作戦	溜池改修に伴う魚取り
島根県安来町	02.6.1	メダカ・ドジョウ引っ越し大作戦	水田整備に伴う魚取り
香川県白鳥町	01.	農業体験教室「ワンパク田んぼ塾」	池干し後の溜池で魚取り
徳島県板野町	02.9.11	田んぼの学校	休耕田に魚を放してつかむ
高知県野市町	02.3.1	住民参加による用水路清掃	「川干し」による魚取り
佐賀県神埼町	03.5.18	体験教室「赤米の田植え」	水田でのウナギのつかみ取り
熊本県白水村	01.7.21	アイガモ田見学ツアー	コイのつかみ取り

主催者	参加者	備　考（関連事業、その他）
ため池フェスティバル実行委員会	町民・一般市民	町・町教委の後援、00年より
真庭草刈応援隊・町	地域住民・応募市民	農村振興支援事業の一環
小牛田町横埣地区	地元児童	横埣地区夏祭りのイベント
町立門出小学校	都市・農村の小学生	門出小学校の「山の子村」活動
ＪＴＢ企画ツアー	ツアー参加者	グリーンツーリズム企画（ツアー代金）
宮島農園	応募者	真田町グリーンツーリズム研究会へ入会義務
白馬エスキーナ	観光客	参加料500円
同実行委員会、町観光協会	地域住民・観光客	清里高原に数百の鯉のぼりを飾るイベント
－	地域住民・観光客	どろんこ写真コンテストも開催
古瀬の自然と文化を守る会	地域住民・葛飾区民	葛飾区（博物館）との交流事業
国営武蔵丘陵森林公園	市民・観光客	伝統漁の再現、85年から
ちば緑耕舎	応募者	参加費、一般200円、組合員1600円
大瀬干し実行委員会	地域住民	市教委後援、農業委員会･町内会等が後援
－	地区児童・帰省児童	用水路整備に伴い行われる
町教委・西堀栄三郎探検の殿堂館	地域住民	農村活性化対策事業の一環
神戸市他	市民・観光客	神戸21世紀復興記念「みなとKOBE」の一環
つつみ会（溜池管理者７戸）	地域の親子	非農家の溜池管理者７戸が企画
ふれあい21実行委員会他	地域住民	県農林センター後援、市・ＰＴＡ他協賛
－	地域住民	03年より
柳川市、婦人会他	地域住民・町場住民	クモデや投網の実演も行われる
－	地域住民	－
同実行委員会	地域住民	伝統料理「フナのこぐい」を作り食べる
水利組合	地域住民	取った魚の競りも行われる
岩渕地域伝統行事保存会	町民・一般市民	フェスティバルは90年に始まる
初田地区むつかの里事業協議会	地元児童親子100人	魚取り終了後に懇親会

*1：農業農村の理解（タイプ１の亜種）　例、美土里ネットのイベント
*2：無農薬稲作の普及宣伝（タイプ１の亜種）　例、コイ農法、アイガモ農法
*3：伝統文化の復活（タイプ２の亜種）　例、国立市の大瀬干し、千代田の鮒ば食おう会、
*4：グリーンツーリズム（タイプ２の亜種）　例、農山村体験（長野真田町）、
ふるさと体験ツアー（ＪＴＢ企画）

終論－1表　復活した水田漁撈の事例一覧（2-2）

開催場所	開催年	行事・イベント名	水田漁撈の内容
＜タイプ2＞：地域振興・観光イベント			
岩手県花泉町	01.9.20	ため池フェスティバル「魚とり大会」	水抜きした溜池での魚取り
宮城県山元町	02.10.20	どろんこ祭	溜池での魚取り
宮城県小牛田町	99.8	コイのつかみ取り大会	休耕田にコイを放してつかむ
新潟県高柳村	03.6.18	有明台小学校との交流会	水田での魚取り
長野県白馬村	年間	ふるさと体験ツアー	田鯉つかみ取り体験
長野県真田町	年間	農山村体験	コイのつかみ取り
長野県白馬村	02.7.26～9.23	田鯉泥んこ広場	コイのつかみ取り
山梨県高根町	01.5.5	鯉のぼり祭り	泥田に放したコイをつかむ
群馬県吉井町	03.6.1	どろんこ祭り2003inよしい	水田のウナギ･ドジョウつかみ
茨城県谷和原村	03年～	農業体験交流	伝統漁法の体験
埼玉県滑川町	9910.10	沼まつり	水抜きした溜池での魚取り
千葉県栄町	01.10.14	幻の米イセヒカリ収穫・試食体験	水田での魚取り
東京都国立市	85.9.28	伝統行事「大瀬干し」復活	用水路を堰き止めて行う漁
三重県上野市	01.8.15	市南部地区夏祭り	用水路での魚つかみ
滋賀県湖東町	01.9.23	再現！オオギ漁と溜普請	溜池でのオオギ（魚伏籠）漁
兵庫県神戸市	01.9.9	ひまわり収穫祭	溜池のカイボリによる魚取り
鳥取県郡家町	01	森と水のふれあい祭	溜池での魚取り
島根県安来市	03.1026	ふれあい祭り収穫祭（第3回）	養殖田でのドジョウ取り
島根県安来市	03.8.27	泥んこどじょうすくいまつり	水田でのドジョウ掬い
福岡県柳川市	00.11.12	堀干しまつり	堀干しに伴う魚つかみ
佐賀県芦刈町	99.11.14	堀干し	乗干しに伴う魚つかみ
佐賀県千代田町	01.12.16	千代田の鮒ば食おう会	クリークの堀干しに伴う魚取り
長崎県東彼杵町	01.10.8	蕪堤の堤干し	水抜きした溜池での魚取り
宮崎県木城町	0310.12	こいこいinオニバスフェスティバル	水抜きした溜池･水田での魚取り
鹿児島県串間市	02.8.1	魚とり大会	水抜き後の溜池で魚取り

＊なお、開催年はインターネットのホームページに取り上げられている時点を示しており、実際にはそれより以前から水田漁撈を取り入れた行事やイベントが行われていることが多い。

そのように、水田漁撈復活の目的は、大きくは環境教育と地域振興の二つに分けられるが、またどちらに重きを置くかの違いはあっても、その多くは両者の性格を併せ持っているといえる。また、さらにいえば、見方や立場の違いによって、どちらにでも解釈できる場合も多い。

当然のことながら、復活した水田漁撈は以前のものとは、その目的は大きく異なっている。かつて、水田漁撈は、稲作農民の動物性たんぱく質の獲得のため、現金収入を得るため、娯楽のため、水利社会における共同性の確認と強化のため、といった四つの意図があった（安室 二〇〇一）。こうした四つの意図がそれぞれ独立してあるのではなく、いくつも重なり合いながら、また他の民俗とも有機的な関係性を持ちつつ水田漁撈はおこなわれてきた。

しかし、復活してきた水田漁撈の場合、取った魚は食べられることはなく、また売られることもない。現代の水田漁撈は、いわば水田で魚を取ることができることを示すことで、農の健全性や食の安全を強調することに読み替えようとしているのである。終論―1表で示した中で、たとえば農業協同組合（ＪＡ）や美土里ネットがおこなう水田での魚取りなどはそうしたねらいが如実に現れている。

また、水田漁撈のもたらす効用として、かつての娯楽性や共同性といった点は、環境教育および地域振興を押し進める原動力となっている。とくに子どもたちには水田漁撈のような伝承遊びは環境教育の手法として有効であるとされる(11)。

そう考えると、昭和三十年代以前と一九九〇年以降に復活した水田漁撈とでは、その目的や効用が中絶期を経たため、まったく違ったものに変わってしまったとは言い切れない。むしろ、目的の変容というよりは、水田漁撈自体が目的化していったと考えることの方が正しいであろう。水田漁撈の復活は、かつての効用が期待されてのものではなく、水田漁撈の行為それ自体を道具として用いることを意図しているといえよう。

かつては水田漁撈はさまざまに人びとの生活や民俗と関連しておこなわれてきたが、魚を取ることで体感された楽しさといった部分のみが、現代においては評価されることになる。[12] だからこそ、水田漁撈は道具として、環境教育における教材や地域振興におけるイベントとして利用可能となったのである。言い換えるなら、生業に内在する娯楽性のみを利用しようとすることに昨今の水田漁撈の復権は意味を持つ。

2　復活した水田漁撈の方法——採られた漁法と捨てられた漁法

かつての水田漁撈はウケなど定置陥穽漁具を中心に、魚伏籠やサデ網といった、比較的単純で小型の漁法（漁具）が主であった。

写真終論－3　地域おこしイベントとしての田んぼの魚つかみ　－宮崎県木城町－

しかし、復活した水田漁撈の場合、その方法はたいてい手づかみである。たしかに手づかみもかつての水田漁撈法のひとつではあるが、けっして主要なものではない。かつて主流であった水田漁撈法の陥穽漁法（独りでに魚が入る仕掛けを持つすぐれて省力化の工夫が凝らされた漁法）は、水田漁撈復活後にはほとんど見られないといってよい。

手づかみは、その目的が環境教育であれ地域おこしであれ、自然と直にふれあい、魚取りのおもしろさを実感するには最適な漁法と考えられているためである。とくに、タイプ1の場合、環境教育という目的を考えると、裸足で田や溜池のなかに入り手づかみで魚を捕らえるのは、夕方にウケを仕掛けて翌朝中に入っている魚を取るよりは、自然体験という点では効果が高いと考えられよう。また、漁撈具を必要としない手軽さや、漁具の扱いに習熟する必要がないことなども、手づかみが復活した水田漁撈にとって主要な漁法となった所以である。

つまり、復活した水田漁撈はかつてのそれに比べると明らかに漁法として偏りがある。それは能動的な漁法が主であり、水田漁撈法としては一般的な陥穽漁法のように受動的で省力的な漁法ではない。そうした漁法の変化は、水田漁撈復活の目的・意図と大きく関わっている。水田漁撈は、もはや取った魚を食べたり売ったりすることなく、つまり生計活動としての意味を失い、その目的は楽しさの追求に特化したためである。言い換えるなら、効率よく魚を取ることに意味はなくなり、魚を取ることの楽しさを体験できるものに漁法が特化していったことになる。水田漁撈は、その目的の変化に対応して漁法の取捨選択がなされ、その結果、漁法としての多様性を失うことになったといえよう。

また、そこで注目すべきは、とくにタイプ2の場合、水田漁撈の〝伝統性〟がことさらに強調されることである。茨城県谷和原村のウケ（筌）や滋賀県湖東町のオオギ（魚伏籠）のように、わざわざ伝統漁法を謳い文句にして、それを用いて魚取りをさせたりする。また、東京都国立市の「大瀬干し」や福岡県柳川市の「堀干し」のように、かつておこなわれていた漁を伝統行事として復活しようとする意識が主催者側に強くはたらいている場合もある。地域おこしを住民の交流を通して実現しようとするとき、その地域でかつておこなわれていた〝伝統〟的な行事や漁法というものがより重要な意味を持ってくると主催者側には考えられているのである。

さらには、地域振興を目的としたものの中には、漁撈具だけが観光資源として復活する場合もある。たとえば柳川市のホリで用いられていたクモデ（大型四ッ手網）がそうである。[13] もはや実際の漁をおこなうことなく、漁撈具だけが船くだりによる水郷めぐりの観光スポットとして常設されている。

そうなると、水田漁撈は完全に観光資源化され、もはや魚を取ることとさえ意味を持たず、そこにかつて水田漁撈がおこなわれたというモニュメントが存在すればよいだけになってしまう。だからこそ、復活に際して、他の地域でよく見られる手づかみや魚伏籠ではなく、柳川の場合には、見栄えのよい大型の定置漁具であるクモデが選択されたのである。

また、かつてクモデが設置されホリホシ（堀干し）がおこなわれるのは晩秋から春先にかけてであったが、観光スポットとなってしまった現在、クモデは一年中ホリに設置されている。観光資源化に伴う水田漁撈の行く末のひとつがそこにあるといえよう。柳川のクモデは、実際に魚が取れるかどうかはまったく問題にされず、水郷の生活をイメージさせるためだけに存在すればいいということなのだろう。

また、復活した水田漁撈の中には、単に漁撈の復活だけにとどまらない例もごく少数だがみられる。たとえば、長崎県東彼杵町にある蕪堤では、「堤干し」にともない漁撈とともに魚の競り市も復活している。また、兵庫県洲本市では、三木田大池のカイボリとともに、そのとき取れるコイの入札をイベント化しようという計画もある。こうした事例は、漁撈行為だけの復活ではなく、地域社会の活性化のため、競りや入札といった当時の社会経済制度まで、ほんの一部ではあるが復活しようとするものである。これは在来の漁撈法の復活を介して、多方面への広がりを持ったフォークロリズムの試み

写真終論－4　地域おこしイベントとしての魚伏籠漁
－宮崎県木城町－

写真終論－5　観光資源としてのクモデ
－福岡県柳川市－

であるといえるかもしれない。

3　復活した水田漁撈ではどんな魚が取られるのか——放した魚か、殖えた魚か

復活した水田漁撈は、その対象魚において、以下に示す二つの指向性があることがわかる。

①水田に放流した魚を取らせるもの

かつて水田用水系に棲息した魚介類（水田魚類）を人が水田の中に放して、その魚を取らせるという水田漁撈のあり方がある。それは明らかに、水田漁撈の「本当らしさ」やそれにより惹起される「懐かしさ」「自然らしさ」といったものを演出するためになされるものである。

では、その場合、水田漁撈の対象魚として、水田魚類のうちもっとも馴染み深いドジョウや小ブナ、タニシが水田に放流されるかといえばそうではない。目的は環境教育であれ地域振興であれ、そのエンターテイメント性を高めるためには、水田魚類の中でもコイやウナギといった魚体が大きく見栄えのする、また捕まえて感動するような魚類が積極的に用いられる傾向にある。

さらに「本当らしさ」「懐かしさ」「自然らしさ」よりもエンターテイメント性を重視するようになると、水田用水系には本来存在しないマスやサケといった、さらに魚体が大きく興奮が喚起されるような魚が用いられたりする。こうした方向に進むとき、そこに復活してくる水田漁撈は、環境教育的な意味よりも、娯楽性が強調されやすい地域おこしイベントとしての意味の方が大きくなるといってよい。

②水田用水系に自然発生的に殖える魚を取らせるもの

一方、水田用水系内で自然発生的に殖える魚を取らせる水田漁撈のあり方もある。こうした水田漁撈は、水田魚道の設置やビオトープ水田の造成など自然再生事業によりもたらされるものが多い。①に比べると、魚が取れるように

なるまでには多くの時間がかかる。たいていはそうした自然再生のプロセスを含めて、稲作作業などとともに水田漁撈の体験がなされるようにプログラムされている。

そうした意味において、娯楽性よりも、より教育的意味が重視されているといえよう。稚魚の水田用水系への放流なども、そうしたことの延長線上にあると考えられる。

ただし、そうした自然再生が、たとえば水田魚道の設置といった土木工事を伴うような人為的なものであるかどうかが問われることは少なく、またそうしたことは水田漁撈の企画者側では暗に伏せられたり、またそれほど大きな問題とは考えていない節がある。そうしたことを考えれば、①に比べ、②は一見「自然」らしくは見えるが、やはり自然というよりは人為の延長上にあるといったほうが正しい。

水田漁撈の復活劇を見ていると、当初は①が主流であったが、徐々に②が増えてきている。たいていの場合、①と②とでは最初から水田漁撈の指向性は違っている。そのため、ひとつの事業の中で、①から②へ、また②から①へというように、移行することはない。

ただし、当初①で始まったものが何年か継続的に企画されていくうちに②のかたちに変化する場合も稀ではあるがあった。それは自然の回復を待っての移行であるといえ、ある程度はじめからそうした移行は想定されている。その場

写真終論－6　どじょう水路－滋賀県栗東市大橋－

合、①は②が可能となるまでの繋ぎとしておこなわれているにすぎない。また、①から②への移行を想定してはいても②にうまく移行できずそのまま水田漁撈自体がおこなわれなくなる場合もある。

①の場合には、水田にサケ・マスが放流されることをみてもわかるように、イベントを盛り上げるためのフォークロリズム化が著しい（後述）。ノスタルジーを背景に子どもの頃の記憶を追体験させようとするものである。しかし、そうしたノスタルジーに訴える昭和三十年代ブームのような波が去り、また人びとに飽きられてイベントを盛り上げる効果が薄れてきたときには、①の指向性をもつ水田漁撈はいとも簡単にうち捨てられてしまうのではないかと思われる。マスやサケが水田で掴み取りされる「不自然さ」を目の当たりにすると、そうした懸念がよりいっそう強くなる。

それに対して、②の場合には、今後ますますその存在意義は重要性を増すものと思われる。最初はフォークロリズムの現象として復活したものであっても、環境思想の展開の中で新たな民俗的文脈（かつての食や生業・儀礼といった他の民俗との有機的結合とは別の関係性）を獲得し、水田漁撈は新たな民俗として本当の意味で再生するのではないかと期待される。

4　水田漁撈はどこで復活したのか——都市か農村か

水田漁撈が復活しいるのは、一見すると農村部に多いように思われる。しかし、その実態は必ずしもそうではない。復活する場は農村部であっても、その担い手は都市生活者であることが多い。その場合には、都市と農村の交流の中で水田漁撈が企画され、参加者が募集されることになる。また、はじめから都市部において企画され参加者が募られることもある。

しかし、水田漁撈の復活は都市生活者のノスタルジーを誘うだけの都市的現象ではない。環境教育を目的とした水田漁撈の場合、その復活は都市・農村を問わない出来事である。学校教育は都市と農村の区別なくほとんど均一であるし、テーマとなる環境問題は今やグローバルな性格を持ち、都市と農村という区別自体が無意味となるからである。

また、地域振興のための水田漁撈復活が、農村部に多いかというとやはりそういうわけではない。地域振興が農村だけの問題ではないことと、農村部においても教育や日常生活は都市とほとんど違いが無くなってきていることがその理由として挙げられる。とくに復活後の水田漁撈の主な担い手となる子どもにとって、学校や家庭での生活は都市と農村の差はほとんどないといってよい。

また、地域的にも、北は北海道からまた南は九州・沖縄まで、水田漁撈の復活は全国的な現象であるといってよい。地域的な広がりから見ても、人びとの水田漁撈の記憶がいかに普遍的なものであったかが窺われる。

このとき注目されるのは、日本各地で復活してきている水田漁撈は、漁法などそのあり方に、まったくといっていいほど地域差がないことである。全国ほぼ均一の水田漁撈が現在おこなわれているといってよい。

その理由として考えられることは、まずひとつには、水田漁撈は水田環境という共通した生態基盤のもとにおこなわれていたため、元来それほど大きな地域差がなかったということが挙げられる。そして、もうひとつの理由として挙げられるのは、日本の場合、水田漁撈の伝承は昭和三十年代にいったん途絶してしまっていることである。そのため、復活してきたときには、前述のように、その目的・意図に対応して水田漁撈のあり方が均一なものとなっていったからである。たとえ、その地域において〝伝統的〟と称されていても、その実態は全国的に均一な水田漁撈のあり方をとっているのである。

5　復活した水田漁撈に季節性はあるか――現代の水田漁撈暦

かつての水田漁撈は、水田稲作の営みに沿っておこなわれていた。稲作作業暦とくに水田水利のあり方に対応して水田での魚取りはおこなわれてきた。そこでは稲作作業および水田水利の都合が常に優先され、それに順応する形でしか漁はおこないえなかったといってよい。また、そのあり方は稲作（水利）段階に応じて漁法も変化していき、漁そのものがいわば季節性を持っていた。

そうしたとき、復活した水田漁撈にもそうした季節性は見られるのであろうか。たとえば、溜池を干して魚取りをおこなうのは、やはり復活後も農閑期に入ってからのことである。そのように復活後の水田漁撈も、基本的には稲作の営みに対応しておこなわれることが多いといえる。

とくに環境教育を目的とした水田漁撈の場合には、ビオトープ水田などにおいて米作りとともに、その一連の農作業の中に水田漁撈がイベントとして組み込まれることが多いため、かつての水田漁撈と同様に、稲作（水利）段階に対応して漁がおこなわれる傾向にある。また、教育目的を考えると、自然や稲作の営みをまったく無視した形で水田漁撈がおこなわれることに対しては否定的であるといえる。

しかし、観光資源としてのイベント化が進むと、水田漁撈は季節性を失い、主催者側の都合に合わせておこなわれるようになってくる。そうなると、稲作や水田水利の営みを離れて、いつでも水田漁撈は可能となる。それは、稲作や水田水利の都合より、観光資源としての都合の方が優先されることを意味する。その場合、水田漁撈の場は稲作や水田水利に煩わされることがないよう、耕地としてはすでに用いられなくなった休耕田や放棄田が選ばれることが多い。

そうしたイベント化の進行は、教育的な目的よりも娯楽性を追求したものに多くみられる。終論–1表のタイプ別では、当然、タイプ2の水田漁撈に多い。そのとき水田漁撈は文化資源化を極めたといえるかもしれない。

6　水田漁撈は誰が復活させたのか――主催者と参加者の関係

かつての水田漁撈は大きく農閑期と農繁期に分けられ、それはそれぞれ共同漁撈と個人漁撈に対応していた。農閑期の水田漁撈は、水利を共有する人びと（水利組織や村などの共同体）が水利のための総有空間となる溜池や用水路において共同漁としておこなう傾向があった。それに対して、農繁期の水田漁撈は個人空間となる水田を舞台に個人的におこなわれるものがほとんどであった。どちらにしろ、それは農家ないしは農家集団により企画され自分たちのためにおこなうものであった。

それに対して、現在復活した水田漁撈は、たいていの場合、主催者と参加者が別れていることに大きな特徴がある。主催者側は、国・県・市町村といった行政、地域自治会や商工会・婦人会、小学校・中学校、博物館・公民館といった社会教育機関、農業協同組合（ＪＡ）や土地改良区（美土里ネット）といった農業組織など、じつに多様である。また、そうした機関が協力して行事等の実行委員会を組織し、それが主催者となっている場合もある。大きな傾向としてはタイプ１の場合には、環境教育を主目的にするため、学校・社会教育機関と農業組織が主催となることが多いのに対して、タイプ２では地域おこしが目的となるため市町村や自治会およびそれらが母体となる行事等の実行委員会が主催者になっていることが多い。

そして、参加者つまり水田漁撈を実際におこなう側の人びとについていうと、かつての水田漁撈が地域の住民とくに農家が中心であったのに対して、現代では広く一般市民にも開かれていることに特徴がある。そのとき、なかには、地域外の住民とくに都市生活者に焦点を絞って参加の機会が設けられている場合もある。

そのとき、その周知には自治体広報誌などの公的メディアが用いられ、参加者も自分自身による応募の形式を取ることが多い。その場合、かつての水田漁撈の地縁に基づいた参加のあり方に比べると、はるかに広域から参加者が集まってきている。タイプ別では、より普遍的な側面を持つ環境教育を目的にするタイプ1の方が、地域を限定する傾向の高い地域振興を目的としたタイプ2よりも、水田漁撈に集まってくる人々の範囲が広域化しているといえる。

また、参加者の内訳をみてみると、タイプ1の場合には、生徒児童とその親が主となるのに対して、タイプ2は地域住民（生徒児童を含む）が対象となっている。当然、タイプ1は環境教育に目的を置くのに対して、タイプ2は地域振興や住民の交流に主眼がおかれるためであるが、どちらの場合でも復活した水田漁撈にとってその参加者として子どもはとくに重要な意味を持っている。

さらに、参加者を都市生活者と農村生活者に分けるなら、タイプ1は都市生活者の割合が高いのに対して、タイプ2の場合には、どちらかといえば地域おこし自体が農村部に多く見られるため農村生活者の割合は高くなる。ただし、地方にあっても非農家の数は多いし、また農家にあっても若い世代や子どもは農業にたずさわっていないことも多く、具体的な事業のレベルでは対象がどちらかに特定されない場合の方がむしろ多い。また、環境教育や農業体験に関連するものは、中央と地方、都市と農村、農家と非農家といった区分にとらわれず、都市的なライフスタイルを持つ階層・世代の人全体を対象にしているといってよい。

7　水田漁撈復活に行政はどう関わっているか

かつての水田漁撈はほとんどの場合、住民自らがおこなうものであり、明らかにその発想は住民の側にあったといえる。しかし、現在のそれは、多かれ少なかれ行政とのかかわりを持って企画され実行されている。それは終論―1表の備考欄に示したとおりである。たとえば、それが公共事業の中で企画されたものであるなら、それはたいていの場合、自然再生推進法や食料・農業・農村基本法といった法的な根拠を持っている。農村休暇法に基づくグリーン・ツーリズム事業のように、国や地方自治体が推進し、そのもとに民間の旅行会社が水田漁撈をツアーとして企画する場合もある。

農村振興支援事業や美土里ネット事業のように国や地方自治体が直接事業化しているものも多い。また、主催者として直接的に県市町村が登場するだけでなく、表面的には行事等の実行委員会が主催者となっているような場合でも、その後援者として行政がなんらかのかたちで関わっているのはむしろ当たり前となっている。

近世や近代において、水田漁撈は公権力により、稲作に悪影響を及ぼすものとして規制の対象となる場合があったことを考えれば、行政が水田漁撈復活に積極的に関与する現在の状況は、その社会的存在意義を考える上で示唆的である。

そして、水田漁撈復活と行政とのかかわりで特質すべきは、終論―1表をみてもわかるように、農水省関連の事業だけでなく、環境省、国交省、文科省といったさまざまな省庁にまたがって水田漁撈が企画されていることである(14)。実際そうした複数の省庁が連携して進める事業により水田漁撈が企画されている場合も多い。たとえば、農水省・環境省連携「田んぼの生き物調査」や文科省・国交省・環境省連携「子どもの水辺再発見プロジェクト」がその代表的なものである。

四　水田漁撈の文化資源化とフォークロリズム

1　水田漁撈の文化資源化とその問題――転換点としての一九九〇年代

水田稲作が環境保全型農業そして環境創造型農業として注目されていくとき、水田における人とイネと魚（水田生物）の関係は環境思想におけるワイズ・ユースの考え方と合致した。そうした環境思想との出会いにより、昭和三十年代にいったん姿を消した水田漁撈は文化資源として再発見されることになる。しかも、それは「自然との共生」「環境に調和的」という付加価値さえ付けられる。そうして文化資源化された水田漁撈は環境教育の教材として、また農村における地域振興のイベントとして各地で復活することになるのである。

面白いことに、一九六〇年代にドイツのバウジンガーらにより提起されたフォークロリズム概念が日本へ本格的に導入されるのはやはり九〇年代になってからであるが、それはまさに環境思想において、ワイズ・ユース概念の日本への紹介とほぼ同時であった。この出会いにより、自然をめぐる民俗技術のフォークロリズム化はいっそう促進されることになった。日本にとって九〇年代はまさにフォークロリズムの潮流と環境思想の潮流とが交錯するときであり、また同時に環境思想において人と自然の二元論を超える方途として民俗技術や生業へ耳目が集まるときでもあった。ただし、環境倫理学や環境社会学で注目される民俗技術や生業は、多分にフォークロリズム化した民俗事象ではないのかという疑念を持つ。なぜなら現実の環境問題への応用を論じるということは、そこに所与の前提として、対象となる民俗技術や生業を他の民俗的リンクから切り離し、断片化・道具化しようとするものだからである。

また、九〇年代になると、「美しい日本のむら景観一〇〇選」（一九九一年　農水省）や「日本の棚田一〇〇選」（一九九九年　農水省）、「日本の水浴場八八選」（二〇〇一年　環境省）、「農林水産業に関連する文化的景観重要地域一八〇選」（二〇〇三年　文化庁）、「日本の里地里山三〇」（二〇〇四年　環境省）のように、行政が特定の文化景観を選定し権威づけるという動きが強まる。これは地域に根ざした視点ではなく、価値があると行政が判断したものだけを地域から切り離して国の文化資源にしようとする動きと考えられ、それはまさに意図的な民俗の断片化・道具化に他ならない。

「日本の棚田百選」など行政が特定の地域文化にお墨付きを与えるという行為が地方の文化事業を考えるとき、文化イコール善として異論を排除する構造が出来つつあることを中村淳は指摘している（中村　二〇〇四）。ましてや、それがフォークロリズムの議論よりもポピュラーで異論を挟みづらい「環境」という大きな後ろ盾を得つつあることには注意しなくてはならない。

そうして九〇年代に入り復活してきた水田漁撈はもはや民俗学における生業論や労働論による解釈を離れている。当然、かつての水田漁撈が有していたような他の民俗事象（食や生業・儀礼など）との有機的連関は失われている。そのように断片化された民俗事象は、水田漁撈に限らず、文化資源としては商品化されやすく、新たな文脈（ここではワイズ・ユースといった環境思想）を与えられたとき、それにいともたやすく組み込まれていく。そこにまた問題がある。水田漁撈のような自然に関する民俗技術は「自然との共生」「環境に調和的」といった惹句のもと、政治的に演出されようとしている農村の〝伝統〟や正当性を補強しかねない。

たとえば、農水省で現在進められている農村整備事業のひとつ「水とみどりの『美の里』プラン21」（農水省農村振興局 online : top.htm）は、上記のような環境思想を取り込みながら農村の再生を図ろうとするが、その目指す先にかつての「美しい日本」「農村の伝統」を位置づけようとしている。そうした行政的価値観の上に立って、農村の「美しさ」や「豊かさ」が「自然」や「民俗」と関連づけられて語られる構造には細心の注意が必要であろう。繰り返すが、そうした事業の中で再生された水田漁撈はもはや本来の民俗の文脈から切り離された道具（環境教育の教材や地域おこしのイベント）にすぎず、「伝統」でも「美しく」もないことを忘れてはならない。

この点に関して、岩本通弥はフォークロリズムの議論の中で、食料・農業・農村基本法に示される農村は「日本文化の継承の場」であり、「伝統文化を保存する場」であるという考え方に、日本礼賛や国威高揚といった思想的・政治的な意図を批判的に読みとり、そうした昨今の風潮に警鐘を鳴らしている（岩本 二〇〇二）。

水田漁撈は環境との共生を体現する民俗技術という位置づけが暗黙のうちにあるといってよい。そのことが、直接の目的が環境教育であろうとまた地域振興のイベントであろうと、水田漁撈が復活するときの背景にあることは間違いないであろう。そして、現在、水田漁撈は、自然再生事業にも巧みに取り入れられてきていることは先に述べたとおりである。その典型が水田魚道であるが、これは環境創造型農業を体現する代表的な事業とされる。いったん土地改良が完成し、用排水分離を成し遂げた水田に、もう一度魚が遡れる魚道を造ろうというのである。その推進者もまた土地改良区であることに注意すべきである。巨額の公共事業費を使い、徹底して魚が遡れない水田を作り上げてきた組織が、新たな公共事業の受け皿にそうした水田魚道やビオトープ水田を位置づけようとしているのではないかと考えるのは穿った見方であろうか。環境創造型農業という言い方にはそうした裏面もあることを自覚しなくてはなるまい。

2　文化資源としての水田漁撈——断片化から新たな社会・民俗的リンクの獲得へ

昭和三十年代にいったん消滅した水田漁撈が一九九〇年代になって復活してきたということは、現代においてまた新たな民俗的・社会的リンクの中に水田漁撈が位置づけられるようになったことを示している。それが、その時々の環境思想を反映する環境教育であったり、また都市生活者の農村体験であったり、その反対に地域住民自身のための地域おこしイベントであったりするのである。それは、復活という点に力点を置くなら、断片化の修復、現代社会における新たな関係性の獲得として評価すべきことである。そうした新たな関係性に文化資源化という問題が重なってくるのが現代であるということもできよう。

民俗事象の文化資源化の問題を考えるとき、たいていはその資源的価値を「地域らしさ」（安井 二〇〇〇）に代表されるような地域の個性や独自性あるいは土着性といったものに求めている。その結果、文化資源化されようとするとき民俗事象（とくに民俗芸能や祭礼）は地域らしさの面ばかりが強調されることになる。足立重和は、そうした独自性や個性といったものに立脚した価値付けそのものに疑問を投げかける（足立 二〇〇一）。

そうした独自性を強調するかたちで進められる文化資源化がある一方、まったく反対に何処でも目にすることができた民俗つまり当たり前の生活といったものについても文化資源化は進んでいる。従来、この点が民俗の文化資源化の議論の中では見逃されがちであったといえる。そのため、研究の対象としては、たとえば棚田や稲作体験など、本来は「何処でも目にすることができる」「当たり前の」存在にもかかわらず、その分析視点はいつも地域の独自性・個性とのかかわりにおかれていた。

そうしたものの典型がここに取り上げた水田漁撈である。これまで述べたことで明らかなように、上記のような地域の個性や独自性にばかり目を向けていては、水田漁撈のような没個性的で普遍的な民俗事象の文化資源化については十分に解き明かすことはできない。その文化資源化の背景には、もうひとつの潮流が存在したと考えられ、しかもそれは行政を動かし法や条例を変えるほどの力を持っていた。それが国境を越え市民的なレベルで進む環境思想であるといえる。それは農業の生産性向上と農家経営の安定を主眼とする農業基本法が、環境や消費者（非生産者）の視点を盛り込んだ食料・農業・農村基本法へと改定されたことにも明らかなように、法や行政をも巻き込む力を持っていたといえる。

そのように、民俗事象の文化資源化には、個別・独自性を強調する方向性とともに、人類・市民に共通する普遍性へ同調しようとする方向性の二つがあるといえよう。

では、そうした二つの文化資源化の方向性はそれぞれどのように価値づけられるのであろうか。個別・独自性を強調する方向性を持つものの代表に世界遺産がある。ユネスコの指定する世界遺産はいわば「一点もの」である。そこにしかないものであり、それは文化資源として際だって価値高いものとして扱われることはいうまでもない。

そのとき、その対極にあるのが、人類・市民に共通する普遍性へ同調しようとする方向性を持つ、たとえば水田漁撈のようなものということになろう。水田漁撈のような民俗技術はかつては何処でも当たり前に見られたもので、日本列島という範囲ではたしかに多少の地域差が見て取れるが、元来水田という共通する生態基盤のもとに存在するものであるため、その地域差はそれほど大きくない。そうなると、世界遺産的な価値付けの体系からすると、水田漁撈という民俗事象は文化資源として価値の低いものとなる。

しかし、実際には、水田漁撈のような自然に関する民俗技術の文化資源化を促すもうひとつの価値体系が存在していることに気がつく。それが、ワイズ・ユースに代表される環境思想であり、その市民化・大衆化の動きであるといえよう。かつて何処にでもあった当たり前のものだからこそ、それは人が暮らす環境として意味があるという考えと言い換えてもよい。

また、皮肉なことに「美しき農村」「農村の伝統」というような言説が用意されることで、水田漁撈のようなかつて何処にでもあった民俗事象が文化資源として価値を持つことを促進したことも否めない。

そこに、先に述べたように思想的・政治的な意図を嗅ぎ取り、警鐘を鳴らすことは必要であろうが、そのように行政の作為や政治性といったことだけにフォークロリズムを結びつけてしまっては、現代民俗のあり方を狭くとらえすぎてしまうことになりかねない。水田漁撈の復活劇は、紛れもない民俗であり、そこにはかつての水田漁撈が有していた民俗・社会的なリンクとはまた別のさまざまなリンクが新たに構築されている。

水田漁撈の復活という現象を通してみてきたように、環境思想の市民化・大衆化とともに、農村の人為的自然環境（人とのかかわりから形成される二次的自然）は今後ますます重要な意味を持つようになってくるであろう。それは官民問わない認識となっている。現在、農水省などが進める自然再生関連事業や農業農村整備事業の中では、「農村は資源である」という考えがますます強調されるようになってきている。

一例を挙げれば、二〇〇四年三月に出された農水省の『農村の地域資源に関する研究会―中間まとめ―』（農林水産省 online : itiran.htm）では、農村が維持してきた、農地・農業用水・農村景観・伝承文化を明確に「地域資源」と位置づけている。それは、「長い歴史の中で形成、維持されてきたもので、動かすことができない、あるいは他の場所では意味を失うなどの特徴を持ち、地域に住む人びとが共同して維持保全してきた社会的共通資本」であるとした。そして、このような農村の地域資源は、「食と農を支える重要な役割を担っているほか、二次的自然を形成し、生態系の保全、景観の形成、健全な水・物質循環の形成、国土の保全など多様な役割を果たしている」とする。

この報告書にも、「地域資源を維持しようとする生きた文化」の例として、溜池における水田漁撈が紹介されている。それが、和歌山県古座川町の西川池に伝わる「池にごし」である。「池にごし」は、古くから伝わる「農業行事」とされ、稲作作業が終わった頃、溜池の清掃のため水を落としてコイ・ウナギ・フナを手づかみするものである。

また、民俗の文化資源化の問題に関連して、次には、他の民俗との関係性を失い断片化・道具化された民俗の行く末について考える必要があろう。

現在の水田漁撈は環境思想の市民化・大衆化の中で文化資源としての重要性を増しつつあるように見える。その意味では新たな民俗的・社会的リンクの獲得を果たしたといえよう。しかし、それはある意味非常にもろいものであるといわざるをえない。

ひとつの理由としては、ほとんどの場合、水田漁撈の復活は行政と関係してなされているが、そこには繰り返し述べてきたように政治的な作為が透けて見える場合があるからである。そうした政治的な作為をもって復活させられた水田漁撈は、「美しい」「伝統の」といった修飾語に彩られることで、意図的な断片化・道具化がなされており、結果的にそうした特定の思想性や政治性を体現することになってしまう。

そして、もうひとつの危惧される点は、環境思想の移ろいとともに、一度断片化され、道具化されてしまっている水田漁撈は、環境教育や地域振興の素材として魅力を失ったとき、いとも簡単に他のものに取って代わられてしまうであろうことである。そのことは、政治的作為への批判が表面化したときにも当てはまり、政治的作為を体現したと受け止められる水田漁撈はやはり簡単に排除の対象となってしまうであろう。

どちらの理由にしろ、つまるところ、かつてもっていた水田漁撈の民俗的・社会的リンクに比して現在新たに獲得したかに見えるリンクはあまりにも弱々しいものである。水田漁撈のような自然に関する民俗技術の場合、たまたま環境思想という追い風が吹いたために一時のブームとして復活を果たしたにすぎないとも考えられる。そうとするなら、ブームが過ぎれば、それはもはや民俗的・社会的リンクも失われてしまうことになり、現代社会における水田漁撈の存在意義はなくなる。それを民俗の復活と言い得るのか、今一度考えてみなくてはならないであろう。

3　水田漁撈の向こうにみえるもの——昭和三十年代の意味

そして、もうひとつ民俗事象の文化資源としての価値を論じるとき触れておかなくてはならないことは、昭和三十年代という時代性である。色川大吉は『昭和史世相編』の中で、昭和三十年代（一九五五年ころから六〇年代）を生活革命の時期と位置づけている。世相史・生活史の視点に立ったとき、その時代を現代における大きな転換点と認識しているのである（色川 一九九〇）。

そうしたとき、水田漁撈により現代社会にどのような時空を復活させようとしていたのだろうか。具体的には先に論じたように水田漁撈を通して環境教育や地域振興をおこなうことを目的としているが、そうした具体的な目的に現れる企画者側の意識はどういったものなのか。とくに企画する側は、明らかに水田漁撈を通して昭和三十年代以前をみていたと考えられる。それは現在、一種の理想化された農村像であり、日本人の故郷観とも重なっているといってよい。[15]

現代農業を考えるとき、その転換点として昭和三十年代は大きな意味を持っている。自然との関係において日本農業は大きな転換点を迎えるが、その背後には高度経済成長とそれに続く大量消費社会の到来といったことがある。

農政上の出来事でいえば、農業基本法が施行されるのが昭和三十年代の半ば（昭和三十六年）のことである。その後、新基本法「食料・農業・農村基本法」が制定される一九九九年までの約四〇年間は農業基本法がつねに日本農業の根幹にあった。農業社会学者の徳野貞雄はそうした農業基本法を中心とした農政への移行について、「一言で言えば、生業としての〝農〟から、経済に特化した産業としての〝農業〟への転換政策であった」と位置づけている（徳野 二〇〇二）。

昭和三十年代を境にして日本の稲作は工業論理化が進められたといってよい。象徴的には、除草剤など毒性の強い農薬や化学肥料の大量使用、大型農業機械の導入、そして土地改良や基盤整備事業により、水田生態系は大きく変貌した。それ以前の水田では、イネとともに、多様な魚や昆虫、水鳥、そして植物が棲息していた。そうした動植物は日本列島において二〇〇〇年以上の長きにわたる稲作の歴史を経て水田に高度に適応していったものである。本来、水田は人により高度に管理された水界（エコトーン）であり、人為による撹乱を受けた二次的自然であるが、そうしたところだからこそ、より日本人になじみの深い動植物が見られることになったといってよい。フナ、コイ、ドジョウ、ナマズなどの淡水魚やタニシ、カラスガイなどの貝類、カエルやイモリなどの両生類、ガンやカモといった鳥類、そしてイナゴやアカトンボのような昆虫は、まさに日本人にとって、もっとも身近な動物であるといってよい[16]。

そして重要なことは、昭和三十年以前の水田では、そうした動植物が水田から採集され、さまざまに利用されてきたことである。ある場面では農家における食料として、また別の場面では子供のみならず大人の遊びとして、水田や溜池・用水路では魚取りや水鳥猟がおこなわれたり、イナゴやセリを採ったりした。時間を遡るほど、そうした動植物は稲作農家の自家消費食料として大きな意味を持っていたといってよい。

それに対して、昭和三十年以降の水田稲作は、農業基本法の下、国家レベルでは食糧の安定供給、農家レベルでは労働生産性の向上を目的に、農業機械の導入や灌排水整備および農薬や化学肥料の大量使用が進められた。そうした工業技術に頼った稲作は水田を変貌させた。その結果、水田はもはや漁撈や採集の場としては機能しなくなり、いわばイネを作るためだけの工場となってしまった。

そうした状況に陥る以前に戻ろうとする意識が水田漁撈復活の根底にはあるような気がしてならない。つまり、昭和三十年代を境に、生業としての〝農〟から経済に特化した産業としての〝農業〟へと転換したものを、九〇年代に至りもう一度〝農〟の世界に立ち戻ろうとする動きのひとつではなかろうか。それを象徴的に示すのが、〝農業〟を体現する農業基本法（一九六一年）から〝農〟を意識した食料・農業・農村基本法（一九九九年）への転換にあるといえよう。

とくに、そうした農への希求は農村よりも都市に生活する人に強いといえる。実際に農業に従事していないからこそ、環境思想の市民化・大衆化に乗って、田んぼでの魚取りに自然を感じ故郷をイメージしたといえる。昭和三十年代というのは二〇〇四年現在五〇歳代の壮年期を迎えた人びとにとって、そうした記憶を呼び覚ますに適当な直近の過去であるといえる。実際に田んぼでの魚取りに興じたことのある最後の世代ということになろう。しかも、興味深いのは、昭和三十年代以降に生まれた若い世代にもそうした昭和三十年代以前の農村や水田のあり方に自然を感じ、それにノスタルジーまで持つようになっていることである[17]。

現代における水田漁撈の復活の背景には、昭和三十年以前におこなわれていた水田稲作やそれを取り巻く民俗技術への関心の高まりがある。環境思想が倫理学的・理念的なものから市民的・大衆的なものへと広がりをみせ、また食や農への関心の高まりとともに市民運動のなかで実践されるようになっていくとき、かつての水田稲作に環境保全型農業や環境創造型農業といった新たな枠組みが与えられ、そしてワイズ・ユースの考え方に代表されるような民俗技術への再評価がなされるようになっていくのである。

つまりは、現代の稲作が「環境保全型農業」「ワイズ・ユース」といった環境思想の市民化・大衆化の動きと出会うことにより、かつての水田が有していた人とイネと水田生物の関係性に今一度目が向けられたわけで、そのことが水田漁撈を環境教育や農村振興のための文化資源として復活させたといえる。

さらには、ここでは論旨から離れるため詳しくは述べないが、日本稲作の工業論理化の転換点となった時代である昭和三十年代への社会的関心の高まりがみられる。いわゆるレトロブームといわれるもので、昭和三十年代はその典型といってよい。たとえば、顕著な例としては、博物館の展示（生活再現展示）において、一九九〇年頃から、とくに昭和三十年代に焦点を絞った昭和ブームが起こってきている（青木 二〇〇三）。しかもそれは、水田風景に自然を感じるという自然観のあり方同様、昭和三十年代を実際に知らない若い世代にもみられる現象である。そうした社会全体の雰囲気と同調しながら、昭和三十年代への回帰といったことが、環境思想の市民化・大衆化とともに、在来農業への関心を喚起しているということができよう。

そうして復活再生した水田漁撈は、現代人のノスタルジーをかき立てる程度には似ていても、けっしてかつてのそれとは同じではない。先にも述べたように、それを取り巻く民俗的・社会的リンクがまったく異なっているからである。復活に際し、水田漁撈は企画者の目的に合わせて意図的に要素が取捨選択されるのはもちろんのこと、さまざまな創作さえほどこされることになるのである。

註

（1）西暦表記を標準とする本章において、唯一西暦を用いず「昭和三十年代」としているのには意味がある。通常「昭和三十年代」といった場合、それは日本人にとってひとつの時代観および世代意識を示すからである。歴史家である色川大吉は、昭和における生活革命の画期として、「一九五五年ころを始点とする一九六〇年代」（色川 一九九〇）を位置づけるように、日本の農業や生活様式の転換点として、「昭和三十年代」という括りは有効である。

（2）環境保全型農業という用語自体は新しいものであるが、日本人の感性の中には昔からそうした観念をもって水田を見ていたところがある。たとえば、柳田国男は、畑作が日本のように傾斜の多い風土では表土流出など環境悪化を招くものであることを示すことで、逆に水田稲作の環境保全的機能を強調した（柳田　一九七〇）。そのような水田稲作観を日本人の多くが共有していたからこそ、環境保全型農業という考え方をすんなりと受け入れ、なおかつさらには環境創造型農業へと展開していけたと考えられる。

（3）アイガモ農法について言えば、それは「アジアの伝統的有畜農業の継承的発展」と古野隆雄は位置づけている（古野　一九九七）。その歴史は、中国では千年の歴史を持つとされ、日本でも豊臣秀吉によりアヒルの水田放飼が奨励されたといわれる（古野　一九九二）。ただし、稲作農民にとって、ガン・カモ科鳥類はイネを食べ田を荒らす害鳥として認識されていたため、そうした伝承は後にアイガモ農法の歴史的正当性を述べるために比較的最近になってから作られたものかもしれない。現代につながるアイガモ農法としては、一九五一年に大阪府立種蓄場にてアヒルの水田放飼試験がおこなわれているが、本格的に環境保全型農業として再注目されるのは、一九九〇年頃からである。

（4）「食料・農業・農村基本法」（一九九九年七月十六日制定）では、農業の多面的機能とは「国土の保全、水源のかん養、自然環境の保全、良好な景観の形成、文化の伝承等、農村で農業生活が行われることにより生ずる食料その他の農産物の供給の機能以外の多面にわたる機能」としている（農林水産省 online : newkihon.html）。

（5）人間中心主義とは、自然は人間にとって利用価値が高いから保全すべきであるという考え方であり、たとえば一九五〇年の文化財保護法に天然記念物保護が含まれたことに象徴される。そうした人間中心主義からの脱却は、つまるところ自然保護から環境主義へという動きである。そうした動きは一九七〇年代におこったもので、動物解放論やディープエコロジーの勃興に象徴される（鬼頭　一九九六）。

（6）なお、沼田真は、その後一九八〇年代に入り、サステイナビリティー概念は「持続的利用」から「持続的開発」に力点が移り、開発を正当化する論理にすり替えられていったとする（沼田　一九九四）。その点は、ワイズ・ユース概念においても常に危惧されていることである。

（7）一九八九年にラムサール条約の指定地となった石川県加賀市の片野鴨池での出来事である。そこはサカアミ（坂網）と呼ぶ手網を用いたカモの伝統猟が伝承される土地として知られるところであるが、そこに最初に調査に訪れた一九九三年はまだワイズ・ユース概念が日本において一般化する以前であり、伝統カモ猟をおこなう地域住民側と日本野鳥の会を中心とする鴨池の自然を守ろうとする側とが鋭く対立していたときであった。そのため、両者とも張りつめた緊張感のもとにあり、雰囲気的に伝統カモ猟に関する民俗調査はまったくといってよいほどできなかった。

それが、二〇〇〇年に再度、鴨池を訪れたときには様相は一変していた。まずは自然保護派の人たちが積極的に伝統カモ猟を評価しようという姿勢に転換していた。その背景にまさにワイズ・ユース概念があったことはいうまでもない。そうなると、今度はカモ猟者側にも、自分たちの猟がいかにワイズ・ユース的かということを積極的に語る人たちが出てくる。そうなることで、現在は、伝統カモ猟の保存会（片野鴨池坂網猟保存会）が、自然保護派の砦とでもいうべき加賀市片野鴨池観察館（日本野鳥の会レンジャーが常駐する施設）に置かれ、またその代表は直接にはカモ猟や自然保護運動と関わっていない文化人・経済人（議員や著名な陶芸作家など）が就任した。そうしたことで、さらに雪解けの機運は広がりを見せ、ワイズ・ユースとしてのサカアミ猟という考えは地域住民に一般化することになる。そうした動きは現在さらに加速され、地域内外の研究者や自然保護運動家また行政や商工会を巻き込んで、地域おこしの動きとも連動しつつある。

ここで言いたいことは、ワイズ・ユースの概念が、自然保護派側と猟者側の双方に、サカアミ猟という古くから伝わる猟を〝伝統的〟で〝素朴〟な民俗技術として、まただからこそ環境保全型技術たりえるとして再評価させたことである。さらに、そのことは、サカアミ猟という民俗技術を地域の伝統であり宝として後世にも伝承していこうという雰囲気を生み出した。その結果として、再度調査に訪れた筆者に対して、伝統猟者側だけでなく自然保護派の人もむしろ積極的に調査に応じてくれるようになったといえる。その対応のあまりの違いに驚くとともに、改めてワイズ・ユースという環境思想の持つ影響力の大きさに驚かされた。

また、このとき注目すべきは、「サカアミ猟は素朴な民俗技術である」という、自然保護派と猟者側に共通する誤解の上に両者の雪解け気運は成り立っていることである。ワイズ・ユース概念の導入により急速に対立から和解へと進んだ背景には誤解が存在するのである。むしろ、そうした誤解があるからこそ、急速な和解が進んだといってもよい。誤解が生まれた背景には、①猟の位置づけが変わったこと、②カモが獲れなくなったこと、③民俗技術に関する先入観や誤ったイメージ、といったことがある。

①猟の位置づけに関していうなら、現在はまったくといってよいほど猟は経済性を持たなくなり、まさに遊びとしてしかおこなわれなくなった。かつては、鴨池でサカアミ猟をおこなうには狩猟免許以上に重要な要件として大聖寺捕鴨組合の組合員になることが求められた。組合員でなければ、たとえ狩猟免許を持ち、地元の猟友会に属していても、鴨池でサカアミ猟をすることはできなかった。しかも、捕鴨組合の会員数は株により一定数に固定されていた。それはカモの乱獲を防ぐなど自然保護のためのものというよりは、むしろ組合員が自分たちの利益を守るためのものであったわけで、猟に経済性があるからこそ厳格な規定が作られまた守られてきたといえる（安室 二〇〇二）。

また、②のカモの飛来数が減ったこともやはり誤解に基づく理解不能なこととしてさまざまな憶測を生んでいる。現在では、かつてに比べると鴨池以外にも銃猟禁止地域が増えたため、カモが分散して、その結果、鴨池への飛来数が減ったと考えられるようになったが、それ以前にはサカアミにより獲られるため鴨池のカモの数が減少したと考えられていた。とくに自然保護派にそうした考え方が強かったが、その点はまさにワイズ・ユース概念が導入されるとともに意見が大きく変わっていった。そのとき注目すべきは、実際の科学的データに基づく意見の転換ではなく、カモが分散したという説も含め、鴨池のカモの減少はじつのところ未だに科学的に説明のついていない現象なのである。

そして、③については、サカアミの技術が武家の鍛錬として三〇〇年以上もの伝統を持っているという言説がそのまま権威付け（フォークロリズム化するときの商品価値）に使われていること、およびサカアミという技術がカモを獲りすぎない（あまり生産性のよくない）素朴な技術であるという先入観が存在することである。サカアミは労働生産性の点からすれば、また費用対効果の点からしても決して銃猟に劣るような猟法ではない。むしろ効率的で生産性の高い猟法であるといってよい。また、技術面からみても、サカアミはたしかに工業技術として高度化していったものではないが、たとえば三六〇度どこから飛び出してくるかわからないカモを一点で待ち受けるときの場所の選定法に代表されるように、風向き・天候・地形といったその地域の自然に関する総合的な知識を駆使しなくてはならず、銃猟に比べ決して技術として劣った素朴なものとはいえない。しかもそうした知識は、マニュアルがあるものではなく、経験的で体得的な暗黙知であることに特徴がある。

そして、注目すべきは、今日、そうしたいくつもの誤解点は、完全に解明されることがないまま無意味化しつつあることである。現在、それまで対立してきたサカアミ猟者側と自然保護派という二極の枠組みが意図的に崩されつつある。それは、商工会・行政・研究者といった人たちも第三者的に鴨池に関わるようになってきたからである。その結果、サカアミ猟者や自然保護運動家も含め、全体として鴨池の自然を保全しながらそれをうまく利用していくにはどうすればよいかといった方向に関心が向いてきた。その転換にワイズ・ユース概念が重要な役割を果たしたことはいうまでもない。そして、現在では、当初の誤解は曖昧なものとなり、またそれを歴史を遡り無理して解きほぐす必要はないと考えられるようになってきている。そうした論点の曖昧化により、鴨池をめぐってはますます住民・行政・研究者の協調という雰囲気が強められていっていることは興味深い。

（8）「歴史文化資源ワイズ・ユース・シンポジウム」（明日香シンポジウム）は、一九九八年に国土庁の主催（共催：奈良県、明日香村）により開催され、「歴史文化資源の適切な保全とそれを活かした魅力ある地域づくりを実現するため」「賢明な利用（ワイズ・ユース）」の必要性が謳われている（国土庁　online：sympo.htm）。後援には、建設省ほか五省庁、奈良市ほか三自治体、奈良国立文化財研究所ほか四研究機関、奈良経済同友会ほか七経済団体、近畿日本鉄道株式会社ほか二民間企業、朝日新聞社ほかマスコミ三社が名を連ね、政官財・マスコミも動員した大規模なものであったことがわかる。

（9）水田魚道については、現在、（独）農業工学研究所をはじめ、日本各地の自治体等でその効果について実験がおこなわれている。主な水田魚道として、斜路式魚道、階段式魚道、リーフブロック式魚道、千鳥X型魚道、カスケードM型魚道が開発されている。

（10）「魚のゆりかご水田整備事業」のほか、それと密接に関連する重点事項として、「田んぼの学校推進事業」や「子どもたちの農業・農村体験学習推進事業」、また生態系保全水田など生態系や景観に配慮した土地改良施設の整備をおこなう「県営みずすまし事業」、さらにはニゴロブナなどの漁業資源回復のため水田を利用した種苗生産放流をおこなう「固有魚資源復活対策事業」がおこなわれている。

（11）伝承遊びが環境教育の原形となりうるという指摘がある（加藤 一九九一）。伝承遊びの多くが自然とのかかわりの中でなされるものであることを考えると、日本人がもっとも身近な自然と捉える水田において魚取りをすることはまさに環境教育的に効果が大きいといえよう。

（12）水田漁撈復活の目的を考えるとき、水田漁撈は本当にいったん消滅したのかというところから問い直すことは必要であろう。牧野厚史と大塚泰介は、水田漁撈に内在する娯楽性を分析し、世代により二つの方向性があることを示した。ひとつはかつての生業としての生産に伴う「遊び」の延長としておこなわれるもの、もうひとつは現代のスポーツ・フィッシングにも通じる「遊技」の延長線上にあるものである（牧野・大塚 二〇〇一）。

（13）柳川のようなクリーク地帯においては、水田漁撈のもっとも大規模な機会に冬場のホリホシ（堀干し）がある。ホリホシのときには、クモデ（四つ手網）がホリ（堀）の各所に作られる。ホリの水は潮の干満を利用して抜くが、水が引いていくときにはクモデで魚を取り、ホリに水が無くなると人がホリに入って手づかみで魚を取った。しかし、現在は清掃と消毒のためホリホシはなされても、魚取りはおこなわれなくなっている。クモデはすでに実際の漁には用いられなくなっているが、川下り観光船の船頭はそこを通りかかると船を止め、かつてのホリホシの様子や水郷での暮らしについて観光客に語って聞かせるのである。

（14）菊池暁も、文化的景観として棚田に脚光が当てられていった経緯を追いながら、日本の農政が産業政策の枠を超えて環境政策や文化政策と相互浸透化していることを指摘している（菊池 二〇〇四）。そうした相互浸透化しつつある各種政策の背景として、グローバルで市民的な環境思想の浸透を指摘する必要があろう。

（15）ここで「日本人」としたのは、民族や国籍を問うものではなく、日本列島に暮らす人びとという意味である。

（16）水田など農業が創り出す二次的自然に適応的な生物を宇根豊は「農業生物」と一括している（宇根 一九九六）。また、筆者は水田漁撈に関連して、その漁獲対象となる魚介類を「水田魚類」と定義した（安室 一九九八）。

（17）　水の文化センターが一九九五年以降毎年おこなっている「水にかかわる生活意識調査」の二〇〇四年版によると、「子供の頃の印象深いふるさとの風景は」という問いに、五一・五％の人が「田んぼ」を挙げている。過半数を超えるのは「田んぼ」だけであり、各世代においてもっとも多い回答となっている。なお、「田んぼ」以下は、「小川」（三七・八％）、「山」（三五・〇％）、「海」（三〇・一％）である（ミツカン水の文化センター　online : index.html）。

引用参考文献

・青木俊也　二〇〇三「生活再現展示をつくる思考」『松戸市立博物館紀要』一〇号
・足立重和　二〇〇一「伝統文化の管理者」中河伸俊ほか編『社会主義のスペクトラム』ナカニシヤ出版
・飯島　博　二〇〇三「公共事業と自然の再生」鷲谷いづみほか編『自然再生事業』築地書館
・色川大吉　一九九〇『昭和史世相篇』小学館
・岩本通弥　二〇〇二「『文化立国』論の憂鬱」『神奈川大学評論』四二号
・宇根　豊　一九九六『田んぼの忘れもの』葦書房
・　同　　二〇〇〇「百姓仕事が、自然をつくる、自然を認識する」『講座人間と環境　第三巻』昭和堂
・宇根豊・日鷹一雅・赤松富仁　一九八九『田の虫図鑑』農山漁村文化協会
・嘉田由紀子　一九九五『生活世界の環境学』農山漁村文化協会
・加藤秀俊編　一九九一『日本の環境教育』河合出版
・加納麻紀子　二〇〇一「農業・農村の多面的機能を活用した環境教育『田んぼの学校』の取り組みと地域活動としての効果」『農村と環境』一七号
・環境稲作研究会　二〇〇二『環境稲作のすすめ』環境稲作研究会
・菊池　暁　二〇〇四「棚田の水面に映るもの」岩本通弥編『文化政策・伝統文化産業とフォークロリズム』（科学研究費補助金研究成果報告書）
・鬼頭秀一　一九九六『自然保護を問いなおす』筑摩書房
・草刈秀紀　二〇〇三「自然再生を総合的に推進するための『自然再生基本方針』とは」『自然再生事業』築地書館
・鈴木正貴・水谷正一・後藤章　二〇〇〇「水田生態系保全のための小規模水田魚道の開発」『農業土木学会誌』六八巻一二号

・徳野貞雄　二〇〇一「農業における環境破壊と環境創造」鳥越皓之編『講座環境社会学三巻』有斐閣
・鳥越皓之　一九八九「経験と生活環境主義」『環境問題の社会理論』御茶の水書房
・同　二〇〇一「人間にとっての自然」『講座環境社会学三巻』有斐閣
・中村　淳　二〇〇四「文化という名の下に」『文化政策・伝統文化産業とフォークロリズム』（科学研究費補助金研究成果報告書）
・沼田　真　一九九四『自然保護という思想』岩波書店
・古野隆雄　一九九二『合鴨ばんざい』農山漁村文化協会
・同　一九九七『アイガモ水稲同時作』農山漁村文化協会
・牧野厚史・大塚泰介　二〇〇一「水田漁撈は消滅したか？」琵琶湖博物館編『鯰』
・安井真奈美　二〇〇〇「消費されるふるさと」『故郷の喪失と再生』青弓社
・安室　知　一九八四「稲作文化と淡水漁撈（筌）」『日本民俗学』一五三号
・同　一九八七「水界をめぐる稲作民の生活」『信濃』三九巻一号
・同　一九九八『水田をめぐる民俗学的研究』慶友社
・同　二〇〇一「『水田漁撈』の提唱」『国立歴史民俗博物館研究報告』九八集
・同　二〇〇二「日本稲作と複合生業」原田信男ほか編『いくつもの日本Ⅳ―さまざまな生業―』岩波書店
・同　二〇〇四「水田の環境史」『環境史研究の課題』総研大日本歴史研究専攻・国立歴史民俗博物館
・柳田国男　一九七〇「日本民族と自然」（『定本柳田国男集』三一巻、一九六八、筑摩書房）
・藪並郁子・小林聡央　二〇〇二「ワイズ・ユースを実現するために」『環境教育研究』五巻二号
・鷲谷いづみ　二〇〇三「今なぜ自然再生事業なのか」『自然再生事業』築地書館

（オンライン文献）
・環境省ホームページ「自然再生基本方針」http://www.env.go.jp/nature/saisei/Alamashi/html/text/hosin.txt（2004.5.18）
・環境省自然環境局ホームページ「生物多様性国家戦略と登自然再生推進法」http://www.ds-j.com/nature/jsbn/sympo/pdf/03.pdf（2004.5.18）
・同「自然再生推進法の概要」http://www.env.go.jp/nature/saisei/law-saisei/gaiyo.html（2004.5.18）

・国土庁ホームページ「歴史文化資源ワイズユースシンポジウム」http://www.nla.go.jp/daikei/wiseuse/sympo.htm（2004.5.18）
・滋賀県ホームページ『平成十六年度農政水産部予算の概要』http://www.pref.shiga.jp/g/nosei/yosan16/budgettable2.pdf（2004.5.18）
・日本学術会議『地球環境・人間生活に関わる農業および森林の多面的な機能の評価について』http://www.maff.go.jp/work/toshin-18-1.pdf（2004.5.18）
・農林水産省ホームページ「食料・農業・農村基本法」http://www.maff.go.jp/soshiki/kambou/kikaku/NewBLaw/newkihon.html（2004.6.18）
・農林水産省食料・農業・農村政策審議会農村振興分科会農業農村整備部会『環境との調和に配慮した事業実施のための調査計画・設計の手引き―第三編―圃場整備』http://www.maff.go.jp/www/public/cont/20040219pb_2b2.pdf（2004.5.18）
・農林水産省農村の地域資源に関する研究会『農村の地域資源に関する研究会―中間まとめ―』http://www.maff.go.jp/www/counsil/counsil_cont/nouson_sinkou/tiikisigen_kenkyu/chukan_matome/itiran.htm（2004.5.18）
・農林水産省農村振興局ホームページ「自然再生関連施策について」http://www.maff.go.jp/nouson/nouson/kodomo/index.html（2004.5.18）
・同　「水とみどりの『美の里』プラン21」http://www.maff.go.jp/nouson/seisaku/bi21/top.htm（2004.5.18）
・兵庫県立コウノトリの郷公園　http://www.stork.u-hyogo.ac.jp/（2004.5.18）
・ミツカン水の文化センター・ホームページ「水にかかわる生活意識調査2004」http://www.mizu.gr.jp/kekka/2004/index.html（2004.5.18）
・琉球新報「〝物語づくり〟提起／世界遺産シンポジウム」（二〇〇三年三月十五日記事）http://www.ryukyushimpo.co.jp/news01/2003/2003_03/030315n.html（2004.5.18）

あとがき

本書の基本となる方法は複合生業という考え方にある。複合生業論については、さまざまなところで公にしているので、ここであらためて論じるつもりはないが、ごく簡単に言うと、日本人の生業を歴史的にたどるとき、稲作や畑作・漁撈・狩猟・諸職といった生業技術を個々に独立したものとして取り上げるのではなく、生業要素の選択的複合として捉え、その様相（複合のあり方）と変遷を明らかにしようとするものである。

従来、民俗学では生業研究とは生業技術の研究のことであった。生業は、農耕・漁撈・狩猟・諸職などに分類され、個々の要素はさらに農耕でいえば畑作・稲作などに分けられていく。そのため、生業研究は生業技術のより精緻な分析を目指し、生業を細分化して研究する方向性を強く持っていた。

それに対して、複合生業論では、人（または家）を中心にその生計維持システムを明らかにしようとする。それには、従来別個に論じられてきた生業技術を、人が生きていく上でいかに用いていたかを中心に検討していかなくてはならない。

そうした視点に立つと、かつて日本人の生計は各種の生業技術の選択的複合の上に成り立つものであったことが理解される。それは、稲作により生業が単一化したかに見える水田稲作地においても同様で、そうした稲作地における複合生業のひとつに本書が注目した水田漁撈がある。

こうした方法論を実践する上で、影響を受けることになった研究者が二人いる。それは今は亡き民俗学者の坪井洋文と歴史学者の網野善彦である。彼らが作った七〇年代後半から八〇年代にかけての学問的雰囲気の中で学生時代を送り、知らず知らずのうちに大きな影響を受けることになった。そうした学問的雰囲気の核には稲作単一文化論への批判があったことは間違いない。それは、坪井の一連の仕事と相俟って、民俗学会においては今もなお大きな影響を持ち続けている。そうした坪井の業績を検証することから始まった私の民俗研究は、坪井を通して知らず知らずのうちにその影響下におかれていたといってよい。

ただし、坪井や網野の稲作単一文化論批判は、必ずしも正しい方向でのみ機能したわけではなく、行き過ぎた稲作文化批判というものも生じさせた。その代表が民俗文化類型論であると私は考えている。稲作を他の生業と相対化しようとすること、それ自体は間違いではない。しかし、ではなぜ日本において稲作はたとえ一時期ではあっても生業として高度に特化の傾向を示し、また文化的・経済的・政治的に稲作へと日本社会は収斂していったのか。

そうしたことを検討することなく、生業技術をもとに文化類型化し、「稲作（文化）対 畑作（文化）」というように、一対一の関係で、それを対照していくことに問題はないのか。そうした対照は一見とても分かりやすいが、けっして生活の実態を反映したものにはなっていないし、なにより文化類型の拠り所とする生業の理解を恣意的で歪んだものにしている。稲作単一文化論批判はある意味かなり歪められて民俗学の中に取り入れられていったと考えられ、私の仕事はその歪みを少しでも是正する方向に作用すればいいと思っている。

本書をまとめてみて感じたことだが、水田漁撈を文献史料や考古資料から跡付けることは難しい。というよりは、これまでそうした視点から文献史料や考古資料は吟味されてきていない。それは筆者の手に余ることではあるが、はじめから水田を稲作の場と決めつけずに生活者の視点に立って、発掘調査がなされ、また既存の文献史料が読み直されるなら、水田漁撈の痕跡はさらにはっきりと見えてくると思う。そうした作業と、これまで私が実践してきた民俗学的な手法とが融合したときはじめて、水田漁撈のみならず稲作地における複合生業のあり方、つまり生計維持システムを明らかにすることができるのではなかろうか。

本書に収録した論考の初出は以下の通りである。

・総　論　原題「『水田漁撈』の提唱」（『国立歴史民俗博物館研究報告』八七集　二〇〇一年）を大幅に改稿
・I―1章　原題「水田漁撈と水田魚類」（『地球』二三巻六号　二〇〇一年）を大幅に改稿
・I―2章　原題「農山漁村の民俗と生物多様性」（宇田川武俊編『農山漁村と生物多様性』家の光協会　二〇〇〇年）を大幅に改稿
・I―3章　原題「水田養魚にみる自然と人為の狭間」（篠原徹編『技術の民俗』朝倉書店　一九九八年）を改稿
・I―4章　原題「民俗分類の思考」（『国立歴史民俗博物館研究報告』一〇五集　二〇〇三年）
・II―1章　原題「『星野日記』にみる農民漁撈」（『横須賀市博物館研究報告〈人文科学〉』三七号　一九九二年）を改稿
・II―2章　原題「水と魚と人の知恵」（三郷市史編纂委員会編『三郷市史一〇巻』三郷市　二〇〇一年）を大幅に改稿
・II―3章　原題「稲作民の淡水魚食」（『信濃』四四巻八号　一九九二年）を改稿
・III―1章　原題「淡水漁撈と儀礼」（筑波大学民俗学研究室編『都市と境界の民俗』吉川弘文館　二〇〇一年）を大幅に改稿
・III―2章　原題「水田漁撈と村落社会の統合」（琵琶湖博物館編『鯰』二〇〇一年）を大幅に改稿
・IV―1章　原題「魚伏籠と水田漁撈」（『国立歴史民俗博物館研究報告』一〇八集　二〇〇三年）
・IV―2章　原題「ウケからみたヤマとサトの民俗文化論」（『長野県民俗の会会報』一六号　一九九三年）を大幅に改稿
・終　論　原題「水田漁撈と現代社会」（『国立歴史民俗博物館研究報告』一二三集　二〇〇五年）を改稿

本書は、独立行政法人日本学術振興会における平成十六年度科学研究費補助金（研究成果公開促進費「学術図書」）の交付を受けて出版したものである。また、本書の基となる研究は、科学研究費補助金基盤研究C（2）「稲作文化とのかかわりからみた内水面漁撈に関する民俗学的研究－『水田漁撈』の提唱に向けて－」（研究代表者：安室　知、研究期間：平成十一～十四年）の研究助成を受けておこなったものである。その成果は別途、科学研究費補助金成果報告書として公刊している。

そして、最後になってしまったが、本書の出版にご理解をいただいた慶友社、そしてその便宜をおはかりいただいた伊藤ゆり社長、また本書の編集担当として、原稿が遅れがちで、本づくりには不慣れな私にさまざまにアドバイスし至らぬところを補っていただいた原木加都子編集長に、あらためて感謝申し上げなくてはならない。お二人の叱咤がなければ、本書は日の目を見なかったことと思う。

二〇〇四年十二月

安　室　　知

【た行】

【な行】

【は行】

【ま行】

【や行】

【ら行】

【わ行】

地　名

人　名

【は行】

【な行】

【た行】

【さ行】

【か行】

索　引
—事項・人名・地名—

事　項

【あ行】

著者紹介

安室　知（やすむろ　さとる）

一九五九年、東京都生まれ。

筑波大学大学院環境科学研究科（修士課程）修了、学術修士。

熊本大学文学部（助教授）などを経て、
現在は国立歴史民俗博物館研究部（助教授）に所属、総合研究大学院大学助教授を併任する。

専門は、民俗学（生業論・環境論）と物質文化論。

（主要な著作）

『水田をめぐる民俗学的研究』（一九九八、慶友社）、『餅と日本人』（一九九九）、『環境史研究の課題』（二〇〇四、編著）、『環境利用システムの多様性と生活世界（共同研究報告書）』（二〇〇五、編著）

水田漁撈の研究
――稲作と漁撈の複合生業論――

二〇〇五年二月二十二日　第一刷
著　者　安　室　　知
発行所　慶　友　社
〒一〇一―〇〇五一
東京都千代田区神田神保町二―四八
電　話　〇三―三二六一―一三六一
ＦＡＸ　〇三―三二六一―一三六九
印刷＝亜細亜印刷株式会社
製本＝協栄製本株式会社

ISBN4-87449-091-3 C3039